AutoLeasing

ADAC-Handbuch

Auto Leasing

Ausgabe 1994

Kurt Reinking

ADAC Verlag

Die Deutsche Bibliothek – CIP-Einheitsaufnahme

Reinking, Kurt:
Auto-Leasing: Ein bedeutsamer Markt ohne gesetzl. Regelung. Wie ist der Status quo in wirtschaftl., steuerl. und rechtl. Hinsicht? Welche vertragl. Beziehungen bestehen zwischen Leasinggeber, Leasingnehmer und Lieferanten? Wie können sich die Betroffenen gegen Störfälle schützen und was ist beim Unfall zu tun? Reinking. ADAC. – 2. Aufl. – München: ADAC Verl., 1994
 (ADAC-Handbuch)
 ISBN 3-87003-545-5

2. Auflage 1994

© Copyright 1988 by ADAC Verlag GmbH München
Am Westpark 8, 81373 München

Alle Rechte vorbehalten. Kein Teil des Werkes darf im In- oder Ausland ohne schriftliche Genehmigung des Verlages reproduziert, in Speichersysteme aufgenommen oder in irgendeiner Form verbreitet werden.

Stand: Januar 1994
Redaktion: Gisela Tutas
Herstellung: Günther Michalke
Satz und Druck: Ludwig Auer GmbH, Donauwörth

ISBN 3-87003-545-5
ISSN 0932-089-X

Inhalt

Der Autor	10
Geleitwort	11
Einführung	13

Teil I – Grundstruktur von Kraftfahrzeug-Leasingverträgen

Einleitung	17
Entwicklung des Kraftfahrzeug-Leasing-Marktes	17
Marktdaten	18
Trend	18
Begriff ›Leasing‹	19
Eingruppierung des Kraftfahrzeug-Leasingvertrages	20
Finanzierungsleasing	22
Grundsätzliches	22
Freies und markengebundenes Finanzierungsleasing	24
Vorteile des Kraftfahrzeug-Leasingvertrages	26
Betriebswirtschaftliche Aspekte	26
Steuerliche Konzeption	26
Refinanzierung durch Forderungsverkauf	26
Vorteile beim privaten Kraftfahrzeug-Leasing	27
Das wirtschaftliche Eigentum	30
Bedeutung	30
Begriff	30
Erlaßkonforme Vertragsmodelle	32
Vollamortisationsvertrag	32
Teilamortisationsvertrag	33
Leasingvertrag mit Andienungsrecht	34
Leasingvertrag mit Mehrerlösregelung	34
Kündbarer Leasingvertrag mit Schlußzahlung	36
Übernahme des Risikos der Kostendeckung durch den Leasingnehmer	38
Eindeutige Vertragsgestaltung	40
Nicht erlaßkonforme Vertragsvarianten	42
Vertrag mit Übernahme des Restwertrisikos durch den Leasinggeber	42
Leasingvertrag mit Kilometerabrechnung	44
Kündbare Verträge	45
Spezielle Vertragsformen	46
Netto-Leasing	46
Full-Service-Leasing	46
Sale-and-lease-back	46
Leasingtypische Vertragsregelungen	47
Verlagerung der Sach- und Preisgefahr auf den Leasingnehmer	47
Sachgefahr	47
Preisgefahr	48
Instandhaltungspflicht	50
Verhaltens- und Obhutspflichten	51
Pflicht des Leasingnehmers zum Abschluß einer Haftpflicht- und Kaskoversicherung	52
Abtretung	52
Sicherungsschein	52

Inhalt

Gewährleistungsausschluß	53
Keine überraschende Klausel	54
Keine unangemessene Benachteiligung des Leasingnehmers	54
Grenzen	54
Übernahme einer beschränkten Gewährleistung durch den Leasinggeber	56
Gewährleistungsausschluß bei Überlassung eines gebrauchten Kraftfahrzeugs	57
Eigentum und Besitz	58
Fahrzeughalter	58
Die rechtliche Einordnung des Kraftfahrzeug-Leasingvertrages	59
Verbraucherkreditgesetz	61
Anwendungsvoraussetzungen	61
Kreditvertrag	63
Finanzierungsleasingverträge im Sinne des Verbraucherkreditgesetzes	63
Der sittenwidrige Leasingvertrag	65
Geschäftsbedingungen	69
Gerichtliche Überprüfung	69
Folgen der Unwirksamkeit	69
Beispiele	70
Unwirksame Klauseln	70
Wirksame Klauseln	75

Teil II – Zustandekommen, Durchführung und Beendigung von Kraftfahrzeug-Leasingverträgen

Abschluß des Leasingvertrages	79
Form	79
Bindung des Leasingnehmers an sein Angebot	80
Einbeziehung Allgemeiner Geschäftsbedingungen in den Vertrag	81
Mithaftung Dritter	82
Mitwirkung des Lieferanten bei Abschluß des Leasingvertrages	82
Verletzung von Aufklärungs- und Beratungspflichten	84
Beschaffenheit des Fahrzeugs	84
Vertragsmodalitäten und Zusatzvereinbarungen	84
Arglistige Täuschung durch den Lieferanten	86
Widerrufsrecht des Leasingnehmers	87
Rechtsfolgen des Widerrufs	88
Kauf des Fahrzeugs	90
Abschluß des Kaufvertrages	90
Kauf- und Leasingvertrag im Verbund	90
Lieferung des Fahrzeugs	94
Abnahme	94
Unrichtige Abnahmebestätigung	96
Berechtigte Verweigerung der Abnahme	97
Kein Neufahrzeug	97
Nicht vertragsgemäße Leistung	97
Mangelhaftes Neufahrzeug	98
– Verarbeitungsmängel	98
– Konstruktionsfehler	99
Fehlen der Fabrikneuheit	99
– Vorschäden	99
– Lagerfahrzeug	100
– veraltetes Modell	101
Rechtsfolgen bei berechtigter Abnahmeverweigerung	101
Nicht berechtigte Abnahmeverweigerung	102
Störfälle bei Lieferung	103
Unmöglichkeit	103
Lieferverzug	105
Aufwendungsersatz	107
Das Leasingentgelt	109
Die Leasingraten	109
Berechnung	109
Fälligkeit	109
Zahlungsverzug	110
Verzugsschaden	110

Inhalt

Sonderzahlung	112	– Minderung	132
Hereinnahme eines Gebraucht-		– Wandlung	133
fahrzeugs	113	Vollzug der Gewährleistungsansprüche	134
Rechtsnatur der Vereinbarung	113	**Einzelfragen**	135
Unmöglichkeit der Übergabe des		Durchführung der vollzogenen	
Altwagens	114	Wandlung	137
Fehlerhaftigkeit des Gebrauchtwagens	115	Zinsen	137
Scheitern des Agenturvertrages über		Gewinn	137
das Altfahrzeug	116	Aufwendungsersatz, Vertragskosten,	
		Verwendungen	138
Änderung des Leasingentgelts	117	Vergütung der Nutzungen	138
Änderung des Kraftfahrzeug-		Berechnung der Nutzungsvergütung	139
Kaufpreises	117	Ausschluß der Wandlung	139
Auswirkungen auf den Kaufvertrag	117		
Auswirkungen auf den Leasingvertrag	118	**Vorzeitige Vertragsbeendigung**	141
Änderung der Verhältnisse auf dem		**Kündigung durch den Leasinggeber**	
Geldmarkt	119	**aus wichtigem Grund**	141
Änderung der Kraftfahrzeugsteuer,		Vertragswidriger Gebrauch	141
der Versicherungsprämien und		Zahlungsverzug	141
Werkstattpreise	120	Kündigungs- und Rücktrittsvoraus-	
Erhöhung der Umsatzsteuer	121	setzungen nach dem Verbraucher-	
		kreditgesetz	142
Das mangelhafte Leasing-		Vermögensverschlechterung	144
fahrzeug	122	Vollstreckungshandlungen gegen den	
Gesetzliche Gewährleistung beim Kauf	122	Leasingnehmer	145
Haftung des Verkäufers für falsche		Umzug ins Ausland	145
Zusicherungen und arglistiges		Weitere Kündigungsgründe	145
Verschweigen	124	**Kündigungserklärung**	145
Vertragliche Gewährleistung beim		**Vorübergehende Inbesitznahme des**	
Gebrauchtwagenkauf	125	**Kraftfahrzeugs**	146
Vertragliche Gewährleistung beim		**Folgen der Kündigung**	147
Neuwagenkauf	125	**Schadensersatzanspruch des**	
Herstellergarantie	126	**Leasinggebers**	149
Abwicklung der Gewährleistungs-		Konkrete Schadensberechnung	150
ansprüche	127	– Kündbarer Vertrag mit	
Unverzügliche Mängelanzeige	127	Abschlußzahlung	151
Fehlerbeseitigung durch Nachbesserung	128	– Vertrag mit Übernahme des Restwert-	
Kostenlose Nachbesserung	128	risikos durch den Leasingnehmer	152
Fortfall der Gewährleistung	129	– Vertrag mit Andienungsrecht des	
Pflicht zur Zahlung der Leasingraten		Leasinggebers	153
während der Instandsetzung	129	Pauschalierung der Schadensersatz-	
Scheitern der Nachbesserung	130	ansprüche des Leasinggebers	153
Rechtsfolgen	130	Rechtsverfolgungskosten	154
– Ersatzvornahme	131	Umsatzsteuer	154
Auswirkungen auf den Leasingvertrag	131	**Kündigung durch den Leasingnehmer**	
		aus wichtigem Grund	155
		Tod des Leasingnehmers	156

Inhalt

Ordentliche Vertragsbeendigung	**157**
Feststellung des Fahrzeugzustands am Vertragsende	158
Verwertung des Fahrzeugs und Abrechnung	160
Fahrzeugrückkauf durch den Händler	162
Zwangsvollstreckung	**164**
Gläubiger des Leasingnehmers	164
Pfändung des Fahrzeugs	164
Zwangsvollstreckung in sonstige Rechte aus dem Leasingvertrag	165
Gläubiger des Leasinggebers	166
Pfändung des Anspruchs aus dem Kaufvertrag	166
Pfändung des Fahrzeugs	166
Pfändung der Leasingraten	167
Pfändung des Anspruchs auf Rückgabe des Autos	167
Kosten der Abwehr von Zwangsvollstreckungsmaßnahmen	167
Konkurs	**168**
Konkurs des Leasingnehmers	**168**
Konkurs des Leasinggebers	**169**
Konkurs des Lieferanten	**169**
Der Unfall mit dem Leasingauto	**170**
Obliegenheiten nach dem Unfall	**170**
Keine mitwirkende Betriebsgefahr zu Lasten des Leasinggebers	171
Keine Haftungsbeschränkung wegen gefahrgeneigter Arbeit	171
Teilschaden	**172**
Ansprüche des Leasinggebers	172
– Ansprüche des Leasinggebers gegen Dritte	172
Reparaturkosten	172
Wertminderung	173
Rechtsverfolgungskosten	174
Gutachter-, Bergungs- und sonstige Kosten	175
– Ansprüche des Leasinggebers gegen den Leasingnehmer	175
– Verhältnis der Ansprüche zueinander	176
– Verwendung der Entschädigung für die Reparatur des Fahrzeugs	176
– Ansprüche des Leasinggebers gegen die Kaskoversicherung	178
– Wegfall des Versicherungsschutzes	179
Ansprüche des Leasingnehmers	179
– Ansprüche des Leasingnehmers gegen Dritte	179
Reparaturkosten	180
Mietwagenkosten, Nutzungsausfall und Verdienstausfall	181
Wertminderung, Gutachterkosten, Abschleppkosten, Auslagen für Telefon, Porto usw.	182
Rechtsverfolgungskosten	184
– Ansprüche des Leasingnehmers gegen die Kaskoversicherung	184
Totalschaden	**185**
Begriff	185
Auswirkungen auf den Leasingvertrag	185
Ansprüche des Leasinggebers	186
– Ansprüche des Leasinggebers gegen Dritte	186
Fahrzeugschaden und Nebenkosten	186
Kein Anspruch auf die ausstehenden Leasingraten und den darin enthaltenen Gewinn	186
– Ansprüche des Leasinggebers gegen den Leasingnehmer	187
– Abwicklung und Abrechnung des Vertrages	189
– Ansprüche des Leasinggebers gegen die Kaskoversicherung	190
– Umsatzsteuer, Rabatte	190
Ansprüche des Leasingnehmers	192
– Ansprüche des Leasingnehmers gegen den Schädiger	192
Fahrzeugschaden	192
Nutzungsausfall, Mietwagenkosten, entgangener Gewinn, Verlust von Steuervorteilen, Bergungskosten, An- und Abmeldekosten, Umrüstungskosten	192
Haftungsschaden	193
– Rechte des Leasingnehmers aus der Kaskoversicherung	195

Recht zur Geltendmachung der Ansprüche	195	
Umfang der Ansprüche	196	
Ersatzbeschaffung durch den Leasinggeber	196	
Ersatzbeschaffung durch den Leasingnehmer	196	
Verteilung des Mehrerlöses bei Neupreisabrechnung	200	

Verjährung 203

Verjährung der Gewährleistungsansprüche aus dem Kaufvertrag 203

Verjährung der Ansprüche des Leasingnehmers wegen Verletzung vertraglicher Nebenpflichten und wegen arglistigen Verschweigens von Mängeln 204

Verjährung von Ansprüchen des Leasingnehmers wegen Verwendungen auf das Fahrzeug und wegen Gestattung der Wegnahme von Einrichtungen 204

Verjährung des Anspruchs auf Leasingentgelt 205

Verjährung der Ansprüche wegen Veränderung oder Verschlechterung des Autos 205

Abgrenzung von Erfüllungs- und Ersatzansprüchen 205

Wettbewerb, Rabattgewährung, Preisangaben, Werbung 208

Risikoabsicherung durch die Rechtsschutzversicherung 210

Gerichtsstand 212

Risiken und Empfehlungen 213

Risiken des Leasinggebers 213
Bonität 213
Vertragsgestaltung 213
Wahl des Händlers 215
Objektrisiken 215
Risiken des Leasingnehmers 216
Risiken des Lieferanten 217

Teil III – Anhang

Definitionskalender	**221**
Vertragsmuster aus der Praxis: Leasing-Bedingungen für Geschäftsfahrzeuge	**224**
Privatauto-Leasing-Bedingungen	**228**
Muster einer Sicherungsbestätigung	**232**
Neuwagen-Verkaufsbedingungen (NWVB) – Allgemeine Geschäftsbedingungen für den Verkauf von fabrikneuen Kraftfahrzeugen und Anhängern	**234**
Allgemeine Geschäftsbedingungen für das Leasing von Neufahrzeugen zur privaten Nutzung	**237**
Leasingerlasse der Finanzverwaltung vom 19. 4. 1971 und 22. 12. 1975	**244**
Anschriften von Leasinggesellschaften Mobilien- und Kfz-Leasinggesellschaften mit einem Grund- bzw. Stammkapital ab 1 Mio. DM	**248**
Stichwortverzeichnis	**251**
Literaturhinweise	**255**
Abkürzungsverzeichnis	**256**

Schematische Übersichten

Leasing-Erscheinungsformen	21
Erlaßkonforme Vertragsmodelle	33
Kostendeckung	39
Leasingtypische Vertragsregelungen	49
Teilschaden	
– Ansprüche des Leasinggebers	177
– Ansprüche des Leasingnehmers	183
Totalschaden	
– Ansprüche des Leasinggebers	191
– Ansprüche des Leasingnehmers	201

Der Autor

Dr. jur. Kurt Reinking

geboren 1942 in Hamburg. Volljurist. Seit 1973 als Rechtsanwalt in Köln tätig. Sein Interesse gilt in erster Linie den Rechtsfragen rund ums Auto. Viele aktuelle juristische Beiträge dieses Themenkreises stammen aus seiner Feder. Bekannt wurde er als Mitautor des inzwischen in 5. Auflage erschienenen Werkes ›Der Autokauf‹.

Geleitwort

Leasing hat als echte Finanzierungsalternative während der sechs Jahre, die seit der ersten Auflage des Handbuches vergangen sind, nichts an Aktualität verloren. Seine starke wirtschaftliche Dynamik hat sich beständig weiterentwickelt. Gleichlaufend damit wurde die Rechtsprechung immer wieder vor neue grundsätzliche Fragen gestellt, die vornehmlich in dem Beziehungsgeflecht zwischen Verkäufer (Lieferant/Hersteller), Leasinggeber und Leasingnehmer und dem sich daraus ergebenden Spannungsverhältnis begründet liegen, das durch gegenläufige Interessen der an dem Dreiecksverhältnis Beteiligten gekennzeichnet ist. Die meisten von ihnen sind mittlerweile höchstrichterlich in dem Bestreben, einen vernünftigen Interessenausgleich unter den Vertragspartnern zu finden, richtungweisend geklärt worden. Dadurch hat die – gesetzlich nicht geregelte – Rechtsfigur des Leasing weitgehend feste Konturen angenommen.
Nach wie vor wird sie von der höchstrichterlichen Rechtsprechung und ihr folgend den Instanzgerichten dem Mietrecht zugeordnet. Das wird heute – von wenigen kritischen Stimmen in der Literatur abgesehen – allgemein, insbesondere auch von der Leasingbranche akzeptiert.
Die Zuordnung des Leasing zum Mietrecht bedeutet, daß die mietrechtlichen Vorschriften des Bürgerlichen Gesetzbuches eingreifen, soweit die Vertragspartner ihre rechtlichen Beziehungen nicht in zulässiger Weise abweichend regeln, und daß andererseits die Verträglichkeit solcher Abweichungen mit dem AGB-Gesetz, falls sie – wie regelmäßig – durch Einbeziehung Allgemeiner Geschäftsbedingungen vereinbart werden, an den wesentlichen Grundgedanken der abbedungenen gesetzlichen Bestimmungen zu messen sind.

Leasingtypische, von der Rechtsprechung gebilligte bzw. entwickelte Besonderheiten gegenüber dem allgemeinen Mietrecht bestehen beispielsweise darin, daß die Gebrauchserhaltungspflicht des Leasinggebers beschränkt ist, der Leasingnehmer die Sach- und Gegenleistungsgefahr trägt, die mietrechtliche Gewährleistung des Leasinggebers regelmäßig durch Abtretung seiner kaufrechtlichen Gewährleistungsansprüche ersetzt wird, die Leasingvertragspartner demgemäß an das Ergebnis der gewährleistungsrechtlichen Auseinandersetzung des Leasingnehmers mit dem Verkäufer gebunden sind und etwa die erfolgreiche Geltendmachung des Wandelungsanspruches die Geschäftsgrundlage des Leasingvertrages rückwirkend entfallen läßt. Sie bestehen ferner darin, daß der Leasinggeber grundsätzlich das Risiko der Insolvenz des Verkäufers trägt, und daß schließlich der Leasingnehmer auch bei vorzeitiger – vertragsgemäßer oder durch fristlose Kündigung des Leasinggebers herbeigeführter – Beendigung des Finanzierungsleasingvertrages neben Aufwendungsersatz und kalkuliertem Gewinn volle Amortisation des eingesetzten Kapitals schuldet.
Das Kfz-Leasing, das in erheblichem Umfang das traditionelle Ratenfinanzierungsgeschäft verdrängt hat, nimmt in der Leasingwirtschaft eine herausragende Stellung ein. Seine große Verbreitung, insbesondere auch im Privatkundenbereich, bedingt eine entsprechende Häufigkeit von Konfliktfällen, namentlich infolge von Fahrzeugmängeln, Unfallschäden und Diebstählen. Hierbei spielen neben besonderen versicherungsrechtlichen Fragen auch spezifische Eigenarten eine Rolle, die das Kfz-Leasing gegenüber dem Leasing anderer Wirtschaftsgüter aufweist, wie beispielsweise die nur beschränkte Ab-

Geleitwort

wälzbarkeit der Sach- und Preisgefahr auf den Leasingnehmer.

Reinking ist es eindrucksvoll gelungen, die Fülle der Probleme, die das Leasing allgemein und speziell das Kfz-Leasing aufwerfen, unter Berücksichtigung der Rechtsprechung übersichtlich und prägnant darzustellen sowie die einzelnen Lösungswege aufzuzeigen. Bislang durch die höchstrichterliche Rechtsprechung ungeklärt gebliebene Fragen werden gleichfalls behandelt. Dazu gehört auch die nach der möglichen Sittenwidrigkeit von Kfz-Leasingverträgen. Sie kann sich vornehmlich beim Privatleasing stellen. Reinking bietet insoweit einen neuen, bedenkenswerten und in sich schlüssigen Lösungsansatz an. Schwerpunktmäßig widmet er sich erfreulicherweise auch den Auswirkungen, die das am 1. Januar 1991 in Kraft getretene Verbraucherkreditgesetz gebracht hat. In dessen Schutzbereich sind grundsätzlich alle privaten Leasingkunden einbezogen. Die diesen eröffnete Widerrufsmöglichkeit, die Voraussetzungen der Kündigung beim Zahlungsverzug des Leasingnehmers, die Abwicklung im Falle des Widerrufs oder der Kündigung und die Rechtsfigur des »verbundenen Geschäfts« werfen beispielsweise vielfältige Zweifelsfragen auf. Reinking, der sich schon anderenorts als Kenner der Materie ausgewiesen hat, geht ihnen nicht aus dem Wege.

Das praxisorientierte Handbuch, dessen erste Auflage schon – mit Recht – sehr positiv aufgenommen wurde, wird gewiß die ihm gebührende, wünschenswerte Verbreitung finden und damit auch dazu beitragen, daß so mancher Streitfall ohne gerichtliche Auseinandersetzung beigelegt werden kann.

Werner Groß
Richter am Bundesgerichtshof

Einführung

Kfz-Leasing ist, obwohl noch relativ jung, zu einem wichtigen Bestandteil des heutigen Wirtschaftslebens geworden. Die Zahl der Leasingfahrzeuge hat sich in den vergangenen Jahren ständig vergrößert, so daß das Konfliktpotential entsprechend gewachsen ist.
Auch der Bekanntheitsgrad des Leasing hat zugenommen. Dennoch wissen nur wenige, was es mit dieser Geschäftsform auf sich hat, d. h. die steuerlichen und rechtlichen Hintergründe sind weithin unbekannt. Insoweit besteht Informationsbedarf. Das Buch will die Lücke schließen.
Gesetzlich ist der Leasingvertrag nicht geregelt. Leasing ist Richterrecht. Deshalb müssen diejenigen, die mit Leasing zu tun haben, die Rechtsprechung kennen und ständig verfolgen. Das Buch soll dabei eine Hilfe sein.
Leasing ist – zugegebenermaßen – kompliziert. Verantwortlich sind verschiedene Faktoren. Die wichtigsten: Ein ausgeklügeltes steuerrechtliches Konzept, diffizile wirtschaftliche Hintergründe und ein zivilrechtliches Dauer-Spannungsverhältnis zwischen Kredit- und Mietvertrag. Das Buch stellt sich die Aufgabe, die Hintergründe in möglichst übersichtlicher und einfacher Weise darzustellen.
Vielschichtig und verwirrend sind die rechtlichen Beziehungen und Zurechnungen, die sich aus dem Drei-Personen-Verhältnis ergeben, bestehend aus Leasinggeber, Leasingnehmer und Lieferant. Sie sind eine Seilschaft, bei der jeder auf den anderen angewiesen ist (Erfüllungsgehilfen). Die refinanzierende Bank, der Hersteller/Lieferant des Autos und der Mitverpflichtete/Bürge gesellen sich als weitere direkt oder indirekt Beteiligte hinzu. Sie alle verfolgen ihre eigenen Ziele und Interessen, so daß es gilt, das Leasing vor Schieflage zu bewahren. Die aus den multilateralen Beziehungen resultierenden Probleme sind das ›Salz in der Suppe‹ beim Leasinggeschäft. Das Buch entwirft das Beziehungsgeflecht und bietet Problemlösungen an.
Der Leasingvertrag ist stets von mittelfristiger Dauer und das Risiko, daß er notleidend wird, von daher relativ groß. Der wegen Zahlungsverzuges fristlos gekündigte Leasingvertrag gehört zum prozessualen Alltagsgeschäft. Mit dieser für die Praxis wichtigen Abwicklungsproblematik befaßt sich das Buch eingehend. Die Gewährleistungsproblematik (Stichwort: mangelhaftes Leasingauto) bildet ein weiteres Schwerpunktthema. Kraftfahrzeug-Leasing hat seine Besonderheiten. Es ist störanfälliger als das Leasing von anderen Objekten, etwa eines Blumenarrangements. Die Mobilität ist der Vorteil des Autos. Beweglichkeit hat aber auch ihre Gefahren. Der Unfall ist ein nur für Kfz-Leasing typisches Risiko. Es besteht aber auch eine höhere Diebstahlswahrscheinlichkeit als sonst bei Leasingobjekten. Das Buch ist ein Wegweiser bei der Schadensregulierung und die Abwicklung der Vertragsverhältnisse.
Nirgends gibt es schließlich mehr sog. Privatverträge als beim Kfz-Leasing. Dies vereinfacht die Rechtslage keineswegs. Eher das Gegenteil ist der Fall. Für den Privatmann gelten wichtige Sondergesetze, die ihn schützen sollen, wie etwa das Gesetz zur Regelung des Rechts der Allgemeinen Geschäftsbedingungen (AGB-Gesetz) vor dem Kleingedruckten oder das Verbraucherkreditgesetz (VerbrKrG) zur Überleitung nicht durchschauter Kreditverpflichtungen. Das VerbrKrG findet, anders als das vorherige Abzahlungsgesetz (AbzG), regelmäßig auf Kfz-Leasingverträge Anwendung. Da die Entscheidung des Gesetzgebers hierfür in letzter Sekunde gefallen ist, hat er den

Einführung

Juristen reichlich Arbeit und der Leasingbranche Kopfschmerzen beschert. Es gilt, die gutgemeinte gesetzgeberische Hinterlassenschaft in diesem Buch so gut wie möglich aufzulösen. Das Verbraucherkreditgesetz ist ein Kernthema. Die rechtlichen Konturen des Leasing sind im Laufe der Zeit immer deutlicher geworden. Dies ist ein maßgebliches Verdienst des Bundesgerichtshofs (BGH). Der Leasingvertrag wird von ihm in kontinuierlicher Rechtsprechung seit Jahren geprägt. Inzwischen hat er auch im Schadensrecht die erhoffte Klarheit geschaffen. Man kann heute schon in vielen Bereichen von einer ständigen oder gefestigten Judikatur sprechen, obschon beim Leasing die Dinge ständig im Fluß sind. Doch längst nicht alle Probleme sind höchstrichterlich präjudiziert. Es bleibt viel Raum für Meinungsbildung. Das Buch nimmt Stellung zu wichtigen Fragen und spart, wo es nötig ist, nicht an Kritik.

Köln, im Januar 1994   Kurt Reinking

TEIL I

Grundstruktur von Kraftfahrzeug-Leasingverträgen

Einleitung

Entwicklung des Kraftfahrzeug-Leasing-Marktes

Die heutigen Formen des Kraftfahrzeug-Leasing gehen zurück auf Entwicklungen in den USA während der letzten 150 Jahre. Leasing-Geschichte schrieb damals die Bell Telephone Corporation, welche 1877 beschloß, Telefonanlagen nicht mehr nur zum Kauf anzubieten, sondern auch über Leasing zu vertreiben.
Das Kraftfahrzeug-Leasinggeschäft wurde in Amerika von 1950 bis 1953 eingeführt. Grund: In dieser Zeit stagnierte der Automobilabsatz trotz starker gewerblicher Nachfrage wegen knapper Geldmittel.
In der Bundesrepublik gibt es Kraftfahrzeug-Leasing seit Anfang der 60er Jahre. Damals wurden die ersten Leasinggesellschaften gegründet. Seither hat sich Kraftfahrzeug-Leasing zu einem bedeutenden Markt mit stetiger Aufwärtstendenz entwickelt.
Die zum Teil boomartigen Wachstumsraten der letzten Jahre beruhen maßgeblich auf einer Ausweitung des Kraftfahrzeug-Leasinggeschäfts mit privaten Kunden und dem starken Anstieg der Pkw-Neuzulassungen in den Jahren 1985–1987. Der Bestand der Privatverträge stieg von etwa 25 000 im Jahre 1982 auf 280 000 im Jahre 1985 und auf derzeit etwa 450 000 Stück.
Zur Erschließung des privaten Kundenkreises trug entscheidend bei, daß Automobilhersteller das Kraftfahrzeug-Leasing subventionierten. Das geschah z. B. in der Form sog. ›Null-Leasing‹. Bei dieser zuletzt wegen Rabattverstoßes mißbilligten Vertragsart (OLG Frankfurt, DB 1986, 741) entsprach das aus der Summe von Sonderzahlung, Leasingraten und Restwert zusammengesetzte Leasingentgelt dem Anschaffungspreis des Fahrzeugs. Über die Leasingraten wurde gleichsam eine zinslose Stundung bzw. Kreditierung des Kaufpreises gewährt.
Die Bezuschussung des privaten Kraftfahrzeug-Leasingvertrags war eine Folge des Konkurrenzdrucks auf dem Automobilmarkt. Hersteller und Importeure nutzten Leasing als Instrument der Absatzförderung über mit ihnen verbundene Leasingfirmen. Man hatte erkannt, daß sich Fahrzeuge über Leasing auch dort absetzen lassen, wo sie nicht so ertragreich verkauft werden können. Allein im Jahre 1983 betrug die Wachstumsrate beim markengebundenen Leasing 36,5%. Dieser Zuwachs beruhte nicht zuletzt auf geschickter Werbung.
Leasingfirmen lockten u. a. mit dem Slogan, der Leasingnehmer brauche nicht das Auto zu bezahlen, sondern ›nur das Fahren damit‹. Nach dem Motto ›ja zum Fahren, nein zum Eigentum‹ wurde für viele private Interessenten Auto-Leasing eine Alternative zum finanzierten Kauf.
Später zeigte sich allerdings, daß dem privaten Leasing Grenzen gesetzt sind. Von den über Subventionierung gewonnenen Kunden konnte der größte markengebundene deutsche Anbieter nur 20% durch Folgeverträge halten. Deshalb wurde das über Sonderaktionen durchgeführte Leasinggeschäft reduziert.
Das Jahr 1991 bescherte der Leasingbranche den vorerst letzten Boom. Die Straßenfahrzeuge legten wertmäßig rund 32% zu. Es war der Osten, der dieses außerordentliche Ergebnis möglich machte. Der Aufwärtstrend hielt dort auch 1992 an, während das Geschäft in den alten Bundesländern ruhiger verlief, so daß insgesamt nur ein Plus von 10% erzielt wurde (Wassermann, FLF 1993, 51).

Einleitung

Marktdaten

Im Jahre 1992 waren in deutschen Handelsregistern 1728 Leasingfirmen eingetragen, von denen die meisten in der Rechtsform einer GmbH betrieben wurden. Darunter befanden sich 132 Neugründungen aus 1991 und 125 aus 1992. Die Gesamtinvestitionen expandierten 1991 um 27%. Der Fahrzeugsektor erreichte an den gesamten Leasing-Investitionen einen Anteil von 57%. Davon entfielen 49% auf Straßenfahrzeuge und die restlichen 8% auf Luft- und Wasserfahrzeuge. Die Zahl der neuverleasten Straßenfahrzeuge belief sich in 1991 auf 836 000 Stück, davon 722 000 Pkw und Kombi sowie 114 000 leichte Nutzfahrzeuge und Anhänger. Am Neuwagengeschäft betrug der Anteil der Leasingfahrzeuge 18,2% in 1991. In Westdeutschland lag die Quote mit 20% fast doppelt so hoch wie in den neuen Bundesländern, wo sie 11% betrug. Auf die Herstellergesellschaften entfielen 541 000 und auf die markenunabhängigen Leasingfirmen 295 000 Fahrzeuge.

Mit zunehmendem Geschäftsvolumen verbesserte sich die Kapitalausstattung der Leasinggesellschaften. Bei 176 von 303 großen Leasingfirmen lag sie bei über 1 Mio DM. Im Neugeschäft erreichten 14 Firmen ein Geschäftsvolumen von über 500 000 DM. Der Spitzenreiter erzielte ein Volumen von 4025,4 Mio DM.

Der Gesamtbestand der Leasingfahrzeuge belief sich im Jahre 1991 auf 1,7 Mio Stück.

Knapp 60% davon gehörten herstellereigenen Leasinggesellschaften und die restlichen 40% waren von markenunabhängigen Instituten in Verkehr gebracht worden. Das Leasinggeschäft mit privaten Kunden war mit 10,5% an den Leasing-Investitionen beteiligt. Im gewerblichen Bereich führte das verarbeitende Gewerbe mit 29,4% vor dem heterogenen Dienstleistungsbereich mit 19,8%, gefolgt vom Handel mit 18,3%. Am Ende rangierte die Landwirtschaft mit 0,6% (ausführlich Wassermann, FLF 1993, 51).

Trend

Im Jahre 1992 feierte das Leasing in Deutschland sein 30jähriges Jubiläum. Bis dahin war es fortwährend bergauf gegangen. Von dem allgemein kühlen Investitionsklima bleibt auch die Leasingbranche nicht verschont. Sie wird auf ihrem steilen Weg nach oben eine Pause einlegen müssen.

Dennoch halten Insider, bezogen auf Gesamtdeutschland, ein weiteres Wachstum für wahrscheinlich, da die Sättigungsgrenzen im Osten noch außer Sichtweite liegen. Der Gebrauchtwagenmarkt wurde bislang für Leasinggeschäfte unzureichend erschlossen. Auf diesem Sektor liegen Ressourcen, die – werden sie genutzt – weiteren Zuwachs versprechen.

Begriff ›Leasing‹

Das amerikanische ›*leasing*‹ wird allgemein mit Miete bzw. Pacht übersetzt. Juristisch sind diese Begriffe nicht zutreffend. Es gibt nämlich kein deutsches Rechtsinstitut, das dem Leasing entspricht. Das exakte juristische Gegenstück der deutschen ›Miete‹ ist in den USA die ›rent‹. Es ist schwierig, den Begriff ›Leasing‹ zu definieren. Das liegt an der Fülle der möglichen Vertragsgestaltungen. Man kann nämlich heutzutage nahezu alles ›leasen‹: Vom Verwaltungsgebäude über Flugzeuge, Werkzeugmaschinen, Computer, Alarmanlagen, Hydro-Kulturen bis hin zum Auto. Ja sogar menschliche Arbeitskraft wird von Teilzeitfirmen – allerdings fälschlich – unter der Bezeichnung ›Leasing‹ zur Vermittlung angeboten.

Ganz allgemein versteht man unter Leasing die mittelfristige Gebrauchsüberlassung langlebiger Wirtschaftsgüter gegen Zahlung eines Entgelts. Mit dieser Beschreibung ist nicht viel gewonnen. Leasing ist nämlich ein Mantelbegriff, der eine Fülle von Vertragsformen abdeckt, als solcher indes wenig aussagt. Es kommt auf die Beiwörter an, deren es viele gibt. Sie veranschaulichen die Variationsbreite der Ausgestaltungsmöglichkeiten von Leasingverträgen und erleichtern die zivil- und steuerrechtliche Beurteilung.

Eingruppierung des Kraftfahrzeug-Leasingvertrages

Automobil-Leasing gehört zum Mobilien-Leasing. Man unterscheidet zwischen ›*direktem*‹ und ›*indirektem*‹ Mobilien-Leasing. Beim direkten Leasing übernimmt der Hersteller/Importeur bzw. Verkäufer selbst die Funktion des Leasinggebers. In der Bundesrepublik wird direktes Kraftfahrzeug-Leasing nicht praktiziert. Soweit Hersteller, Importeure und Händler auf dem Kraftfahrzeug-Leasingsektor aktiv sind, bedienen sie sich ausnahmslos der Mitwirkung von Banken und Leasinggesellschaften. Vielfach besteht eine wirtschaftliche und kapitalmäßige Verflechtung zwischen beiden Partnern (Hausbanken und Tochterfirmen). Mobilien-Leasing wird unterteilt in *Operating-Leasing* und *Finanzierungs-Leasing*. Unter Operating-Leasing versteht man kurzfristige und jederzeit – unter Einhaltung kurzer Fristen – kündbare Leasingverträge. Für diese Vertragsform ist typisch, daß nicht der Leasingnehmer, sondern vielmehr der Leasinggeber das Leasingobjekt aussucht und somit das Investitionsrisiko trägt. Es fehlt an der Zweckbindung des Leasingobjektes zum Leasingnehmer. Dem Kunden bietet Operating-Leasing den Vorteil, daß er immer ein dem neuesten Stand der Technik entsprechendes Gerät erhält. Bei häufigen technischen Neuerungen, wie sie z. B. in der Computerbranche an der Tagesordnung sind, stellt Operating-Leasing die ideale Vertragsform dar. Für Kraftfahrzeug-Leasing eignet sich das Modell nicht. Kraftfahrzeug-Leasing wird ausschließlich in der Form von Finanzierungs-Leasing betrieben. Diese ›*problemanfälligste*‹ aller Vertragsformen steht im Blickpunkt des Buches.

Leasing-Erscheinungsformen

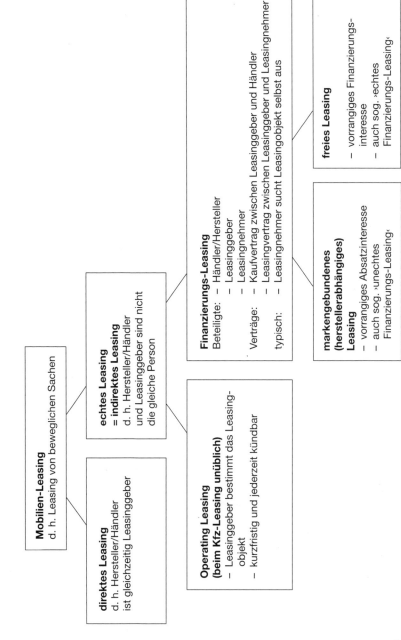

Finanzierungsleasing

Grundsätzliches

Beim Finanzierungsleasing geht es um ein Finanzierungsgeschäft. Beteiligte sind der Hersteller/Händler, die Leasingfirma und der Leasingnehmer.
Die Leasingfirma übernimmt die Finanzierung. Sie tut dies, indem sie den Kaufpreis für das Auto, das sie im eigenen Namen und für eigene Rechnung erwirbt, an den Händler zahlt. Den Kaufpreis plus Zinsen, Kosten und Gewinn läßt sie sich vom Leasingnehmer durch eine Sonderzahlung und durch die Leasingraten erstatten. Die Leasingraten und die Sonderzahlung werden als Leasingentgelt bezeichnet.
Die Leasingfirma stellt nicht nur das Geld für den Kauf des Fahrzeugs zur Verfügung. Sie muß dem Leasingnehmer auch den Gebrauch des Autos während der Vertragszeit in einem für den Vertragszweck geeigneten Zustand ermöglichen. Zur sog. *Finanzierungsfunktion* gesellt sich die Pflicht zur *Gebrauchsüberlassung und -gewährung*. Im Spannungsfeld dieser beiden Pflichten – dies sei vorweggenommen – liegt die rechtliche Problematik beim Finanzierungsleasing. Die Leasingfirma übernimmt – im Vergleich zum finanzierten Kauf – die Aufgaben von zwei Leistungsträgern in einer Person. Ihre Pflicht zur Besitzüberlassung des Autos zum Zwecke des Gebrauchs entspricht der Pflicht zur Eigentumsverschaffung beim finanzierten Kauf. Die Finanzierung durch Erwerb des Autos auf eigene Rechnung ist der Kreditauszahlungspflicht der Bank oder Sparkasse beim finanzierten Kauf vergleichbar (Sannwald, Der Finanzierungsleasingvertrag über bewegliche Sachen mit Nichtkaufleuten, S. 81).
Der Leasinggeber hat infolgedessen weitreichendere Pflichten als der Kreditgeber beim finanzierten Kauf. Finanzierungsleasing ist mehr als bloße ›Gebrauchsfinanzierung‹. Diese Meinung vertritt der BGH in ständiger Rechtsprechung. Er hat das Neben- und Miteinander von Finanzierungsinteresse und Gebrauchsüberlassungspflicht des Leasinggebers, dem auf seiten des Leasingnehmers das Nutzungsinteresse entspricht, wie folgt beschrieben:

»Im Unterschied zu einem zur Finanzierung eines Sacherwerbs geschlossenen Kreditvertrag mit einer Bank, bei dem der Darlehensnehmer außer seiner Rechtsbeziehung zum Darlehensgeber ein eigenes Kaufvertragsverhältnis zum Veräußerer hat, beschränken sich die Rechtsbeziehungen beim Finanzierungsleasing für den Leasingnehmer auf den Vertrag mit dem Leasinggeber. Dieser hat sich, anders als die Kreditbank bei einer Sicherungsübereignung, kein Sicherungseigentum, sondern Volleigentum vorbehalten, das er nicht nur bei Vertragsstörungen, sondern gerade auch bei normalem Ablauf des Vertrages in Anspruch nimmt, sofern nicht aufgrund einer besonderen Abrede ein sich dem Vertragsverlauf selbständig anschließender Eigentumserwerb durch den Leasingnehmer vereinbart ist.

Diese Vertragskonstruktion und die Zuordnung des Leasinggutes zum Vermögen des Leasinggebers verbieten es, in der formularmäßigen Haftungsfreizeichnung mit Abtretung von Gewährleistungsansprüchen eine Risikozuweisung zu sehen, derzufolge ... die Frage der Benutzbarkeit der Leasingsache völlig vom Bestand und vom Verlauf des Leasingvertrages gelöst würde. Andernfalls stünde der Verpflichtung des Leasingnehmers zur Zahlung der Leasingraten kein Ver-

Wenn einfach alles stimmen soll

Die Marke. Das Fahrzeug. Die Lösung.

▶ Bei uns haben Fahrzeug und Finanzdienstleistung viel gemeinsam. Die Solidität, die Zuverlässigkeit. Aber auch die Vielfalt, mit der wir auf die Bedürfnisse unserer Kunden eingehen.

▶ Zum Beispiel unser Service-Leasing. Da integrieren wir vom Reifenservice über Wartung bis hin zur Versicherung die Dienstleistungsbausteine, die Ihre Fahrzeugverwaltung entlasten.

▶ Wenn Sie also an Ihre Finanzierungslösung denselben Anspruch stellen wie an Ihr Fahrzeug, beraten wir Sie gerne. Bei Mercedes - in Mercedes-Qualität.

Mercedes-Benz
Lease Finanz

Unternehmen der Daimler-Benz InterServices

tragspartner mit äquivalenten Gegenleistungspflichten gegenüber« (BGH, WM 1985, 573 f.).

Der mit Blick auf den Finanzierungszweck von einer beachtlichen Stimmenzahl (Lieb, JZ 1982, 561; Canaris, NJW 1982, 305 f.) empfohlenen Behandlung des Leasingvertrages als bloßes Auftrags- oder Geschäftsbesorgungsverhältnis ist der BGH entschieden entgegengetreten. Dagegen spricht aus seiner Sicht

»vor allem die nicht nur formale und vorübergehende, sondern sachliche und dauernde Zuordnung des Leasinggegenstandes zum Vermögen des Leasinggebers. Sie ist Grundlage für die in aller Regel als ›Vermietung‹ bezeichnete Gebrauchsüberlassung an den Leasingnehmer, die eine in sich abgeschlossene Regelung darstellt und deshalb keinen Raum für ein daneben bestehendes Auftragsverhältnis (oder ein ähnliches) mehr läßt. Denn wenn nach dem von beiden Vertragspartnern verfolgten Vertragszweck Sacherwerb durch den Leasinggeber und Gebrauchsüberlassung an den Leasingnehmer den zentralen Vertragsinhalt bilden und die Verschaffung einer mangelfreien Sache damit eine Hauptpflicht des Leasinggebers ist, schuldet der Leasinggeber nicht nur eine im Interesse des Leasingnehmers liegende Tätigkeit, wie das bei einem Auftrag oder einer Geschäftsbesorgung in erster Linie der Fall wäre, sondern deren durch Übergabe der Sache herbeigeführten Erfolg« (BGH, NJW 1986, 179).

Der wirtschaftliche Unterschied zur Vermietung liegt darin, daß der Leasinggeber mit dem Kauf des Autos kein eigenes unternehmerisches Interesse im Sinne einer ihn unmittelbar betreffenden Investitionsentscheidung verfolgt. Vielmehr finanziert er fremden Sacherwerb. Der Anstoß zur Finanzierung kommt von außen, nämlich vom Leasingnehmer. Auslösendes Moment für das Hinzutreten des Leasinggebers ist i. d. R. ein bereits bestehender Geschäftskontakt zwischen dem Leasingnehmer und dem Händler. Bevor der Leasinggeber eingeschaltet wird, hat sich der Leasingnehmer meist schon das Auto ›ausgesucht‹ (BGH, WM 1981, 1219).

Den Finanzierungsaspekt hat der BGH mit Blick auf die für Finanzierungsleasingverträge typische Interessenlage wie folgt formuliert:

»Beim reinen Mietvertrag schuldet der Vermieter Gebrauchsüberlassung und Erhaltung. Beim Leasingvertrag tritt zur Gebrauchsüberlassung die Finanzierungsfunktion hinzu. Beides ist, wie in der Rechtsprechung des erkennenden Senats von Anfang an betont worden ist, auf die individuellen Investitionsbedürfnisse des Leasingnehmers zugeschnitten. In der Finanzierungsfunktion wurzelt das Amortisationsprinzip, das den entscheidenden Unterschied zum reinen Mietvertrag ausmacht. Das Amortisationsprinzip akzeptiert der Leasingnehmer, wenn er sich zur Verwirklichung eines Investitionsvorhabens durch Leasing des Investitionsgutes entschließt. Das Risiko, damit den richtigen Weg beschritten zu haben und durch die allein von ihm bestimmte Auswahl des Leasingobjekts dem innerbetrieblichen Zweck der Investition optimal gerecht zu werden, trägt der Leasingnehmer von Hause aus. Das Prinzip der Vollamortisation durch Zahlung der vereinbarten Leasingraten im Verlaufe einer entsprechend festgelegten Vertragsdauer, ergänzt um den anteiligen Verwertungserlös, wird auch verwirklicht durch die Ausgestaltung in Form von Teilamortisationsverträgen, in denen nach Ablauf einer Mindestvertragsdauer dem Leasingnehmer das Recht zur ordentlichen Kündigung eingeräumt wird« (ZIP 1990, 1133, 1135 = BGHZ 112/65).

Freies und markengebundenes Finanzierungsleasing

Während die freien Leasingfirmen Kundenfinanzierung betreiben, liegt der Schwerpunkt der herstellerabhängigen Leasingfirmen auf dem Feld der Absatzfinanzierung. (Berger, Typus und Rechtsnatur des Herstellerleasings, S. 26 f.). Da die Zielsetzung absatzorientiert ist, wird diese Art des Leasing als *unechtes* Finanzierungsleasing bezeichnet. Das Gegenstück ist *echtes* Finanzierungsleasing, bei dem das Finanzierungsinteresse im Vordergrund steht (vgl. v. Westphalen, DAR 1984, 337). Die Unterscheidung zwischen echtem und unechtem Finanzierungsleasing ist nach Meinung des BGH rechtlich nicht bedeutsam und kann deshalb vernachlässigt werden. Beide Geschäftstypen unterliegen – zumindest immer dann, wenn der Leasingnehmer das Vollamortisationsrisiko des Leasinggebers trägt (v. Westphalen, Der Leasingvertrag, 4. Aufl., Rn. 123; a. A Berger, Typus und Rechtsnatur des Herstellerleasings, S. 49 f.) – der gleichen zivilrechtlichen Beurteilung. Aus der Sicht des Leasingnehmers macht es nämlich keinen Unterschied, ob er sich die erhofften Vorteile des Leasing bei einem markengebundenen oder einem ›neutralen‹ Leasinggeber verschafft (BGH, NJW 1986, 1335). Ein Absatzinteresse schließt das Vorhandensein eines Finanzierungsinteresses nicht aus. Außerdem würde eine Abgrenzung zwischen echtem und unechtem Finanzierungsleasing mangels brauchbarer Kriterien angesichts der vielfältigen Vertragsgestaltungen auf praktisch nicht überwindbare Schwierigkeiten stoßen (BGH, ZIP 1985, 935, 938).

Vorteile des Kraftfahrzeug-Leasingvertrages

Betriebswirtschaftliche Aspekte

Um die Gebrauchsvorteile des Autos zu erlangen und zu erhalten, muß der Leasingnehmer die monatlichen Leasingraten sowie zu Vertragsbeginn meist eine Sonderzahlung aufbringen. Die Höhe der Sonderzahlung liegt durchschnittlich bei etwa 20% des Kraftfahrzeug-Anschaffungspreises. Im Regelfall trägt der Leasingnehmer zusätzlich das Restwertrisiko.
Die Liquidität des Kunden wird beim Leasingvertrag im Gegensatz zum Barkauf geschont. Der Leasingnehmer kann mit dem Geld effektiver wirtschaften und die Leasingraten aus den Erträgen finanzieren.
»Pay as you earn« heißt deshalb das Motto in den USA. Der Leasingnehmer braucht keine Sicherheiten zu stellen. Außerdem belastet er nicht die Kreditlinie seiner Bank. Einkaufsvorteile des Leasinggebers kommen ihm über niedrige Leasingraten zugute. Durch Anschlußverträge bewahrt der Leasingnehmer den Fahrzeugbestand vor Überalterung.

Steuerliche Konzeption

Kraftfahrzeug-Leasing ist vom Steuerrecht geprägt. Hier liegen die entscheidenden Vorteile. In ihren Genuß kommt allerdings nur der gewerbliche Leasingnehmer.
a) Er kann die Leasingraten sofort als Betriebsausgaben steuerlich geltend machen. Außerdem unterliegen sie der Umsatzbesteuerung. Der gewerbliche Leasingnehmer kann daher die anfallende Umsatzsteuer als Vorsteuer absetzen.
b) Das Leasingfahrzeug erscheint nicht in der Bilanz des Leasingnehmers. Es gehört zum Anlagevermögen des Leasinggebers. Dem Anschaffungsaufwand werden die Überführungskosten nicht zugerechnet. Sie sind Betriebsausgaben des Leasinggebers. Die Abschreibung des Fahrzeugs ist beim Leasinggeber nach der betriebsgewöhnlichen Nutzungsdauer vorzunehmen.
c) Für die Leasingraten fällt beim Leasingnehmer keine Gewerbesteuer an. Die Gewerbebesteuerung erfolgt beim Leasinggeber.

Refinanzierung durch Forderungsverkauf

Finanziert der Leasinggeber seine Leasinggeschäfte durch die Aufnahme von Bankkrediten, werden diese bei der Berechnung des Gewerbekapitals dem Einheitswert des Betriebsvermögens als Dauerschulden i. S. v. § 12 Abs. 2 Ziff. 1 GewStG und die Zinsen dem Gewerbeertrag als Dauerschuldzinsen i. S. v. § 8 Ziff. 1 GewStG hinzugerechnet (BFH, ZIP 1981, 905 = BFHE 133, 67). Die Gewerbesteuerlast des Leasinggebers wird dadurch erhöht.
Diesen Steuernachteil vermeiden Leasingunternehmen, indem sie anstelle der Aufnahme von Bankkrediten ihre Forderungen aus Leasingverträgen im Rahmen einer ›Forfaitierung‹ an Banken veräußern. Dadurch entstehen keine Dauerschulden. Der Geldeingang aus dem Forderungsverkauf ist in die Steuerbilanz des Leasinggebers als passiver Rechnungsposten einzustellen, der bei der Gewerbesteuer nicht hinzugerechnet wird. Er ist über den Zeitraum, auf den sich der For-

Vorteile des Kraftfahrzeug-Leasingvertrages

derungsverkauf erstreckt, gewinnerhöhend aufzulösen.

Beim Forderungsverkauf im Rahmen einer Forfaitierung haftet der Leasinggeber der Bank für den rechtlichen Bestand der Forderung, nicht aber für die Bonität des Leasingnehmers. Als Rechtsmängel, für die der Leasinggeber einzustehen hat, kommen insbesondere das Wandlungsrecht und Schadensersatzansprüche wie auch Einwendungen aus der Nichtbeachtung der Formerfordernisse des Verbraucherkreditgesetzes in Betracht. Eine Bestimmung im Rahmenvertrag über den Ankauf der Leasingforderungen, welche besagt, eine vom Leasingnehmer behauptete Vertragsverletzung sei ein Bestandsmangel, ist dahin auszulegen, daß nur eine ›schlüssige‹ Behauptung genügt (BGH, EWiR, § 9 AGBG 3/92, 215 – Reinking –).

Das Bonitätsrisiko muß in vollem Umfang von der refinanzierenden Bank getragen werden. Die Abtretung vermindert dann nicht die Gewerbesteuerlast des Leasinggebers, wenn sie lediglich eine Sicherungsmaßnahme darstellt und die Bank nicht das Risiko der Uneinbringlichkeit der Leasingraten übernimmt. Im Falle einer Sicherungsübereignung des Leasingfahrzeugs an die refinanzierende Bank empfiehlt sich die Klarstellung, daß der Sicherungszweck ausschließlich die Haftung des Leasinggebers für den Forderungsbestand betrifft (v. Westphalen, Der Leasingvertrag, 4. Aufl., Rn. 976).

Vorteile beim privaten Kraftfahrzeug-Leasing

Alle genannten steuerlichen und betriebswirtschaftlichen Vorzüge betreffen ausschließlich den gewerblichen Leasingnehmer. Die Argumente für privates Leasing sind rar. Der Privatmann kann die Leasingraten steuerlich nicht absetzen. Statt dessen wird ihm lediglich – wie beim gekauften Auto – die Kilometerpauschale für Fahrten zur Arbeits-

---

Vorteile
des Kraftfahrzeug-Leasing für Leasingnehmer

Gewerblicher Leasingnehmer

- Leasingraten sind als Betriebsausgaben steuerlich sofort absetzbar
- für Leasingraten fällt keine Gewerbesteuer an
- die auf Leasingraten liegende Mehrwertsteuer ist als Vorsteuer absetzbar
- Leasingfahrzeug ist Anlagevermögen des Leasinggebers (erscheint nicht in der Leasingnehmer-Bilanz)

Privater Leasingnehmer

- Preisvorteile durch Sonderangebote und Mengenrabatte
- geringe Leasingraten bei störungsfreiem Vertragsablauf
- geringer Einsatz privater Mittel
- Leasingfahrzeug statt Lohnerhöhung
- Schonung der Liquidität
- keine Sicherheiten

Vorteile des Kraftfahrzeug-Leasingvertrages

stätte zugebilligt (BFH, DAR 1988, 67), die ab dem 1. 1. 1994 –,70 DM pro Kilometer beträgt. Aufwendungen für Fahrten zwischen Wohnung und Arbeitsstätte kann der Arbeitnehmer jedoch nicht als Werbungskosten absetzen, wenn ihm der Arbeitgeber ein geleastes Fahrzeug überläßt und den Bruttoarbeitslohn des Arbeitnehmers um die Leasingraten kürzt (FG Niedersachsen, Urteil 3. 2. 1988 – IX 31/86 – n. v.).
Bekommt der Arbeitnehmer vom Arbeitgeber anstelle einer Gehaltserhöhung einen geleasten Dienstwagen zur privaten Nutzung, muß er 1% des Fahrzeugwertes pro Monat versteuern. Das macht z. B. bei einem Steuersatz von 45% und einem Fahrzeugwert von 18 000 DM jährlich 972,– DM Steuern aus.
Für den privaten Leasingnehmer kann das Kraftfahrzeug-Leasing nur unter der Voraussetzung ernsthaft von Interesse sein, daß er dabei finanziell besser als beim finanzierten Kauf abschneidet. Genau das aber scheint nicht der Fall zu sein. Spitzfindige Rechner haben herausgefunden, daß Leasing – von Ausnahmen abgesehen – im Vergleich zum Kauf bzw. finanzierten Kauf oftmals die teuerste Art des Autofahrens darstellt. Das leuchtet ein, wenn man bedenkt, daß der Leasinggeber Gewinne erzielen muß. Allein von guten Einkaufskonditionen und günstigen Refinanzierungsbedingungen kann er nicht leben.
Für den Privatmann sind in erster Linie die ›Sonderangebote‹ beim Hersteller-/Händler-Leasing interessant, weil sie kostengünstiger als die Kreditfinanzierung und das herkömmliche Leasing ausfallen. Zu diesen Sonderaktionen gehört auch das sogenannte ›Null-Leasing‹, bei dem die Summe aus Sonderzahlung, Leasingraten und rechnerischem Restwert den Anschaffungspreis ergibt. Im Vordergrund steht der Erwerb des Fahrzeugs durch den Leasingnehmer am Ende der Vertragszeit und nicht die Gebrauchsüberlassung. Die zu entrichtenden Leasingraten sind, wirtschaftlich betrachtet, zinsfreie Kaufpreisraten. Das OLG Frankfurt verwarf diese Vertragsart wegen Verstoßes gegen das Rabattgesetz (DB 1986, 741). Grund: Unzulässiger ›Nachlaß‹ vom Normalpreis durch Stundung des Kaufpreises ohne Zinsaufschlag.
In solcher und ähnlicher Weise subventionierte Leasingangebote sind meist an bestimmte Fahrzeugtypen gekoppelt und dienen der Absatzförderung. Sie sind nicht typisch für das Kraftfahrzeug-Leasing und folglich kein Argument dafür.
Markengebundene Leasinggeber werben häufig mit der im Vergleich zum finanzierten Kauf geringeren Belastung des Leasingnehmers. Dieser – so heißt es – brauche nur soviel zu bezahlen, wie das Auto durch Benutzung an Wert verliere. Hinzu kommen allerdings die Kapitalkosten für die Finanzierung. Der Vorteil liegt darin, daß der Gebrauchtwagenwert des Autos nicht amortisiert werden muß. Falls allerdings der kalkulierte Restwert nicht erzielt wird, kommt der Zahltag für den Leasingnehmer am Vertragsende.
Als weiterer Vorzug beim Leasinggeschäft wird die hundertprozentige Finanzierung des Leasingobjekts gepriesen. Beim Kraftfahrzeug-Leasing überzeugt das Argument schon deshalb nicht, weil der Leasingnehmer üblicherweise zu Vertragsbeginn eine Sonderzahlung in Höhe von ca. 20% des Anschaffungspreises zu zahlen hat. Demzufolge beträgt das ›echte‹ Finanzierungsvolumen nur noch ca. 80% des Anschaffungspreises. Außerdem verlangen Kreditgeber, namentlich solche, die mit Herstellern verbunden sind, bei der Finanzierung von Kraftfahrzeugen keine weitergehenden Sicherheiten als beim Leasing.
Für das Privat-Leasing spricht nach Meinung der Anbieter ferner, daß dem Kunden durch den Abschluß von Folgeverträgen ermöglicht wird, immer das neueste Modell zu fahren. Hierbei braucht er sich nicht um die Verwertung des Gebrauchtfahrzeugs zu kümmern. Ein Argument für die Bequemlichkeit.

Autoleasing = Interleasing

- Bewährter und zuverlässiger Leasingpartner für Unternehmen, Gewerbetreibende und Privatpersonen und für alle Hersteller oder Vertriebsunternehmen.
- Wir verleasen alle Marken, neu und gebraucht.
- Abrechnung auf Kilometerbasis ohne/mit Anzahlung aber auch mit Restwertabrechnung.
- Full-Service möglich, beinhaltet einzeln oder zusammen Reparatur- + Wartungs-Kosten, Reifenersatz, Versicherung, Kfz.-Steuer, Ersatzwagen, bargeldloses Tanken u.a.n.V.
- Problemlose, schnelle Abwicklung auch bei Fahrzeugen, die Sie selbst besorgen, ob neu oder gebraucht.
- Sie fahren vom ersten Tag an mit einer günstigen Vollkasko-Versicherung. Information auf Anfrage.

INTERLEASING HÄUSLER MÜNCHEN

Interleasing Häusler GmbH & Co. KG
Landsberger Straße 87, 80339 München
Tel. 089/5101-236/240, Fax 089/5101-272

Das wirtschaftliche Eigentum

Bedeutung

Das wirtschaftliche Eigentum ist ein Schlüsselwort beim Finanzierungsleasing. Mit ihm steht und fällt das Leasinggeschäft. Die angestrebten Steuervorteile für Leasingnehmer und Leasinggeber lassen sich nur unter der Voraussetzung erzielen, daß die Zurechnung des wirtschaftlichen Eigentums beim Leasinggeber stattfindet. Ist der Leasingnehmer wirtschaftlicher Eigentümer des Kraftfahrzeugs, wird er steuerrechtlich wie ein Käufer behandelt. Das Fahrzeug wird seinem Betriebsvermögen zugerechnet, d. h. er muß es in seiner Bilanz ausweisen, die Leasingraten kann er nicht sofort als Betriebsausgaben geltend machen und außerdem wird er zur Zahlung der Umsatzsteuer herangezogen.

Begriff

Wirtschaftliches Eigentum ist nicht gleichbedeutend mit rechtlichem Eigentum. Der Leasinggeber als rechtlicher Eigentümer des Leasing-Fahrzeugs muß somit nicht zwangsläufig auch dessen wirtschaftlicher Eigentümer sein. Den Begriff des wirtschaftlichen Eigentums hat der Bundesfinanzhof im Jahre 1970 in Anlehnung an die damals vorherrschende Meinung geprägt. Er stellte fest,

»daß als wirtschaftlicher Eigentümer derjenige anzusehen ist, der aufgrund seiner tatsächlichen Herrschaftsgewalt über das Wirtschaftsgut den bürgerlich-rechtlichen Eigentümer – wirtschaftlich betrachtet – auf Dauer von der Einwirkung auf das Wirtschaftsgut ausschließen kann, so daß der Herausgabeanspruch des Eigentümers gemäß § 985 BGB wirtschaftlich keine Bedeutung mehr besitzt« (BStBl II 1970, 264).

Auf der Definition des Bundesfinanzhofs beruht die heutige Gesetzesregelung des § 39 Abs. 2 Ziffer 1 Satz 1 AO. Sie lautet:

»Übt ein anderer als der Eigentümer die tatsächliche Herrschaft über ein Wirtschaftsgut in der Weise aus, daß er den Eigentümer im Regelfall für die gewöhnliche Nutzungsdauer von der Einwirkung auf das Wirtschaftsgut wirtschaftlich ausschließen kann, so ist ihm das Wirtschaftsgut zuzurechnen.«

Das Gesetz knüpft an die ›tatsächliche Sachherrschaft‹ an. Sie ist gleichbedeutend mit der ›tatsächlichen Gewalt‹ beim Besitzerwerb (§ 854 BGB).
Eine Verlagerung des wirtschaftlichen Eigentums auf den Inhaber der tatsächlichen Sachherrschaft setzt voraus, daß dieser den Eigentümer von der Einwirkung auf das Wirtschaftsgut im ›Regelfall für die gewöhnliche Nutzungsdauer‹ ausschließen kann. Abzustellen ist dabei auf den typischen Geschehensablauf.
Die Zurechnung wirtschaftlichen Eigentums beim Besitzer findet unter den genannten Voraussetzungen statt, wenn er durch Innehabung der tatsächlichen Gewalt das bekommt, was den wirtschaftlichen Gehalt des bürgerlich-rechtlichen Eigentums ausmacht. Dieser besteht aus Substanz und Ertrag. Beide müssen ihm vollständig und auf Dauer zustehen, so daß er die Chance der Wertsteigerung besitzt und zugleich das Risiko der Wertminderung und des Verlustes der Sache trägt (Döllerer, BB 1971, 535, 536).
Im Anschluß an die Entscheidung des Bundesfinanzhofs aus dem Jahre 1970 erteilte der Finanzminister per Erlaß verbindliche

Das wirtschaftliche Eigentum

Hinweise zur Zurechnung des wirtschaftlichen Eigentums von Leasing-Objekten. Der erste Erlaß vom 19. 4. 1971 betraf den Vollamortisationsvertrag, der zweite vom 21. 3. 1972 das in diesem Zusammenhang nicht weiter interessierende Immobilien-Leasing und der dritte Erlaß vom 22. 12. 1975 den sog. Teilamortisationsvertrag.

Die beiden das Vollamortisations- und Teilamortisationsleasing betreffenden Erlasse sind im Anhang abgedruckt. Sie haben in der Folgezeit das Leasinggeschäft maßgeblich geprägt. Ihre Kenntnis ist zum Verständnis des Kraftfahrzeug-Leasingvertrages unerläßlich.

Erlaßkonforme Vertragsmodelle

Die nachfolgend vorgestellten Vertragsvarianten werden als ›erlaßkonform‹ bezeichnet. Grundlage der Vertragstypen sind die in den Leasingerlassen vom 19. 4. 1971 und 22.12. 1975 festgelegten Rahmenbedingungen.

Vollamortisationsvertrag

Der für das Vollamortisationsleasing bestimmte Erlaß vom 19. 4. 1971 findet auf diejenigen Verträge Anwendung,
- die während der Grundmietzeit bei vertragsgemäßer Erfüllung von beiden Vertragsparteien nicht gekündigt werden können und
- bei denen die während der Grundmietzeit vom Leasingnehmer zu entrichtenden Zahlungen mindestens die Anschaffungs- oder Herstellungskosten sowie alle Nebenkosten einschließlich der Finanzierungskosten des Leasinggebers und dessen Gewinn abdecken.

Beispiel:

Bei einem Zinssatz von 5% pro Jahr beträgt die monatliche Leasingrate eines Vollamortisationsvertrages von 36 Monaten – vorschüssig kalkuliert – 2,985% des Kaufpreises. Bei einem Zinssatz von 10% sind es 3,200% des Kaufpreises. Das ergibt bei einem Kfz-Anschaffungspreis von 20 000,– DM und einem Zinssatz von 5% eine monatliche Leasingrate von 597,– DM. Beträgt der Zinssatz 10%, erhöht sich die monatliche Rate auf 640,– DM. In diesem Betrag sind die Kosten des Leasinggebers und ein Gewinn nicht mitenthalten.

Damit das wirtschaftliche Eigentum dem Leasinggeber zugerechnet werden kann, muß der Vertrag mit einer unkündbaren Grundmietzeit abgeschlossen werden. Sie liegt zwischen 40% und 90% der betriebsgewöhnlichen Nutzungsdauer, welche anhand der amtlichen Abschreibungstabellen zu ermitteln ist.
Bei der Bemessung der Absetzungen für Abnutzung ist von der betriebsgewöhnlichen Nutzungsdauer des Leasinggegenstandes nach der amtlichen AfA-Tabelle für die allgemein verwendbaren Anlagegüter auszugehen, die auch der Kalkulation der Leasingraten zugrunde gelegt worden ist. Höhere Absetzungen für Abnutzung sind nicht zulässig (Erlaß des FinMin NRW v. 13. 5. 1980 – DB 1980, 1239 – über die »Bilanzmäßige Behandlung von Leasing-Verträgen beim Leasing-Geber«, der im Einvernehmen mit dem Bundesminister der Finanzen und den obersten Finanzbehörden der anderen Länder ergangen ist). Niedrigere Absetzungen für Abnutzung sind zulässig, jedoch nicht zwingend vorgeschrieben.
Für Personenkraftwagen, Sattelschlepper, Kombi- und Lastkraftwagen betrug bisher die betriebsgewöhnliche AfA-Zeit 4 Jahre, für Lkw-Wechselaufbauten, Elektrolastwagen und Omnibusse 5 Jahre und für Lkw-Anhänger 6 Jahre.
Die in der – alten – amtlichen »AfA-Tabelle« vorgesehenen Sätze führen bei einem Pkw im Regelfall zu einer unzutreffenden Besteuerung, da bei einer vierjährigen Nutzung und einer durchschnittlichen Gesamtfahrleistung von 100 000 km erst ein Wertverlust von 50 bis 70 v. H. der Anschaffungskosten eingetreten ist. Deshalb muß der Steuerpflichtige nach Meinung des BFH (DAR 1992, 154) eine niedrigere Nutzungsdauer entsprechend seinem Kfz-Typ und seiner durch-

schnittlichen Jahresfahrleistung nachweisen. Für ihn gelten die in der AfA-Tabelle angegebenen Sätze nicht mehr ohne weiteres. Der Bundesminister der Finanzen nahm das Urteil des BFH zum Anlaß, die in der AfA-Tabelle für allgemein verwendbare Anlagegüter festgelegte betriebsgewöhnliche Nutzungsdauer für Pkw und Kombifahrzeuge auf fünf Jahre und den maßgeblichen AfA-Satz auf 20 v. H. der Anschaffungs- oder Herstellungskosten zu ändern (BStBl 1992, 734). Die Regelung gilt grundsätzlich für alle Fahrzeuge, die nach dem 31. Dezember 1992 angeschafft oder hergestellt worden sind; maßgebend ist der Tag der Erstzulassung. Die geänderten AfA-Sätze gelten mangels Ausnahmeregelung auch für Leasing-Pkw und -Kombifahrzeuge (vgl. v. Westphalen, DB 1992, 2379 f.).

Sieht der Leasingvertrag vor, daß der Leasingnehmer das Kraftfahrzeug am Vertragsende erwerben kann, ist zu beachten, daß der Kaufpreis nicht unter dem AfA-Buchwert oder unter dem niedrigeren gemeinen Wert liegen darf. Falls der Leasingvertrag dem Leasingnehmer ein Recht auf Mietverlängerung gewährt, müssen die Anschlußleasingraten so bemessen sein, daß sie den Wertverzehr abdecken.

Werden diese Grundsätze nicht beachtet, besteht die Gefahr, daß die Zurechnung des wirtschaftlichen Eigentums beim Leasingnehmer stattfindet.

Einer weiteren Vertiefung der komplizierten Erlaßregelung bedarf es in diesem Zusammenhang nicht, da Vollamortisationsverträge beim Kraftfahrzeug-Leasing selten vorkommen. Es gibt sie allenfalls noch auf dem Nutzfahrzeugsektor. Betroffen sind intensiv genutzte Baustellen-Fahrzeuge, deren Wert innerhalb der Grundmietzeit aufgezehrt wird, so daß am Vertragsende eine wirtschaftlich sinnvolle Nutzung oder ein wesentlicher Gebrauchtwagenwert als unwahrscheinlich angesehen wird.

Teilamortisationsvertrag

Bei dieser Vertragsform werden die Aufwendungen und der Gewinn des Leasinggebers während der unkündbaren Vertragszeit nur zum Teil durch das Leasingentgelt abgegolten. Die volle Kostendeckung wird erst mit der Realisierung des kalkulierten Restwertes erreicht. Für den Leasingnehmer besteht die Gefahr, daß auf ihn am Vertragsende weitere Kosten zukommen, wenn der kalkulierte Restwert nicht erzielt wird.

Die Grundmietzeit liegt wie beim Vollamorti-

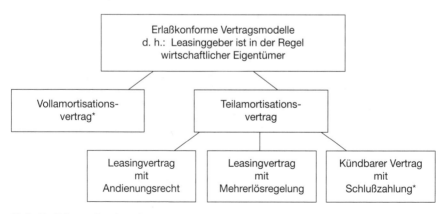

* beim Kraftfahrzeug-Leasing selten

Erlaßkonforme Vertragsmodelle

sationsvertrag zwischen 40% und 90% der betriebsgewöhnlichen Nutzungsdauer. Erlaßkonformes Kfz-Leasing wird fast ausnahmslos als Teilamortisationsleasing betrieben.
Beim Teilamortisationsvertrag hängt die Zurechnung des ›wirtschaftlichen Eigentums‹ maßgeblich von der vertraglichen Ausgestaltung des Abrechnungsverhältnisses am Vertragsende ab. Aufgrund des Leasingerlasses vom 22. 12. 1975 (BB 1976, 72) ist der Leasinggeber als wirtschaftlicher Eigentümer anzusehen, wenn der Leasingvertrag einer der drei nachstehend beschriebenen Vertragsvarianten entspricht.

Leasingvertrag mit Andienungsrecht

Bei diesem Vertragsmodell behält sich der Leasinggeber das Recht vor, vom Leasingnehmer den Kauf des Fahrzeugs am Vertragsende zu verlangen. Macht er von dem Recht Gebrauch, muß der Leasingnehmer kaufen. Einen Anspruch auf Erwerb des Fahrzeugs besitzt der Leasingnehmer nicht. Der Kaufpreis wird bei Vertragsbeginn festgelegt, und zwar auf der Grundlage der vom Leasinggeber errechneten Gesamtkosten. Er ist meistens identisch mit dem kalkulierten Restwert und nach Ausübung des Andienungsrechts, d. h. nach Abschluß des Kaufvertrages über das Auto, sofort zahlbar.
Das Andienungsrecht sichert den Restwert. Der Leasinggeber wird von dem Andienungsrecht Gebrauch machen, wenn der tatsächliche Wert des Fahrzeugs am Vertragsende unter dem kalkulierten Wert liegt. Stattdessen wird er das Fahrzeug zurücknehmen, wenn er die Möglichkeit sieht, auf dem Markt einen über dem kalkulierten Restwert liegenden Preis zu erzielen. Das Andienungsrecht gibt dem Leasinggeber nicht nur Sicherheit. Es verschafft ihm auch die Chance, in den Genuß einer Wertsteigerung zu gelangen. Das ist der Grund, weshalb der Leasinggeber bei dieser Vertragsvariante als wirtschaftlicher Eigentümer des Fahrzeugs angesehen wird.
Tritt jedoch der Leasinggeber das Andienungsrecht an die ihn refinanzierende Bank ab, so begibt er sich der Chance, eine Wertsteigerung zu realisieren. Die Abtretung hat zur Folge, daß er seine Position als wirtschaftlicher Eigentümer verliert. Deshalb ist von einer Übertragung des Andienungsrechtes auf den Darlehensgeber abzuraten (v. Westphalen, Der Leasingvertrag, 4. Aufl., Rn. 966).
Häufig sehen AGB für das Vertragsende zunächst die Vereinbarung eines Anschlußmietvertrages oder einer Verlängerung des bestehenden Vertrages vor. Erst wenn es dazu nicht kommt, soll das Andienungsrecht greifen.

Klauselbeispiel:

»Kommt ein Verlängerungsvertrag nicht zustande, so ist der Leasingnehmer auf Verlangen der Leasinggeberin verpflichtet, das Auto bei Ablauf der Vertragsdauer zum Restwert zuzüglich gesetzlicher Mehrwertsteuer unter Ausschluß jeglicher Gewährleistungsansprüche gegen die Leasinggeberin zu kaufen.«
Beim Kraftfahrzeug-Leasing machen Leasinganbieter von der Möglichkeit der Vereinbarung eines Andienungsrechts verhältnismäßig selten Gebrauch.

Leasingvertrag mit Mehrerlösregelung

Bei diesem Vertragsmodell muß der Leasingnehmer das Auto nach Ablauf der vereinbarten Grundmietzeit an den Leasinggeber zurückgeben. Der Leasinggeber ist verpflichtet, das Auto bestmöglich zu veräußern. Falls der Verkaufserlös den bei Vertragsschluß kalkulierten Restwert nicht erreicht, hat der Leasingnehmer den Fehlbetrag auszugleichen. Übersteigt der Veräußerungserlös den kalkulierten Gebrauchtwagenwert, erhält der Leasingnehmer 75% vom Mehrerlös. Die restlichen 25% stehen dem Leasinggeber zu. Die Verteilungsregelung, auf die aus steuerlichen Gründen nicht verzichtet werden darf, stellt sicher, daß der Leasinggeber noch in einem wirtschaftlich ins Gewicht fallenden

Erlaßkonforme Vertragsmodelle

Maße an der Wertsteigerung des Fahrzeugs beteiligt wird, so daß ihm das wirtschaftliche Eigentum am Leasinggut zuzurechnen ist. Das Modell mit Aufteilung des Mehrerlöses gehört zu der am häufigsten praktizierten Vertragsvariante beim erlaßkonformen Finanzierungsleasing.

Klauselbeispiel:

»Für die Schlußabrechnung ermittelt die Leasinggeberin die Differenz zwischen dem fest kalkulierten Restwert laut Leasingbestellschein und dem tatsächlichen Restwert des Fahrzeugs. Tatsächlicher Restwert ist der von der Leasinggeberin effektiv erzielte Veräußerungserlös. Ist der tatsächliche Restwert niedriger als der fest kalkulierte Restwert laut Leasingbestellschein, hat der Leasingnehmer die Differenz auszugleichen. Ist der tatsächliche Restwert höher als der fest kalkulierte Restwert, erhält der Leasingnehmer 75% der Differenz. Schließt der Leasingnehmer mit der Leasinggeberin einen gleichwertigen Anschlußvertrag ab, werden ihm die restlichen 25% in monatlichen Teilbeträgen als Bonus auf die Leasingraten des neuen Vertrages angerechnet.«

Das Modell heißt auch ›open-end-leasing‹. Keiner weiß nämlich bei Vertragsbeginn, ob sich der angenommene Restwert am Vertragsende erzielen läßt.
Der Restwert wird bei Abschluß des Leasingvertrages festgelegt. Als Orientierungshilfe kann der Restbuchwert herangezogen werden. Auskunft geben auch die Gebrauchtwagen-Preislisten, wie z. B. die DAT-Marktberichte und die Schwacke-Listen. Beide spiegeln die Preisverhältnisse auf dem Gebrauchtwagenmarkt wider und sind das Ergebnis regelmäßiger Marktbeobachtungen im gesamten Bundesgebiet.
Regionale Unterschiede werden darin zwar nicht berücksichtigt, wohl aber vermitteln sie ein Bild über die Preisentwicklung in der zurückliegenden Zeit. Deshalb sind sie eine unverzichtbare Hilfe für die Restwertprognose. Freilich bleiben Restrisiken, die der Leasingnehmer einkalkulieren muß. Eine Veränderung der allgemeinen wirtschaftlichen Verhältnisse, neue Technologien und Umweltschutzbestimmungen können über Nacht einen Preisverfall auslösen, von dem alle Autos oder auch nur bestimmte Fahrzeugtypen betroffen sind.
Seriöse Leasinggeber empfehlen aus Erfahrung, den Buchwert des Fahrzeugs unter Anwendung der linearen Absetzung für Abnutzung gemäß der amtlichen AfA-Tabelle festzulegen. Gestaffelt nach Grundmietzeiten ergibt sich bei einer vierjährigen Abschreibung folgendes Bild:

Grundmietzeit in Monaten	Buchwert gem. linearer AfA in %	Restwertkalkulation in %
20	58,33	50
24	50	50
30	37,50	37,50
36	25	25
43	10,42	10

Auch die Restwertkalkulation auf der Grundlage des Buchwertes gemäß linearer AfA, die ab dem 1. Januar 1993 fünf Jahre beträgt, ist keine hundertprozentige Sache. Der Leasingnehmer, der das Restwertrisiko trägt, muß sich stets darüber im klaren sein, daß er evtl. am Vertragsende nachbelastet wird. Die Differenz zwischen dem Anschaffungspreis und dem geschätzten Restwert bestimmt die Höhe der jeweiligen Leasingraten: Je geringer die Differenz, um so geringer die Leasingraten und umgekehrt.
Ein zu hoch kalkulierter Restwert schadet beiden. Der Leasingnehmer muß die Differenz am Vertragsende nachzahlen. Der Leasinggeber erhält das Geld später als im Falle einer von vornherein realistischen Restwertschätzung, bei der die Leasingraten höher sind.
Wird der Restwert zu niedrig kalkuliert, hat der Leasingnehmer das Nachsehen, da er von einem Mehrerlös am Vertragsende nur 75% bekommt. Im Falle einer von Anfang an realistischen höheren Einschätzung des Restwertes vermindert sich das Finanzierungsvolumen, und die Leasingraten fallen zwangsläufig geringer aus. Die Differenz aus der Summe aller Leasingraten entspricht

35

Erlaßkonforme Vertragsmodelle

dem Unterschiedsbetrag der Schätzwerte. Dieser Unterschiedsbetrag fließt dem Leasingnehmer bei wirklichkeitsnaher Restwertbeurteilung durch niedrigere Leasingraten nach und nach in voller Höhe zu, während er hiervon im Falle einer Unter-Wert-Schätzung nach der steuerlichen Konzeption des Mehrerlös-Modells nur 75% erhält.

Wer als Kaufmann hohe Betriebsausgaben schätzt, für den kann ausnahmsweise ein zu niedrig kalkulierter Restwert von Interesse sein. Nur muß er sich darüber im klaren sein, daß ihm aus dem Leasingvertrag nicht das Recht erwächst, das Fahrzeug am Vertragsende zu dem unterhalb des Marktwertes liegenden Kalkulationspreis vom Leasinggeber zu erwerben. Aus steuerlichen Gründen darf der Leasinggeber dem Leasingnehmer beim Leasingvertrag mit Mehrerlösverteilung keine Kaufoption bei Vertragsschluß gewähren. Steuerschädlich ist auch die Einräumung eines Käufervorschlagsrechts, das dem Leasingnehmer die Möglichkeit der Selbstbenennung eröffnet und dadurch faktisch einem Erwerbsrecht gleichkommt. Zu Zeiten des Abzahlungsgesetzes, das heute noch auf Altverträge Anwendung findet, die vor dem 1. 1. 1991 abgeschlossen wurden, führte die Einräumung eines Erwerbsrechts zu der für den Leasinggeber unangenehmen Konsequenz, daß der Leasingvertrag dadurch zu einem verdeckten Abzahlungskauf wurde.

Treffen die Parteien des Leasingvertrags erst am Vertragsende eine Vereinbarung über den Kauf des Leasingfahrzeugs durch den Leasingnehmer, so hat dies keine steuerlich nachteiligen Auswirkungen auf den Leasingvertrag. Mit Vorsicht zu genießen sind Versprechungen des Leasinggebers oder des Händlers, welche besagen, das Leasingfahrzeug werde dem Leasingnehmer am Vertragsende zum kalkulierten Preis zum Kauf angeboten. Sie sind Vertrauenssache. In Zeiten mit starkem Anstieg der Gebrauchtwagenpreise hat manch einer sein Wort nicht gehalten und seine – mündliche – Zusage nachträglich geleugnet.

Kündbarer Leasingvertrag mit Schlußzahlung

Bei dieser im Leasingerlaß des Bundesfinanzministers vom 22. 12. 1975 (BB 1976, 72) vorgesehenen Vertragsvariante hat der Leasingnehmer das Recht, den Leasingvertrag nach Ablauf der Mindestgrundmietzeit von 40% der betriebsgewöhnlichen Nutzungsdauer zu kündigen. Die Kündigungsfrist wird im Vertrag festgelegt. Üblich ist eine Kündigungsfrist von einem Monat zum Monatsende.

Die Kündigung löst eine zum Kündigungstermin fällige Abschlußzahlung aus. Die Höhe der Abschlußzahlung ist so bemessen, daß sie den Gesamtaufwand des Leasinggebers unter Berücksichtigung der vom Leasingnehmer bereits geleisteten Zahlungen ausgleicht. Der Gesamtaufwand setzt sich zusammen aus Anschaffungs-, Refinanzierungs- und Verwaltungskosten. Hinzu kommt der Gewinn des Leasinggebers (Tacke, FLF 1986, 54).

Die vom Leasingnehmer zum Kündigungszeitpunkt gezahlten Leasingraten und der Verwertungserlös sind anzurechnen, letzterer jedoch nur in Höhe von 90%. Das schreibt der Erlaß des Bundesfinanzministers aus dem Jahre 1975 vor. Daß der Leasinggeber bei dieser Spielart des Leasingvertrages wirtschaftlicher Eigentümer ist, steht außer Frage, da ihm eine etwaige Wertsteigerung des Fahrzeugs in voller Höhe zufließt. Von allen in Frage kommenden Vertragsvarianten ist der kündbare Leasingvertrag mit Abschlußzahlung die für den Leasingnehmer ungünstigste Alternative.

Lediglich in steuerrechtlicher Hinsicht hat dieses Vertragsmodell auch einen negativen Aspekt für den Leasinggeber. Für die im Fall der Kündigung an den Leasingnehmer zu zahlenden 90% des Verwertungserlöses kann der Leasinggeber während der Laufzeit des Leasingvertrages keine gewinnmindernden Rückstellungen bzw. passiven Rechnungsposten bilden. Solche Rückstellungen können nach § 5 Abs. 1 EStG nur für ungewisse Verbindlichkeiten und drohende Verluste angesetzt werden. Sie kommen nach Auf-

Kurpfalz Mobilien-Leasing GmbH
Mannheimer Straße 105 · 68535 Edingen-Neckarhausen
Telefon 0621/48363-0 · Telefax 0621/48363-24

Die andere
Leasinggesellschaft

Erlaßkonforme Vertragsmodelle

fassung des BFH (ZIP 1988, 171 ff. = DB 1988, 208) bei kündbaren Leasingverträgen mit Abschlußzahlung nicht in Betracht, da bei der vertragsgemäßen Abwicklung der Verträge weder Verluste drohen noch ungewisse Verbindlichkeiten vorliegen.

Beim Kraftfahrzeug-Leasing wird das erlaßkonforme kündbare Vertragsmodell selten praktiziert. Ein Grund dafür besteht darin, daß der BGH alle ihm zur Überprüfung vorgelegten Formularregelungen über Abschlußzahlungen für ungültig erklärt hat. Die Begründungen wechselten im Laufe der Zeit. Anfangs vertrat der BGH (NJW 1982, 1747) die Auffassung, der Klausel sei die Wirksamkeit gem. § 9 AGB-Gesetz zu versagen, weil sie den Leasingnehmer trotz der Beendigung des Leasingvertrages mit erheblichen Leistungspflichten belaste und ihm für die Zeit der tatsächlichen Nutzung eine unangemessen hohe Vergütung abverlange. Diesen Standpunkt hat er einige Jahre später aufgegeben (ZIP 1985, 868 = BGHZ 95, 39) und seine Rechtsprechung an den steuerrechtlichen Vorgaben orientiert, deren Rahmenbedingungen vom Bundesfinanzminister in dem Leasingerlaß vom 22. 12. 1975 (BB 1976, 72) festgelegt worden sind.

Vom Grundsatz her anerkennt der BGH seither, daß der Leasingnehmer, der von seinem Recht auf vorzeitige Kündigung des Vertrages nach Ablauf der Grundmietzeit Gebrauch macht, für sämtliche Kosten des Leasinggebers aufzukommen hat. Freilich verlangt er, daß eine Klausel, die den Leasingnehmer zur Abschlußzahlung verpflichtet, »hinreichend durchschaubar« sein muß. Fehlt die erforderliche Transparenz, ist der Klausel die Gültigkeit zu versagen. Aus der Formularregelung muß ablesbar sein, welche Ausfälle und Nachteile der Leasinggeber in die Berechnung einbezieht und ob er auch alle ihm durch die Kündigung des Vertrages entstehenden Vorteile berücksichtigt hat (BGH, ZIP 1985, 868 = BGHZ 95, 39; ZIP 1986, 576 = EWiR 1986, 459 – v. Westphalen – § 535 BGB 1/86; ebenso OLG Hamm, NJW-RR 1986, 927, 930; OLG Hamburg, NJW-RR 1987, 51 ff.).

Das – auch – dem kündbaren Leasingvertrag mit Schlußzahlung zugrunde liegende Vollamortisationskonzept des Leasinggebers hat sich hinsichtlich des Gewinns als brüchig erwiesen. Hierzu hat der BGH (NJW 1991, 221) festgestellt, daß dem Leasinggeber der in den Leasingraten anteilig enthaltene Gewinn im Falle einer vom Leasingnehmer zu verantwortenden vorzeitigen Vertragsbeendigung längstens bis zum Zeitpunkt der nächsten ordentlichen Kündigungsmöglichkeit zusteht. Eine Umgehung durch Vorverlegung des auf die gesamte Vertragsdauer kalkulierten Gewinns in die unkündbare Vertragszeit ist unzulässig. Unwirksam ist auch eine formularvertragliche Vereinbarung, die den Leasingnehmer zur Zahlung des vollen Gewinns verpflichtet. Durch den Eingriff in den Gewinnanspruch des Leasinggebers hat der BGH dem kündbaren Vertrag mit Schlußzahlung wohl endgültig den Todesstoß versetzt.

Übernahme des Risikos der Kostendeckung durch den Leasingnehmer

Die drei Vertragsmodelle, deren Rahmenbedingungen im Erlaß des Finanzministers vom 22. 12. 1975 (BB 1976, 72) festgelegt sind, weisen die Gemeinsamkeit auf, daß der Leasingnehmer mit seinen Zahlungen immer sämtliche Kosten des Leasinggebers abdeckt.

Das Prinzip der Vollamortisation tritt beim kündbaren Vertragsmodell am augenfälligsten zutage. Erreicht wird die volle Kostendeckung in drei Etappen, nämlich durch die Zahlung der Leasingraten, die Anrechnung des Verwertungserlöses in Höhe von 90% und die Abschlußzahlung. Die Höhe der Abschlußzahlung wird als Differenzposten aus den Gesamtkosten des Leasinggebers abzüglich der gezahlten Leasingraten und 90% des Verwertungserlöses ausgewiesen.

Beispiel:

Die Gesamtaufwendungen des Leasinggebers betragen 32000,– DM. Bis zur Kündi-

Erlaßkonforme Vertragsmodelle

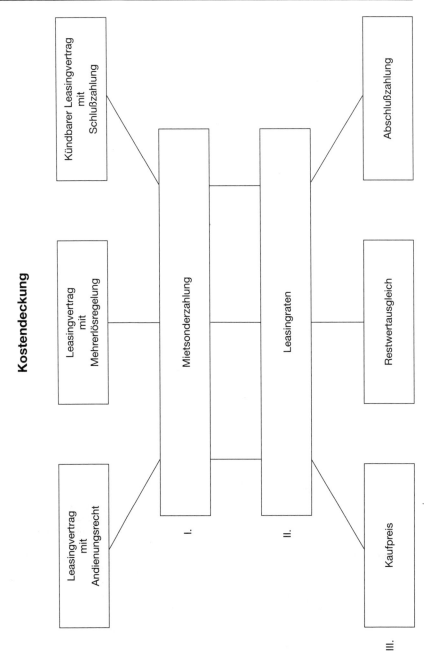

Erlaßkonforme Vertragsmodelle

gung des Vertrages zahlt der Leasingnehmer Raten in Höhe von insgesamt 8000,– DM und durch Verkauf des Fahrzeugs werden 15 000,– DM erlöst. Die vom Leasingnehmer zu leistende Schlußzahlung errechnet sich wie folgt: 32 000,– DM (Gesamtaufwand) abzüglich 8000,– DM (Summe der Leasingraten) abzüglich 13 500,– DM (90 % des Verwertungserlöses von 15 000,– DM) ergibt 10 500,– DM.

Beim Leasingvertrag mit Restwertabrechnung, bei dem der Leasingnehmer den Restwert garantiert, wird die Vollamortisation durch Zahlung der Leasingraten und durch Verwertung des Fahrzeugs erreicht. Unterschreitet der tatsächlich erzielte Restwert den kalkulierten, muß der Leasingnehmer die Differenz nachentrichten. Der Leasinggeber kommt auch bei dieser Vertragsvariante auf seine vollen Kosten.

Auch beim Leasingvertrag mit Andienungsrecht werden sämtliche Aufwendungen des Leasinggebers über die Leasingraten und die Verwertung des Fahrzeugs hereingeholt. Falls auf dem Markt kein günstiger Verwertungserlös zu erzielen ist, muß der Leasingnehmer im Falle der Ausübung des Andienungsrechtes den bei Vertragsbeginn festgelegten Preis an den Leasinggeber zahlen.

Der Unterschied der drei Teilamortisations-Modelle zum reinen Vollamortisationsvertrag im Sinne des Erlasses von 1971 besteht darin, daß die Aufwendungen des Leasinggebers nicht schon durch die Leasingraten, sondern erst durch die Erzielung des Restwertes und die Schlußzahlung gedeckt werden (v. Westphalen, ZIP 1983, 1021 ff.).

Eindeutige Vertragsgestaltung

Dem Leasingkunden sind die komplizierten Zusammenhänge zwischen Gebrauchsüberlassung und Vollamortisation, die der BGH als vertragsimmanent und leasingtypisch bezeichnet hat, normalerweise nicht bekannt.

Insbesondere für viele private Leasingnehmer ist Leasing ein Buch mit sieben Siegeln. Sie wissen meistens nicht, daß der Leasingvertrag auf volle Kostendeckung angelegt ist und die garantiemäßige Absicherung des Restwertes zugunsten des Leasinggebers beinhaltet. Deshalb wird vom Leasinggeber gefordert, daß er die vom Leasingnehmer geschuldete Vollamortisation klar, eindeutig und unmißverständlich in dem Leasingvertrag zum Ausdruck bringt. Durch ›transparente Vertragsgestaltung‹ soll dem Leasingnehmer vor Augen geführt werden, daß er das Risiko der Wertminderung nach Ablauf der Grundmietzeit trägt.

Eine darüber hinausgehende Pflicht des Leasinggebers zur Aufklärung des Leasingnehmers über den Inhalt, die Risiken und wirtschaftlichen Folgen des Leasingvertrages besteht im allgemeinen nicht (BGH, WM 1987, 627, 629). Wenn er allerdings erkennt, daß der Leasingnehmer von offenbar falschen Vorstellungen über Art, Inhalt oder Bedeutung des Leasingvertrages oder einzelner Vertragspunkte ausgeht, muß er ihn nach Treu und Glauben auf den Irrtum hinweisen.

Das Gebot der transparenten Vertragsgestaltung besteht bei allen Vertragsmodellen im Bereich des Teilamortisations-Erlasses. Beim Vertrag mit Andienungsrecht des Leasinggebers empfiehlt sich der ausdrückliche Hinweis darauf, daß der Leasingnehmer verpflichtet ist, das Fahrzeug zum kalkulierten Restwert zu kaufen, auch wenn dessen Verkehrswert unter dem vertraglich vereinbarten liegt. Der Vertrag mit Restwertabrechnung muß außer der Verteilungsregelung für den Fall eines Mehrerlöses den deutlichen Hinweis darauf enthalten, daß der Leasingnehmer im Falle eines Mindererlöses eine Abschlußzahlung in Höhe der Differenz zwischen dem kalkulierten und dem tatsächlich erzielten Restwert zu leisten hat. Das Transparenzgebot erfordert beim kündbaren Vertrag mit Abschlußzahlung, daß der Leasinggeber dem Leasingnehmer deutlich machen muß, welche Zahlungspflichten unter Berücksichtigung des anzurechnenden Verwertungserlöses auf ihn zukommen, wenn der

Erlaßkonforme Vertragsmodelle

Vertrag im Wege der vorzeitigen ordentlichen Kündigung beendet wird (hierzu ausführlich v. Westphalen, Der Leasingvertrag, 4. Aufl., Rn. 139 ff. mit Klauselvorschlägen unter Rn. 143, 151 u. 171).
Der Verpflichtung zur transparenten Vertragsgestaltung ist nicht Genüge getan, wenn sich die Vollamortisationsgarantie des Leasingnehmers ›nur‹ aus der in AGB beschriebenen Abrechnungsweise im Wege des Rückschlusses ergibt. Erforderlich ist vielmehr, daß die Absicherung auf der Vorderseite des Vertragsformulars beschrieben wird. Die Gesamtbelastung muß bei allen erlaßkonformen Vertragsvarianten transparent dargestellt und die Restwertabsicherung deutlich ausformuliert sein. Eine drucktechnische Hervorhebung kann ebensowenig schaden wie der Hinweis auf die Zweistufigkeit der Vollamortisationsgarantie.
Als unzureichend mit Blick auf die Verpflichtung zur transparenten Vertragsgestaltung bewertete das OLG Oldenburg (NJW-RR 1987, 1003 f.) die Regelung in einem Teilamortisationsvertrag mit Restwertabrechnung, die besagte, daß der Leasingnehmer eine Minusdifferenz zwischen kalkuliertem Restwert und tatsächlich erzieltem Restwert ausgleichen sollte. Zwar enthielt der Vertrag auf der Vorderseite einen Hinweis darauf, daß das vom Leasingnehmer während der Grundmietzeit zu entrichtende Leasingentgelt die Anschaffungskosten sowie die Nebenkosten einschließlich der Finanzierungskosten des Vermieters nicht deckte. Das aber reichte dem OLG Oldenburg nicht. Es verlangte, dem Leasingnehmer müsse deutlich gemacht werden, daß sich seine Entgeltspflicht nicht auf die Zahlung der Leasingraten beschränke, sondern im Falle des Mindererlöses bei der Verwertung des Leasinggutes auch die Absicherung des ›Restwertes‹ umfasse. Die Aufklärung hierüber müsse im Verlauf der Vertragsverhandlungen oder – besser noch – durch klare Hinweise auf der Vorderseite der Vertragsurkunde erfolgen

(vgl. dazu auch EWiR, § 3 AGBG 1/87, 1045 – Reinking –).
Geringere Anforderungen an die Transparenz stellte das OLG Karlsruhe (NJW-RR 1987, 1006 f.). Ihm genügte der Hinweis auf der Vorderseite des Vertrages, daß durch die während der unkündbaren Vertragszeit vom Leasingnehmer zu entrichtenden Leasingraten nur eine Teilamortisation herbeigeführt werde. Die Restwertregelung, aus der sich die Restwertabsicherung durch den Leasingnehmer ergab, war in Form von AGB auf der Rückseite des Vertrages abgedruckt. Das OLG Karlsruhe befand die Klausel als leasingtypisch und meinte, sie sei durch den Hinweis auf der ersten Seite leicht zu finden und demzufolge nicht überraschend i. S. v. § 3 AGB-Gesetz.
Das AG Langenfeld (NJW-RR 1990, 565) vertrat die Auffassung, daß die Transparenz fehle, wenn der Leasinggeber das Andienungsrecht in einer die Vertragsverlängerung betreffenden Rubrik verstecke.
Im kaufmännischen Bereich sind die Anforderungen an das Gebot der transparenten Vertragsgestaltung weniger streng. Es ist davon auszugehen, daß ein Kaufmann, der den Leasingvertrag in erster Linie aus steuer- und betriebswirtschaftlichen Gründen schließt, die modellspezifischen Besonderheiten kennt und bei seiner Kalkulation von vornherein berücksichtigt.
Entspricht die vertragliche Gestaltung nicht den gestellten Anforderungen, so hat dies zur Konsequenz, daß der Leasinggeber seinen Anspruch auf volle Amortisation verliert. Auf eine Abrechnungsklausel mit Restwertabsicherung oder auf ein Andienungsrecht kann sich der Leasinggeber nicht erfolgreich berufen. Derartige Regelungen sind, sofern die Transparenz des Vertrages im übrigen fehlt, Überraschungsklauseln, i. S. v. § 3 AGB-Gesetz, mit denen der Leasingnehmer nicht zu rechnen braucht (vgl. OLG Karlsruhe, NJW-RR 1986, 1112; AG Langenfeld, NJW-RR 1990, 565).

Nicht erlaßkonforme Vertragsvarianten

Die von Leasinggebern angebotenen Vertragsmodelle sind keineswegs immer erlaßkonform. Das heißt: Sie weichen in ihrer konkreten Ausgestaltung von den im Teilamortisationserlaß des Bundesfinanzministers aus dem Jahre 1975 (BB 1976, 72) festgelegten Rahmenbedingungen ab. Es muß jeweils im Einzelfall entschieden werden, wer wirtschaftlicher Eigentümer ist. Diese Prüfung erübrigt sich beim erlaßkonformen Leasing. Durch Einhaltung der Rahmenbedingungen ist sichergestellt, daß die Zurechnung des wirtschaftlichen Eigentums beim Leasinggeber stattfindet. Daraus folgt aber nicht, daß bei Nichteinhaltung der Vorgaben automatisch der Leasinghmer als wirtschaftlicher Eigentümer anzusehen ist. Die Erlasse beinhalten nämlich nur Grenzwerte, durch deren Beachtung die Eigentümerstellung des Leasinggebers nicht angetastet wird. Steuerrechtlich geben sie u. a. Auskunft, bis zu welcher Höhe dem Leasinggeber gestattet werden kann, den Verwertungserlös anzurechnen bzw. einen Mehrerlös an den Leasingnehmer auszukehren. Werden diese Höchstwerte bei nicht erlaßkonformen Vertragsmodellen zu Lasten des Leasinggebers überschritten, etwa in der Weise, daß dem Leasingnehmer der gesamte Übererlös zustehen soll, gefährdet der Leasinggeber seine rechtliche Position als wirtschaftlicher Eigentümer.
Abweichungen zugunsten des Leasinggebers sind steuerrechtlich unschädlich. Beispiel: Der Leasingnehmer soll beim Vertragsmodell mit Mehrerlösregelung statt 75% nur 60% des Mehrerlöses bekommen oder es sollen bis zum kündbaren Vertrag nur 80% statt 90% des Verwertungserlöses auf die Abschlußzahlung angerechnet werden. Ob der Leasingnehmer durch solche Klauseln zivilrechtlich ›unangemessen‹ benachteiligt wird, ist eine andere Frage. Der BGH hat eine 75%-Anrechnung beim kündbaren Vertragsmodell, bei dem gemäß Erlaß eine Anrechnung von 90% vom Verwertungserlös vorgesehen ist, wegen Verstoßes gegen § 9 AGB-Gesetz für ungültig erklärt. Er vertritt die Auffassung, daß die niedrige Anrechnungsquote zu einer unangemessen hohen Vergütung für den Leasinggeber führt (BGH ZIP 1986, 576 = EWiR 1986, 459 – v. Westphalen – § 535 BGB 1/86).
Abweichungen von den Zeitgrenzen, welche für alle Vertragsmodelle beim Finanzierungs-Leasing gelten, sind gefährlich. Beträgt die Grundmietzeit mehr als 90% der betriebsgewöhnlichen Nutzungsdauer oder liegt sie unter 40%, findet ›kraft typisierender Betrachtungsweise‹ eine Zurechnung des wirtschaftlichen Eigentums beim Leasingnehmer statt. Es entfallen die Steuervorteile, die das Leasinggeschäft für ihn interessant machen.

Vertrag mit Übernahme des Restwertrisikos durch den Leasinggeber

Das zuweilen als ›closed-end-leasing‹ bezeichnete Vertragsmodell bietet für den Leasingnehmer den Vorteil, das die Verwertungsrisiken vom Leasinggeber getragen werden. Der Leasingnehmer zahlt während der Grundmietzeit ein laufendes Nutzungsentgelt und zu Vertragsbeginn meist eine Sonderzahlung. Die Summe deckt den vom Leasinggeber ermittelten Wertverzehr des Autos während der Vertragszeit sowie die Kosten und den Gewinn. Weil sich der Wertverlust nicht exakt voraussagen läßt, muß der Leasinggeber Risikozuschläge einkalkulie-

Gehen Sie bei der Wahl Ihres Leasing-Partners auf Nummer Sicher.

Leasing ist keine Modeerscheinung, sondern eine echte alternative Finanzierungsform, die zahlreiche attraktive Vorteile mit sich bringt: HLS-Leasing ist individuell, wirtschaftlich, kapitalschonend, flexibel, steuersparend, professionell. Unsere Geschäftsstellen finden Sie überall in Deutschland. Wir garantieren perfekten Service, also Sicherheit von Anfang an. Das macht uns zu Ihrem zuverlässigen Partner.

Entscheiden Sie sich für Leasing. Marke HLS.

HLS LEASING

HLS-Leasinggesellschaft für Mobilien mbH
Fabrikstraße 17, 70794 Filderstadt
Telefon 07 11/77 80-0, Telefax 07 11/77 80-360

Bundesweit über 35 Geschäftsstellen

Nicht erlaßkonforme Vertragsvarianten

ren. Die Leasingraten sind folglich höher als bei den Vertragsmodellen, bei denen der Leasingnehmer den Restwert garantiert.

Leasingvertrag mit Kilometerabrechnung

Ein Hauptanwendungsfall der Leasingvariante, bei der die Leasingfirma das Restwertrisiko übernimmt, ist beim Kraftfahrzeug-Leasing der Vertrag mit Kilometerabrechnung. Er gehört beim herstellerabhängigen Leasing zu der am häufigsten praktizierten Vertragsform. Die Quote liegt dort bei etwa 60% des gesamten Vertragsbestandes. Weil das Restwertrisiko wegfällt, ist der Vertrag mit anderen gut vergleichbar. Bei Vertragsbeginn wird die durch Zahlung der Leasingraten abzugeltende Kilometerleistung festgelegt und zugleich vereinbart, daß Mehrkilometer vom Leasingnehmer zu vergüten und Minderkilometer vom Leasinggeber zu erstatten sind. Die kostenfreie Toleranzgrenze beträgt üblicherweise plus/minus 2500 km. Für Mehrkilometer muß der Leasingnehmer regelmäßig höhere Beträge zahlen, als er sie vom Leasinggeber für Minderkilometer erstattet bekommt.

Die Restwertkalkulation ist Sache des Leasinggebers. Da er das Restwertrisiko trägt, ist die Angabe des Restwertes im Vertrag nicht erforderlich. Der wichtigste Faktor für die Schätzung des Wertverlustes, welcher die Grundlage für die Berechnung der Leasingraten bildet, ist die mit dem Leasingnehmer vereinbarte Laufleistung.

Da sich eine übermäßige Benutzung und etwaige Beschädigungen des Fahrzeugs nicht voraussehen lassen, muß sich der Leasinggeber gegen den Eintritt solcher Ereignisse, die einen überproportionalen Wertverlust des Fahrzeugs herbeiführen, in besonderer Weise schützen. Bei Verträgen mit Übernahme des Restwertrisikos durch den Leasingnehmer ist das nicht erforderlich, da z. B. eine am Vertragsende vorhandene Beschädigung des Fahrzeugs zwangsläufig zu einem geringeren Verwertungserlös führt.

Gegen Schäden und übernormale Abnutzung sichern sich Leasinggeber üblicherweise durch *Vertragsklauseln* etwa folgenden Inhalts ab:

»Entspricht das Fahrzeug bei Verträgen mit Kilometerlimit nicht dem gewöhnlichen Zustand des Fahrzeugs bei Vertragsbeginn unter Berücksichtigung der vertragsgemäßen normalen Abnutzung bis zum Vertragsablauf, ist der Leasingnehmer zum Ersatz desjenigen Minderwertes verpflichtet, um den der tatsächliche Wert des Fahrzeugs unter dem Zeitwert liegt, den das Fahrzeug bei vertragsgemäßer normaler Abnutzung gehabt hätte.«

Die Grenzen zwischen normaler und übernormaler Abnutzung sind fließend. Nicht selten kommt es hierüber zwischen Leasingnehmer und Leasinggeber zum Streit. Häufig werden dem Leasingnehmer beim kilometerbegrenzten Vertrag Kosten aufgebürdet, die erst einige Zeit nach Rücknahme des Fahrzeugs anfallen, beispielsweise die Kosten für die in drei oder sechs Monaten nach Vertragsende anstehende Hauptuntersuchung gemäß § 29 StVZO. Eine Klausel im Kleingedruckten mit einer solchen Folgebelastung des Leasingnehmers ist, weil kein Mensch mit ihr rechnet, überraschend und deshalb nicht wirksam. Gleiches gilt für eine Formularregelung, die vorsieht, daß der Leasinggeber im Falle vorzeitiger Vertragsbeendigung berechtigt sein soll, anstelle einer Kilometerabrechnung eine Restwertabrechnung vorzunehmen (BGH, ZIP 1986, 1566 ff., 1569 = EWiR 1986, 1159 – v. Westphalen – § 9 AGBG 22/86).

Die Anforderungen an das Transparenzgebot sind beim Leasingvertrag mit Kilometerabrechnung weitaus geringer als bei den erlaßkonformen Vertragsvarianten, da der Leasinggeber das Fahrzeug am Vertragsende wieder zurücknimmt und auf eigenes Risiko verwertet. Das Mehr bzw. Weniger an Kosten – je nach Mehr- oder Minderkilometerleistung – kann der Leasingnehmer leicht überprüfen.

Beim Leasingvertrag mit Kilometerabrechnung ist der Leasinggeber ›wirtschaftlicher

Nicht erlaßkonforme Vertragsvarianten

Eigentümer‹ des Leasinggutes, da er das Verwertungsrisiko trägt und die Chance der Wertsteigerung besitzt. Auch der im Vergleich zur Vergütungsregelung für Minderkilometer höhere Kilometersatz, den der Leasingnehmer für zurückgelegte Mehrkilometer zu leisten hat, ist ein Anzeichen dafür, daß sich das wirtschaftliche Eigentum in Händen des Leasinggebers befindet. Die Vollamortisationspflicht, welche beim Vertrag mit Kilometerabrechnung für den Leasingnehmer nicht besteht, ist kein ausschließliches Kriterium für das wirtschaftliche Eigentum.

Für den Bereich des Verbraucherkreditgesetzes hat sich die Streitfrage entzündet, ob der Vertrag mit Kilometerabrechnung die Qualifikation eines Finanzierungsleasingvertrages i. S. des § 3 Abs. 2 Nr. 1 VerbrKG besitzt (vgl. hierzu die Ausführungen auf S. 63 f.).

Kündbare Verträge

Manchmal räumen Leasingfirmen ihren Kunden das Recht ein, den Leasingvertrag schon nach kurzer Zeit mit einer Kündigungsfrist von ein bis drei Monaten zu kündigen. Da das Vertragsende zeitlich mit der »unkündbaren Grundmietzeit« ›kollidiert‹, ist durch eine derartige Vertragsgestaltung keineswegs sichergestellt, daß das wirtschaftliche Eigentum an dem Leasingobjekt dem Leasinggeber zugerechnet wird. Als problematisch erweist sich auch die Vertragsabrechnung bei vorzeitiger Vertragsbeendigung. Vom BGH (NJW 1986, 1335) mangels hinreichender Durchschaubarkeit verworfen wurde die in einem frühzeitig kündbaren Leasingvertrag enthaltene AGB-Regelung, welche besagte, die Leasinggeberin werde die Aufwendungen für die verkürzte Vertragszeit den Erträgen gegenüberstellen; von einem Mehrerlös erhalte der Leasingnehmer 75% und einen Mindererlös habe er auszugleichen. Der BGH beanstandete insbesondere, daß für den Leasingnehmer nicht erkennbar sei, warum er im Falle vorzeitiger Vertragsbeendigung mit dem Verwertungsrisiko belastet werde, während es bei voller Laufzeit des Vertrages von der Leasinggeberin getragen werden müsse (ebenso BGH, ZIP 1986, 1566, 1569).

Spezielle Vertragsformen

Beim Kraftfahrzeug-Leasing gibt es mehrere Vertragspakete mit unterschiedlichem Leistungsumfang des Leasinggebers. Die Vertragsformen sind den jeweiligen Bedürfnissen des Leasingnehmers angepaßt. Leasingangebote mit einem umfangreichen Leistungsangebot interessieren in erster Linie den gewerblichen Kunden. Für den Privatmann sind Leasingverträge mit Zusatzleistungen meist zu teuer.

Netto-Leasing

Beim sog. Netto-Leasingvertrag umfaßt das Leistungsangebot des Leasinggebers ausschließlich die Gebrauchsüberlassung. Alle übrigen mit dem Eigentum am Fahrzeug normalerweise verbundenen Pflichten werden auf den Leasingnehmer abgewälzt. Dieser muß das Auto pflegen, warten und instandsetzen lassen, die Versicherungsprämien und die Steuer zahlen, Unfallschäden abwickeln und für die rechtzeitige Vornahme der Hauptuntersuchung gemäß § 29 StVZO Sorge tragen.

Full-Service-Leasing

Bei dieser Vertragsform übernimmt der Leasinggeber Leistungen, die sich auf den Einsatz und den Unterhalt des Fahrzeugs beziehen. Das Dienstleistungspaket kann auf die jeweiligen Bedürfnisse des Leasingnehmers zugeschnitten werden. Es umfaßt typischerweise die Vornahme der Wartungsdienste, den Unterhalt sowie die Reparaturen. Auch die Zahlung der Kfz-Steuer und der Fahrzeugversicherung können eingeschlossen werden. Häufig übernehmen Leasinggeber auch die Schadensabwicklung bei Haftpflicht- und Kaskoschäden. Das Full-Service-Leasing wird auch als ›Brutto-Leasing‹, als ›Gross-Leasing‹ und als ›All-In-Leasing‹ bezeichnet.

Derzeit läuft etwa jeder 6. Geschäftswagen über das Dienstleistungsleasing. Das sog. Fuhrpark-Leasing ist eine Sonderform des Full-Service-Leasing. Der Begriff Fuhrpark sagt etwas über die Größe des Fahrzeugbestandes aus, der meist aus einer Hand geleast wird. Das Dienstleistungspaket des Leasinggebers ist beim Fuhrpark-Leasing sehr umfassend. Der Leasinggeber nimmt dem Leasingnehmer praktisch sämtliche Probleme ab, die mit der Anschaffung, der Haltung und Verwertung der Kraftfahrzeuge verbunden sind. Daß Full-Service-Leasing infolgedessen wesentlich teurer als Netto-Leasing ist, versteht sich von selbst (vgl. Paul, der Kfz-Leasing-Vertrag in: Kfz-Leasing, hrsg. von der Arbeitsgemeinschaft der Verkehrsrechtsanwälte, S. 53, 54).

Sale-and-lease-back

Die mit ›sale and lease back‹ bezeichnete Vertragsart besagt: Verkauf des eigenen Fahrzeugbestandes mit gleichzeitigem Abschluß von Leasingverträgen. Es ermöglicht die Weiterbenutzung der betrieblich eingesetzten Fahrzeuge. Sein Vorteil besteht in sofortiger Kapitalfreisetzung und Erhöhung der Liquidität. Aus wirtschaftlicher Sicht ist ›sale and lease back‹ dadurch gekennzeichnet, daß regelmäßig gebrauchte Fahrzeuge Gegenstand der Leasingverträge sind (vgl. Paul in: Kfz-Leasing, hrsg. von der Arbeitsgemeinschaft der Verkehrsrechtsanwälte, S. 52).

Leasingtypische Vertragsregelungen

Verlagerung der Sach- und Preisgefahr auf den Leasingnehmer

Sachgefahr

Die Sachgefahr betrifft das Risiko der zufälligen Substanzbeeinträchtigung. Sie ist keine Verschuldenshaftung. Leasingfirmen verlagern die Sachgefahr regelmäßig auf den Leasingnehmer. Dies hat zur Folge, daß der Leasingnehmer für zufälligen Verlust und Untergang sowie für zufällige Beschädigung des Fahrzeugs aufkommen muß. Er hat die Pflicht, Schäden zu beheben oder anderweitig Ersatz zu leisten.

Typisches Klauselbeispiel:

»Für Untergang, Verlust, Beschädigung und Wertminderung des Fahrzeugs und seiner Ausstattung haftet der Leasingnehmer dem Leasinggeber auch ohne Verschulden, jedoch nicht bei Verschulden des Leasinggebers.«

Eine formularmäßige Überwälzung der Sachgefahr auf den Leasingunternehmer wird von Rechtsprechung und Schrifttum heute überwiegend akzeptiert. Die individualvertragliche Gefahrverlagerung ist ohnehin unbedenklich, jedoch unüblich.
Die Gefahrverlagerungsklausel überrascht nicht. Zwar trifft nach dispositivem Recht die Gefahr eines Sach- bzw. Sachwertverlustes den Vermieter, welcher auch zur Sacherhaltung verpflichtet ist (§§ 548, 536 BGB), jedoch entspricht die Abwälzung dieses Risikos auf den Leasingnehmer typischer Vertragsgestaltung im Finanzierungsleasingbereich. Es besteht weiterhin fast einhellig die Meinung, daß der Leasingnehmer durch die Gefahrverlagerung nicht unangemessen benachteiligt wird. Die Argumente zur Rechtfertigung der formularmäßigen Gefahrüberwälzung sind vielfältig. Die Eingliederung des Leasingfahrzeugs in den Einfluß- und Risikobereich des Leasingnehmers ist z. B. ein Begründungsansatz, ein anderer die auf die Finanzierungsfunktion beschränkte wirtschaftliche Rolle des Leasinggebers. Der BGH (ZIP 1987, 1390, 1392 = BB 1987, 2260) hat die ihm wichtig erscheinenden Gesichtspunkte folgendermaßen zusammengefaßt:

»Der Leasingnehmer will – aus steuerlichen oder betriebswirtschaftlichen Gründen – ein für ihn zweckmäßiges Wirtschaftsgut nicht käuflich erwerben, sondern sich durch Einschaltung eines Leasinggebers nur auf Zeit nutzbar machen. In seinem Interesse – wenn auch zugleich im eigenen – erwirbt der Leasinggeber das Leasinggut und stellt es zum Gebrauch zur Verfügung. Das Interesse an der Sache und an ihrer Benutzung liegt also weit überwiegend beim Leasingnehmer. Deshalb erscheint es gerechtfertigt, in bezug auf die Sach- und Gegenleistungsgefahr den Leasingnehmer in Allgemeinen Geschäftsbedingungen wie einen Käufer zu behandeln und damit vom gesetzlichen Mietrecht auch in diesem Punkte abzuweichen. Die sich für den Leasingnehmer daraus ergebende Belastung ist erträglich, weil er die Leasingsache versichern lassen kann und ihm eine dem Leasinggeber ausgezahlte Versicherungssumme zugute kommen muß.«

Die höchstrichterlich (BGH, NJW 1990, 1785, 1788 für Operating Leasing) gebilligte Gefahrverlagerung durch AGB unterliegt Einschränkungen. Der Leasingnehmer trägt das Sachrisiko so lange wie sich das Auto in seiner Obhut befindet. Eine Gefahrabwälzungs-

Leasingtypische Vertragsregelungen

klausel kann nur insoweit eine angemessene Risikoverteilung herbeiführen, als sie sich auf den Zeitraum bezieht, in dem sich das Leasinggut in dem Einflußbereich des Leasingnehmers befindet. Deshalb entfällt seine Haftung, wenn er das Fahrzeug berechtigterweise zum Zwecke der Nachbesserung zurückgibt (BGH, WM 1985, 573, 575).
Der Leasingnehmer haftet nicht, wenn das Fahrzeug auf dem Auslieferungstransport durch Zufall zerstört oder beschädigt wird. Zu diesem Zeitpunkt befindet sich das Fahrzeug noch in fremdem Herrschafts- und Organisationsbereich, so daß der Leasingnehmer nicht die Möglichkeit der Einwirkung besitzt. Hat der Händler die Beschädigung des Fahrzeugs oder dessen Untergang zu vertreten, ist der Leasinggeber hierfür verantwortlich, da der Händler im Hinblick auf die vom Leasinggeber geschuldete Gebrauchsverschaffung als dessen Erfüllungsgehilfe tätig wird. Von dieser vertraglichen Hauptpflicht kann sich der Leasinggeber nicht freizeichnen. Daraus folgt, daß eine wirksame Verlagerung der Sachgefahr auf den Leasingnehmer erst ab dem Zeitpunkt in Betracht kommt, in dem der Leasinggeber dem Leasingnehmer in Erfüllung seiner vertraglichen Hauptpflicht den Besitz an dem Fahrzeug verschafft hat (v. Westphalen, Der Leasingvertrag, 4. Aufl, Rn. 644). AGB-Regelungen weitergehenden Inhalts, wie etwa eine Klausel, die dem Leasingnehmer die Gefahr für zufälligen Untergang und zufällige Beschädigung bereits ab dem Zeitpunkt der Zulassung des Fahrzeugs aufbürdet, verstoßen gegen § 9 Abs. 2 Nr. 1 AGB-Gesetz und entfalten keine Wirksamkeit.
Kommt es bei der Abnahme bzw. Übernahme zu einer Beschädigung oder zu einem Untergang des Fahrzeugs (z. B. während der Probefahrt) und hat der Leasingnehmer das Ereignis verschuldet, haftet er dem Leasinggeber wegen Vertragsverletzung und aus unerlaubter Handlung auf Schadensersatz. Eines Rückgriffs auf die Gefahrverlagerungsklausel, welche das Risiko zufälliger Zerstörung und Beschädigung betrifft, bedarf es nicht.
Auf wirksame Gefahrverlagerung kann sich der Leasinggeber gegenüber dem Leasingnehmer berufen, wenn das Fahrzeug zu Schaden kommt, nachdem es der Händler eigenmächtig an sich genommen und die Herausgabe rechtswidrig verweigert hat. In einem solchen Fall wird der Händler nicht (mehr) als Erfüllungsgehilfe des Leasinggebers tätig (Wolf, Die Rechtsprechung des BGH zum Leasing in: Kfz-Leasing, hrsg. von der Arbeitsgemeinschaft der Verkehrsrechtsanwälte, S. 82, 83; BGH, ZIP 1987, 1390).
Die dem Leasingnehmer auferlegte Pflicht zum Abschluß einer Kaskoversicherung mindert das Risiko der Gefahrtragung. Weil der Leasingnehmer die Gefahr trägt, muß ihm der Leasinggeber eine empfangene Versicherungsleistung für die Reparatur des Autos zur Verfügung stellen. Vom Leasinggeber wird verlangt, daß er diese Verpflichtung in seine AGB aufnimmt. Tut er es nicht, ist die Gefahrverlagerungsklausel ungültig (OLG Düsseldorf, ZIP 1983, 1092; Ulmer/Schmidt, DB 1983, 2558, 2561; v. Westphalen, Der Leasingvertrag, 4. Aufl., Rn. 672; Wolf/Horn/Lindacher, AGB-Gesetz, § 9, Rn. L 37).

Preisgefahr

Der Leasingnehmer trägt außer der Sachfahr regelmäßig auch die Preisgefahr. Das bedeutet, daß der Leasingnehmer seine Pflicht aus dem Leasingvertrag weiterhin erfüllen muß, wenn das Leasingfahrzeug ohne sein Verschulden beschädigt oder gestohlen wird oder bei einem Unfall Totalschaden erleidet.

Klauselbeispiel:

»Die Gefahr für Untergang, Verlust oder Beschädigung des Leasinggegenstandes trägt der Leasingnehmer. Die genannten Ereignisse entbinden den Leasingnehmer nicht von der Pflicht zur Zahlung der vereinbarten Leasingraten.«

Der Verbleib der Preisgefahr beim Leasingnehmer ist im Falle der zufälligen Beschädigung bereits eine unmittelbare Rechtsfolge

SIE KÖNNEN MIT UNS RECHNEN

DIE RICHTIGEN ANGEBOTE FÜR SIE

Ihre Entscheidung für Ihren neuen Opel wird durch unsere individuellen Leasingangebote noch einfacher. Durch die geringen Einstiegskosten behalten Sie den finanziellen Spielraum, den Sie für die Verwirklichung Ihrer persönlichen Wünsche brauchen. Auch in Ihren geschäftlichen Kalkulationen wissen Sie die Vorteile der konstanten und festen Leasingkosten zu schätzen. Freibleibendes Kapital können sie für andere Investitionen einsetzen. Die monatliche Leasingrate erwirtschaften Sie aus der Nutzung Ihres neuen Opel.

Für den gewerblichen Einsatz Ihres Opel ist die Mehrwertsteuer ein abzugsfähiger Posten Ihrer Kostenrechnung. Klare und bequeme Leasingbedingungen erleichtern Ihnen am Ende der Leasingzeit Ihren Entschluß zur Wiederbeschaffung Ihres neuen Opel. Aber auch für einen guten Gebrauchten finden Sie das passende Leasingangebot bei uns.
Modernes Leasing oder auch konventionelle Finanzierung, Neu- oder Gebrauchtwagen, wir haben die richtige Finanzdienstleistung für Sie...

DIREKT BEI IHREM FREUNDLICHEN OPEL HÄNDLER

Opel Bank GmbH + Opel Leasing GmbH & Co. oHG, Stahlstraße 34, 65428 Rüsselsheim, Telefon (0 61 42) 87 80

SIE KÖNNEN MIT UNS RECHNEN

DIE RICHTIGEN ANGEBOTE FÜR SIE

Die Entscheidung für Ihren neuen Opel fällt Ihnen mit unseren variablen Leasingangeboten noch leichter. Durch Leasing müssen Sie nicht den vollen Fahrzeugpreis aufbringen. Die Einstiegskosten sind niedrig, denn für den privaten Autofahrer genügt eine einmalige Sonderzahlung zum Leasing-Start.
Ihre Familie wird es deshalb zu schätzen wissen, wenn Sie Ihren vielseitigen Corsa ganz nach Ihren persönlichen Wünschen und Anforderungen aussuchen. Bei Ihrem geleasten Opel fallen Extras weniger ins Gewicht, weil Sie ja nur Ihren Anteil für die Nutzung zahlen. Durch Ihre Sonderzahlung, die selbstverständlich mit Ihrem Gebrauchten verrechnet werden kann, bestimmen Sie wesentlich die konstanten monatlichen Leasingraten.
Einfache und klare Leasingbedingungen bereiten Ihnen keine unliebsamen Überraschungen am Ende der Leasingzeit. Bevorzugen Sie die klassische Alternative für die Verwirklichung Ihres Fahrzeugwunsches, bieten wir Ihnen unsere speziellen Finanzierungsangebote…

DIREKT BEI IHREM FREUNDLICHEN OPEL HÄNDLER

Opel Bank GmbH + Opel Leasing GmbH & Co. oHG, Stahlstraße 34, 65428 Rüsselsheim, Telefon (0 61 42) 87 80

Leasingtypische Vertragsregelungen

der Sachgefahrverlagerung (Berger, Typus und Rechtsnatur des Herstellerleasing, S. 103). Außerdem ergibt sich der Fortbestand der Zahlungsverpflichtung des Leasingnehmers sowohl bei zufälliger Beschädigung als auch bei einem auf Zufall beruhenden Verlust und Untergang des Leasingfahrzeugs aus § 324 Abs. 1 BGB. Diese Vorschrift findet auch bei einer vertraglichen Risikoübernahme Anwendung (BGH, NJW 1980, 700). Wegen der weitreichenden Auswirkungen auf die Gegenleistung hat der BGH der formularmäßigen Sachgefahrverlagerung für den Bereich des Kfz-Leasing Grenzen gesetzt, ohne dabei zwischen Sach- und Vergütungsgefahr zu differenzieren. Ausgehend von der Überlegung, daß bei einem Kfz-Leasingvertrag für den Leasingnehmer die Nutzungsmöglichkeit im Vordergrund steht und dieser Vertragszweck nicht mehr verwirklicht werden kann, wenn das Auto gestohlen, zerstört oder erheblich beschädigt wird, hält er die durch AGB geregelte Gefahrverlagerung auf den Leasingnehmer nicht für einschränkungslos hinnehmbar. Für ihn ist die Klausel, die dem Leasingnehmer die Sach- und Preisgefahr aufbürdet, nur dann wirksam, wenn sie dem Leasingnehmer für den Fall des Eintritts eines solchen Ereignisses ein kurzfristiges Vertragslösungsrecht einräumt (BGH, ZIP 1986, 1566; ZIP 1992, 179 = NJW 1992, 683).
Die Einschränkung gilt ausschließlich für Leasingverträge, die ein Kraftfahrzeug zum Gegenstand haben, da bei anderen Objekten das für den Kfz-Leasingnehmer typische Interesse an einem fabrikneuen und damit risikofreien Fahrzeug nicht in vergleichbarer Weise gegeben ist (BGH, ZIP 1987, 1390).
Fehlt das kurzfristige Kündigungsrecht in der Gefahrverlagerungsklausel eines Kfz-Leasingvertrages, ist die Klausel unwirksam. Es gilt Mietrecht. Sowohl die Sach- als auch die Vergütungsgefahr ist beim gesetzlichen Mietmodell dem Vermieter zugewiesen. Da der Leasinggeber seine Pflicht zur Gebrauchsüberlassung nicht mehr erfüllen kann, verliert er den Anspruch auf die Gegenleistung. Der Leasingnehmer wird von seinen Zahlungspflichten befreit. Auch mit dem Risiko der Restwertabsicherung ist er nicht mehr belastet. Er kann den Leasingver-

Leasingtypische Vertragsregelungen

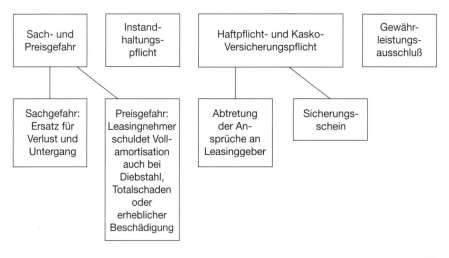

Leasingtypische Vertragsregelungen

trag wegen dauernden Gebrauchsentzugs gem. § 542 BGB fristlos kündigen (Braxmeier, WM Sonderbeilage 1/1988, 15). Hat der Leasinggeber in seinen AGB die Sachgefahrverlagerung vorschriftsmäßig mit einem kurzfristigen Kündigungsrecht des Leasingnehmers für den Fall des Untergangs, des Verlusts und der erheblichen Beschädigung der Leasingsache gekoppelt, behält er den Anspruch auf Vollamortisation, wenn es wegen dieser Ereignisse zu einer vorzeitigen Vertragsbeendigung kommt. Voraussetzung des Anspruchs ist allerdings eine transparente Vertragsgestaltung, die dem Leasingnehmer verdeutlicht, daß er die vom Leasinggeber in Form des Fahrzeugs gewährte Gebrauchsfinanzierung in vollem Umfang zurückzahlen muß.

Dem Leasinggeber ist es gestattet, das kurzfristige Kündigungsrecht mit einer Abschlußzahlung in Höhe des jeweiligen Restamortisationsbetrages zu koppeln (BGH, ZIP 1986, 1566). Eine solche Vertragsregelung muß durchschaubar sein und erkennen lassen, aus welchen Faktoren sich der Betrag zusammensetzt.

Durch die Einräumung des kurzfristigen Kündigungsrechts entstehen dem Leasinggeber keine großen Nachteile. Er muß sich den ersparten Aufwand anrechnen lassen und verliert – wie an späterer Stelle gezeigt wird – den Anspruch auf die in den zum Kündigungszeitpunkt ausstehenden Leasingraten enthaltenen Gewinnanteile. Entsprechend gering sind die Vorteile für den Leasingnehmer. Er wird von den zusätzlichen technischen und finanziellen Risiken der weiteren Benutzung befreit und erlangt die Chance, bei sofortiger Veräußerung des Fahrzeugs einen höheren Marktwert als bei einem normalen Vertragsablauf zu erzielen. Die Frage, wann eine erhebliche, die außerordentliche Kündigung rechtfertigende Beschädigung anzunehmen ist, hat der Bundesgerichtshof nicht beantwortet. Eine Klauselgestaltung, durch die Reparaturkosten und Zeitwert des Fahrzeugs betrags- bzw. prozentmäßig in Beziehung gesetzt werden, stellt nach Andeutung des BGH (ZIP 1986, 1566) eine mögliche Lösung dar. Demzufolge müßte eine *Klauselgestaltung* etwa wie folgt aussehen:

»Bei Verlust, Untergang und vom Leasingnehmer nicht zu vertretender Beschädigung des Fahrzeugs kann der Leasingvertrag von jeder Vertragspartei zum Ende des Vertragsmonats gekündigt werden, bei Beschädigungen jedoch nur, wenn die Reparaturaufwendungen x% des Zeitwertes des Leasingvertrags betragen.«

Eine erhebliche Beschädigung liegt – jedenfalls – vor, wenn die schadenbedingten Reparaturkosten 60% des Wiederbeschaffungswertes des Fahrzeugs überschreiten (für 50% des Zeitwertes v. Westphalen, Der Leasingvertrag, 4. Aufl., Rn. 651). Dieser Grenzwert ist in den vom Verband der Automobilindustrie empfohlenen AGB für das Leasing von Neufahrzeugen zur privaten Nutzung (BAnz 1988, 1212) vorgesehen. Er wurde mit allen Beteiligten – auch dem ADAC – abgestimmt. Kein außerordentliches Kündigungsrecht besteht, wenn ein Fahrzeug gestohlen, nach wenigen Tagen wieder aufgefunden und fachgerecht ohne konkrete Befürchtung verbliebener Restmängel repariert worden ist (BGH, ZIP 1986, 1566). In den Urteilsgründen wird humorvoll angemerkt:

»*Allein die vom Beklagten geltend gemachte Tatsache, daß der Wagen von den Dieben auf einer Fahrstrecke von etwa 35 km und möglicherweise zur Begehung weiterer Straftaten benutzt worden war, reicht auch bei einem Rechtsanwalt nicht (für eine Kündigung) aus.*«

Instandhaltungspflicht

Beim Netto-Leasingvertrag wird der Leasingnehmer regelmäßig durch AGB zur Instandhaltung des Fahrzeugs verpflichtet. Die Wirksamkeit derartiger Klauseln stellt niemand ernsthaft in Frage. Die Argumente sind die gleichen wie bei der Gefahrverlagerung, deren ›natürliche‹ Ergänzung die Instandhal-

tungspflicht ist (Sannwald, Der Finanzierungs-Leasingvertrag über bewegliche Sachen mit Nichtkaufleuten, S. 163).
Zur Instand*haltungspflicht* gehört auch die weitreichendere Instand*setzungspflicht*. Letztere wiederum ist eine konkret ausgestaltete Folge aus der Verlagerung der Sachgefahr auf den Leasingnehmer, die von der Rechtsprechung mit den aufgezeigten Einschränkungen gebilligt wird. Die Instandsetzungspflicht entfällt bei erheblicher Beschädigung des Fahrzeugs, welche den Leasingnehmer zur kurzfristigen Vertragskündigung berechtigt.
Vielgestaltig sind die Formularregelungen zur Instandhaltung in Leasingverträgen. Sie sehen vor, daß der Leasingnehmer das Fahrzeug nach den Vorschriften der Betriebsanleitung zu fahren, sachgemäß und schonend zu behandeln und stets in betriebs- und verkehrssicherem Zustand zu erhalten hat. Sie verpflichten ihn, die vom Hersteller vorgeschriebenen und empfohlenen Wartungsdienste pünktlich durchzuführen und notwendige Reparaturen unverzüglich in einer vom Hersteller autorisierten Werkstatt vornehmen zu lassen. Er wird dafür verantwortlich gemacht, daß das Auto termingerecht nach § 29 StVZO bei der zuständigen Stelle vorgeführt wird. Bei der Prüfung festgestellte Mängel und Beanstandungen hat er umgehend beheben zu lassen.

Verhaltens- und Obhutspflichten

Reichhaltig ist der Katalog der Obhuts- und Verhaltenspflichten, die dem Leasingnehmer regelmäßig durch AGB auferlegt werden. Sie sehen vor, daß der Leasingnehmer das Fahrzeug ausschließlich nur zu den im Leasingvertrag vereinbarten Zwecken benutzen darf und von Rechten Dritter freizuhalten hat. Er darf das Auto nicht verkaufen, verpfänden, verschenken oder zur Sicherheit übereignen. Auch die Weitervermietung an Dritte wird, sofern sie nicht zum Geschäftsgegenstand gehört, verboten, es sei denn, der Leasinggeber stimmt ausdrücklich zu. Eine Verwendung als ziehendes Fahrzeug oder als Fahrschulwagen muß vom Leasinggeber genehmigt werden. Dritte, mit Ausnahme der Familienangehörigen und sonstiger dem Hausstand des Leasingnehmers angehörender sowie in seinem Betrieb beschäftigter Personen, dürfen mit dem Auto nicht fahren. Überläßt der Leasingnehmer das Auto dennoch einem Dritten zur Benutzung, so muß er für dessen Verhalten nach § 278 BGB dem Leasinggeber gegenüber einstehen. Das ist jedenfalls die Auffassung des OLG Hamm (NJW-RR 1987, 1142). In dem von ihm entschiedenen Fall hatte die Leasingnehmerin das Fahrzeug ihrem Lebensgefährten zur Verfügung gestellt. Er versteckte das Auto, nachdem er es mehrfach beschädigt hatte, bei einem Bekannten und täuschte gegenüber der Polizei einen Diebstahl vor. Das OLG Hamm verurteilte die Leasingnehmerin zum Schadensersatz. Gelegentlich wird dem Leasingnehmer verboten, das Auto in das außereuropäische Ausland zu verbringen. Manchmal steht im Kleingedruckten, daß der Leasingnehmer mit dem Fahrzeug das Gebiet der Bundesrepublik Deutschland über einen Monat hinaus nur mit schriftlicher Einwilligung des Leasinggebers verlassen darf. Änderungen an dem Fahrzeug und Einbauten sind nur mit schriftlicher Zustimmung des Leasinggebers gestattet. Eine Beschriftung wird allenfalls in handelsüblichem Rahmen zugelassen. Am Vertragsende muß sie entfernt werden. Eingriffe in den Tachometer sind selbstverständlich untersagt. Am Kilometerzähler auftretende Schäden muß der Leasingnehmer der Leasinggeberin sofort anzeigen und im Falle einer Reparatur dafür sorgen, daß der alte und neue Kilometerstand auf der Reparaturrechnung festgehalten werden.

Leasingtypische Vertragsregelungen

Pflicht des Leasingnehmers zum Abschluß einer Haftpflicht- und Kaskoversicherung

Beim Finanzierungs-Leasing übernimmt der Leasingnehmer üblicherweise die Pflicht zur Versicherung des Fahrzeugs. Schließt der Leasinggeber den Versicherungsvertrag ausnahmsweise selbst ab, z. B. im Rahmen eines ›Full-Service-Vertrages‹, werden die Versicherungsprämien in die monatlichen Leasingraten eingerechnet und auf diese Weise vom Leasingnehmer zurückgeholt. Die Versicherungspflicht des Leasingnehmers ist regelmäßig in den AGB der Leasing-Vertragsformulare enthalten.

Typisches Klauselbeispiel:

»Sofern im Leasingbestellschein nicht etwas anderes vereinbart ist, hat der Leasingnehmer für das Fahrzeug die gesetzliche Haftpflichtversicherung mit einer Deckungssumme von mindestens 2 Mio DM und eine Vollkaskoversicherung mit einer Selbstbeteiligung von maximal 1000,– DM zu den AGB für die Kraftverkehrsversicherung und zu den jeweils gültigen Tarifen abzuschließen und während der Laufzeit des Leasingvertrages aufrechtzuerhalten.«

Gegen die formularmäßige Begründung der Pflicht zum Abschluß einer Haftpflicht- und Kaskoversicherung bestehen keine Bedenken. Die Regelung ist weder überraschend noch sachunangemessen. Sie dient dem Leasinggeber als Sicherheit in seiner Funktion als vorleistungspflichtiger Kreditgeber und schützt ihn vor Liquiditätsschwierigkeiten des Leasingnehmers. Die Versicherungspflicht dient aber auch dem Schutz des Leasingnehmers. Seine Risiken, namentlich die aus der Gefahrübernahme resultierenden, sind aufgrund des Versicherungsschutzes wesentlich geringer. Die Versicherung bietet den Vorteil, daß das zur Reparatur bzw. zur Ersatzbeschaffung benötigte Geld, mit dem der Vertrag dann fortgesetzt werden kann, kurzfristig zur Verfügung steht.

Abtretung

Dem Sicherungsinteresse des Leasinggebers ist mit dem bloßen Abschluß einer Haftpflicht- und Vollkaskoversicherung durch den Leasingnehmer nicht gedient. Um sicherzustellen, daß eine Entschädigungsleistung der Versicherung tatsächlich zur Reparatur oder Ersatzbeschaffung verwendet wird, lassen sich Leasingfirmen regelmäßig durch AGB sämtliche Rechte aus der Fahrzeugvollversicherung und für den Fall eines Haftpflichtschadens alle Ansprüche – mit Ausnahme solcher aus Personenschaden – gegen den Schädiger bzw. dessen Haftpflichtversicherung unwiderruflich abtreten.

Sicherungsschein

Sofern der Leasingnehmer die Versicherungspflicht des Fahrzeugs zu übernehmen hat, gibt ihm der Leasinggeber auf, den Versicherer zu beauftragen, einen Sicherungsschein zu seinen Gunsten zu erteilen.
Mit der Ausgabe des Sicherungsscheins wird eine Versicherung ›für fremde Rechnung‹ begründet. Der Inhaber des Sicherungsscheins, also der Leasinggeber, besitzt die Rechte aus dem Versicherungsvertrag (§ 75 Abs. 1 VVG).
Bei der Kaskoversicherung handelt es sich um eine reine Sachversicherung, auch wenn sie als Fremdversicherung genommen wird. Sie deckt das Interesse des Eigentümers an der Erhaltung des unter Versicherungsschutz stehenden Fahrzeugs. Die Ersatzleistung besteht bei der Kaskoversicherung in der Erstattung der erforderlichen Kosten der Wiederherstellung und unter bestimmten Voraussetzungen in der Zahlung des Neupreises für ein fabrikneues Fahrzeug. Bei einer Fremdversicherung erstreckt sich der Versicherungsschutz auch auf das Sacherhaltungsinteresse des Leasingnehmers, da ihm die Gefahr für Untergang, Verlust und Beschädigung des geleasten Fahrzeugs regelmäßig aufgebürdet wird (BGH, NZV 1988, 216, 217; NJW 1989, 3021). Der Versicherungsschutz umfaßt nicht – jedenfalls nicht ohne besondere Vereinbarung – die auf Voll-

amortisation gerichteten Forderungen des Leasinggebers gegen den Leasingnehmer aus dem Leasingvertrag (BGH, ZIP 1992, 179 = NJW 1992, 683; OLG Hamm, VersR, 1989, 36).
Der Versicherungsnehmer, also der Leasingnehmer, darf über die Rechte des Versicherungsvertrages nicht mehr verfügen. An seine Stelle tritt der versicherte Leasinggeber. Dieser erlangt die Verfügungsbefugnis, auch wenn er sich selbst nicht im Besitz des Versicherungsscheins befindet.
Die Versicherung für fremde Rechnung verleiht dem Leasinggeber eine im Vergleich zur Forderungsabtretung stärkere Rechtsposition. Seine Ansprüche bestimmen sich zwar sowohl dem Grunde als auch dem Umfang nach aus dem Versicherungsvertrag, den der Leasingnehmer mit der Versicherungsgesellschaft abgeschlossen hat. Einwendungen gegenüber dem Leasingnehmer kann die Versicherungsgesellschaft folglich auch dem Leasinggeber entgegenhalten. Dieser besitzt jedoch die Möglichkeit, mit dem Versicherer abweichende und ergänzende Vereinbarungen zu schließen. Auf diese Weise kann er sich vor Handlungen und Unterlassungen des Leasingnehmers schützen, die den Anspruch aus dem Versicherungsvertrag gefährden (BGH, NJW 1964, 654 ff.).
Die Regelungen zwischen dem Leasinggeber – als dem durch Sicherungsschein Versicherten – und der Versicherungsgesellschaft begründen kein zweites Versicherungsverhältnis. Durch sie wird lediglich das bestehende Versicherungsverhältnis zwischen Leasingnehmer und Versicherungsgesellschaft ausgestaltet. Im Vordergrund stehen Mitteilungspflichten der Versicherungsgesellschaft gegenüber dem Leasinggeber, z. B. über die Nichtzahlung der Erst- und Folgeprämie. Dem Leasinggeber wird durch die Benachrichtigung die Möglichkeit eröffnet, die vom Leasingnehmer zu erfüllende Leistung selbst zu erbringen, um den Versicherungsschutz aufrechtzuerhalten.
Der Kraftfahrzeug-Sicherungsschein schützt durch seine darin enthaltenen Mitteilungen und Erklärungen den versicherten Leasinggeber vor Kündigung und vorzeitiger Beendigung des Vertrages. Alle übrigen Einwendungen, die dem Versicherer wegen vertragswidrigen Verhaltens des Leasingnehmers zustehen, namentlich den Einwand der grobfahrlässigen oder vorsätzlichen Herbeiführung des Versicherungsfalles, muß sich der versicherte Leasinggeber gemäß § 334 BGB ebenfalls entgegenhalten lassen (LG Frankfurt, VersR 1985, 658), es sei denn, daß er mit dem Versicherer auch insoweit eine anderslautende Vereinbarung getroffen hat. Hierin, nämlich in der Abhängigkeit vom Verhalten des Leasingnehmers, liegt für den Leasinggeber die Gefahr der Fremdversicherung.

Gewährleistungsausschluß

Leasingfirmen wollen nicht für etwaige Fehler des Kraftfahrzeugs geradestehen. Deshalb schließen sie ihre eigene Haftung für Sach- und Rechtsmängel in ihren AGB aus. Gleichzeitig treten sie entweder die ihnen aus dem Kauf zustehenden Gewährleistungs- und Garantieansprüche gegen den Händler/Hersteller an den Leasingnehmer ab oder sie ermächtigen ihn, die Ansprüche im eigenen Namen geltend zu machen. Die in § 11 Nr. 10a AGB-Gesetz verankerte Regelung, die es verbietet, bei Verträgen über Lieferungen neu hergestellter Sachen und Leistungen die eigene Gewährleistung durch AGB auszuschließen und den Vertragspartner an Dritte zu verweisen, findet auf Leasingverträge keine Anwendung (BGH, ZIP 1985, 682 = BGHZ 94, 180). *Klauselbeispiel* für die Kombination aus Freizeichnung und Abtretung:

»Abweichend von den §§ 537 ff. BGB erfüllt die Leasinggeberin ihre Gewährleistungspflicht wegen etwaiger Mängel an dem Fahrzeug, indem sie die ihr gegen den liefernden Händler zustehenden kaufrechtlichen Gewährleistungsansprüche sowie etwaige gegen den Fahrzeughersteller direkt gerichtete Ansprüche (Garantieansprüche) an den Leasingnehmer abtritt. Der Leasingnehmer nimmt die Abtretung hiermit an.«

Leasingtypische Vertragsregelungen

Keine überraschende Klausel

Der Ausschluß der eigenen Haftung bei gleichzeitiger Abtretung der Garantie- und Gewährleistungsansprüche aus dem Kauf ist beim Kraftfahrzeug-Leasing die Regel. Die Klausel wird als ›typisch‹ bezeichnet. Ernsthafte Zweifel, daß Gewährleistungsansprüche nicht abtretbar sein könnten, weil Wandlung und Minderung akzessorische Gestaltungsrechte darstellen, hat der BGH nicht. Er hält die Abtretung für unbedenklich, weil alle Vertragsparteien mit einer solchen Regelung im Hinblick auf die Typizität des Leasingvertrags einverstanden sind (BGH, WM 1977, 447, 449).

Es steht somit außer Zweifel, daß die den Gewährleistungsausschluß betreffende Formularregelung auch beim privaten Leasing stets wirksam in den Vertrag einbezogen wird (BGH, ZIP 1985, 682 f. = BGHZ 94, 180).

Keine unangemessene Benachteiligung des Leasingnehmers

Die mit einer Abtretung der Gewährleistungsansprüche oder die mit einer Ermächtigung zur Geltendmachung dieser Rechte gekoppelte Freizeichnung des Leasinggebers von eigener Haftung für eine etwaige Fehlerhaftigkeit des Fahrzeugs führt nach allgemeiner Ansicht nicht zu einer unangemessenen Benachteiligung des Leasingnehmers i. S. v. § 9 AGB-Gesetz. Diese Feststellung gilt gleichermaßen für gewerbliche Leasingverträge wie für solche mit privaten Kunden. Sowohl durch die Abtretung als auch durch die Ermächtigung zur Geltendmachung der Gewährleistungsansprüche werden die schutzwürdigen Belange des Leasingnehmers hinreichend gewahrt (BGH, ZIP 1981, 1215 f. = BGHZ 81, 298), da er in der Regel das Auto aussucht und von daher im Vergleich zum Leasinggeber die »größere Sachnähe« besitzt.

Eine ordnungsgemäße Freizeichnung von eigener mietrechtlicher Gewährleistung setzt aber unbedingt voraus, daß die Abtretung bzw. die Ermächtigung, welche nur alternativ verwendet werden können, »unbedingt« sein müssen. Weiterhin ist erforderlich, daß der Leasingnehmer in die Lage versetzt wird, die kaufrechtlichen Gewährleistungsansprüche »unmittelbar und vorbehaltlos« geltend zu machen.

Unwirksam ist die aus Freizeichnung und Abtretung bzw. Ermächtigung bestehende Klauselkombination,

- wenn der Leasingnehmer »nach Wahl des Leasinggebers« verpflichtet ist, Gewährleistungsansprüche gegen den Händler entweder im eigenen oder im Namen des Leasinggebers geltend zu machen (BGH, ZIP 1987, 240 = WM 1987, 349),
- wenn sich der Leasinggeber den Widerruf der erteilten Ermächtigung oder die eigene Rechtsverfolgung gegenüber dem Händler vorbehält (BGH, WM 1988, 979, 982),
- wenn der Leasinggeber eine ihn treffende subsidiäre Gewährleistung der Verjährungsfrist von 6 Monaten ab Fahrzeugübergabe unterwirft (OLG Frankfurt, NJW-RR 1991, 1527),
- wenn der Leasinggeber die rechtlichen Folgen, die sich aus der Geltendmachung der Gewährleistungsrechte durch den Leasingnehmer ergeben, für sich nicht als verbindlich hinnehmen will, indem er z. B. ein Versäumnisurteil oder eine zwischen Leasingnehmer und Verkäufer einverständlich vollzogene Wandlung nicht anerkennt (BGH, NJW-RR 1991, 1202 f.; OLG Hamm, CR 1992, 272),
- wenn der Leasinggeber das Risiko der Insolvenz des Händlers auf den Leasingnehmer verlagert (BGH, NJW-RR 1991, 1202 f.).

Grenzen

Der formularmäßige Ausschluß der Haftung des Leasinggebers für Mängel des Leasingfahrzeugs ist weiterhin nur unter der Voraussetzung zulässig, daß die abgetretenen kaufrechtlichen Gewährleistungsansprüche die Interessen des Leasingnehmers in »angemessener Weise wahren« (BGH, DB 1986,

Leasingtypische Vertragsregelungen

1186). Bei einem Leasingvertrag über ein fabrikneues Fahrzeug hat der Leasinggeber den Leasingnehmer durch die Abtretung gewährleistungsrechtlich so zu stellen, als hätte der Leasingnehmer das Auto selbst vom Händler gekauft.
Die abgetretenen Gewährleistungsansprüche aus dem Kauf müssen den Mindesterfordernissen des AGB-Gesetzes entsprechen. Ist die Gewährleistungsklausel des Kaufvertrages unwirksam, gilt die gesetzliche Gewährleistung des Kaufrechts. Da das Kaufrecht ein Nachbesserungsrecht nicht vorsieht, kann der Leasingnehmer im Falle des Auftretens erheblicher Fahrzeugmängel sofort entweder den Kaufvertrag wandeln oder den Kaufpreis mindern. Auf die vertragliche Nachbesserungsabrede braucht er sich wegen der Klauselunwirksamkeit nicht verweisen zu lassen.
Formularregelungen zur Gewährleistung, die gegenüber dem Leasinggeber wirksam sind, können gegenüber einem privaten Leasingnehmer unzulässig sein. Da der Leasinggeber regelmäßig die Kaufmannseigenschaft besitzt, gelten in bezug auf seine Person weniger strenge Maßstäbe nach dem AGB-Gesetz.
So wird etwa die Meinung vertreten, im kaufmännischen Geschäftsverkehr dürfe der Käufer in einem begrenzten Umfang an den Aufwendungen beteiligt werden, die zum Zwecke der Beseitigung eines Gewährleistungsmangels anfallen. Hierzu gehören beim Auto in erster Linie die Abschleppkosten. Einem privaten Käufer dürfen diese Kosten keinesfalls durch AGB-Regelungen aufgebürdet werden (§ 11 Nr. 10c AGB-Gesetz).
Im nichtkaufmännischen Geschäftsverkehr ist es dem Verkäufer ferner untersagt, formularmäßig Gewährleistungsansprüche auszuschließen, auf die Einräumung von Ansprüchen gegen Dritte zu beschränken oder von der vorherigen gerichtlichen Inanspruchnahme Dritter abhängig zu machen (§ 11 Nr. 10a AGB-Gesetz). Auch dieses strikte Verbot gilt im Geschäftsverkehr unter Kaufleuten über die Generalklausel des § 9 AGB-Gesetz nur mit Einschränkungen. Weiterhin werden Formularregelungen zur Haftung bei Verzug

und Unmöglichkeit im kaufmännischen Bereich weniger streng als im Geschäftsverkehr mit privaten Kunden beurteilt. Im kaufmännischen Geschäftsverkehr darf die Haftung für einfache Fahrlässigkeit grundsätzlich abbedungen werden, während gegenüber Privatkunden im Falle des Vorliegens einfacher Fahrlässigkeit nur die Feststellung einer Haftungshöchstsumme und der Ausschluß entfernter Schäden zulässig ist.
Sofern die abgetretenen kaufrechtlichen Gewährleistungsansprüche nicht den Rahmenbedingungen des AGB-Gesetzes entsprechen, die für den Verkauf an Privat gelten, erhält der Leasingnehmer keinen adäquaten Ersatz für die ausgeschlossene »Vermieterhaftung« des Leasinggebers. Deshalb benachteiligt ihn der Ausschluß der mietrechtlichen Gewährleistung unangemessen, so daß der AGB-Regelung wegen Verstoßes gegen § 9 AGB-Gesetz die Wirksamkeit zu versagen ist.
Einen besonders kritischen Blick verdient der formularmäßige Haftungsausschluß des Leasinggebers für Mängel des Leasingfahrzeugs, wenn er mit der Abtretung von Garantieansprüchen gekoppelt ist. Für die Übernahme von Garantien besteht weder für den Händler noch für den Hersteller ein gesetzlicher Zwang. Da Garantien freiwillig gegeben werden, müssen sie nicht den strengen Anforderungen des § 11 Nr. 10a-f AGB-Gesetz entsprechen. An diesen Vorschriften sind Garantiebestimmungen allerdings dann zu messen, wenn sie keinen deutlichen Hinweis darauf enthalten, daß neben der Garantie die Gewährleistung des Händlers gilt (BGH, NJW 1981, 867). Werden vom Leasinggeber »nur« Garantieansprüche gegen den Hersteller abgetreten, welche die gesetzlichen Rahmenbedingungen der kaufrechtlichen Gewährleistung nicht erfüllen und besteht daneben keine Gewährleistung des Händlers, auf die der Leasingnehmer insbesondere im Falle des Fehlschlags der Nachbesserung zurückgreifen kann, dann entfaltet die Haftungsfreizeichnung des Leasinggebers von seiner mietrechtlichen Verantwortlichkeit für Mängel der Leasingsache keine Wirksamkeit.
Entgegen der Ansicht des OLG Köln (NJW-

55

Leasingtypische Vertragsregelungen

RR 1987, 371) ist der Ausschluß der Vermieterhaftung zulässig, wenn – was unvermeidbar vorkommen kann – bei Abschluß des Leasingvertrages noch keine abtretbaren Gewährleistungsansprüche aus dem Kauf bestehen, weil entweder der Händler den Vertrag noch nicht bestätigt hat oder der Kaufvertrag nach dem Willen der Parteien erst zu einem späteren Zeitpunkt abgeschlossen werden soll.

Ein unwirksamer Ausschluß von der mietrechtlichen Gewährleistung hat zur Folge, daß der Leasinggeber dem Leasingnehmer nach den mietrechtlichen Vorschriften der §§ 537 ff. BGB für Mängel des Leasingfahrzeugs verantwortlich bleibt. Der Leasingnehmer kann die Leasingraten mindern oder statt dessen den Leasingvertrag fristlos kündigen, wenn der Gebrauch des Fahrzeugs infolge des Mangels beeinträchtigt oder aufgehoben wird und im übrigen die Voraussetzungen des § 542 BGB vorliegen. Allerdings verfallen die Rechte bei verspäteter Mängelanzeige, wenn der Leasinggeber beweist, daß es im Falle der Rechtzeitigkeit möglich gewesen wäre, etwa durch eine Nachbesserung seitens des Händlers Abhilfe zu schaffen (BGH, ZIP 1987, 240 ff. = WM 1987, 349). Falls er den Beweis nicht führt, kann er gleichwohl noch mit eigenen Schadensersatzansprüchen gegen eine Minderung des Leasingnehmers aufrechnen, z. B. mit einem wegen Verspätung nicht mehr durchsetzbaren Anspruch auf Kaufpreisminderung gegenüber dem Händler.

Übernahme einer beschränkten Gewährleistung durch den Leasinggeber

Viele Leasinggeber, namentlich markengebundene, übernehmen eine eigene Gewährleistung, deren Umfang auf die Gewährleistungs- und Garantieansprüche aus dem Kauf beschränkt wird.

Klauselbeispiel:

»Unter Ausschluß aller sonstigen Ansprüche des Leasingnehmers gegen den Leasinggeber haftet der Leasinggeber gegenüber dem Leasingnehmer für Mängel des Leasingobjektes nur insoweit, als dem Leasinggeber gegenüber dem ausliefernden Händler aufgrund der Garantiekarte und der Allgemeinen Lieferbedingungen Gewährleistungs- und Garantieansprüche zustehen.«

Solche Regelungen sind weder überraschend noch benachteiligen sie den Leasingnehmer unangemessen.
Wenn nämlich der Leasinggeber schon – wie oben gezeigt – die Gewährleistung völlig ausschließen darf, sofern er gleichzeitig seine eigenen Gewährleistungs- und Garantieansprüche aus dem Kauf an den Leasingnehmer abtritt, so darf er erst recht eine von ihm selbst übernommene Gewährleistung unter Ausschöpfung des von der Rechtsprechung zugebilligten Spielraums beschränken. Denn die Beschränkung auf die Verkäuferhaftung stellt gegenüber dem völligen Gewährleistungsausschluß eine geringere Belastung für den Leasingnehmer dar.

Nicht unbedenklich ist eine Klausel, die dem Leasingnehmer den sofortigen Zugriff auf die gesetzlichen Gewährleistungsansprüche versperrt, indem sie ihn verpflichtet, sich zwecks Fehlerbeseitigung an den Leasinggeber zu wenden, falls der Verkäufer keine zumutbare Abhilfe erreicht hat (offengelassen vom OLG Frankfurt, NJW-RR 1991, 1527). Eine solche Regelung berücksichtigt die Interessen des Leasingnehmers nicht mehr in angemessener Weise, da sie ihn auf die Nachbesserung verweist, obschon die Zumutbarkeitsgrenze möglicherweise bereits überschritten ist.

Gewährleistungsausschluß bei Überlassung eines gebrauchten Kraftfahrzeugs

Leasingverträge über gebrauchte Fahrzeuge sind nach wie vor die Ausnahme. Ein Anwendungsfall ist der Anschlußleasingvertrag, den die Parteien nach Ablauf der Grundvertragszeit über das gleiche Fahrzeug schließen. Auch beim »sale and lease back« betrifft der Vertragsgegenstand die Überlassung eines gebrauchten Fahrzeugs. Da die Gewährleistungs- und Garantiefristen aus dem Kaufgeschäft in diesen Fällen normalerweise bereits abgelaufen sind, stehen der Freizeichnung des Leasinggebers von seiner mietrechtlichen Gewährleistung – anders als bei der Überlassung eines neuen Fahrzeugs – keine »kompensierenden« kaufrechtlichen Gewährleistungsansprüche gegenüber.

Die gleiche Situation besteht, wenn der Leasinggeber ein gebrauchtes Fahrzeug anschafft. Die Veräußerung gebrauchter Fahrzeuge erfolgt sowohl im gewerblichen als auch im privaten Geschäftsverkehr üblicherweise unter Ausschluß der Mängelhaftung des Verkäufers. Typische Klausel: Gekauft wie gesehen und probegefahren und unter Ausschluß jeglicher Gewährleistung. Die Haftungsfreizeichnung umfaßt wahrnehmbare und verborgene Mängel. Der Käufer kann den Verkäufer nicht belangen, falls das Fahrzeug bei Übergabe fehlerhaft ist, es sei denn, der Verkäufer hat eine falsche Zusicherung erteilt, ihm bekannte Mängel arglistig verschwiegen oder ausnahmsweise gegen bestehende Untersuchungspflichten verstoßen. Da der Leasinggeber dem Leasingnehmer beim Gebrauchtwagen-Leasing weder Garantie- noch Gewährleistungsansprüche durch Abtretung verschaffen kann, stellt sich die höchstrichterlich noch unbeantwortete Frage, ob die Freizeichnung des Leasinggebers von der mietrechtlichen Gewährleistung wirksam ist (siehe hierzu die ›Sonderbedingungen für gebrauchte Leasing-Fahrzeuge‹ der im Anhang veröffentlichten Vertragsmuster aus der Praxis).

Aus § 11 Nr. 10a AGB-Gesetz läßt sich eine Unwirksamkeit des Gewährleistungsausschlusses nicht herleiten. Diese Vorschrift findet keine Anwendung auf Leasingverträge. Der Gewährleistungsausschluß ist weder überraschend noch benachteiligt er den Leasingnehmer unangemessen. Der dem Leasingnehmer gewährleistungsrechtlich zugestandene »kaufrechtliche« Mindestschutz wird durch den Gewährleistungsausschluß nicht unterlaufen, da dieser beim Gebrauchtwagenkauf üblich und rechtlich zulässig ist.

Würde man bei der Überlassung eines Gebrauchtfahrzeuges die Freizeichnung des Leasinggebers von seiner Gewährleistung als unwirksam ansehen, wäre der Leasinggeber wie ein Vermieter für die Erhaltung und Instandhaltung des Fahrzeugs während der gesamten Laufzeit des Vertrages verantwortlich. Der Leasingnehmer eines gebrauchten Autos stünde besser als der eines neuen Fahrzeugs. Das Ergebnis kann nicht richtig sein. Deshalb wird man den Gewährleistungsausschluß des Leasinggebers bei Überlassung eines gebrauchten Fahrzeugs hinnehmen müssen, auch wenn sich der Leasingnehmer im Falle einer Mangelhaftigkeit des Autos nicht beim Verkäufer schadlos halten kann.

Nach gegenteiliger Ansicht trifft den Leasinggeber die mietrechtliche Gewährleistungspflicht, wenn entweder der Vertragsgegenstand des Leasingvertrages in der Überlassung einer gebrauchten Sache besteht und die Gewährleistung des Händlers bei Vertragsabschluß bereits abgelaufen ist (Sannwald, Finanzierungsleasingvertrag über bewegliche Sachen mit Nichtkaufleuten, S. 173) oder wenn die Laufzeit des Leasingvertrages so lang bemessen wird, daß der Wert der Leasingsache abgeschrieben ist.

Eigentum und Besitz

Rechtlicher Eigentümer des Fahrzeugs ist immer der Leasinggeber. Er erlangt durch den Kauf des Fahrzeugs Volleigentum. Das ist mehr als bloßes Sicherungseigentum beim finanzierten Kauf. Der Fahrzeugbrief bleibt im Besitz der Leasingfirma. So steht es in allen Leasingverträgen, und so wird es auch gehandhabt.
Die Regelung ist nicht zu beanstanden. Sie dient dem Sicherungsinteresse des Leasinggebers. Würde die Leasingfirma den Kfz-Brief an den Leasingnehmer aushändigen, könnte der Leasingnehmer das Auto an einen gutgläubigen Dritten veräußern, und die Leasingfirma würde ihr Eigentum verlieren. Besitzer des Fahrzeugs während der Vertragszeit ist der Leasingnehmer.
Da Eigentum und Besitz beim Leasinggeschäft regelmäßig auseinanderfallen, sind die Verträge durch Verfügungsverbote und zahlreiche Verhaltens- und Obhutspflichten geprägt, die der Leasingnehmer beachten muß und die allgemein gebilligt werden, da sie dem als vorrangig eingestuften Sicherungsinteresse des Leasingnehmers dienen (vgl. hierzu die Ausführungen auf S. 51).

Fahrzeughalter

Die Haltereigenschaft ist für das Unfallrecht bedeutsam. Bei schuldhafter Verursachung eines Unfalls haften Fahrer und Halter. Halter und Eigentümer sind nicht zwangsläufig personengleich. Halter eines Kraftfahrzeugs ist, wer es für eigene Rechnung in Gebrauch hat und die Verfügungsgewalt besitzt, die ein solcher Gebrauch voraussetzt (BGH, NJW 1954, 1198).
Beim Kraftfahrzeug-Leasing wird der Leasingnehmer in der Regel als Fahrzeughalter angesehen, vorausgesetzt, er besitzt die uneingeschränkte Herrschaftsgewalt über das Auto. Darunter ist tatsächliche Sachherrschaft in dem Sinne zu verstehen, daß der Leasingnehmer das Auto nach seinem Belieben zeitlich und örtlich einsetzen kann, während der Leasinggeber hierauf keinen Einfluß besitzt (BGH, NJW 1983, 1492f.; 1986, 1044). Der Leasinggeber ist bei üblicher Vertragsgestaltung nicht als Mithalter anzusehen. Eine Mithalterschaft des Leasinggebers käme nur dann in Betracht, wenn ihm Weisungsbefugnisse hinsichtlich des Einsatzes des Fahrzeugs und der einzelnen Fahrten vertraglich zustehen würden und er in der Lage wäre, diese auch praktisch auszuüben (BGH, VRS 65, 108/110; BayObLG, VRS 69, 70/72).

Die rechtliche Einordnung des Kraftfahrzeug-Leasingvertrages

Die bürgerlich-rechtliche Einordnung des Finanzierungsleasingvertrages ist ein Dauerthema, das durch neue Vertragsvarianten immer wieder belebt wird. Man begegnet einem breit gefächerten Meinungsspektrum. Diskutiert werden: Sachkauf, Ratenkauf, finanzierter Kauf, verbundener Kauf, Kauf einer Nutzungsmöglichkeit, Geschäftsbesorgungsvertrag, Mietkauf, Vertrag eigener Art, Mietvertrag, Darlehen und atypischer Vertrag (vgl. zuletzt Canaris, AcP 190, 410 f.; ders. ZIP 1993, 401 f.; Lieb, DB 1988, 946; Roth, AcP 190, 292 f.; Leenen, AcP 190, 359 f.; Knebel, WM 1993, 1026 f.).

Der BGH versteht den Finanzierungsleasingvertrag in ständiger Rechtsprechung als eine besondere Form der Miete, so daß »in erster Linie Mietrecht anzuwenden ist«. Als er sich 1975 erstmals mit der Rechtsnatur des Finanzierungsleasingvertrages befaßte, war für ihn noch die Bezeichnung des Vertrages als Mietvertrag sowie die Tatsache, daß dem Leasingnehmer kein Kaufrecht am Vertragsende zustand, von maßgeblicher Bedeutung (BGH, WM 1975, 1203). In der darauffolgenden Entscheidung betonte der BGH, daß die rechtliche und nicht die wirtschaftliche Betrachtungsweise maßgeblich sei (NJW 1977, 848, 849).

Im Jahre 1978 stellte er fest, daß in erster Linie mietrechtliche Vorschriften auch dann Anwendung finden, wenn entweder dem Leasingnehmer ein Erwerbsrecht oder dem Leasinggeber ein Andienungsrecht am Vertragsende zusteht (BB 1978, 682 ff., NJW 1978, 1432 ff.). Der BGH wörtlich:

»Beim Leasinggeschäft ist – wie bei einem normalen Mietvertrag – das vom Leasingnehmer zu zahlende Entgelt die Gegenleistung für die Überlassung des Gebrauchs des Leasinggegenstandes« (NJW 1978, 1432 ff.).

Diesen Standpunkt hat der BGH in späteren Entscheidungen immer wieder bekräftigt (NJW 1980, 234; WM 1982, 151 f.; ZIP 1989, 44; WM 1990, 23 f.). Nach seiner Auffassung zwingen vom Grundtyp der Miete abweichende Einzelregelungen des Leasingvertrages nicht zu einer anderen rechtlichen Beurteilung. Die Abweichungen haben ihren Grund in der für den Leasingvertrag typischen Finanzierungsfunktion des Leasinggebers. Sie geben dem Leasingvertrag das Eigengepräge, das bei einer Inhaltskontrolle unter sachgerechter Bewertung der von den Parteien typischerweise verfolgten Interessen berücksichtigt werden muß.

Der Gefahr, die Leitbildfunktion des Mietrechts wegen des Finanzierungscharakters des Leasingvertrages und der Vollamortisationsgarantie des Leasingnehmers aus dem Auge zu verlieren, ist der BGH trotz aller Kritik nicht erlegen, wenngleich er in zunehmendem Maße bereit zu sein scheint, mietfremde Vertragsregelungen angesichts der Besonderheiten des Finanzierungsleasingvertrages zu akzeptieren. Beispielhaft für diese Tendenz ist die Billigung des formularmäßigen Verbots der Untervermietung von Leasingobjekten (BGH, ZIP 1990, 1133 f. = BGHZ 112/65).

Alsbaldiger rechtlicher Klärung bedarf die Frage, ob Leasingverträge mit Kilometerabrechnung den Finanzierungsleasingverträgen im Sinne der BGH-Judikatur zuzuordnen sind. Im Gegensatz zu den klassischen Vertragsmodellen des Finanzierungsleasing trägt beim sog. Kilometervertrag der Leasinggeber anstelle des Leasingnehmers das Restwertrisiko. Eine kurzfristige höchstrichterliche Stellungnahme zu diesem Thema würde die zur Zeit ebenfalls vorhandene Ungewißheit beseitigen, ob das Verbraucherkreditgesetz auf Kfz-Leasingverträge mit Ki-

Die rechtliche Einordnung des Kraftfahrzeug-Leasingvertrages

lometerabrechnung anzuwenden ist (hierzu später S. 63 f.). Es wird die Meinung vertreten, Kfz-Leasingverträge mit Kilometerabrechnung seien wegen der Durchbrechung des Vollamortisationsprinzips nicht lediglich dem Leitbild des Mietrechts unterstellt, sondern reine Mietverträge i. S. d. §§ 535 f. BGB (v. Westphalen, Der Leasingvertrag, 4. Aufl., Rn. 123; weitergehend Berger, Typus und Rechtsnatur des Herstellerleasings, Seite 51 f.).

Verbraucherkreditgesetz

Das Verbraucherkreditgesetz ist am 1. 1. 1991 in Kraft getreten. Es hat die Nachfolge des Abzahlungsgesetzes angetreten, das für Altgeschäfte, die vor dem 1. 1. 1991 abgeschlossen wurden, bis zu deren Abwicklung fortgilt. Das Verbraucherkreditgesetz dient dem Schutz des Verbrauchers, indem es z. B. den Abschluß des Kreditvertrages strengen Formvorschriften unterwirft, dem Verbraucher ein Widerrufsrecht einräumt und die Rechtsfolgen im Falle der Kündigung und des Rücktritts verbindlich festlegt.
Im Vergleich zum Abzahlungsgesetz muß der Kunde beim Verbraucherkreditgesetz Abstriche hinnehmen. Geschützt werden – abgesehen von Existenzgründern – nur Privatkunden, nicht mehr Kleingewerbetreibende, Landwirte, Freiberufler, usw., soweit sie in Ausübung ihrer beruflichen Tätigkeit handeln. Des weiteren hat der Gesetzgeber
- das Widerrufsrecht zeitlich eingeschränkt,
- den Bestand des Widerrufs beim Gelddarlehen davon abhängig gemacht, daß der Verbraucher das Geld innerhalb von zwei Wochen ab Widerruf bzw. Empfang des Darlehens zurückzahlt,
- die ausschließliche Zuständigkeit des Gerichts am Wohnsitz des Verbrauchers aufgehoben, und zwar mit sofortiger Wirkung auch für Altgeschäfte nach dem Abzahlungsgesetz,
- eine Pauschalierung des Verzugszinses von 5% über dem jeweiligen Diskontsatz der Bundesbank zugelassen,
- die Rücktrittsfiktion für den Fall der Rücknahme der Sache geschwächt.

Andererseits ist der praktische Anwendungsbereich des Verbraucherkreditgesetzes viel weitreichender als der des Abzahlungsgesetzes. Während das Abzahlungsgesetz nur Kaufgeschäfte auf Raten erfaßte, betrifft das Verbraucherkreditgesetz nahezu sämtliche Kreditgeschäfte privater Verbraucher, angefangen vom Gelddarlehen bis hin zur Stundung des Entgelts für beliebige Leistungen. Der Geltungsbereich des Verbraucherkreditgesetzes wurde vom Gesetzgeber »in letzter Sekunde« auf Finanzierungsleasingverträge erstreckt. Da die erforderliche Feinabstimmung mit dem übrigen Gesetzestext im Zuge des Gesetzgebungsverfahrens aus Zeitgründen unterblieb, wirft das Verbraucherkreditgesetz hinsichtlich seiner Anwendung auf Finanzierungsleasingverträge zahlreiche Probleme auf.
Die Auswirkungen des Verbraucherkreditgesetzes auf Kfz-Leasingverträge werden im Teil II des Buches eingehend behandelt. Im folgenden geht es darum, die personellen und sachlichen Anwendungsvoraussetzungen des Verbraucherkreditgesetzes darzustellen.

Anwendungsvoraussetzungen

Unter den Schutz des Verbraucherkreditgesetzes fallen grundsätzlich nur privat handelnde Leasingnehmer.
Das Verbraucherkreditgesetz gilt ausnahmsweise auch für gewerbliche oder freiberufliche Existenzgründer, sofern der für die Aufnahme ihrer Tätigkeit bestimmte Nettokreditbetrag oder Barzahlungspreis 100 000,– DM nicht übersteigt. Der Existenzgründungskredit führt zu zahlreichen Problemen und Abgrenzungsfragen. Das Gesetz verwendet den Begriff nicht. Es verlangt, daß nach dem Zweck des Vertrages der Kredit für die Aufnahme einer gewerblichen oder selbständigen beruflichen Tätigkeit bestimmt sein muß. Die Existenzgründungsphase dauert so

lange, bis die Voraussetzungen einer »bereits ausgeübten gewerblichen oder selbständigen beruflichen Tätigkeit« i. S. v. § 1 Abs. 1 VerbrKrG vorliegen. Nach der Verkehrsanschauung, auf die es wohl maßgeblich ankommt (v. Westphalen in v. Westphalen/Emmerich/Kessler, VerbrKrG, § 1, Rn. 42) dürfte die Phase der Existenzgründung mit der Geschäftseröffnung, der Aufnahme der Produktion oder dem Anbieten der Dienstleistung beendet sein, während bloße Vorbereitungshandlungen, die der Eröffnung oder dem Anbieten dienen, nicht die Schlußfolgerung zulassen, damit werde bereits eine gewerbliche oder selbständige berufliche Tätigkeit ›ausgeübt‹. Das Anschaffen der Ware, das Einstellen des Personals und das Anmieten des Geschäftslokals gehören somit noch nicht zur Existenzgründung (a. A. Vortmann, ZIP 1992, 231). Ob einer Existenzgründung Erfolg beschieden ist oder ob sie scheitert, ist ohne Bedeutung (vgl. zur Existenzgründungsproblematik Lwowski in WM-Festgabe für Theodor Heinsius, WM-Sonderheft v. 25. 9. 1991, S. 49; Martens, Die Bank 1991, 278, 280 ff.; v. Westphalen in v. Westphalen/Emmerich/Kessler, VerbrKrG, § 1, Rn. 40 ff.).

Weitere, noch ungelöste Problembereiche der Existenzgründung sind die Aufnahme von Krediten zum Zwecke der Zweit- oder Drittgründung einer Existenz, die Finanzierung von Gesellschaftsanteilen, gemischte Kredite teils für private, teils für gewerbliche oder selbständige berufliche Tätigkeit und das Kreditsplitting. Speziell für Finanzierungsleasingverträge stellt sich die Frage, ob bei der Ausnahmeregelung in § 3 Abs. 1 Nr. 2 VerbrKrG, welche den Existenzgründungskredit in den Schutzbereich des Verbraucherkreditgesetzes einbezieht, der Nettokreditbetrag oder der Barzahlungspreis maßgeblich ist. Gibt man dem Nettokreditbetrag den Vorzug, wofür einiges spricht, so stellt sich weiterhin das Problem der Definition des Nettokreditbetrages für Finanzierungsleasingverträge. Bei Kreditverträgen ist unter dem Nettokreditbetrag der auszuzahlende Kreditbetrag zu verstehen. Übertragen auf Finanzierungsleasingverträge würde dies bedeuten, daß der vom Leasinggeber an den Lieferanten auszuzahlende Betrag dem Nettokreditbetrag i. S. v. § 3 Abs. 1 Ziff. 2 VerbrKrG entsprechen müßte. Unberücksichtigt bliebe dabei allerdings eine Sonderzahlung des Leasingnehmers, welche das Finanzierungsvolumen des Leasingvertrags von vornherein entsprechend mindert.

Ob der Kredit-/Leasingvertrag privaten oder gewerblichen Zwecken dienen soll, ist »nach dem Inhalt des Vertrages« zu beurteilen. Auf die tatsächliche Verwendung bzw. Nutzung kommt es nicht an. Ergibt sich aus der Vertragsurkunde keine Zweckbestimmung, muß der Vertrag ausgelegt werden. Läßt sich der Verwendungszweck auch über eine Vertragsauslegung nicht ermitteln, ist der Kredit-/Leasingnehmer als Verbraucher anzusehen, selbst wenn er den Kredit tatsächlich für eine gewerbliche oder selbständige berufliche Tätigkeit einsetzt (Seibert, VerbrKrG, § 1, Rn. 3; Münstermann/Hannes, VerbrKrG, § 1, Rn. 29; MünchKomm-Ulmer, VerbrKrG, § 1, Rn. 21). Die Beweislast für die Nichtanwendung des Verbraucherkreditgesetzes liegt nach dem Willen des Gesetzgebers beim Kredit-/Leasinggeber. Dieser darf die Nichtanwendung des Gesetzes weder durch vorformulierte Zweckvereinbarungen herbeiführen noch die Beweislast durch AGB auf den Verbraucher verlagern.

Das Verbraucherkreditgesetz macht seine Anwendbarkeit in personeller Hinsicht weiterhin von der Voraussetzung abhängig, daß auf Anbieterseite eine Person stehen muß, die den Leasingvertrag in Ausübung ihrer gewerblichen oder beruflichen Tätigkeit abschließt, vermittelt oder nachweist. Die Kreditvergabe in Form des Abschlusses, des Nachweises oder der Vermittlung von Leasingverträgen muß als solche nicht originärer Bestandteil der gewerblichen oder beruflichen Tätigkeit sein. Das Verbraucherkreditgesetz gelangt auch dann zur Anwendung, wenn der Anbieter sich normalerweise mit anderen Geschäften befaßt und nur bei Gelegenheit einen Leasingvertrag schließt, welcher Teil oder Ausfluß seiner gewerblichen oder beruflichen Tätigkeit ist. Den Ausschlag gibt allein der sachliche Zusammenhang zwischen dem Leasingvertrag und der ausgeübten gewerblichen oder beruflichen Tätigkeit des Leasinggebers. Ob dieser in Ausübung seiner gewerblichen oder beruflichen Tätigkeit nur selten, gelegentlich, häufig oder ausschließlich Kredite in Form von Leasingverträgen gewährt, nachweist oder vermittelt, spielt für die rechtliche Beurteilung keine Rolle. So wird z. B. ein selbständiger Handwerksmeister zum Kredit-/Leasinggeber i. S. d. Verbraucherkreditgesetzes, wenn er mit einem Dritten in Zusammenhang mit seiner gewerblichen Tätigkeit einen Leasingvertrag über ein Auto schließt. Nur dann, wenn der Kredit-/Leasinggeber privat handelt, greift das Verbraucherkreditgesetz nicht ein. Es gilt grundsätzlich nicht für Privatgeschäfte.

Kreditvertrag

Der sachliche Anwendungsbereich des Verbraucherkreditgesetzes betrifft Kreditverträge und Kreditvermittlungsverträge. Zu den Kreditverträgen gehören das Darlehen, der Zahlungsaufschub und die sonstige Finanzierungshilfe. Unter Darlehen versteht das Gesetz den Geldkredit. Beim Zahlungsaufschub handelt es sich um die Stundung der Gegenleistung des Verbrauchers innerhalb eines Austauschvertrages über Waren oder andere Leistungen. Hierzu gehören der klassische Abzahlungskauf sowie kreditierte Dienst-, Werk- und sonstige Leistungen, nicht jedoch die Drittfinanzierung. Auf den kurzfristigen Zahlungsaufschub von nicht mehr als drei Monaten findet das Verbraucherkreditgesetz keine Anwendung. Der Begriff »sonstige Finanzierungshilfe« besitzt Auffangfunktion. Er betrifft diejenigen Finanzierungsgeschäfte, die nicht als Darlehen oder Zahlungsaufschub einzuordnen sind, diesen jedoch wirtschaftlich entsprechen. Finanzierungsleasingverträge sind ein Hauptanwendungsgebiet der »sonstigen Finanzierungshilfe« i. S. v. § 1 Abs. 2 VerbrKrG.

Finanzierungsleasingverträge im Sinne des Verbraucherkreditgesetzes

Der Gesetzgeber hat keine Begriffsbestimmung vorgenommen, weil er der Meinung war, das »Institut des Finanzierungsleasing« sei definitorisch gefestigt. Außerdem wollte er die Gefahr einer ungewollten Verengung oder Zementierung vermeiden, die mit einer gesetzlichen Definition des Begriffs Finanzierungsleasing zwangsläufig verbunden gewesen wäre (Seibert, VerbrKrG, § 1, Rn. 11). Damit steht außer Frage, daß nach dem Willen des Gesetzgebers die klassischen Finanzierungsleasingverträge i. S. d. Vollamortisationserlasses vom 19. 4. 1971 und des Teilamortisationserlasses vom 22. 12. 1975 (BB 1976, 72) der Geltung des Verbraucherkreditgesetzes unterfallen, sofern dessen Anwendungsvoraussetzungen im übrigen vorliegen. Für die sogenannten erlaßkonformen Leasingvertragsmodelle ist charakteristisch, daß der Leasingnehmer dem Leasinggeber volle Kostendeckung garantiert. Bei den für das Kfz-Leasing typischen Teilamortisationsverträgen wird die volle Amortisation entweder über die Restwertabrechnung, das Andienungsrecht oder die Abschlußzahlung herbeigeführt.
Beim Kfz-Leasingvertrag mit Kilometerabrechnung wird das Prinzip der vollständigen Kostendeckung durch den Leasingnehmer durchbrochen, da nicht der Leasingnehmer, sondern der Leasinggeber das Risiko der Erzielung des kalkulierten Restwertes trägt. Wegen dieser Besonderheit stellt sich zwangsläufig die Frage, ob der eigens für das Kfz-Leasing entwickelte Vertragstyp mit Kilometerabrechnung die Qualität eines Finanzierungsleasingvertrages i. S. v. § 3 Abs. 2 Nr. 1 VerbrKrG besitzt. Die Antwort auf diese Frage ist für die Praxis außerordentlich wichtig, da der Kfz-Leasingvertrag mit Kilometerabrechnung in den letzten Jahren erheblich an Boden gewonnen hat.
Es wird die Auffassung vertreten, der Kfz-Leasingvertrag mit Kilometerabrechnung werde vom Verbraucherkreditgesetz nicht er-

faßt, weil er nicht auf volle Amortisation ausgerichtet sei (Seifert, FLF 1991, 54; Seibert, WM 1991, 1445, 1447; Martinek/Oechsler, ZIP 1993, 81 f.). Diese Ansicht stützt sich auf eine Begriffsbestimmung, die der Rechtsausschuß des Bundestages im Verlauf des Gesetzgebungsverfahrens vorgenommen hat. Nach seiner Beschlußempfehlung sollten »alle Leasingverträge, bei denen der Leasingnehmer für die Amortisation der vom Leasinggeber für die Anschaffung der Leasingsache gemachten Aufwendungen und Kosten einzustehen hat (Finanzierungsleasing)« als sonstige Finanzierungshilfe i. S. v. § 1 Abs. 2 VerbrKrG zu verstehen sein (BT-Drucks. 11/8274, S. 21).

Es ist nicht gerechtfertigt, Kfz-Leasingverträge mit Kilometerabrechnung von den Finanzierungsleasingverträgen i. S. d. § 3 Abs. 2 Nr. 1 VerbrKrG auszugrenzen. Auch solche Verträge, die keine 100%ige Amortisation des Leasinggebers vorsehen, werden von der Rechtsprechung als Finanzierungsleasingverträge behandelt (BGH, WM 1986, 458; Slama, WM 1991, 569 ff.). Aus der Beschlußempfehlung des Rechtsausschusses des Bundestages läßt sich ebenfalls nicht ableiten, als Finanzierungsleasingverträge i. S. v. § 3 Abs. 2 Nr. 1 VerbrKrG seien nur solche zu bewerten, die eine »volle« Amortisation des Leasinggebers vorsehen. Von einer 100%igen Amortisation ist in der Beschlußempfehlung keine Rede. Hinzu kommt, daß der Gesetzgeber die Begriffsbestimmung der Beschlußempfehlung nicht in das Gesetz aufgenommen, sondern bewußt von einer gesetzlichen Definition des Finanzierungsleasingvertrags Abstand genommen hat. Schließlich würde die Nichtanwendung des Verbraucherkreditgesetzes auf Leasingverträge, die zwar keine Einstandspflicht des Leasingnehmers für die volle Amortisation des Leasinggebers vorsehen, im übrigen jedoch die vertragstypischen Regelungen von Leasingverträgen enthalten, wie z. B. die Gefahrübernahme durch den Leasingnehmer und den Ausschluß von Gewährleistungsansprüchen des Leasinggebers, der Intention des Gesetzgebers widersprechen, welche darin bestand, den sachlichen Schutzbereich des Verbraucherkreditgesetzes möglichst weit zu ziehen (Ulmer-MünchKomm, § 3 VerbrKrG, Rn. 60; Slama, VGT 1993, S. 168).

Nach anderer Auffassung soll der Pkw-Leasingvertrag mit Kilometerabrechnung zwar ebenfalls nicht als Finanzierungsleasing i. S. v. § 3 Abs. 2 Nr. 1 VerbrKrG einzustufen sein, wohl aber als »sonstige Finanzierungshilfe« uneingeschränkt den Regeln des Verbraucherkreditgesetzes unterfallen, sofern dessen Anwendungsvoraussetzungen im übrigen vorliegen (v. Westphalen in v. Westphalen/Emmerich/Kessler, VerbrKrG, § 1 Rn. 157, 164; ders. ZIP 1991, 639 ff.). Diese Ansicht geht zu weit. Die Gesetzesmaterialien und der Verlauf des Gesetzgebungsverfahrens liefern keine Anhaltspunkte dafür, daß der Gesetzgeber Leasingverträge ohne Amortisationsverpflichtung des Leasingnehmers, also das Operating-Leasing, als »sonstige Finanzierungshilfe« i. S. v. § 1 Abs. 2 VerbrKrG zulassen wollte. Würde man die Eingruppierung gleichwohl vornehmen, hätte dies zur Folge, daß der Verbraucher beim Kfz-Leasingvertrag mit Kilometerabrechnung durch das Verbraucherkreditgesetz umfangreicher geschützt würde als bei den erlaßkonformen Vertragsvarianten mit Vollamortisationsgarantie, die den Ausnahmeregelungen von § 3 Abs. 2 Nr. 1 VerbrKrG unterliegen (Lieb, WM 1991, 1533 ff.; Peters, WM 1992, 1797, 1800).

Als Ergebnis bleibt festzuhalten, daß der Kfz-Leasingvertrag mit Kilometerabrechnung wegen seiner Finanzierungsfunktion als Finanzierungsleasingvertrag i. S. d. Verbraucherkreditgesetzes anzusehen ist und den Beschränkungen von § 3 Abs. 2 Nr. 1 VerbrKrG unterliegt. Diese Auffassung überwiegt im juristischen Schrifttum und entspricht der Empfehlung des Arbeitskreises IV des 31. Deutschen Verkehrsgerichtstages 1993 (Slama, VGT 1993, 168; Münstermann/Hannes, VerbrKrG, § 1, Rd.-Nr. 79; Ott in Bruchner/Ott/Wagner-Wieduwilt, VerbrKrG, § 1 Rn. 107 ff., 110; Müller-Sarnowsky, DAR 1992, 81, 83; Reinking/Nießen, ZIP 1991, 634, 637; VGT-Empfehlung, VGT 1993, 10; Canaris, ZIP 1993, 401 ff.).

Der sittenwidrige Leasingvertrag

Zum Thema »sittenwidrige Leasinggeschäfte« gibt es nach wie vor wenig Rechtsprechung. Der BGH hatte noch keine Gelegenheit, sich zu äußern. Angesichts der Vielzahl von Urteilen zur vergleichbaren Problematik des Wucherkredits verwundert dieser Befund. Das mangelnde Verständnis für die wirtschaftliche und rechtliche Grundkonzeption des Leasingvertrages ist hierfür sicherlich eine der Hauptursachen. Daß Leasingverträge von der Rechtsprechung relativ selten auf eine mögliche Sittenwidrigkeit hin überprüft werden, liegt aber auch maßgeblich an der weitverbreiteten Vorstellung, Leasing müsse wegen seiner Vorteile zwangsläufig teurer als ein Kredit sein (so etwa LG Dortmund, Urt. v. 15. 2. 1993 – 5 O 285/93 – n. v. – nicht rechtskräftig).

Die Meinungen der Instanzgerichte sind geteilt. Die einen bevorzugen den kreditrechtlichen, die anderen den mietrechtlichen Lösungsansatz. Eine wichtige, manchmal sogar ausschlaggebende Rolle spielen im einen wie im anderen Fall die allgemeinen Vertragsbedingungen, die für sich genommen die Annahme einer Sittenwidrigkeit des Leasingvertrages ausnahmsweise rechtfertigen können. Ein solcher Fall kann nach Ansicht des OLG Köln (NJW-RR 1987, 371) vorliegen, wenn der Leasingvertrag den Leasingnehmer durch eine Vielzahl von AGB erheblich benachteiligt, von denen nicht schon jede einzelne unwirksam sein muß. In dem vom OLG Köln – in puncto Sittenwidrigkeit letztlich nicht – entschiedenen Fall trafen folgende AGB-Regelungen zusammen: Ein Rücktrittsrecht für den Leasinggeber bei Lieferschwierigkeiten, das Recht des Leasinggebers zur einseitigen Erhöhung der Leasingraten, Nichtberücksichtigung einer für den Leasingnehmer günstigen Änderung der Refinanzierungsbedingungen, Gewährleistungsausschluß, Verpflichtung des Leasingnehmers zur Erteilung einer Einziehungsermächtigung über sein Bankkonto, Pflicht des Leasingnehmers zum Abschluß eines Wartungsvertrages, Bevorzugung des Leasinggebers bei Abtretungen sowie Gefahrtragung mit Verpflichtung des Leasingnehmers, auf eigene Kosten eine Ersatzsache anzuschaffen. Auch das OLG Bamberg bewertete einen Leasingvertrag als sittenwidrig (NJW 1972, 1993), weil die Leasingfirma den Formularvertrag einseitig zu ihren Gunsten abgefaßt und ihre Vertreter nicht zur ordnungsgemäßen Information der Kunden angehalten hatte.

Abgesehen von der Sonderproblematik »benachteiligender AGB-Regelungen« rückt bei der Diskussion über die Sittenwidrigkeit von Leasingverträgen in zunehmendem Maße die Fragestellung in den Mittelpunkt, ob die von der Rechtsprechung entwickelten Grundsätze zur Sittenwidrigkeit von Darlehensverträgen auf Leasingverträge übertragbar sind oder ob das auffällige Mißverhältnis von Leistung und Gegenleistung anhand sogenannter »Vergleichsmieten« festzustellen ist.

Kreditverträge verstoßen gegen die guten Sitten, wenn ein auffälliges Mißverhältnis zwischen Leistung und Gegenleistung besteht. Die kreditrechtliche Wuchergrenze liegt etwa beim Zweifachen des marktüblichen Zinses. Sie ist auch dann erreicht, wenn der vertraglich vereinbarte Zins den Marktzins um mehr als 12% übersteigt. Zum Tatbestand des Wuchers gehört ferner, daß der Kreditvertrag auf einer Zwangslage von Unerfahrenheit, mangelndem Urteilsvermögen oder erheblicher Willensschwäche des Kreditnehmers beruhen muß. Falls es an diesen Voraussetzungen fehlt, kann der Darlehensvertrag gleichwohl nichtig sein, wenn der Kreditgeber aus verwerflicher Gesinnung

65

gehandelt hat, z. B. durch skrupelloses Gewinnstreben oder sittenwidrige Knebelung der wirtschaftlichen Bewegungsfreiheit des Vertragspartners.

Für Mietverträge gilt, daß die Sittenwidrigkeitsgrenze dann erreicht ist, wenn das für den konkreten Einzelfall festgestellte Entgelt die Vergleichsmieten ab 20% aufwärts übersteigt.

Das OLG Karlsruhe (DB 1986, 107) hat die Vergleichbarkeit des – absatzfördernden – Leasingvertrages mit einem Kreditvertrag bejaht, indem es die für die Kapitalminderung vom Leasingnehmer aufzubringenden Beträge den für die Effektivzinsberechnung maßgeblichen Raten eines Kreditvertrages gleichstellte. Weil der aus der Summe der Leasingraten nach der sogenannten Uniformmethode (BGH, NJW 1983, 2692) errechnete Vertragszins den zur Zeit des Vertragsabschlusses marktüblichen Zins um 91,18% überschritt, wurde der Vertrag wegen Verstoßes gegen § 138 BGB als sittenwidrig eingestuft. Die Gleichstellung der Leasingraten des Leasingvertrages mit den Kreditraten bei einem entsprechenden Kreditvertrag rechtfertigte das OLG Karlsruhe mit dem Argument, der Leasinggeber finanziere wie eine Ratenkreditbank. Der Unterschied bestehe nur darin, daß das Kapital nicht für den gesamten Kaufpreis, sondern nur für den Unterschiedsbetrag zwischen Neupreis und Wiederbeschaffungswert zur Verfügung gestellt werde. An dem Leasingobjekt selbst habe der Leasinggeber – ebenso wie eine Bank bei der Darlehensgewährung – kein Interesse.

Ähnlich sah es auch das LG Hagen (NJW-RR 1987, 1143), das die von der Rechtsprechung entwickelten Grundsätze zur Sittenwidrigkeit von Kreditverträgen zwar nicht ohne weiteres auf Leasingverträge für übertragbar hielt, gleichwohl aber ihre Heranziehung als Bewertungshilfe befürwortete. Der dem LG Hagen zur Entscheidung vorgelegte Leasingvertrag wurde von ihm als sittenwidrig eingestuft, weil der in den Leasingraten enthaltene jährliche Effektivzins um mehr als 500% höher war als der marktübliche Vergleichszins. Des weiteren enthielt der Vertrag AGB-Regelungen, die den Leasingnehmer einseitig benachteiligten und ihm sogar die Steuervorteile versagten, die grundsätzlich den wirtschaftlichen Sinn eines Leasinggeschäftes ausmachen.

Im Gegensatz zum OLG Karlsruhe stellte sich das OLG München (NJW 1981, 1104) auf den Standpunkt, die Rechtsprechung zur Sittenwidrigkeit von Kreditverträgen sei auf Leasingverträge nicht – auch nicht entsprechend – anwendbar, da die Leistungen, die der Leasinggeber im Rahmen eines Leasingvertrages zu erbringen habe, weitaus umfangreicher seien als diejenigen des Kreditgebers beim Kreditvertrag. Immerhin – so heißt es im Urteil – bleibe der Leasinggeber Eigentümer der Sache und trage das Verwertungsrisiko.

Der Auffassung des OLG München hat sich das OLG Saarbrücken im Grundsatz angeschlossen (NJW-RR 1988, 243). Es hält die Heranziehung der Rechtsprechung zur Sittenwidrigkeit von Kreditverträgen schon im Ansatz für verfehlt, weil der Leasingvertrag nicht den Charakter eines Darlehensvertrages besitzt. Da es sich um einen atypischen Mietvertrag handele, seien dem Leasingnehmer in weitaus größerem Umfange Pflichten und Risiken auferlegt als einem Ratenkreditgeber. Dies rechtfertige auch höhere Anforderungen an die Gegenleistung (sprich: Leasingraten). Für die Sittenwidrigkeit eines Leasingvertrages reiche daher ein nach kreditrechtlichen Maßstäben auffälliges Mißverhältnis von Leistung und Gegenleistung allein i. S. v. § 138 BGB nicht aus. Vielmehr müßten im konkreten Einzelfall Umstände hinzukommen, um diese Annahme zu rechtfertigen.

Auch für das OLG Celle (NdsRpfl 1990, 249) scheitert die Vergleichbarkeit zwischen Leasing- und Kreditvertrag an dem seiner Meinung nach vorrangigen mietvertraglichen Charakter des Leasingvertrages, bei dem Sacherwerb und Gebrauchsüberlassung den zentralen Vertragszweck darstellen. Außerdem sei der Kapitaleinsatz des Leasinggebers nur eine betriebswirtschaftliche Größe und keine Vertragsschuld gegenüber dem Leasingnehmer, weshalb sie nicht in das Ver-

hältnis zum Leasingentgelt gesetzt werden dürfe.
Unterschiedlich wie die Rechtsprechung der Instanzgerichte fallen auch die Stellungnahmen im juristischen Schrifttum aus. Befürworter des kreditrechtlichen Lösungsmodells argumentieren, Ratenkredit und Konsumentenleasing seien aus Sicht des Verbrauchers austauschbare Finanzierungsformen, ein Sondermarkt für Leasingverträge sei ebensowenig anzuerkennen wie für Teilzahlungskredite und schließlich habe der Gesetzgeber den Finanzierungsleasingvertrag als »sonstige Finanzierungshilfe« i. S. v. §1 Abs. 2 VerbrKrG definiert (Schmidt/Schumm, DB 1989, 2109; v. Westphalen, Der Leasingvertrag, 4. Aufl., Rn. 989). Kritiker wenden zu Recht ein, daß die Leasingraten keine Zinsen sind, so daß sich die Gleichstellung von Leasingraten und Zinsen verbiete. Des weiteren machen sie geltend, der Leasingnehmer zahle für den Gebrauch des Autos und für die Überlassung von Kapital, weshalb eine mietrechtliche Beurteilung angezeigt sei. Gegen eine Heranziehung der kreditrechtlichen Beurteilungsmaßstäbe spricht entscheidend, daß die Risiken und Pflichten des Leasinggebers weitaus größer und zahlreicher als die eines Kreditgebers sind. Der Leasinggeber ist nicht nur zur Finanzierung verpflichtet. Vielmehr muß er dem Leasingnehmer auch eine gebrauchstaugliche Sache zur Verfügung stellen, die sich aus der Gewährleistung ergebenden Konsequenzen tragen, eine vorzeitige Vertragsbedingung bei Verlust, Untergang und erheblicher Beschädigung des Fahrzeugs akzeptieren und das Leasinggut am Vertragsende verwerten. Sein Verwaltungsaufwand ist wesentlich umfangreicher als bei einem vergleichbaren Kreditvertrag. Außerdem unterfällt der Leasinggeber der Gewerbesteuerpflicht (ausführlich zum Vergleich zwischen Leasing- und Kreditvertrag Reinking/Nießen, NZV 1993, 49, 52 ff.). Gegen das kreditrechtliche Modell läßt sich weiterhin einwenden, daß es für die Effektivzinsberechnung bei Leasingverträgen keine allgemein gültige und anerkannte Berechnungsmethode gibt. Umstritten ist insbesondere, ob die kalkulierte Restwert und die Mietsonderzahlung in die Berechnung einzubeziehen sind.

Auch die Übertragung mietrechtlicher Beurteilungskriterien stößt auf Bedenken. Diese betreffen in erster Linie die mangelnde Praktikabilität, da sich auf dem Leasingmarkt keine Vergleichsmieten herausgebildet haben, welche eine Orientierungshilfe geben könnten. Dies liegt an der Vielzahl der Vertragsvarianten und dem individuellen Zuschnitt eines jeden Leasingvertrages hinsichtlich Laufzeit, Anzahlung, Restwert, Kilometerleistung, Refinanzierung, usw. (vgl. Reinking/Nießen, NZV 1993, 49, 51).

Die Bedenken sowohl gegen den kreditrechtlichen als auch gegen den mietrechtlichen Lösungsansatz geben Veranlassung, bei der Beurteilung der Sittenwidrigkeit auf die Kostenstruktur und das Verhältnis von Finanzierungskosten zu Nichtfinanzierungskosten zurückzugreifen. Stellt sich dabei heraus, daß zwischen beiden ein auffälliges Mißverhältnis in dem Sinne besteht, daß die Nichtfinanzierungskosten einen Gewinnanteil von 100 % und mehr enthalten, so läßt sich einem solchen Leasingvertrag ein die Sittenwidrigkeit i. S. v. § 139 BGB begründendes Mißverhältnis von Leistung und Gegenleistung nicht absprechen (vgl. zu diesem Lösungsmodell Reinking/Nießen, NZV 1993, 49, 54 ff.).

Rechtsfolge der Sittenwidrigkeit ist die Nichtigkeit des Leasingvertrages. Es liegt – soweit ersichtlich – noch keine Rechtsprechung zu der Frage vor, ob der Leasingvertrag – wie beim Mietwucher – im Interesse des Leasingnehmers mit angemessenen Raten aufrechterhalten bleiben kann oder ob er rückabgewickelt werden muß. Bei einer Fortsetzung des Leasingvertrages mit angemessenen Leasingraten sind die Zinsen und Gewinne, welche die Sittenwidrigkeit des Vertrages begründen, aus der Berechnung herauszunehmen. Die Summe des Leasingentgelts entspricht – wie beim Wucherdarlehen – dem Nettobetrag des Kapitaleinsatzes. Die Sanktionswirkung des mietrechtlichen Modells ist zwar unzureichend, jedoch erscheint bei schon vollzogener Gebrauchsüberlassung ein Rückaustausch der Leistungen nach kreditrechtlichem Vorbild nicht sinnvoll.

Der sittenwidrige Leasingvertrag

Im Falle einer Rückabwicklung besitzt der Leasinggeber Anspruch auf Rückzahlung des eingesetzten Kapitals. Das Kapital wird durch das in Händen des Leasingnehmers befindliche Fahrzeug verkörpert. Der Leasingnehmer muß folglich das Auto zurückgeben. Ein Anspruch auf Zinsen und Gewinn steht dem Leasinggeber nicht zu. Der Leasingnehmer hat die Nutzungsvorteile zu vergüten. Sie entsprechen betragsmäßig nicht den gezahlten Leasingraten.

Geschäftsbedingungen

Nach wie vor müssen sich Gerichte häufig mit dem ›Kleingedruckten‹ in Leasingverträgen befassen. Es verwundert deshalb nicht, daß die Anzahl der unwirksamen AGB-Klauseln ständig steigt. Nicht alle Leasinggeber halten mit der Rechtsprechung Schritt und streichen unwirksame Formularregelungen. Viele arbeiten mit veralteten Verträgen, die den heutigen Anforderungen an eine wirksame Gestaltung von AGB nicht mehr entsprechen. Seit dem Inkrafttreten des Verbraucherkreditgesetzes tun sich allerdings auch die AGB-Profis mit der Aktualisierung des ›Kleingedruckten‹ außerordentlich schwer. Dies liegt an der Vielzahl der ungelösten Fragen und Probleme, die das Gesetz aufwirft. Es fehlt hierzu zwar nicht an Stellungnahmen im juristischen Schrifttum, die sehr unterschiedlich ausfallen, wohl aber an wegweisenden Gerichtsentscheidungen. Deshalb möchte keiner so recht durch seine AGB die Verantwortung übernehmen. Die größten Schwierigkeiten bei der AGB-Erneuerung bereitet die Festlegung der Kündigungs- und Rücktrittsvoraussetzungen i. S. d. §§ 12, 13 VerbrKrG, da es der Gesetzgeber versäumt hat, den »Nennbetrag des Kredits« für Finanzierungsleasingverträge zu definieren. Auf die Stellungnahmen der Gerichte hierzu wie auch zu den anderen Fragen des Verbraucherkreditgesetzes darf man gespannt sein. Die Leasingbranche hat allen Grund, die Rechtsprechung aufmerksam zu verfolgen und ihre AGB ständig zu kontrollieren.

Gerichtliche Überprüfung

Nicht nur wegen des Verbraucherkreditgesetzes wird das ›Kleingedruckte‹ in Leasingverträgen auch weiterhin das Interesse der Rechtsprechung auf sich ziehen. Die Leasing-AGB erfreuen sich auch deshalb besonderer Aufmerksamkeit, weil schon in der Vergangenheit nicht alle beteiligten Wirtschaftskreise ein einheitliches und unverbindlich zur Verwendung empfohlenes Bedingungswerk – wie etwa für den Neuwagenverkauf – vorgelegt haben und ein jeder mit mehr oder weniger selbstverfaßten Formularbedingungen arbeitet.

Folgen der Unwirksamkeit

Die praktischen Auswirkungen bei Nichtigkeit von AGB-Klauseln werden oft unterschätzt. Die unwirksame Klausel fällt ersatzlos weg. Sie darf nicht auf das gesetzlich soeben noch zulässige Maß zurückgeführt und mit diesem eingeschränkten Inhalt aufrechterhalten werden. Eine wegen Unwirksamkeit kassierte Klausel hat nicht automatisch Vertragsunwirksamkeit zur Folge (§ 6 Abs. 1 AGB-Gesetz). Vielmehr wird die unwirksame Klausel der AGB durch gesetzliche Vorschriften ersetzt.
Ein drastisches Beispiel ist die vom BGH 1986 verworfene Gefahrtragungsklausel, mit der damals die meisten Leasinggeber arbeiteten und welche vorsah, daß der Leasingnehmer die Gefahr für Untergang, Verlust und Beschädigung des Autos, auch bei Zufall, zu tragen habe. Der BGH befand, die Klausel benachteilige den Leasingnehmer unangemessen, da dieser nicht das Recht habe, den Leasingvertrag im Falle des Eintritts eines solchen Ereignisses kurzfristig zu kündigen (BGH, ZIP 1986, 1566). Der höchstrichterliche Spruch, mit dem die damals gängige Gefahrtragungsregelung für unwirksam

Geschäftsbedingungen

erklärt wurde, schuf Raum für die Anwendung von § 542 BGB. Im Ergebnis kam die Zubilligung des fristlosen Kündigungsrechts über die Unwirksamkeit der vorformulierten Gefahrtragungsregelung einem ›Ausstieg aus einem Kreditvertrag‹ gleich. Nach § 542 BGB ist der Leasingnehmer nämlich berechtigt, im Falle des Untergangs, des Verlustes und der erheblichen Beschädigung des Autos den Vertrag fristlos zu kündigen. Er haftet dem Leasinggeber nicht auf Schadensersatz wegen der vorzeitigen Vertragsbeendigung. Allerdings besitzt der Leasinggeber die Möglichkeit, sich diesen Anspruch gegen den Leasingnehmer durch eine wirksame AGB-Regelung zur Gefahrtragung zu sichern.

Zu einem für den Leasinggeber gleichermaßen unliebsamen Ergebnis gelangte das OLG Hamm (NJW-RR 1992, 502). Es erklärte eine Klausel in den AGB eines Leasinggebers für unwirksam, welche diesen berechtigen sollte, im Falle der Verletzung der Rückgabepflicht seitens des Leasingnehmers das Fahrzeug bei diesem abzuholen. Der Leasinggeber hatte, gestützt auf diese unwirksame Klausel, versucht, das Fahrzeug beim Leasingnehmer abzuholen, obschon nicht einmal die Rückgabevoraussetzungen vorlagen. Das Gericht billigte dem Leasingnehmer aufgrund der verbotenen Eigenmacht des Leasinggebers das Recht zu, den Leasingvertrag fristlos zu kündigen und versagte dem Leasinggeber konsequenterweise den Anspruch auf restliche Kostendeckung des Leasingvertrages.

Nicht immer sind die Folgen für den Leasinggeber derart bitter. Falls z. B. eine pauschalierte Schadensersatzregelung im Leasingvertrag die Interessen des Leasingnehmers nicht in angemessener Weise wahrt und die Klausel an § 9 AGB-Gesetz scheitert, bleibt der Leasinggeber gleichwohl berechtigt, den ihm entstandenen Schaden konkret abzurechnen.

Zu den gesetzlichen Vorschriften, mit denen Vertragslücken ausgefüllt werden, gehört auch die ergänzende Vertragsauslegung (BGH, BB 1984, 486). Sie verleitet dazu, den Vertragswillen, der infolge der Unwirksamkeit von AGB gescheitert ist, durch eine entsprechende Individualabrede zu ersetzen. Hierdurch kann das Verbot der Aufrechterhaltung unwirksamer Geschäftsbedingungen im Einzelfall unterlaufen werden (Trinkner, BB 1984, 490; Loewe, BB 1984, 492). Das OLG Frankfurt ist dieser Versuchung nicht erlegen. Es entschied im Falle einer unwirksamen Preisanpassungsklausel, daß dem Leasinggeber im Wege ergänzender Vertragsauslegung kein Anspruch auf Erhöhung der Leasingraten zugebilligt werden könne (NJW 1986, 1355).

Nur ausnahmsweise führt die Ungültigkeit einzelner AGB-Regelungen zur Unwirksamkeit des Gesamtvertrages. Ein solcher Fall liegt vor, wenn ein durch gesetzliche Bestimmungen oder durch ergänzende Vertragsauslegung nicht mehr ausfüllbarer Vertragsrest verbleibt oder wenn das Festhalten am Vertrag selbst bei Ausfüllung durch gesetzliche Vorschriften für eine Partei eine unzumutbare Härte darstellen würde. Falls ausnahmsweise eine Gesamtunwirksamkeit des Vertrages vorliegt, muß der Leasinggeber dem Leasingnehmer Schadensersatz aus dem Gesichtspunkt eines Verschuldens bei Vertragsschluß leisten.

Beispiele

Unwirksame Klauseln

Die nachstehend aufgeführten AGB-Klauseln wurden von der Rechtsprechung im Laufe der Jahre für unwirksam erklärt:

Bei einer Veränderung der Verhältnisse am Geld- und Kapitalmarkt, z. B. bei einer Änderung des Diskontsatzes der Deutschen Bundesbank bis zur Bezahlung des Mietgegenstandes behält sich der Vermieter eine Anpassung des Mietpreises vor. Dieser Mietpreis bleibt dann die gesamte Laufzeit des jeweiligen Mietvertrags unverändert. *(OLG Frankfurt, BB 1986, 696)*

Geschäftsbedingungen

Anlieferung und Montage der Ausrüstung erfolgen auf Gefahr und Rechnung des Leasingnehmers. Der Leasinggeber haftet nicht für nicht rechtzeitige oder nicht ordnungsgemäße Lieferung durch die Lieferanten. Ansprüche des Leasingnehmers gegen den Leasinggeber wegen der Nichtbelieferung sind ausgeschlossen. Der Leasinggeber tritt seine ihm insoweit gegen den Lieferanten zustehenden Ansprüche an den Leasingnehmer ab *(OLG Hamm, OLGZ 1980, 372)*

Unterbleibt die Lieferung des Mietgegenstandes oder fällt der Mietgegenstand vor Abnahme durch den Mieter dem Untergang, dem Verlust oder der Zerstörung anheim oder übt der Mieter ein ihm aus der Gewährleistung zustehendes Rücktrittsrecht gegenüber dem Lieferanten aus, wird dieser Vertrag gegenstandslos. Der Mieter erstattet dem Vermieter die Kosten. *(BGH, ZIP 1985, 1398, ebenso BGH, MDR 1985, 929 sowie LG Mannheim, BB 1985, 144)*

Eine Aufrechnung oder ein Zurückbehaltungsrecht des Leasingnehmers wegen eigener Ansprüche gegen Forderungen der Leasinggeberin ist ausgeschlossen. *(BGH, NJW-RR 1986, 1110)*

Der Mieter hat das Recht, den Mietvertrag mit einer Kündigungsfrist von 6 Monaten, erstmals zum Ablauf des 24. Monats ab Mietbeginn zu kündigen, dann halbjährlich ebenfalls mit einer Kündigungsfrist von 6 Monaten. Die Kündigung löst folgende Abschlußzahlungen des Mieters aus, die zum Kündigungstermin fällig sind:
Zum Ablauf des 24. Monats 68%, 30. Monats 57%, 36. Monats 47%, 42. Monats 36%, 48. Monats 25%, 54. Monats 14%, danach 0%, jeweils vom Anschaffungswert, unter Anrechnung von 75% (im Falle des Abschlusses eines neuen gleichwertigen Mietvertrages 100%) vom Weiterverwertungserlös, jeweils zuzüglich Mehrwertsteuer. *(BGH, ZIP 1985, 868 ff. sowie ZIP 1986, 576 ff., LG Frankfurt, MDR 1985, 76, falls dem Leasingnehmer als Folge der ihm zugestandenen Kündigung* das volle Risiko für einen Wertverlust des Fahrzeugs auferlegt wird)

Im Falle der fristlosen Kündigung werden die Mieten bis zum nächstmöglichen Kündigungstermin zuzüglich Abschlußzahlung auf einmal fällig. Außerdem verliert der Mieter das Besitzrecht und ist zur Herausgabe des Mietgegenstandes verpflichtet. Ein Erlös aus der Veräußerung des Mietgegenstandes wird dem Mieter bis zu 90% auf die fällige Forderung angerechnet. *(BGH, BB 1979, 1001 sowie BB 1982, 1078)*

Der Leasingnehmer haftet ohne Rücksicht auf Art und Umfang eines bestehenden Versicherungsschutzes für Verlust und Beschädigung jeder Art des Fahrzeugs und seiner Ausstattung sowie für sämtliche unmittelbaren und mittelbaren Schäden, die dem Leasingnehmer oder anderen Personen durch Gebrauch, Gebrauchsunterbrechung oder Entzug entstehen. *(AG Kassel, NJW-RR 1986, 111)*

Im Falle der Kündigung erstellt der Leasinggeber eine Abrechnung in der Weise, daß er seine Aufwendungen für die verkürzte Vertragszeit seinen Erträgen gegenüberstellt. Von Mehrerlösen erhält der Leasingnehmer 75%, Mindererlöse sind von ihm zu erstatten. Nachzahlungen oder Gutschriften sind sofort fällig. Aufwendungen des Leasinggebers sind seine Anschaffungskosten für das Leasingfahrzeug, die nach dem Tilgungsverlauf der Annuitätsrechnung ermittelten Zinsanteile der fälligen Leasingraten, eine Bearbeitungsgebühr von 100,– DM und die Kosten der Zeitwertschätzung des Leasingfahrzeugs. Bei Dienstleistungs-Leasingverträgen kommen – entsprechend dem Vertragsumfang – die Kosten des Leasinggebers für Steuer und Versicherung hinzu. *(BGH, NJW 1986, 1335)*

Eine Bestimmung in AGB eines Leasinggebers, durch die bei Abgabe einer unrichtigen Übernahmebestätigung des Leasingnehmers dessen unbedingte, nur durch erfolgreiche Inanspruchnahme des Lieferanten abzuän-

71

Geschäftsbedingungen

dernde Zahlungspflicht für die Leasingraten begründet werden soll, benachteiligt den Leasingnehmer unangemessen. *(BGH, ZIP 1987, 1187)*

Verwendet in einem Finanzierungs-Leasingvertrag der Leasinggeber AGB mit der Klausel, daß der Leasinggeber bei Zahlungsverzug des Leasingnehmers am Vertrage festhalten, aber neben den bereits fälligen rückständigen nun auch alle während der Vertragszeit künftig fällig werdenden Leasingraten fordern und bis zu deren Zahlung den Leasing-Gegenstand zur Sicherheit herausverlangen und behalten kann, so ist eine solche Klausel nach § 9 AGB unwirksam. *(OLG Hamm, BB 1981, 1795)*

Unwirksam ist eine Klausel in AGB eines Leasinggebers, die den Leasingnehmer für den Fall, daß er nach 42 Monaten kündigt, zur Zahlung eines Ablösebetrages in Höhe von 18 Monatsraten verpflichtet. Das gilt auch dann, wenn weiter bestimmt ist, ein etwaiger Verkaufserlös für die Leasingsache sei auf den Ablösebetrag voll und im übrigen zu 75% anzurechnen. *(OLG Hamburg, MDR 1985, 934)*

Eine Bestimmung in AGB eines Finanzierungsleasingvertrages, die für den Fall vorzeitiger Vertragsbeendigung durch ordentliche Kündigung die Abzinsung der Ausgleichszahlung nach einem Zinssatz von 6% unabhängig davon festlegt, welcher Satz den Leasingraten zugrundegelegt war, benachteiligt den Leasingnehmer unangemessen und ist unwirksam. *(BGH, BB 1986, 690)*

Eine Regelung im mietvertraglich ausgestalteten Leasingvertrag, wonach die Leasingraten auch bei Kündigung des Vertrages durch den Leasingnehmer weiterzuzahlen sind, ist wegen Verstoßes gegen § 9 unwirksam. *(OLG Köln, ZIP 1986, 1334)*

Wird ein Leasingvertrag über ein neues Kfz auf 24 Monate abgeschlossen, ist eine AGB-Klausel unwirksam, die dem Leasingnehmer als Folge einer ihm zugestandenen Kündigung das volle Risiko für einen Wertverlust des Fahrzeugs auferlegt. *(LG Frankfurt, MDR 1985, 76)*

Eine AGB-Klausel, welche vorsieht, daß der Leasinggeber eines kilometerbegrenzten Leasingvertrages im Falle vorzeitiger Vertragsbeendigung berechtigt sein soll, eine Umstellung von Kilometer- auf Restwertabrechnung vorzunehmen, ist als überraschende Klausel nicht wirksam, wenn der Vertrag in seinem individuell gestalteten Teil keinen Hinweis auf den Wechsel der Abrechnungsart enthält. *(BGH, ZIP 1986, 1566 ff.)*

Eine Vertragsklausel, wonach der Leasingnehmer die Differenz zwischen dem bei Vertragsschluß angenommenen Restwert und dem tatsächlichen Restwert des Kfz bei Vertragsende zugunsten des Leasinggebers auszugleichen hat, ist mangels eindeutiger und unmißverständlicher Belehrung des Leasingnehmers durch den Leasinggeber über die Absicherung des Restwertes im Sinne der Vollamortisation überraschend. *(LG Frankfurt, NJW-RR 1986, 148 ff.; ebenso OLG Karlsruhe, NJW-RR 1986, 1112; a. A. OLG Frankfurt, WM 1985, 425)*

Eine AGB-Klausel, die für geleaste neue Pkw die Sach- und Gegenleistungsgefahr auf den Leasingnehmer abwälzt, benachteiligt diesen unangemessen, wenn sie ihm nicht für den Fall des völligen Verlustes, des Untergangs oder einer nicht unerheblichen Beschädigung des Fahrzeugs ein kurzfristiges Kündigungsrecht einräumt. *(BGH, ZIP 1986, 1566)*

Die in einem formularmäßigen Leasingvertrag enthaltene Verlagerung der Sach- und Preisgefahr auf den Leasingnehmer kann nur dann als angemessen angesehen werden, wenn dem Leasingnehmer dafür als Ausgleich alle Ersatzansprüche des Leasinggebers abgetreten werden. *(OLG Düsseldorf, ZIP 1983, 1092)*

Geschäftsbedingungen

Unwirksam ist eine AGB-Klausel, mit der sich der Leasinggeber von mietrechtlicher Gewährleistung freizeichnet, ohne seine kaufrechtlichen Gewährleistungsansprüche an den Leasingnehmer abzutreten oder diesen vorbehaltlos zur Geltendmachung zu ermächtigen. *(BGH, ZIP 1987, 240 = WM 1987, 349)*

Ein Ausschluß mietrechtlicher Gewährleistung ist mit § 9 AGB-Gesetz nur vereinbar, wenn die Rechte des Leasingnehmers nach § 537 ff. BGB für den Fall unangetastet bleiben, daß die (abgetretenen) kaufrechtlichen Gewährleistungsansprüche im Konkursfalle des Lieferers der Sache durchsetzbar sind. *(OLG Hamm, ZIP 1983, 1094)*

Ungültig ist eine in AGB enthaltene Gerichtsstandsklausel, wonach ein Gerichtsort als vereinbart gilt, an dem weder die Leasingfirma noch der Hersteller seinen Sitz hat. *(AG München, NJW-RR 1987, 241)*

Die Regelung in AGB eines Leasinggebers, die ihm eine Nutzungsentschädigung auch für den Fall zubilligt, daß dem Leasingnehmer – etwa in Folge unfallbedingten Totalschadens des Leasingfahrzeugs – keine Nutzungsmöglichkeit verblieben ist, benachteiligt diesen unangemessen und ist daher unwirksam. *(DLG Düsseldorf, BB 1991, 2471)*

Eine Klausel, die dem Leasinggeber einen gegen den Leasingnehmer gerichteten Anspruch auf Schadensersatz nach vollzogener Wandlung zubilligt, ist nach § 9 AGB-Gesetz unwirksam. *(OLG Düsseldorf, Urt. 11. 6. 1992 – 10 U 172/91 – n. v.)*

Die Klausel in den AGB eines Kfz-Leasingvertrages, wonach der Leasinggeber kündigen kann, wenn der Leasingnehmer sich mit Beträgen im Rückstand befindet, die der Leasingrate für zwei Monate entsprechen, ist unwirksam. Der Kunde muß im Verzug sein; Rückstand genügt nicht. *(OLG Hamm, NJW-RR 1992, 502)*

Unwirksam ist eine Klausel in AGB, wonach der Leasinggeber zur Abholung des Leasingfahrzeugs berechtigt ist, wenn der Leasingnehmer seiner Rückgabepflicht nicht nachkommt. *(OLG Hamm, NJW-RR 1992, 502)*

Die in AGB eines Leasinggebers enthaltene Klausel, die den Leasinggeber ohne weiteres zur fristlosen Kündigung berechtigen soll, wenn ›sonstige Umstände‹ vorliegen, aus denen sich eine wesentliche Verschlechterung oder eine erhebliche Gefährdung des Vermögens des Leasingnehmers ergibt, benachteiligt den Leasingnehmer entgegen den Geboten von Treu und Glauben unangemessen und ist daher unwirksam. *(BGH, NJW 1991, 102)*

Unwirksam ist eine AGB-Klausel, durch die der Leasinggeber, der sich von der mietrechtlichen Mängelhaftung freigezeichnet hat, die Wandlungsfolgen im Leasingverhältnis ausschließen will, wenn Leasingnehmer und Lieferant eine Wandlungsvereinbarung nach Verjährung der Gewährleistungsansprüche treffen oder wenn Mängel tatsächlich nicht vorgelegen haben. Die Unwirksamkeit der Klausel gilt auch im kaufmännischen Verkehr. *(BGH, ZIP 1991, 519 = BGHZ 114, 57)*

Eine Klausel, durch die der Leasinggeber das Risiko der Insolvenz des Lieferanten bei erfolgreicher Wandlung des Kaufvertrages auf den Leasingnehmer abwälzen will, weicht erheblich von dem Grundsatz der Äquivalenz von Leistung und Gegenleistung im Leasingverhältnis ab, benachteiligt den Leasingnehmer einseitig und ist daher wegen Verstoßes gegen § 9 Abs. 2 Nr. 1 AGB-Gesetz unwirksam. *(BGH, ZIP 1991, 519)*

Die Klausel in den AGB eines Teilamortisationsleasingvertrages, wonach der Leasingnehmer die Differenz zwischen dem kalkulierten Gebrauchtwagenerlös und einem niedrigeren tatsächlichen Verkaufserlös zu zahlen hat, ist unwirksam, weil sie an den im Vertrag ausgewiesenen, vom Leasinggeber einseitig ohne Offenlegung der konkreten

Geschäftsbedingungen

Kalkulationsgrundlagen ermittelten kalkulierten Gebrauchtwagenerlös anknüpft, ohne auf den Fall beschränkt zu sein, daß dieser Verkaufserlös von dem Leasinggeber auch realistisch eingeschätzt worden ist. *(AG Hamburg, NJW-RR 1991, 507)*

Die in einem kündbaren Vertrag mit Abschlußzahlung enthaltene AGB-Klausel eines Leasinggebers, die ihm für den Fall vorzeitiger ordentlicher Kündigung den vollen kalkulierten Gewinn zubilligt, benachteiligt den Leasingnehmer unangemessen und ist unwirksam. *(BGH, NJW 1991, 221)*

Wird der Leasingnehmer durch die AGB-Klausel *2 Monate an sein Angebot* auf Abschluß eines Leasingvertrages gegenüber dem Leasinggeber *gebunden*, so weicht dies von der Regelfrist des § 147 BGB derartig weit ab und schränkt seine Dispositionsfreiheit so stark ein, daß eine solche Klausel auf jeden Fall gemäß § 10 Nr. 1 AGB-Gesetz unwirksam ist.

Ein formularmäßiger *Verzicht auf den Zugang der Annahmeerklärung* des Leasinggebers, der nach der gesetzlichen Vorschrift des § 151 BGB einen Ausnahmefall darstellt, kann nicht wirksam durch AGB zum Regelfall gemacht werden, weil er mit § 9 AGB-Gesetz nicht zu vereinbaren ist. Dadurch wird der Kunde nämlich unangemessen benachteiligt. Während sein Antrag vom Leasinggeber geprüft wird, ist er – ohne Kenntnis von dem Stand der Entscheidung zu erhalten – in seiner wirtschaftlichen Dispositionsfreiheit gleichsam neutralisiert, wohingegen der Leasinggeber während dieser Zeit in seiner sonst üblichen wirtschaftlichen Betätigung ungehindert fortfahren kann.
Eine Klausel, wonach der Leasingnehmer bei *Zahlungsverzug* dazu verpflichtet wird, *Rückstände* bzw. *Schadensersatzansprüche Zinsen in Höhe von 1% pro Monat zuzüglich Mehrwertsteuer* zu zahlen, enthält eine Pauschalierung des Verzugsschadens. Sie verstößt gegen § 11 Nr. 5 b AGB-Gesetz, wenn dem Leasingnehmer der Nachweis abgeschnitten wird, ein Schaden sei überhaupt nicht oder nur wesentlich niedriger entstanden als die Pauschale. Hierbei genügt es, wenn die Klausel für den rechtsunkundigen Vertragspartner in diesem Sinne zu verstehen ist.

Eine Klausel, die dem Leasinggeber *einseitige Preiserhöhungen nach freiem Belieben* gestattet, ohne dem Kunden die Möglichkeit einer Lösung vom Vertrag einzuräumen (Wortlaut: ›Der Leasinggeber kann die Höhe der Mietraten angemessen anpassen, wenn sich solche der Preiskalkulation zugrundeliegenden Faktoren gegenüber dem Stand bei Vertragsschluß ändern, auf deren Bildung der Leasinggeber keinen Einfluß hat, wie z. B. die Zinssätze auf dem Geld- und Kapitalmarkt‹), ist unwirksam wegen einer unangemessenen Benachteiligung des Kunden i. S. v. § 9 Abs.-Nrn. 1 und 2 AGB-Gesetz.
Eine Sicherungsklausel zugunsten des Leasinggebers hält einer Inhaltskontrolle gemäß § 9 Abs. 2 Nr. 1 AGB-Gesetz nicht stand, wenn sie dem Leasinggeber *kumulativ das Recht auf Sicherstellung, das Recht zur fristlosen Kündigung und das Recht auf Geltendmachung von Schadensersatz* einräumt, da dies den Leasingnehmer unangemessen benachteiligt.

Bedenken bestehen im übrigen schon, soweit dem Leasinggeber im Falle der Befürchtung des Eintritts wesentlicher Verschlechterung der Vermögensverhältnisse des Leasingnehmers eines der genannten Rechte zustehen soll. Denn diese Regelung steht nicht im Einklang mit § 321 BGB, der für ein Leistungsverweigerungsrecht des Gläubigers voraussetzt, daß sich die Vermögensverschlechterung des Schuldners dokumentiert hat. Das heißt bei Leasingverträgen, daß der Leasingnehmer die Zahlung der Leasingraten eingestellt hat.

Überraschend i. S. v. § 3 AGB-Gesetz ist eine Klausel auf dem Deckblatt eines Vertrages unter der Überschrift ›kündbare Leasingdauer‹ *im Fließtext* (wenn auch im Fettdruck), mit der der Leasingnehmer anerkennt, daß er ›umstehende Leasingbedingungen‹ zur Kenntnis genommen hat. Wegen der gesetzlich geforderten Ausdrücklichkeit ist nämlich eine Gestaltung erforderlich, die vom Durchschnittskunden auch bei

Geschäftsbedingungen

flüchtiger Betrachtung nicht übersehen werden kann. Diesen Anforderungen wird eine Klausel im Fließtext trotz des Fettdrucks nicht gerecht.

Soweit ein Leasingnehmer in AGB zustimmt, daß der Leasinggeber nach den Bestimmungen des Bundesdatenschutzgesetzes *seine* – des Leasingnehmers – *personenbezogenen Daten speichern, an entsprechende Auskunftsstellen übermitteln, verändern oder löschen kann*, verstößt eine solche Klausel gegen § 9 Abs. 2 Nr.1 AGB-Gesetz, da sie sich mit dem im Bundesdatenschutzgesetz enthaltenen Gedanken des grundsätzlichen Schutzes aller personenbezogenen Daten nicht vereinbaren läßt. Eine unangemessene Benachteiligung liegt jedenfalls dann vor, wenn sich die formularmäßige Einwilligung nicht auf die Verarbeitung bestimmter personenbezogener Daten beschränkt, sondern pauschal sämtliche Gestaltungsmöglichkeiten der Datenverarbeitung umfaßt und dem Leasingnehmer damit praktisch das Verfügungsrecht über diese Daten im Einzelfall gänzlich entzogen wird. *(OLG Hamm, NJW-RR 1986, 927)*

Wirksame Klauseln

Von der Rechtsprechung für wirksam befunden wurden u. a. folgende Klauseln:

Das formularmäßige Verbot der Untervermietung von Leasingobjekten durch eine vorweggenommene Erlaubnisverweigerung des Leasinggebers in einem Finanzierungsleasingvertrag verstößt nicht gegen § 9 AGB-Gesetz. *(BGH, ZIP 1990, 1133)*

Eine AGB-Vertragsregelung, die den Vertrag nur aufgrund einer Kündigung enden läßt und den Leasingnehmer andernfalls zur Weiterzahlung der Leasingraten verpflichtet, benachteiligt den Leasingnehmer nicht unangemessen, weil er ohne zusätzlichen Aufwand rechtzeitig kündigen kann. *(BGH, ZIP 1989, 1461)*

Eine formularmäßige Regelung, wonach der Leasinggeber das Fahrzeug bei Vertragsende durch einen Sachverständigen schätzen läßt und der Leasingnehmer zur Zahlung einer negativen Wertdifferenz zwischen Schätzpreis und kalkuliertem Restwert verpflichtet wird, ist wirksam *(OLG Frankfurt, WM 1987, 1402)*, jedenfalls dann, wenn die Klausel dem Leasingnehmer auch das Recht einräumt, statt dessen dem Leasinggeber einen Käufer vorzuschlagen, der das Fahrzeug zum Marktpreis erwirbt. *(OLG Frankfurt, DB 1989, 522; OLG München, Urt. v. 20. 8. 1990 – 17 U 5860/89 – n. v.; LG Köln, Urt. v. 20. 3. 1991 – 4 O 596/90 – n. v.)*

Keinen Bedenken begegnet eine Formularklausel, die den Händlereinkaufspreis als den vom Sachverständigen zu ermittelnden Schätzpreis für das Abrechnungsverfahren nennt und nicht den im Verhältnis zu einem Endabnehmer zu erzielenden Weiterverkaufspreis. *(OLG Frankfurt, WM 1987, 1402)*

Ein auf unbestimmte Zeit geschlossener Leasingvertrag verstößt weder gegen § 3 noch gegen § 9 AGB-Gesetz. *(OLG Köln, NJW-RR 1993, 121)*

TEIL II

**Zustandekommen,
Durchführung und
Beendigung von
Kraftfahrzeug-
Leasingverträgen**

Abschluß des Leasingvertrages

Form

Der Abschluß des Leasingvertrages ist grundsätzlich nicht an die Einhaltung einer bestimmten Form gebunden. Leasingverträge, die unter das Verbraucherkreditgesetz fallen, bedürfen jedoch der Schriftform. Leasingfirmen verwenden regelmäßig Formularverträge mit Geschäftsbedingungen. Einheitliche Vertragsbedingungen für alle gibt es nicht. Der Verband der Automobilindustrie e. V. (VDA), die Arbeitsgemeinschaft der Verbraucher e. V. und die Automobilclubs haben im Jahre 1988 gemeinsam Musterbedingungen ausgehandelt und beim Bundeskartellamt angemeldet. Das Bedingungswerk, dessen unverbindlichen Gebrauch gegenüber privaten Leasingnehmern der VDA inländischen Automobilherstellern und den mit ihnen verbundenen Gesellschaften empfohlen hat (s. Anhang), ist veraltet und seit dem Inkrafttreten des Verbraucherkreditgesetzes nicht mehr verwendbar. Die Musterbedingungen werden zur Zeit überarbeitet.

Die von Leasingfirmen verwendeten Vertragsformulare sehen in den AGB üblicherweise vor, daß sämtliche Vereinbarungen schriftlich abzufassen sind. Solche sog. Schriftformklauseln sind grundsätzlich zulässig, manchmal aber ungültig. Es kommt auf die Ausgestaltung und Anwendung der Klausel im Einzelfall an, wobei im Geschäftsverkehr mit privaten Leasingnehmern strengere Maßstäbe gelten als gegenüber Kaufleuten.

Unwirksam sind Schriftformklauseln insbesondere dann, wenn sie die Gültigkeit des Vereinbarten von der Einhaltung der Schriftform abhängig machen.

Beispiel:

»Vereinbarungen, Zusicherungen oder Änderungen sind nur in schriftlicher Form gültig« (BGH, NJW 1985, 320)
oder
»Mündliche Nebenabreden haben nur nach schriftlicher Bestätigung Gültigkeit« (BGH, ZIP 1983, 833 sowie EBE 1986, 177).

In solchen Formulierungen sieht der BGH einen Verstoß gegen §9 AGB-Gesetz, weil sie dazu führen können, daß ein Leasingnehmer von der Durchsetzung ihm zustehender – mündlich vereinbarter – Rechte abgehalten wird. Außerdem wird der in §4 AGB-Gesetz festgelegte Grundsatz des Vorrangs von individuellen Vereinbarungen gegenüber formularmäßigen Regelungen verletzt.
Soweit eine Klausel jedoch Raum für mündliche Absprachen läßt, ist gegen ihre Verwendung in AGB nichts einzuwenden.

Unbedenklich ist z. B. folgende Regelung:
»Sämtliche Vereinbarungen sind schriftlich niederzulegen. Dies gilt auch für Nebenabreden und Zusicherungen sowie für nachträgliche Vertragsänderungen.«

Die Klausel erleichtert auf seiten des Leasinggebers die Beweisführung auch im Hinblick auf nachträgliche Änderungen und Zusagen.
Der Leasingnehmer, der sich auf mündliche Zusatzvereinbarungen beruft, muß sie beweisen. Da solche zusätzlichen Vereinbarungen im Ernstfall oft bestritten werden, sollten alle vertragswesentlichen Punkte schriftlich abgefaßt werden.
Leasingverträge, die unter das Verbraucherkreditgesetz fallen, bedürfen ›kraft Gesetzes‹ der schriftlichen Form. Wird die Form nicht

Abschluß des Leasingvertrages

gewahrt, ist der Vertrag unwirksam. Das Gebot der Schriftform gilt auch für Nebenabreden, Zusicherungen und nachträgliche Änderungsvereinbarungen.
Die schriftliche Urkunde kann handschriftlich, gedruckt, kopiert oder in sonstiger Weise mechanisch vervielfältigt sein.
In seiner ursprünglichen Fassung schrieb das Verbraucherkreditgesetz strikte Wahrung der gesetzlichen Schriftform i. S. v. § 126 BGB vor. Es mußten alle Teile des Rechtsgeschäftes in einer Urkunde aufgenommen und von beiden Seiten eigenhändig unterschrieben sein.
Da die praktische Umsetzung der gesetzlichen Schriftform mit vielen Schwierigkeiten verbunden war und einen enormen bürokratischen Aufwand erforderte, lockerte der Gesetzgeber die Formerfordernisse auf. Zur Wahrung der Schriftform reicht es gemäß der geänderten, am 1. 5. 1993 in Kraft getretenen Gesetzesfassung von § 4 Abs. 1 S. 2 VerbrKrG aus, wenn Angebot und Annahme jeweils getrennt erklärt werden. Die Erklärung des Kredit-/Leasinggebers muß von diesem nicht mehr eigenhändig unterschrieben werden, wenn sie mit Hilfe einer automatischen Einrichtung erstellt wird.

Bindung des Leasingnehmers an sein Angebot

Ein Leasingvertrag wird selten sofort geschlossen. Es entspricht üblicher Verfahrensweise, daß der Leasingnehmer durch das Ausfüllen und Unterzeichnen eines Formularvordrucks ein Angebot abgibt. Das Angebot betrifft den Abschluß eines Leasingvertrages über das im Formular näher bezeichnete Auto. Der Vertrag kommt mit der Annahme des Angebots durch die Leasingfirma zustande. Maßgeblicher Zeitpunkt ist der Zugang der Annahmeerklärung, welche in den Vertragsmustern meist als schriftliche Bestätigung bezeichnet wird.
Leasingfirmen behalten sich regelmäßig Annahmefristen vor. Während der Annahmefrist ist der Leasingnehmer an sein Angebot gebunden, das er allerdings binnen Wochenfrist widerrufen kann, wenn der Vertrag unter das Verbraucherkreditgesetz fällt (siehe dazu die Ausführungen auf S. 61 ff.).
Die auf Abschluß des Leasingvertrages gerichtete Erklärung des Leasingnehmers gilt als Antrag gegenüber einem Abwesenden. Nach der Gesetzregel von § 147 Abs. 2 BGB kann ein solches Angebot nur bis zu dem Zeitpunkt angenommen werden, in dem der Kunde den Eingang der Antwort unter regelmäßigen Umständen erwarten darf. Unwirksam sind unangemessen lange oder nicht hinreichend bestimmte Annahmefristen in Allgemeinen Geschäftsbedingungen. Geringfügige Überschreitungen der gesetzlichen Frist werden allerdings akzeptiert. Beim Kraftfahrzeug-Leasing sind Annahmefristen von 4 Wochen die Regel. Anzutreffen sind manchmal auch längere Fristen von z. B. einem Monat oder 6 Wochen.

Klauselbeispiel:

Der Leasingvertrag kommt mit der Annahme des Leasingantrags durch die Leasinggeberin zustande. Der Leasingnehmer ist an seinen Leasingantrag vier Wochen gebunden. Der Leasingantrag gilt als abgelehnt, wenn die Leasinggeberin ihn nicht innerhalb dieser Frist schriftlich bestätigt hat.

Eine Frist von vier Wochen ist angesichts der heutigen Kommunikationsmöglichkeiten großzügig bemessen. Die Grenze zur Unangemessenheit wird bei einer Zeitspanne von vier Wochen aber noch nicht erreicht. Der Leasinggeber braucht für seine Entscheidung eine gewisse Zeit, namentlich für die Überprüfung der ›Bonität‹ des Kunden. Die Notwendigkeit einer Zeitspanne von vier Wochen läßt sich auch mit der Überlegung rechtfertigen, daß im Neuwagenhandel die gleiche Frist für die Annahme der Kaufofferte gilt. Bildet ein Neufahrzeug den Gegenstand des Leasinggeschäftes, dann muß der Leasinggeber vor Abgabe der Vertragsbestätigung wissen, ob der Kauf des Autos auch wirklich zustande kommt. Im ungünstigsten

Abschluß des Leasingvertrages

Fall dauert die Ungewißheit des Leasinggebers vier Wochen.
Eine Bindungsfrist von 2 Monaten läßt sich mit diesen Argumenten allerdings nicht mehr rechtfertigen. Sie weicht zu stark von der Regel des § 147 BGB ab und läßt den Leasingnehmer unangemessen lange im ungewissen über das Zustandekommen des Leasingvertrages (OLG Hamm, NJW-RR 1986, 928).
Die Vertragsbestätigung muß dem Leasingnehmer innerhalb der im Antrag genannten Annahmefrist zugehen. Eine verspätete Annahme stellt ein neues Angebot dar, das wiederum der Leasingnehmer annehmen muß. Schweigt er, kommt ein Vertrag in der Regel nicht zustande. Im Bestreitensfall muß der Leasinggeber beweisen, daß der Leasingnehmer die Vertragsbestätigung rechtzeitig erhalten hat.
Gelegentlich arbeiten Leasingfirmen mit der Klausel, wonach der Vertrag als abgeschlossen gilt, wenn der Antrag des Leasingnehmers nicht innerhalb der Annahmefrist widerrufen wird. Solche Formularregelungen sind problematisch, weil aus ihnen nicht abzulesen ist, wann der Vertrag zustandekommt; ob mit Ablauf der Ablehnungsfrist oder rückwirkend mit dem Zugang des vom Leasingnehmer unterbreiteten Angebots (OLG Hamm, NJW-RR 1986, 928).

Einbeziehung Allgemeiner Geschäftsbedingungen in den Vertrag

Leasingfirmen verwenden stets vorformulierte Vertragstexte. Die Bedingungen stehen entweder auf der Rückseite des Antragsformulars oder in einem Anhang. AGB werden nicht automatisch Gegenstand des Vertrages. Der bloße Abdruck etwa auf der Rückseite reicht grundsätzlich nicht aus. Erforderlich ist ein ausdrücklicher Hinweis im Text des schriftlichen Angebots. Er muß so angeordnet und gestaltet sein, daß ihn ein Durchschnittskunde selbst bei flüchtiger Betrachtung nicht übersehen kann.

In den Vertragsformularen erfolgt der Hinweis auf die AGB üblicherweise in der Form, daß der Leasingnehmer den Antrag unter Zugrundelegung bzw. Anerkennung der umseitigen Geschäftsbedingungen stellt.
Für den Leasingnehmer muß die Möglichkeit der Kenntnisnahme bestehen. Hierzu gehört nicht nur die Verfügbarkeit des Textes, sondern auch dessen Lesbarkeit und Verständlichkeit. Der Text muß mühelos lesbar sein. Daran fehlt es bei übermäßigem Kleindruck (BGH, BB 1983, 2074). Bei der Verständlichkeit kommt es auf das Verständnis eines durchschnittlichen Kunden an. Fachausdrücke, konkurrierende Regelungen und eine Vielzahl von Verweisungen können zu Unverständlichkeit führen.
Bei den AGB für Leasingverträge kommt es vor allem darauf an, daß dem Leasingnehmer die Übernahme des Vollamortisationsrisikos deutlich wird und die Abrechnungsregelungen für ihn transparent und nachvollziehbar dargestellt werden. Eine drucktechnische Hervorhebung ist zu empfehlen.
Unschädlich sind Klauseln, durch die der Leasingnehmer die AGB des Leasinggebers ›anerkennt‹. Sie wiederholen nur, was im Gesetz steht, daß nämlich der Leasingnehmer die AGB zur Kenntnis nimmt und sie damit anerkennt (BGH, NJW 1982, 1388). Solche Anerkenntnisklauseln besagen nicht, daß der Leasingnehmer all das, was in den AGB steht, als wirksam akzeptiert und gegen sich gelten lassen will.
Sofern für den Leasingvertrag das Verbraucherkreditgesetz gilt, müssen AGB des Leasinggebers entweder in die jeweilige Angebots- und Annahmeerklärung integriert oder mit dieser körperlich verbunden sein. Die Bezugnahme allein genügt nicht, ebensowenig das bloße Beifügen als Anlage oder ein leicht lösliches Beiheften mit Büroklammern. Es reicht allerdings aus, wenn die Verbindung mit einer Heftmaschine hergestellt wird (BGH, NJW 1964, 395). Sofern die AGB des Leasinggebers auf die AGB des Verkäufers Bezug nehmen, müssen auch diese mit der Angebots- und Annahmeerklärung körperlich verbunden werden.

Mithaftung Dritter

Mithaftende Dritte sind beim Leasing genauso erwünscht wie beim Kreditvertrag. Häufig wird die Mithaftung von Familienangehörigen oder von dem gesetzlichen Vertreter des Leasingnehmers übernommen.
Der Dritte kann der Schuld des Leasingnehmers aus dem Leasingvertrag beitreten. Durch Schuldbeitritt, welcher grundsätzlich formfrei ist, wird eine eigene Verbindlichkeit gegenüber dem Dritten begründet. Der Beitretende haftet dem Leasinggeber gesamtschuldnerisch. Er kann ihm die Einwendungen und Einreden des Leasingnehmers entgegenhalten. Hat der Leasingnehmer Wandlungsklage erhoben, wird dadurch auch der Zahlungsanspruch gegen den mitverpflichteten Dritten blockiert.
Ein eigenes wirtschaftliches Interesse an dem Zustandekommen und der Durchführung des Leasingvertrages ist für den Schuldbeitritt nicht erforderlich. Ist die Erklärung des Dritten nicht eindeutig, kann das eigene sachliche Interesse des Mitverpflichteten jedoch ein wichtiges Indiz für das Vorliegen eines Schuldbeitritts sein. Bleiben Zweifel, ist eine Bürgschaft anzunehmen. Durch Mitunterzeichnung des Leasingvertrages ist das Erfordernis der Schriftform gewahrt. Die Umdeutung einer formunwirksamen Bürgschaft in einen Schuldbeitritt verstößt gegen den Schutzzweck des § 766 BGB und ist daher unzulässig.
Sofern eine Bürgschaft vorliegt, haftet der Dritte dem Leasinggeber für eine fremde Schuld. Da die Bürgschaft an die Hauptschuld des Leasingnehmers aus dem Leasingvertrag anlehnt, kann der Bürge dem Zahlungsanspruch des Leasinggebers die Einreden des Leasingnehmers entgegenhalten. Eine Haftung aus der Bürgschaft entfällt auch dann, wenn der Leasingnehmer gegen den Lieferanten des Fahrzeugs erfolgreich Wandlungsklage erhoben hat (v. Westphalen, Der Leasingvertrag, 4. Aufl. Rn. 228).
Übernimmt ein Vertreter des Leasingnehmers die Mithaftung, ist im Geschäftsverkehr mit Nichtkaufleuten die Vorschrift des § 11 Nr. 14 AGB-Gesetz zu beachten. Sie verbietet dem Verwender von AGB einem Vertreter, der den Vertrag für den anderen Vertragsteil abschließt, ohne hierauf gerichtete ausdrückliche und gesonderte Erklärung eine eigene Haftung oder Einstandspflicht aufzuerlegen. Dem Gebot der »gesonderten und ausdrücklichen Erklärung« ist Genüge getan, wenn der Leasingvertrag unterhalb der Vertragsunterschriften eine weitere vom Vertreter zu unterzeichnende Verpflichtungsrubrik enthält. Ob § 11 Nr. 14 AGB-Gesetz im kaufmännischen Geschäftsverkehr über § 9 Abs. 1 AGB-Gesetz Anwendung findet, wurde höchstrichterlich noch nicht entschieden.
Tritt ein privater Verbraucher der Schuld aus dem Leasingvertrag bei, so ist er über sein – auf den Schuldbeitritt beschränktes – Widerrufsrecht zu belehren. Es kommt nicht darauf an, ob das Verbraucherkreditgesetz auch auf den Leasingnehmer selbst Anwendung findet. Das bedeutet, daß der Geschäftsführer einer GmbH, der einem von der GmbH abgeschlossenen Leasingvertrag beigetreten ist, den Schutz des Verbraucherkreditgesetzes in Anspruch nehmen kann, obwohl es auf den Hauptschuldner nicht anzuwenden ist (Zahn, DB 1992, 1031; Groß, VGT 1993, 203). Umgekehrt kann der Mithaftende den Schutz des Verbraucherkreditgesetzes für sich nicht in Anspruch nehmen, wenn zwar beim Leasingnehmer nicht, aber bei ihm selbst die persönlichen Anwendungsvoraussetzungen des Gesetzes vorliegen. Im Gegensatz zum Schuldbeitritt führt die Übernahme einer Bürgschaft – bezogen auf die Person des Bürgen – nicht zur Anwendung des Verbraucherkreditgesetzes.

Mitwirkung des Lieferanten bei Abschluß des Leasingvertrages

Zwischen Leasingunternehmen und Kfz-Händlern gibt es verschiedene Formen der Zusammenarbeit. Die Spannweite reicht von gelegentlichen Geschäftskontakten bis hin

Abschluß des Leasingvertrages

zu einer durch Kooperationsabsprachen geprägten engen Dauerverbindung. Im Rahmen der Geschäftsbeziehung nehmen Händler zahlreiche Pflichten des Leasinggebers wahr. Ihr vorrangiges Interesse besteht darin, möglichst viele Leasingverträge zu vermitteln. Um dieses Ziel zu erreichen, übernehmen sie manchmal sogar die Haftung für die Bonität des Leasingnehmers. Schuldbeitritt, Bürgschaft oder Einräumung eines Wiederkaufsrechts (BGH, ZIP 1990, 866, 867) sind die üblichen Sicherungsmaßnahmen für solche Fälle. Im Regelfall wird ihnen eine Restwertgarantie abverlangt. Sie besteht in der Übernahme der Verpflichtung, das Leasingfahrzeug am Vertragsende zum kalkulierten Restwert von der Leasingfirma zurückzukaufen. Auch die Pflicht zur Bereitstellung eines gebrauchstauglichen Fahrzeugs unter Übernahme der üblichen Gewährleistung wird den Händlern grundsätzlich auferlegt.

Anreiz für die Händler, das Leasing trotz all dieser Pflichten zu empfehlen, sind die oft stattlichen Provisionszahlungen der Leasinggeber, die Förderung des Absatzes von Neufahrzeugen, die Bindung des Kunden an den Betrieb im Hinblick auf die Vornahme der Wartungs- und Inspektionsdienste und etwa erforderlicher Reparaturarbeiten sowie erhoffte Folgegeschäfte mit gebrauchten Leasingfahrzeugen. Vor diesem Hintergrund ist es verständlich, daß Kfz-Händler vielfach den Anstoß zum Abschluß eines Leasingvertrages geben, indem sie das Leasing als Alternative zum finanzierten Kauf anpreisen.

Nicht nur markengebundene, sondern auch freie Leasingunternehmen überlassen denjenigen Händlern, mit denen sie zusammenarbeiten, regelmäßig die Verhandlungsführung über den Abschluß des Leasingvertrages. Notwendigerweise informieren sie ihre Händler über die Konditionen des Leasinggeschäfts und überlassen ihnen die Vertragsformulare. Da die gesamte Tätigkeit des Händlers im Vorfeld des Vertrages mit Wissen und Wollen des Leasinggebers geschieht, ist der Händler dessen Erfüllungsgehilfe. Für den BGH ist dabei entscheidend, daß der Händler durch seine Tätigkeit dem Leasinggeber ein eigenes Handeln erspart (BGH, WM 1985, 906 f.; kritisch Lieb, DB 1988, 2502; Seifert, FLF 1989, 105 f.).

Der Lieferant handelt dann nicht als Erfüllungsgehilfe des Leasinggebers, wenn er lediglich »technische Details« des Leasingvertrages mit dem Leasingnehmer bespricht, die noch nicht zur eigentlichen Vertragsvorbereitung gehören (v. Westphalen, Der Leasingvertrag, 4. Aufl. Rn. 289) oder wenn sich der Leasingnehmer die Leasingfinanzierung »auf eigene Faust« besorgt (BGH, WM 1985, 906). Die Eigenschaft des Lieferanten als Erfüllungsgehilfe des Leasinggebers endet mit dem Abschluß des Leasingvertrages (BGH, WM 1989, 1142). Sie lebt nicht dadurch wieder auf, daß der Lieferant ohne Auftrag des Leasinggebers einem Dritten Auskünfte erteilt, der an einem Eintritt in den Vertrag interessiert ist.

Im Regelfall wird der Lieferant bei den Vertragsverhandlungen nicht als Stellvertreter des Leasinggebers tätig. Für die Annahme eines Vertreterhandelns reicht es nicht aus, daß der Lieferant das ihm überlassene Antragsformular mit dem Kunden bespricht, es nach seinen Angaben ausfüllt, unterschreiben läßt und an den Leasinggeber weiterleitet, ansonsten aber keinen Einfluß auf die Vertragsmodalitäten und den Vertragsabschluß besitzt (BGH, ZIP 1988, 165 f.). Jedoch hängt die Entscheidung, ob ein Stellvertreterhandeln anzunehmen ist, letztlich von den jeweiligen Umständen des Einzelfalls ab (BGH, ZIP 1989, 650).

Die Frage der Stellvertretung erlangt insbesondere dann praktische Bedeutung, wenn sich der Lieferant mit dem Leasingnehmer auf eine Ablösung des Leasingvertrages einigt (OLG Frankfurt, WM 1989, 827). Das OLG Köln (EWiR § 164 BGB 2/91, S. 869 – Reinking –) entschied sich für eine Zurechnung des Verkäuferhandelns nach den für die Anscheins- und Duldungsvollmacht geltenden Grundsätzen, obwohl der Verkäufer den Leasingvertrag storniert hatte, ohne – wie sonst üblich – gleichzeitig einen neuen Leasingvertrag mit dem Leasingnehmer abzuschließen.

Verletzung von Aufklärungs- und Beratungspflichten

Beschaffenheit des Fahrzeugs

Das Gebot der Redlichkeit im Geschäftsverkehr verpflichtet den Händler, auf bestimmte Eigenschaften eines Fahrzeugs oder dessen Verwendungsmöglichkeiten und Gefahren hinzuweisen. Bei einer schuldhaften Verletzung dieser Pflicht haftet der Händler grundsätzlich nach den gesetzlichen Gewährleistungsvorschriften, welche die Regeln über das Verschulden bei Vertragsschluß verdrängen, soweit es um die Beschaffenheit der verkauften Sache geht. Auch bei fahrlässiger Pflichtverletzung geht das Gewährleistungsrecht der Haftung aus dem Gesichtspunkt des Verschuldens bei Vertragsschluß vor.

Die Verletzung vorvertraglicher Beratungs- und Aufklärungspflichten kann den Bestand des Leasingvertrages gefährden, falls der Händler als Erfüllungsgehilfe für den Leasinggeber tätig geworden ist. Hat sie zur Folge, daß der Leasinggeber seiner Hauptpflicht zur Verschaffung einer gebrauchstauglichen und funktionsfähigen Leasingsache nicht nachkommen kann, muß der Leasinggeber sich so behandeln lassen, als sei der Leasingnehmer zur Wandlung berechtigt, d. h., dem Leasingvertrag fehlt von Anfang an die Geschäftsgrundlage (OLG Koblenz, NJW-RR 1989, 436).

Vertragsmodalitäten und Zusatzvereinbarungen

Die Aufklärungs- und Beratungspflicht betrifft nicht nur den Leasinggegenstand, sie erstreckt sich auch auf sonstige Umstände. So muß der Verkäufer den Leasingnehmer z. B. auf eine wahrscheinliche Lieferverzögerung hinweisen. Es fällt allerdings nicht in den Aufgabenbereich des Händlers, den Kunden über sämtliche Vertragsmodalitäten und Risiken zu belehren. Zur Raterteilung ist er nur verpflichtet, wenn er als Fachmann das besondere Vertrauen des Kunden in Anspruch nimmt oder wenn der Kunde ihn gezielt befragt.

Aufklärungs- und Hinweispflichten erwachsen dem Händler auch im Hinblick auf den Leasingvertrag. Insoweit er bei dessen Vorbereitung als Erfüllungsgehilfe des Leasinggebers handelt, ist es seine vorrangige Aufgabe, dafür zu sorgen, daß das Ergebnis der Vertragsverhandlung Eingang in den Leasingvertrag findet. Anderenfalls muß er den Kunden ausdrücklich und unmißverständlich darauf hinweisen, daß der Leasingvertrag über das Auto unabhängig von solchen Vereinbarungen gilt, die zusätzlich zwischen ihm und dem Kunden getroffen wurden (BGH, ZIP 1985, 935). Hierzu der BGH wörtlich:

»Die Hinweispflicht ergibt sich – ähnlich wie diejenige der Finanzierungsbanken beim finanzierten Abzahlungskauf hinsichtlich der aus der Trennung von Kauf- und Darlehensvertrag entstehenden Risiken – aus dem typischen Dreiecksverhältnis beim Finanzierungsleasing. Überläßt er (Leasinggeber), wie das regelmäßig geschieht, dem Lieferanten und dem Leasingnehmer alle Vorverhandlungen, muß der Leasingnehmer grundsätzlich darauf vertrauen dürfen, daß das Verhandlungsergebnis sowohl dem Kaufvertrag als auch dem Leasingvertrag zugrundegelegt wird. Will der Leasinggeber davon abweichend dem Leasingvertrag einen anderen Inhalt geben, muß er den Leasingnehmer eindeutig und ausdrücklich darauf hinweisen. Nur mit einem Vertragstext, der einzelne Vorgesprächsergebnisse nicht enthält, wird er dieser Verpflichtung nicht gerecht. Denn der Leasingnehmer kennt im allgemeinen nicht den endgültigen Inhalt des zwischen Lieferant und Leasinggeber abgeschlossenen Kaufvertrages. Er kann deshalb nicht von sich aus beurteilen, ob alle Einzelergebnisse darin ihren Niederschlag gefunden haben und ob deshalb die Nichterwähnung einzelner Besprechungspunkte im Leasingvertrag bedeutet, daß sie nicht Vertragsinhalt sein sollen.«

Abschluß des Leasingvertrages

Eine schuldhafte Verletzung von Hinweis- und Beratungspflichten begründet die Schadensersatzhaftung aus Verschulden bei Vertragsschluß. Den Einwand einer solchen Haftung muß der Leasinggeber gegen sich gelten lassen, wenn der Händler die Vorverhandlungen mit seinem Wissen und Wollen geführt und hierbei die Verletzungshandlung begangen hat. Im Innenverhältnis haftet der Händler dem Leasinggeber auf Schadensersatz.

Aufklärungspflichten werden häufig dadurch verletzt, daß Händler falsche Auskünfte über den Inhalt von Leasingverträgen erteilen. Die dem Formulartext des Leasingvertrages entgegenstehende Beteuerung des Verkäufers gegenüber dem Leasingnehmer, er könne das Auto am Vertragsende von ihm zum kalkulierten Restwert kaufen, ist hierfür ein typisches Beispiel aus dem täglichen Leben (BGH, ZIP 1988, 165, 168 = WM 1988, 84).

Zusatzvereinbarungen, die keinen Eingang in den Leasingvertrag finden und von denen der Leasinggeber nichts erfährt, sind besonders häufig in der Computerbranche anzutreffen. Beispiele aus der Rechtsprechung:
- Einräumung eines qualifizierten Rücktrittsrechts für den Fall, daß der zwischen Lieferant und Leasingnehmer vorgesehene Software-Vertrag nicht zustandekommen sollte (BGH, WM 1985, 906 ff.),
- Zusage des Händlers, der Leasingnehmer brauche den geleasten Computer nicht zu behalten, wenn das zusätzlich vereinbarte Individualprogramm mißlingen sollte (OLG Frankfurt, NJW-RR 1990, 1207),
- Vereinbarung eines einmaligen Kündigungsrechts nach zwölf Monaten zwischen Lieferant und Leasingnehmer bei einem Leasingvertrag mit mehrjähriger Laufzeit (OLG Düsseldorf, DB 1989, 974),
- Übernahme einer bestehenden Ratenzahlung aus einem früheren Leasingvertrag durch den Händler sowie Zahlung einer Provision (OLG Düsseldorf – Urt. 9. 11. 1989 – 10 U 36/89 – zitiert in ZAP, Fach 1, S. 62).

Falls der Händler die Verhandlungen nicht als Erfüllungsgehilfe des Leasinggebers geführt hat, trifft ihn die Eigenhaftung. Unter Umständen muß er den Leasingnehmer im Wege des Schadensersatzes von sämtlichen Pflichten aus dem Leasingvertrag freistellen (v. Westphalen, BB 1984, 2093). Eine Haftung des Leasinggebers wegen schuldhafter Verletzung von Aufklärungs- und Hinweispflichten gegenüber dem Leasingnehmer kommt in diesen Fällen nicht in Betracht. Sondervereinbarungen haben auch dann keine Auswirkungen auf die Rechtsbeziehungen der Leasingvertragsparteien, wenn ausdrücklich bestimmt ist, daß der Leasinggeber aus der Sondervereinbarung nicht verpflichtet werden soll (OLG Düsseldorf, Urt. 9. 11. 1989 – 10 U 36/89 – zitiert in ZAP, Fach 1, S. 62).

Eine Haftung des Leasinggebers für das Verhalten des Lieferanten entfällt auch dann, wenn Lieferant und Leasingnehmer deliktisch oder kollusiv zum Nachteil des Leasinggebers zusammenwirken.

Fallbeispiel, entschieden vom OLG Frankfurt (NJW, 1987, 2447):
Die Geschäftsführer sowohl der Händler- als auch der Leasingnehmerfirma vereinbarten nach einem von vornherein gefaßten Plan den Abschluß von Leasingverträgen, ohne daß die Leasingobjekte zur Auslieferung gelangen sollten. Die von der Leasinggeberin gezahlten Kaufpreise teilten die beiden betrügerischen Geschäftsführer untereinander auf. Nach Meinung des Gerichts handelte die Händlerfirma bei diesen Geschäften nicht als Erfüllungsgehilfin des Leasinggebers. Die Leasingnehmerin wurde zur Zahlung des Leasingentgelts und darüber hinaus zum Schadensersatz verurteilt.

Falls ausnahmsweise die Voraussetzungen eines Vertreterhandelns vorliegen – das kann auch nach den Grundsätzen der Anscheins- und Duldungsvollmacht der Fall sein –, gelten die Zusagen des Händlers im Rahmen des Leasingvertrages, auch wenn der Leasinggeber hiervon keine Kenntnis besitzt. Sie gehen gemäß § 4 AGB-Gesetz dem Kleingedruckten vor.

Arglistige Täuschung durch den Lieferanten

Leasingverträge werden vorwiegend über Neufahrzeuge geschlossen. Die Möglichkeiten eines arglistigen Handelns sind beim Neuwagenverkauf naturgemäß begrenzt. Dies gilt namentlich im Hinblick auf die Fahrzeugbeschaffenheit. Hierüber gibt es Herstellerprospekte, die der Kunde meist sorgfältig studiert hat, ehe er sich zum Kauf eines Autos oder zum Abschluß eines Leasingvertrages entschließt. Dennoch kommt es immer wieder vor, daß Verkäufer beim Neuwagengeschäft arglistig handeln. Entweder spiegeln sie dem Käufer nicht vorhandene Fahrzeugeigenschaften vor oder aber sie verschweigen Mängel oder sonstige vertragswesentliche Umstände. Ein Fall der Arglist durch ›aktives Tun‹ liegt z. B. vor, wenn ein Verkäufer wider besseres Wissen zusichert, das Auto sei schadstoffarm.
Die Haftung wegen arglistigen Verschweigens setzt eine Offenbarungspflicht voraus. Nicht sämtliche Umstände müssen offenbart werden, sondern nur solche, die für die Kaufentscheidung von Bedeutung sind. Maßgeblich ist, ob der Käufer nach Treu und Glauben unter Berücksichtigung der Verkehrsanschauung Aufklärung erwarten darf.
Beim Neuwagenverkauf sind z. B. reparierte Vorschäden offenbarungspflichtig, die sich im Werk, auf dem Transport oder beim Händler ereignet haben. Hierunter fallen allerdings keine Bagatellbeschädigungen, da sie das Fahrzeug nicht zum ›Unfallauto‹ stempeln.
Welche Rechte dem Leasingnehmer im Falle einer arglistigen Täuschung des Verkäufers zustehen, hängt, wie so oft, von den Umständen des Einzelfalles ab. Im Vordergrund steht die Frage: Unter welchen Voraussetzungen muß sich der Leasinggeber das arglistige Verhalten des Händlers zurechnen lassen?
Es wird überwiegend die Meinung vertreten, der Lieferant sei regelmäßig nicht Dritter i. S. v. § 123 Abs. 2 BGB, wenn er als Erfüllungsgehilfe vom Leasinggeber in die Vertragsvorbereitung eingeschaltet werde und seine Tätigkeit dem Leasinggeber eigenes Handeln erspare (v. Westphalen, Der Leasingvertrag, 4. Aufl., Rn. 287; Schubert, AcP 168, 470, 476 ff.). Der BGH tendiert ebenfalls zu dieser Auffassung. Er entschied, daß der Leasinggeber sich die Täuschung des Lieferanten wie eine eigene – jedenfalls dann – zurechnen lassen muß, wenn zwischen beiden eine ständige Geschäftsbeziehung besteht, dem Lieferanten die Antragsformulare vorliegen und dieser über die jeweils aktuellen Daten zur Berechnung der Leasingraten verfügt (BGH, WM 1988, 1122 ff.; WM 1979, 429; LG Frankfurt, NJW 1985, 2278).
Die Anfechtung muß binnen Jahresfrist seit Entdeckung der Täuschung erfolgen. Sie bewirkt, daß der Leasingvertrag als von Anfang an nichtig anzusehen ist. Die empfangenen Leistungen sind zurückzugewähren, wobei den Leasinggeber eine verschärfte Haftung trifft. Er hat bereits empfangene Leasingraten zurückzuzahlen. Im Gegenzug muß der Leasingnehmer das Auto zurückgeben. Das Anfechtungsrecht kann nicht durch AGB ausgeschlossen werden. Im Innenverhältnis ist der Händler dem Leasinggeber zum Schadensersatz verpflichtet, sofern er sich das Arglistverhalten des Händlers zurechnen lassen und seinerseits dem Leasingnehmer Schadensersatz leisten bzw. dessen Anfechtung akzeptieren muß. Der Anspruch des Leasinggebers umfaßt sowohl den Haftungsschaden als auch den Eigenschaden in Form des entgangenen Gewinns aus dem gescheiterten Leasingvertrag und die vergeblichen Vertragsaufwendungen (OLG Düsseldorf, ZIP 1988, 1405).
Falls der Händler ohne Wissen und Wollen des Leasinggebers die Kaufverhandlungen geführt hat, braucht sich der Leasinggeber dessen arglistiges Verhalten nicht zurechnen zu lassen, wenn er selbst gutgläubig gewesen ist. Bei dieser Fallkonstellation sind die Beziehungen zwischen Händler und Leasinggeber nicht so eng, daß letzterer für das Verhalten des Händlers wie für sein eigenes einstehen muß. Der Händler ist »Dritter« i. S. v. § 123 Abs. 2 BGB, also ein Außenstehender, so daß der Leasingnehmer den Vertrag gegenüber dem Leasinggeber nicht an-

Abschluß des Leasingvertrages

fechten kann. Das Anfechtungsrecht ist nur ausnahmsweise zuzulassen, wenn der Leasingnehmer dem Leasinggeber die Kenntnis von der arglistigen Täuschung des Händlers nachweisen kann. In allen anderen Fällen muß sich der Leasingnehmer wegen seiner Schadensersatzansprüche unmittelbar an den Händler halten.

Dieser haftet ihm nach den gesetzlichen Gewährleistungsvorschriften, insbesondere nach § 463 BGB, eventuell auch aus Verschulden bei Vertragsschluß, soweit diese Haftung nicht von dem Gewährleistungsrecht verdrängt wird. Der stärkste Anspruch des Leasingnehmers betrifft die Befreiung von allen Pflichten aus dem Leasingvertrag. Der Leasingnehmer kann statt dessen aber auch wahlweise Wandlung oder Minderung verlangen.

Beispiel aus der Rechtsprechung:

Das OLG Hamburg (NJW-RR 1988, 438) verurteilte einen Verkäufer zum Schadensersatz, weil er bei den Vertragsverhandlungen verschwiegen hatte, daß die angebotene Software mit der des Leasingnehmers nicht kompatibel war, obwohl er wußte, daß der Leasingnehmer auf diese Eigenschaft großen Wert legte.

Widerrufsrecht des Leasingnehmers

Grundsätzlich sind Vertragserklärungen nicht widerrufbar. Sofern allerdings das Verbraucherkreditgesetz Anwendung findet, besitzt der Leasingnehmer die Möglichkeit, seine auf Abschluß des Vertrages gerichtete Willenserklärung zu überdenken und ggf. zu widerrufen. Die Widerrufsfrist beträgt regelmäßig eine Woche. Zur Wahrung der Frist genügt es, daß der Leasingnehmer den Widerruf während ihres Laufs absendet. Im Streitfall muß er die rechtzeitige Absendung und den Zugang beweisen. Aus Gründen der Klarheit und Beweissicherheit hat der Widerruf schriftlich zu erfolgen. Schriftform i. S. v. § 126 BGB ist nicht vorgeschrieben. Deshalb muß die Widerrufserklärung nicht unbedingt die eigenhändige Unterschrift des Leasingnehmers tragen. Ein mündlich erklärter Widerruf reicht nicht aus.

Die negative Widerrufsfiktion des § 7 Abs. 3 VerbrKrG, wonach der Widerruf als nicht erfolgt gilt, wenn der Verbraucher das bereits empfangene Darlehen nicht innerhalb von zwei Wochen nach Erklärung des Widerrufs oder nach Auszahlung des Darlehens zurückgibt, findet nach fast einhelliger Meinung keine Anwendung auf Finanzierungsleasingverträge.

Die einwöchige Widerrufsfrist wird durch die Aushändigung einer ordnungsgemäßen Widerrufsbelehrung in Lauf gesetzt. Üblicherweise erfolgt die Belehrung schon bei Antragstellung und nicht erst bei Vertragsabschluß. Die Aushändigung der Widerrufsbelehrung und deren Zeitpunkt muß der Leasinggeber beweisen. Zur Beweiserleichterung kann er sich vom Leasingnehmer beides bestätigen lassen. Geschieht dies formularmäßig, ist das Empfangsbekenntnis vom Verbraucher gesondert zu unterschreiben.

Eine Belehrung ist ordnungsgemäß, wenn sie folgenden Erfordernissen genügt:
– Information des Leasingnehmers über sein Recht zum schriftlichen Widerruf innerhalb der Wochenfrist mit Belehrung über den Beginn der Frist (BGH, ZIP 1993, 361).
– Klarstellung, an wen der Widerruf zu richten ist und daß die rechtzeitige Absendung des Widerrufs die Frist wahrt.
– Drucktechnisch deutliche Gestaltung der Widerrufsbelehrung, sofern sie mit dem Leasingvertrag in eine Urkunde aufgenommen ist.
– Gesonderte Unterschrift des Verbrauchers unter die Widerrufsbelehrung. Sie darf sich allein auf die Belehrung beziehen. Werden auch andere Erklärungen durch die Unterschrift abgedeckt, ist sie unwirksam (BGH, NJW 1993, 64).
– Sind auf Verbraucherseite mehrere Vertragsparteien vorhanden, müssen alle un-

Abschluß des Leasingvertrages

terschreiben, auf die das Verbraucherkreditgesetz Anwendung findet.
- Wer die Mithaftung aus dem Leasingvertrag durch Schuldbeitritt übernimmt, ist über sein auf den Schuldbeitritt beschränktes Widerrufsrecht zu belehren. Der Mithaftende genießt den Schutz des Verbraucherkreditgesetzes, wenn er die persönlichen Voraussetzungen erfüllt. Es kommt nicht darauf an, ob das Verbraucherkreditgesetz auch auf den Leasingnehmer Anwendung findet.
- Hinweis darauf, daß im Falle des Widerrufs des Leasingvertrages auch der Kaufvertrag hinfällig wird, sofern Leasingvertrag und Kaufvertrag ein verbundenes Geschäft darstellen (Groß, VGT 1993, 199, 201; OLG Düsseldorf, ZIP 1993, 1069; OLG Frankfurt, NJW-RR 1993, 880). Dies kann z. B. der Fall sein, wenn der Leasingnehmer den Kaufvertrag mit dem Händler abschließt und der Leasinggeber diesem Vertrag lediglich beitritt, ohne daß der Leasingnehmer aus dem Kaufvertrag entlassen wird. Das Beurteilungsrisiko, ob ein verbundenes Geschäft vorliegt, trägt der Leasinggeber. Belehrt er, obwohl ein verbundenes Geschäft zu verneinen ist, muß er sich möglicherweise so behandeln lassen, als läge ein verbundenes Geschäft vor (Bruchner/Ott/Wagner-Wieduwilt, VerbrKrG, §9 Rn. 69). Günstigstenfalls trifft ihn im Streitfall die Beweislast für das Nichtvorliegen eines verbundenen Geschäfts. Belehrt er nicht, obschon die tatbestandlichen Voraussetzungen für ein verbundenes Geschäft vorhanden sind, so treffen ihn die mit einer nicht ordnungsgemäßen Belehrung verbundenen Nachteile.

Ist die Belehrung unterblieben, nicht ausgehändigt oder nicht ordnungsgemäß, wird die Widerrufsfrist von einer Woche nicht in Lauf gesetzt. Das Widerrufsrecht des Leasingnehmers erlischt erst nach beiderseits vollständiger Vertragserfüllung, spätestens jedoch ein Jahr nach Abgabe der auf den Abschluß des Leasingvertrages gerichteten Willenserklärung des Verbrauchers. Auch ein rechtskräftiger Vollstreckungsbescheid über die Forderung aus dem Kreditvertrag beseitigt das Widerrufsrecht (OLG Hamm, ZIP 1992, 1298 = EWiR 1992, 937 – Ernst – § 1 b AbzG 1/92). Bis dahin ist der Leasingvertrag schwebend unwirksam. Sofern Leasingvertrag und Kaufvertrag ein verbundenes Geschäft darstellen, ist auch der Kaufvertrag schwebend unwirksam. Während dieser Zeit besitzt weder der Leasingnehmer noch der Leasinggeber Anspruch auf Erfüllung oder Schadensersatz wegen Nichterfüllung (BGH, NJW 1993, 64). Ob beide Seiten den Schwebezustand durch Nachholung der Widerrufsbelehrung oder durch die Aufforderung zur Vertragserfüllung beenden können, muß von der Rechtsprechung noch geklärt werden (vgl. hierzu Bruchner/Ott/Wagner-Wieduwilt, VerbrKrG, § 7 Rn. 41; Seibert, VerbrKrG, § 7, Rn. 7 u. Rn. 12, Groß, VGT 1993, 204).

Rechtsfolgen des Widerrufs

Macht der Leasingnehmer von seinem Widerrufsrecht Gebrauch, sind die beiderseits empfangenen Leistungen zurückzugewähren. Der Leasingnehmer muß das Auto zurückgeben und der Leasinggeber die Leasingraten erstatten.
Durch Verschlechterung, Untergang oder anderweitige Unmöglichkeit der Herausgabe des Leasingfahrzeugs wird das Widerrufsrecht des Leasingnehmers nicht ausgeschlossen. Er haftet dem Leasinggeber auf Wertersatz, falls er diejenige Sorgfalt nicht beachtet hat, die er in eigenen Angelegenheiten anzuwenden pflegt.
Für die Nutzung des Fahrzeugs bis zur Ausübung des Widerrufs hat der Leasingnehmer dem Leasinggeber deren Wert zu vergüten. Die Höhe der Vergütung bestimmt sich nach dem üblicherweise erzielbaren Mietzins, allerdings ohne Berücksichtigung der eingetretenen Wertminderung. Abzuziehen ist außerdem der den Vermieter treffende Erhaltungsaufwand, wozu Steuern, Versicherungsbeiträge, Reparatur- und Inspektionskosten gehören. Vom Leasingnehmer aufgewendete Wartungskosten sind anzurechnen. Die Obergrenze des Anspruchs bildet das Er-

Abschluß des Leasingvertrages

füllungsinteresse (BGH, WM 1985, 634; ZIP 1991, 662).
Etwaige Verwendungen des Leasingnehmers auf das Fahrzeug sind vom Leasinggeber zu ersetzen.
Sofern Leasingvertrag und Kaufvertrag ein verbundenes Geschäft darstellen, findet die Rückabwicklung nach erfolgtem Widerruf im Verhältnis zwischen Verbraucher und Verkäufer statt, sofern dem Verkäufer der Nettokreditbetrag noch nicht zugeflossen ist. Der Leasingnehmer muß das Fahrzeug an den Verkäufer zurückgeben bzw. im Falle des von ihm verschuldeten Untergangs oder der Verschlechterung des Fahrzeugs Wertersatz leisten und etwaige Gebrauchsvorteile vergüten, während er gegenüber dem Verkäufer Anspruch auf Erstattung einer geleisteten Anzahlung und auf Ersatz seiner Aufwendungen besitzt.
Falls der Leasinggeber beim verbundenen Geschäft den Nettokreditbetrag bereits an den Verkäufer gezahlt hat, findet im Falle des Widerrufs die Abwicklung des Leasingvertrages und des damit verbundenen Kaufvertrages ausschließlich im Verhältnis zwischen Leasingnehmer und Leasinggeber statt (§ 9 Abs. 2 S. 4 VerbrKrG). In diesem Falle muß der Leasingnehmer das Fahrzeug an den Leasinggeber herausgeben bzw. im Falle des verschuldeten Untergangs oder der Verschlechterung des Fahrzeugs an diesen Wertersatz leisten und die Gebrauchsvorteile vergüten, während der Leasinggeber verpflichtet ist, die Leasingraten, eine etwa empfangene Sonderzahlung oder eine vom Leasingnehmer an den Verkäufer geleistete Anzahlung zu erstatten sowie Ersatz für notwendige Aufwendungen zu leisten.

Im Innenverhältnis zwischen Leasinggeber und Verkäufer findet ein Ausgleich nach Bereicherungsrecht statt, sofern sie keine vertraglichen Vereinbarungen für den Fall des Widerrufs getroffen haben. Beim finanzierten Abzahlungskauf ist der Verkäufer verpflichtet, dem Kreditgeber den Nettokreditbetrag zu erstatten und an ihn eine monatliche Verzinsung für die Zeit der Kapitalüberlassung zu zahlen, falls er die gesamtschuldnerische Haftung für die Verbindlichkeit des Käufers übernommen hat und der Käufer seine Vertragserklärung später wirksam widerruft. Seinem Anteil an der gemeinsamen Verantwortung für eine objektiv fehlerhafte Belehrung trägt der Kreditgeber dadurch hinreichend Rechnung, daß er vom Verkäufer nur den Nettokreditvertrag und Zinsen erst ab Verzugsbeginn verlangt. Dieses im Wege ergänzender Vertragsauslegung vom BGH (ZIP 1993, 994) gewonnene Ergebnis läßt sich auf Kfz-Leasingverträge übertragen, sofern im übrigen die Verbundmerkmale des § 9 VerbrKrG vorliegen.
Im Verhältnis zum Leasingnehmer trägt beim verbundenen Geschäft der Leasinggeber die mit der Rückabwicklung zusammenhängenden Gefahren, wozu insbesondere das Risiko der Insolvenz des Verkäufers gehört. Der Verkäufer trägt das Risiko des vom Leasingnehmer nicht zu vertretenden Untergangs und der Verschlechterung des Leasingfahrzeugs. Eventuell besitzt er Ansprüche gegen den Leasinggeber, sofern dieser den Leasingnehmer nicht ordnungsgemäß belehrt hat und das Fahrzeug während der verlängerten Schwebezeit, also nach Ablauf der normalen Widerrufsfrist des § 7 Abs. 1 VerbrKrG verschlechtert oder zerstört wurde.

Kauf des Fahrzeugs

Abschluß des Kaufvertrages

Der Kaufvertrag ist grundsätzlich formfrei. Er kann mündlich oder schriftlich geschlossen werden. Im Kraftfahrzeughandel sind schriftliche Verträge die Regel. Der Käufer unterschreibt üblicherweise die Bestellung auf einem vom Händler bereitgehaltenen Formular. Die Bestellung gilt als Angebot zum Abschluß des Kaufvertrages, das der Annahme des Händlers bedarf. An das Kaufangebot ist der Käufer aufgrund der Regelung in Abschn. I Ziff. I der AGB für den Verkauf von fabrikneuen Kraftfahrzeugen und Anhängern (s. Anhang) vier Wochen gebunden. Die Annahmefrist wird vom BGH als »angemessen« gebilligt (DAR 1990, 95 f.).

Der Kaufvertrag kommt zustande, wenn der Händler die Annahme der Bestellung innerhalb der Frist bestätigt oder die Lieferung ausführt.

Ob der Käufer durch eine AGB-Regelung auf den Zugang der Annahmeerklärung wirksam verzichten kann, ist umstritten (vgl. Reinking/Eggert, Der Autokauf, 5. Aufl., Rn. 15 f.).

Kauf- und Leasingvertrag im Verbund

Für das Kraftfahrzeug-Leasing ist charakteristisch, daß der Leasingnehmer beim Kauf des Fahrzeugs mitwirkt. Aus der Sicht des Leasingnehmers geht es um ›sein Auto‹. Der Leasinggeber besitzt kein eigenes Sachinteresse. Er kauft das Auto zwar auf eigene Rechnung, jedoch im Interesse des Leasingnehmers.

Die Mitwirkung des Leasingnehmers beim Erwerb des Autos ist von Fall zu Fall unterschiedlich.

Sie kann sich darauf beschränken, daß der Leasingnehmer das Auto ›aussucht‹, indem er Typ, Farbe und Ausstattungsmerkmale festlegt und den Liefertermin mit dem Händler abstimmt. Alle übrigen Modalitäten des Vertrages, insbesondere der Preis, werden zwischen Händler und Leasinggeber ausgehandelt. Der Leasingnehmer muß sich darauf verlassen können, daß all das, was er mit dem Händler abgesprochen hat, auch tatsächlich Eingang in den Kaufvertrag zwischen Händler und Leasinggeber findet (s. dazu S. 84 ff.). Geschieht das nicht, muß der Leasinggeber für das Verschulden des Händlers geradestehen. Der Leasingnehmer, der sich auf den Einwand des Händlerverschuldens bei Vertragsabschluß berufen kann, ist von seiner Pflicht zur Zahlung der Leasingrate befreit.

Beispiel:

Händler und Leasingnehmer vereinbaren, daß das Auto bis spätestens zum 1. 8. des Jahres geliefert werden soll. Der Leasingnehmer will mit dem Fahrzeug in Urlaub fahren. Er soll berechtigt sein, vom Vertrag Abstand zu nehmen, falls die Lieferung nicht fristgerecht erfolgt. Im Leasingvertrag wird hiervon nichts erwähnt. Außerdem unterläßt es der Händler, den Leasingnehmer darauf hinzuweisen, daß der Leasingvertrag unabhängig von der Lieferabsprache gilt. Der Leasingnehmer braucht in diesem Falle die Leasingraten nicht zu zahlen.

Nicht selten geschieht es, daß der Leasingnehmer mit dem Händler sämtliche Einzelheiten des Kaufvertrages einschließlich des

Kauf des Fahrzeugs

Preises aushandelt und das Auto im eigenen Namen bestellt. Die Kopplung des Kaufvertrages an den Leasingvertrag wird in derartigen Fällen üblicherweise durch Vermerke wie ›Finanzierung über Leasing‹ oder ›auf Finanzierungsbasis per Leasingvertrag‹ hergestellt. Dabei kommt es vor, daß sich der Leasingnehmer ohne jede Mitwirkung und Unterstützung des Händlers auf die Suche nach einem zum Eintritt in den Vertrag bereiten Leasinggeber macht. Es kann auch so sein, daß der Händler eine Empfehlung ausspricht oder den Abschluß des Leasingvertrages aufgrund bestehender Geschäftskontakte mit einer Leasingfirma anläßlich der Neuwagenbestellung vermittelt.

Möglich ist aber auch, daß der Leasingnehmer zunächst den Leasingvertrag schließt und anschließend erst das Auto aussucht. Leasing-Vertragsformulare, die einen ›nachgeschalteten‹ Kauf des Autos durch den Leasingnehmer vorsehen, enthalten regelmäßig den Hinweis, daß der Leasingvertrag unter der (auflösenden) Bedingung steht, daß der Kaufvertrag zwischen dem Leasinggeber und dem Händler rechtswirksam zustandekommt. Der Leasingnehmer wird beim nachgeschalteten Kaufvertrag außerdem verpflichtet, mit dem Händler zu vereinbaren, daß die Zahlung des Kaufpreises erst nach Lieferung des Autos und Übernahmebestätigung erfolgt und das Eigentum an dem Fahrzeug direkt auf den Leasinggeber übergeht.

Immer noch häufig anzutreffen ist der Fall, daß der Kunde unter Mitwirkung des Händlers zwei Angebote gleichzeitig unterschreibt. Einmal die Bestellung des Neuwagens, welche an die Händlerfirma gerichtet ist, zum anderen den Antrag auf Abschluß eines Leasingvertrages auf vom Händler bereitgehaltenen Antragsformularen mit Stempelaufdruck der Leasingfirma als Adressatin. Beide Angebote sind – formal betrachtet – ein Widerspruch in sich. Denn der Kunde kann nicht dasselbe Auto kaufen und gleichzeitig – per Leasingvertrag – leasen. Gewollt ist, daß der Leasinggeber im Wege der Vertragsübernahme in den Vertrag als Käufer eintritt.

Rechtlich gibt es mehrere Möglichkeiten: Entweder den dreiseitigen Vertrag oder die Vereinbarung zwischen zwei Beteiligten mit Zustimmung des Dritten (BGH, ZIP 1986, 164) oder den Abschluß eines neuen Vertrages zwischen Händler und Leasinggeber auf der Grundlage der Bestellung des Kunden.

Die Verknüpfung zwischen Kauf- und Leasingvertrag wird in den schriftlichen Angeboten oft nicht hinreichend klar und eindeutig fixiert. Der Vermerk ›Zahlung auf Leasingbasis‹ führt leicht zu Mißverständnissen. In einem vom AG München entschiedenen Fall (Urteil vom 8. 11. 1983 – 10 C 16337/83 n. v. –) meinte der Verkäufer, es sei Sache des Kunden, den Kaufpreis zu zahlen, falls der Leasingvertrag nicht zustande komme. Das AG München gelangte durch Auslegung zu dem einzig richtigen Ergebnis: Der Verkäufer wollte nur einen Leasingvertrag vermitteln, der den Kunden zur Zahlung der Raten an den Leasinggeber verpflichtete, nicht aber zugleich einen den Kunden selbst verpflichtenden Kaufvertrag schließen. In den Kaufvertrag sollte vielmehr der Leasinggeber einsteigen. Andernfalls hätte die Zahlungsvereinbarung ›durch Leasing‹ keinen Sinn, da beim Leasingvertrag Käufer und damit Kaufpreisschuldner nicht der Leasingnehmer, sondern eben der Leasinggeber ist.

Einen im Kaufantrag enthaltenen Vermerk, welcher besagte, der Gesamtkaufpreis sei durch Leasing über 36 Monate in Raten von je 395,66 DM zuzüglich Umsatzsteuer zu zahlen, bewertete das LG Krefeld als Finanzierungsvereinbarung (Urt. 16. 6. 1983 – 5 O 164/83 – n. v. zit. in Autohaus 1983, 2305). Das Leasing, so heißt es im Urteil, habe denselben Zweck wie eine Finanzierung des Kaufpreises und der Leasingvertrag diene nur der Durchführung des Kaufvertrages. Der BGH vertrat den Standpunkt, der handschriftliche Vermerk »Leasing 10 000,– DM 36 ×« in einem PKW-Kaufantrag bedeute nicht, daß der Kaufpreis in Teilleistungen zu erbringen sei, vielmehr beziehe sich die Anzahl der Raten – welche im Gegensatz zu dem vom LG Krefeld entschiedenen Fall betragsmäßig nicht festgelegt waren – eindeutig auf einen mit einem Dritten eventuell abzuschließenden Leasingvertrag (NJW-RR 1990, 1009, 1010).

Kauf des Fahrzeugs

Falls der Verkäufer nicht zugleich auch als Vermittler des Leasingvertrages tätig ist, kann der Vermerk ›Finanzierung durch Leasing‹ durchaus so zu verstehen sein, daß sich der Käufer um einen bereiten Leasinggeber als Geldgeber bemühen soll. Die Situation ähnelt einem Barkauf, den der Käufer in der Erwartung schließt, daß er einen Personalkredit bekommt. Findet er keinen Geldgeber, so ist das sein Risiko. Der Kunde kann sich hiergegen nur durch eine Vereinbarung mit dem Händler schützen, welche vorsieht, daß der Kaufvertrag im Falle des Scheiterns der erhofften Finanzierung hinfällig wird.

Der Hinweis auf die Finanzierung durch Leasing im Bestellformular über das Neufahrzeug beinhaltet außerdem den Verzicht des Händlers auf die Befugnis, der Leistung des Barpreises durch einen Leasinggeber widersprechen zu können (BGH, NJW 1980, 698; NJW-RR 1990, 1009, 1011). Er kann unter Umständen auch als Zustimmung des Händlers mit der Vertragsübernahme durch den vom Käufer alleinverantwortlich auszuwählenden Leasinggeber gemeint sein. Verweigert in einem solchen Fall der Kunde den Abschluß des Leasingvertrages, ist er selbst verpflichtet, den Barkaufpreis an den Händler zu zahlen. Ob ein Händler auch ohne entsprechenden Vermerk im Kaufantragsformular einen vom Kunden beauftragten Leasinggeber akzeptieren und gegebenenfalls einer Vertragsübernahme zustimmen muß, hängt von den Umständen ab. Für eine Versagung der Genehmigung müssen sachliche Gründe vorhanden sein. Fehlen solche Gründe und verweigert der Händler die Zustimmung, kann er vom Leasingnehmer weder die Erfüllung des Vertrages noch Schadensersatz verlangen. Er muß sich den Einwand eines mitwirkenden Verschuldens entgegenhalten lassen.

Für verbundene Geschäfte i. S. v. § 9 VerbrKrG gilt, daß die auf den Abschluß des Kaufvertrages gerichtete Willenserklärung erst wirksam wird, wenn der Verbraucher seine auf den Abschluß des Kreditvertrages gerichtete Willenserklärung nicht widerruft (§ 9 Abs. 2 S. 1 VerbrKrG). Eine entsprechende Anwendung dieser Bestimmung auf Finanzierungsleasingverträge ist zum Schutze des Verbrauchers geboten, sofern im übrigen die Voraussetzungen des Verbundes und der Anwendung des Verbraucherkreditgesetzes vorliegen (so Schmidt/Burgk/Schölermann, BB 1991, 566; Lieb, WM 1991, 1533, 1535; Reinking/Nießen ZIP 1991, 634, 637 im Ergebnis befürwortend auch Zahn, DB 1991, 687 sowie DB 1991, 2171, 2175; abl. Ott in Bruchner/Ott/Wagner-Wieduwilt, VerbrKrG, § 9, Rn. 157; Slama, WM 1991, 569, 571) und sich nicht schon aus den Umständen ergibt, daß der Kaufvertrag keinen Bestand haben soll, falls der Leasingvertrag nicht wirksam zustande kommt (nach Meinung von Ott in Bruchner/Ott/Wagner-Wieduwilt, VerbrKrG § 9, Rn. 157 ist von einer solchen Auslegung regelmäßig auszugehen). Nach dieser Ansicht besitzt der Verbraucher die Möglichkeit, den ihn bindenden Kaufvertrag durch fristgerechten Widerruf der auf Abschluß des Leasingvertrages gerichteten Willenserklärung zu Fall zu bringen. Dem Leasinggeber wird angeraten, auf die Unwirksamkeit des mit dem Leasingvertrag verbundenen Kaufvertrages in der Widerrufsbelehrung ausdrücklich hinzuweisen, andernfalls das Widerrufsrecht des Verbrauchers nicht nach Ablauf der Frist von einer Woche sondern erst nach vollständiger Erbringung der Leistung, spätestens nach Ablauf eines Jahres endet (Zahn, DB 1991, 2175).

Viele Leasingfirmen, darunter insbesondere die markengebundenen, sind im Laufe der Zeit dazu übergegangen, den Kunden nur noch das den Abschluß des Leasingvertrages betreffende Antragsformular unterschreiben zu lassen. Fahrzeugtyp und Ausstattungsmerkmale werden im Leasingvertrag festgelegt. Mit dem Kaufvertrag, der ohnehin nur den Händler und den Leasinggeber betrifft, hat der Leasingnehmer nichts mehr zu tun. Diese Praxis dient der Vereinfachung und macht das Leasing für den Kunden überschaubar.

Sehen die in einem »Kaufauftrag« des Leasinggebers enthaltenen AGB vor, daß er von allen Verpflichtungen frei bleibt, solange die Übernahmebestätigung für das vom Händler zu liefernde Fahrzeug nicht vorliegt, handelt es sich um die Abrede einer Vorleistungspflicht. Von der Erbringung der Vorleistung durch Übergabe des Fahrzeugs ist die Fälligkeit des Kaufpreises abhängig. Die Regelung besagt nicht, daß der Kaufvertrag erst mit der Lieferung des Fahrzeugs an den Leasingnehmer zustande kommt (BGH, DAR 1993, 177). Eine als Erfüllungsübernahme bezeichnete, von Leasinggeber, Leasingnehmer und Lieferant unterschriebene Erklärung, in der es der Leasinggeber übernimmt, die Kaufpreisschuld des Leasingnehmers aus dem Kaufvertrag über das Leasingfahrzeug zu erfüllen, stellt einen Schuldbeitritt des Leasinggebers dar, aufgrund dessen er dem Lieferanten auf Bezahlung des Kaufpreises haftet (BGH, ZIP 1993, 124).

Lieferung des Fahrzeugs

Der Leasinggeber ist verpflichtet, dem Leasingnehmer für die Vertragszeit den Gebrauch der Leasingsache zu verschaffen. Die Gebrauchsüberlassungspflicht besteht zunächst in der Besitzübergabe. Darüber hinaus ist der Leasinggeber verpflichtet – da das Leasinggeschäft ein Dauerschuldverhältnis ist –, dem Leasingnehmer das Leasinggut zu belassen. Er darf den Leasingnehmer nicht an der Nutzung hindern und muß ihn vor Störungen Dritter schützen (BGH, ZIP 1987, 1390, 1391).
Die Besitzübergabe, d. h. die Auslieferung des Fahrzeugs, nimmt der Leasinggeber in der Regel nicht selbst vor. Er läßt vielmehr das Auto durch den Händler ausliefern. Der Händler ist insoweit Erfüllungsgehilfe des Leasinggebers. Für ein Verschulden des Händlers bei der Auslieferung muß der Leasinggeber geradestehen.
Erfüllungsgehilfe des Leasinggebers ist der Händler bis zur vollständigen Übergabe des Leasingfahrzeugs. Nimmt er das Fahrzeug später eigenmächtig zurück, handelt er nicht mehr in Gehilfenfunktion, so daß der Leasingnehmer dem Leasinggeber die Rücknahme nicht entgegenhalten kann (BGH, ZIP 1987, 1390, 1391 = WM 1987, 1398). Eine Zurechnung findet ausnahmsweise statt, wenn der Händler mit Wissen und Wollen des Leasinggebers Leasingverträge in dessen Namen tätigt und auch die Stornierung von Leasingverträgen durch den Händler duldet, falls dieser gleichzeitig einen neuen Leasingvertrag abschließt (OLG Köln, EWiR § 164 2/91, 869 – Reinking –).

Abnahme

Die Abnahme des Autos erfolgt durch den Leasingnehmer. Er erfüllt damit gleichzeitig zwei Pflichten:
– Die eigene aus dem Leasingvertrag erwachsende Pflicht, das Fahrzeug entgegenzunehmen und dadurch den Leasingvertrag in Vollzug zu setzen.
– Die Pflicht des Leasinggebers, das von ihm gekaufte Fahrzeug beim Händler abzunehmen.
Soweit es um die Abnahme des gekauften Fahrzeugs beim Händler geht, handelt der Leasingnehmer als Erfüllungsgehilfe des Leasinggebers. Dieser muß sich etwaige Fehler, die der Leasingnehmer bei der Abnahme des Fahrzeugs macht, gemäß § 278 BGB zurechnen lassen.
Die Abnahme des Fahrzeugs beim Kauf ist eine Nebenpflicht, welche die tatsächliche Entgegennahme betrifft.
Sie besagt nicht, daß der Käufer das Auto als vertragsgemäße Erfüllung billigt und dessen mangelfreie Beschaffenheit anerkennt. Der Verkäufer hat das Recht, die Abnahme des Fahrzeugs vom Leasingnehmer zu fordern, sofern der Leasinggeber den Anspruch an den Verkäufer abgetreten hat (LG Köln, Urteil 8. 1. 1991 – 30 402/89 – n. v.).
Die Übergabe des Fahrzeugs durch den Händler ist kraft Gesetzes (§ 269 BGB) an dessen Betriebssitz zu erfüllen und eine entsprechende Vereinbarung in der AGB des Leasinggebers ratsam. Von dem Eintreffen des Autos erfährt der Leasingnehmer durch die Bereitstellungsanzeige, welche mündlich oder schriftlich erfolgen kann. Für die Abnahme des Fahrzeugs gilt üblicherweise eine Frist von 8 Tagen. Die Frist ist angemessen. Während dieses Zeitraums hat der Leasing-

nehmer die Möglichkeit, das Auto eingehend zu überprüfen. Er kann dies tun durch gründliche Inaugenscheinnahme und durch Vornahme einer Probefahrt. Hierauf besteht Anspruch.
Der Kaufvertrag über das Leasingfahrzeug stellt für den Leasinggeber und den Verkäufer regelmäßig ein Handelsgeschäft i. S. d. § 343 Abs.1 HGB dar, weil sie Kaufleute sind und das Geschäft zum Betrieb ihres Handelsgewerbes gehört. Folglich hat der Käufer das Fahrzeug unverzüglich zu untersuchen und etwaige Mängel zu rügen (§ 377 Abs.1 HGB). Die Untersuchungs- und Rügepflicht, deren Verletzung zum unwiederbringlichen Verlust der Mängelansprüche führt, wird nach Ansicht des BGH (ZIP 1990, 650, 653) nicht dadurch hinfällig, daß die Auslieferung des Fahrzeugs an einen privaten Leasingnehmer erfolgt und dieser ermächtigt ist, die kaufvertraglichen Ansprüche geltend zu machen, da sich die Pflichten und Obliegenheiten nach der Person des Käufers und seiner vertraglichen Beziehung zum Verkäufer und nicht nach der Person des Erfüllungsgehilfen beurteilen (abl. Hager, AcP 190, 324 f.; Canaris, AcP 190, 410 f.; Lieb, JZ 1990, 976 f.; Flume DB 1991, 265 f.; v. Westphalen, Der Leasingvertrag, 4. Aufl., Rn. 318 f.).
Folgt man dem BGH, so bleibt es Aufgabe des Leasinggebers, für eine unverzügliche Untersuchung und Mängelanzeige Sorge zu tragen. Da es dem Leasinggeber verwehrt ist, den nichtkaufmännischen Leasingnehmer durch AGB mit kaufmännischen Untersuchungs- und Rügepflichten zu belasten – eine entgegenstehende Regelung würde wegen Unvereinbarkeit mit dem Leitbild des Mietvertrages gegen § 9 Abs. 2 Nr.1 AGB-Gesetz verstoßen – muß er entweder mit dem Leasingnehmer eine entsprechende Individualabrede treffen oder den Ausschluß der Untersuchungs- und Rügeobliegenheiten der §§ 377, 378 HGB mit dem Händler vereinbaren. Kann er beides nicht durchsetzen, ist er zur Vermeidung von Rechtsnachteilen gehalten, das Fahrzeug selbst zu untersuchen oder durch einen Sachverständigen untersuchen zu lassen (BGH, ZIP 1990, 650, 654 = BB 1990, 510).

Verletzt der Leasinggeber seine Untersuchungs- und Rügepflicht, bleibt der Leasingnehmer ihm gegenüber gewährleistungsrechtlich geschützt, sei es aufgrund der mietvertraglichen Eigenhaftung des Leasinggebers, sei es aufgrund der Haftung aus positiver Vertragsverletzung.
Erweist sich das Fahrzeug als vertragsgemäß und fehlerfrei, ist der Leasingnehmer zur Abnahme und Unterzeichnung der Abnahmebestätigung verpflichtet. Der Leasinggeber besitzt keinen Anspruch darauf, daß der Leasingnehmer den von ihm vorformulierten Abnahmetext unterschreibt, wenn der Leasingnehmer die Übernahme des Fahrzeugs und die Vertragsgemäßheit der Lieferung in anderer Form schriftlich bestätigt (BGH, DAR 1993, 177, 180).
Die Übernahmebestätigung dient dem Händler als Nachweis dafür, daß der Leasingnehmer das Auto bekommen hat. Sie ist lediglich eine Quittung über die Auslieferung (§ 368 BGB) und besitzt keine konstitutive Wirkung in dem Sinne, daß der Leasingnehmer durch Unterzeichnung der Übernahmebestätigung den Leasingvertrag in Lauf setzt und ab sofort zur Zahlung der Leasingraten verpflichtet ist (BGH, NJW 1988, 204; DAR, 1993, 177 f., 180; a. A. OLG Köln NJW-RR 1987, 371 f.). Der Sinn und Zweck der Klausel besteht nicht darin, daß der Bestand einer Schuld anerkannt werden soll. Mit der Unterzeichnung der Übernahmeerklärung bestätigt der Leasingnehmer weder grundsätzlich die Vertragsgemäßheit der Leasingsache, noch verzichtet er hierdurch auf etwa bestehende Einwendungen. Deshalb ist die Übernahmeerklärung kein Schuldanerkenntnis i. S. v. § 781 BGB.
Eine Formularregelung, welche die Zahlungspflicht des Leasingnehmers an die Unterzeichnung der Übernahmebestätigung knüpft, verstößt gegen § 9 AGB-Gesetz, da der Leasingnehmer die Leasingraten erst dann bezahlen muß, wenn er die Leasingsache tatsächlich vollständig und in einem funktionsfähigen Zustand erhalten hat. Den Beweis hierfür vermag die Übernahmebestätigung nicht zu erbringen. Eine Übernahmeklausel, die dem Leasingnehmer das Zah-

Lieferung des Fahrzeugs

lungsrisiko auch für den Fall der Nichtlieferung aufbürdet, widerspricht dem Grundgedanken der vertraglichen Äquivalenz, welcher besagt, daß die Vertragsrisiken gleichmäßig zu verteilen sind (Eckert, ZIP 1987, 1510 f.). Die Klausel ist aber auch deshalb unwirksam, weil sie eine etwaige Mitverantwortlichkeit des Leasinggebers, der sich das Handeln und Wissen des Händlers zurechnen lassen muß, völlig unberücksichtigt läßt. Da die Abnahmebestätigung nur den Beleg für den Empfang der Leistung im Sinne einer Quittung darstellt, erschöpft sich ihre Bedeutung in der Umkehr der Beweislast.

Hat der Leasingnehmer eine Abnahmebestätigung unterschrieben, so muß im Ernstfall nicht der Händler die Vertragsgemäßheit der Lieferung, sondern der Leasingnehmer deren Unvollständigkeit oder Mangelhaftigkeit beweisen (BGH, NJW 1988, 204; Eckert, ZIP 1987, 1510). Diesen Beweis muß der Leasingnehmer gegenüber dem Leasinggeber auch dann führen, wenn er die Bestätigung über den Erhalt des geleasten Fahrzeugs bereits vor Abschluß des Leasingvertrages schriftlich quittiert hat (OLG München, NJW-RR 1993, 123).

Unrichtige Abnahmebestätigung

Hat der Leasingnehmer die Abnahme des geleasten Fahrzeugs bestätigt, obwohl die Lieferung nicht, nicht vollständig oder in sonstiger Weise nicht vertragsgemäß erfolgt ist, kann das für ihn böse Folgen haben.
Zwar löst die unrichtige Übernahmeerklärung nicht automatisch die Verpflichtung zur Zahlung der Leasingraten aus – selbst dann nicht, wenn der Leasingnehmer durch seine Unterschrift die Zahlungspflicht des Leasinggebers gegenüber dem Händler begründet und dieser den Kaufpreis daraufhin gezahlt hat –, jedoch haftet der Leasingnehmer dem Leasinggeber auf Schadensersatz. Er hat die allgemeine Pflicht, bei der Durchführung des Leasingvertrages auf die Interessen des Leasinggebers Rücksicht zu nehmen. Bestätigt er die Übernahme, ohne das Fahrzeug erhalten zu haben, so liegt darin eine Verletzung dieser Pflicht im Sinne einer positiven Vertragsverletzung (BGH, NJW 1988, 204). Mit Schadensersatzforderungen muß der Leasingnehmer insbesondere dann rechnen, wenn er den Leasinggeber durch seine unrichtige Empfangsbestätigung veranlaßt hat, den Kaufpreis an den Händler zu zahlen und dieser wegen Vermögensverfalls das Geld nicht zurückzahlen kann (Braxmaier, WM-Sonderbeilage Nr. 1/1988, 12). In einem solchen Fall kann der Leasingnehmer verlangen, daß er zur Schadensersatzleistung nur Zug um Zug gegen Abtretung der dem Leasinggeber gegen den Händler zustehenden Erstattungsansprüche verpflichtet ist (OLG Düsseldorf, NJW-RR 1990, 666). Eine Mitverantwortlichkeit des Händlers muß sich der Leasinggeber anspruchsmindernd zurechnen lassen, es sei denn, daß Leasingnehmer und Händler bei der Erstellung und Vorlage der unrichtigen Übernahmebestätigung bewußt zum Nachteil des Leasinggebers gehandelt haben. Das mitwirkende Verschulden des vom Leasinggeber als Erfüllungsgehilfe eingeschalteten Händlers kann so schwerwiegend sein, daß es die Schadensersatzverpflichtung des Leasingnehmers völlig verdrängt.

In der Regel besitzt der Leasingnehmer gegen den Leasinggeber keine Ansprüche aus positiver Vertragsverletzung, wenn er hinsichtlich der Vollständigkeit der Lieferung (Fehlen von Handbüchern einer Computeranlage oder eines Betriebsheftes zum Fahrzeug) eine unzutreffende Bestätigung abgegeben hat (OLG Frankfurt, FLF 1993, 35), wobei das Fehlen solcher Teile i. d. R. keine teilweise Nichterfüllung darstellt, sondern als Sachmangel einzuordnen ist.
Diese Voraussetzungen sind erfüllt, wenn der Händler dem Leasingnehmer wahrheitswidrig vorgetäuscht hat, er benötige die Bestätigung für die Abholung des Autos beim Hersteller (OLG Bremen, ZIP 1989, 579 = EWiR 1989, 541 – Kramer – § 278 BGB 1/89).

Eine unrichtige Abnahmeerklärung verhindert nicht in jedem Fall die Durchführung

Lieferung des Fahrzeugs

des Leasingvertrages. Die Berufung auf unvollständige und nicht vertragsgemäße Lieferung ist dem Leasingnehmer versagt, wenn der Leasinggeber alle Rechte wegen Nichterfüllung oder mangelhafter Lieferung an den Leasingnehmer abgetreten hat und der Leasingnehmer in einem Prozeß gegen den Händler rechtskräftig unterliegt (OLG München, NJW-RR 1993, 123). Allerdings ergreift die übliche Klausel, mit der Gewährleistungs- und Schadensersatzansprüche gegen den Händler abgetreten werden, nicht die Rechte und Ansprüche wegen Nichterfüllung (vgl. BGH, NJW-RR 1990, 1462).

Eine Mangelhaftigkeit des Fahrzeugs kann der Leasingnehmer dem Leasinggeber nicht entgegenhalten, wenn er den Mangel zwar gekannt, sich jedoch seine Rechte wegen des Mangels bei der Abnahme nicht vorbehalten hat (§§ 539, 464 BGB). Die gleiche Rechtsfolge droht dem Leasingnehmer im Falle der teilweisen Nichterfüllung des Kaufvertrages. Auch wenn § 539 BGB auf den mit der Einrede aus § 320 BGB zu erzwingenden Erfüllungsanspruch keine Anwendung findet, so kann der Rechtsgedanke des § 539 BGB im Rahmen einer Gesamtabwägung unter Heranziehung der Grundsätze von Treu und Glauben zu einem Verlust der Einrede führen. Ein solcher Rechtsverlust ist insbesondere anzunehmen, wenn der Leasingnehmer trotz teilweiser Nichterfüllung nichts unternimmt und beim Leasinggeber durch sein Gesamtverhalten den Eindruck erweckt, als sei der Kaufvertrag vom Händler vollständig erfüllt worden (BGH, ZIP 1989, 1333, 1336 = WM 1989, 1574).

Berechtigte Verweigerung der Abnahme

Der Leasingnehmer braucht nicht abzunehmen, wenn der Händler ein falsches, ein nicht vertragsgemäßes oder ein fehlerhaftes Auto anbietet.

Eine Falschlieferung liegt vor, wenn das bereitgestellte Fahrzeug mit dem bestellten gegenständlich überhaupt nicht übereinstimmt. Beispiel: Lastwagen statt Pkw.

Von einer nicht vertragsgemäßen Lieferung ist auszugehen, wenn das vom Händler bereitgestellte Fahrzeug nicht die Beschaffenheitsmerkmale der Bestellung aufweist oder mangelhaft ist.

Kein Neufahrzeug

Ein Fahrzeug ist neu, solange es noch nicht zum Zwecke der Teilnahme am allgemeinen Straßenverkehr in Benutzung genommen worden ist. Weist ein zur Auslieferung bereitgestelltes Neufahrzeug eine ungeklärte Fahrleistung von z. B. 150 km auf, besteht keine Abnahmepflicht für den Kunden, es sei denn, der Händler beweist, daß die Laufleistung nicht im Zusammenhang mit einer Benutzung des Fahrzeugs zu Verkehrszwecken zurückgelegt wurde. Ein Fahrzeug mit Tageszulassung und einer Laufleistung von 14 km, dessen Preis den des Herstellers in der unverbindlichen Preisempfehlung um ca. 20 % unterschreitet, ist ein Gebrauchtwagen und kein Neufahrzeug (LG Gießen, NJW-RR 1992, 186).

Ein Neufahrzeug muß nicht nur ungebraucht sondern auch »fabrikneu« sein, d. h., es darf keine reparierten Vorschäden oder Lagermängel aufweisen und kein veraltetes Modell sein. Die Fabrikneuheit fehlt einem Kraftfahrzeug auch dann, wenn im Zeitpunkt der Auslieferung von der einjährigen Herstellergarantie bereits mehr als acht Monate abgelaufen sind (OLG Düsseldorf, NJW-RR 1993, 57).

Nicht vertragsgemäße Leistung

Es läßt sich meistens leicht feststellen, ob das zur Auslieferung bereitgestellte Fahrzeug mit der Bestellung übereinstimmt. Man muß sich das Auto nur genau anschauen. Am besten ist es, man geht die Ausstattungsmerkmale Punkt für Punkt anhand der Bestellung durch. Stimmt z. B. die Farbe nicht oder fehlt das gewünschte Schiebedach, so ist das Auto nicht vertragsgemäß. Manchmal

Lieferung des Fahrzeugs

bereitet die Überprüfung allerdings Schwierigkeiten. Bei industrieller Produktion sind Fertigungstoleranzen unvermeidbar. Kein Auto eines bestimmten Typs stimmt mit einem anderen Fahrzeug des gleichen Typs hundertprozentig überein. Solche Fertigungstoleranzen sind vom Kunden in Grenzen hinzunehmen. Als nicht mehr vertragsgemäß gelten Fahrzeuge, deren Leistungs- und Verbrauchswerte von den im Herstellungsprospekt angegebenen erheblich abweichen. Als Faustregel gilt ein Wert von 5 % für Motorleistung und Endgeschwindigkeit.

Beim Kraftstoffverbrauch liegt die von der Rechtsprechung tolerierte Untergrenze des Mehrverbrauchs, ab deren Überschreitung ein Kraftfahrzeug nicht mehr als vertragsgemäß anzusehen ist, zwischen 10 % und 20 % (LG Essen, VRS 1989, 8 f. – 10 % –; OLG Oldenburg, NZV 1988, 225 – 13 % –; OLG Saarbrücken, Urt. v. 28. 1. 1992; 4 U 17191 n. v. – 15 % –; LG Köln, Urt. 25. 10. 1990; 2 O 76/88 n. v. – 13 % bis 19 % –; LG Braunschweig, DAR 1989, 424 – 20 % –; vgl. ferner Reinking DAR 1990, 170 – für 7 %). Grundlage für die Vergleichsmessung sind der vom Hersteller angegebene und der konkret festgestellte Verbrauchswert nach DIN 70030 pro 100 Kilometer im Stadtzyklus sowie bei konstant 90 km/h und 120 km/h. Der tatsächliche Verbrauchswert des Fahrzeugs eignet sich nicht für den Vergleich, da er vom Fahrstil, der Verkehrsdichte, dem Verkehrsfluß, dem Gelände, der Witterung und vielen anderen individuellen Faktoren abhängig ist.

Probleme bei der Beurteilung der vertragsgemäßen Beschaffenheit kann es geben, wenn das bereitgestellte Fahrzeug gegenüber dem bestellten geringfügige Änderungen in Konstruktion, Form, Farbton und Ausstattung aufweist. Solche Änderungen nehmen Hersteller im Laufe der Produktion einer Modellreihe immer wieder vor. Das nennt man ›face-lifting‹. Die Verbesserungen führen im Laufe der Zeit zum Ausreifen eines Modells und dienen dem Kunden. Derartige Maßnahmen beseitigen in der Regel nicht die vertragsgemäße Beschaffenheit.

Der Leasingnehmer braucht das Auto aber nicht abzunehmen, wenn es entweder erheblich geändert wurde oder wenn der Hersteller zwar eine nur unerhebliche, für den Leasingnehmer jedoch unzumutbare Änderung vorgenommen hat. Erheblich sind insbesondere solche Veränderungen, die sich nachteilig auf die Unterhaltskosten des Fahrzeugs auswirken. Als erheblich sind ferner Konstruktionsänderungen oder ein Farbwechsel einzustufen, sofern die geänderte Farbe nicht derselben Farbpalette angehört. Unter welchen Voraussetzungen eine Unzumutbarkeit für den Leasingnehmer im Falle einer nur geringfügigen Veränderung anzunehmen ist, hängt von den jeweiligen Umständen des Einzelfalles ab. Gerichtsentscheidungen, an denen man sich orientieren könnte, sind spärlich.

Einem reimportierten Fahrzeug, das unter Offenlegung dieser Tatsache angeboten und verkauft wird, fehlt nicht allein schon deshalb die vertragsgemäße Beschaffenheit, weil die Ausstattung nicht der gleichen, für den inländischen Markt produzierten Fahrzeugtyps entspricht, es sei denn, daß der Verkäufer eine entsprechende Zusicherung erteilt hat (LG Paderborn, Urt. 3. 12. 1992 – 5 S 196, 92 – n. v.).

Bei der Prüfung des Fahrzeugs sollte der Leasingnehmer einen Blick in den Motor- und Kofferraum werfen und darauf achten, ob sämtliches zur Standardausrüstung gehörende Zubehör, wie Verbandskasten, Warndreieck usw., vorhanden ist.

Mangelhaftes Neufahrzeug

Mängel können beim Neufahrzeug auf schlechter Verarbeitung oder mangelhafter Konstruktion beruhen und entweder das Aussehen oder die Funktion des Autos beeinträchtigen.

Verarbeitungsmängel

Der jeweilige Stand der Technik ist für die Fehlerbeurteilung ausschlaggebend. Er wird verkörpert durch den aktuellen Stand von Wissenschaft und Technik in der gesamten

Lieferung des Fahrzeugs

Automobilindustrie. Auch für den Fehlerbegriff eines Importautos ist auf den allgemeinen Stand der Technik und nicht auf den niedrigeren Stand des Herstellerlandes abzustellen (OLG Köln, NJW-RR 1992, 1147). Selbst Neufahrzeuge haben ihre Fehler. Deshalb sollte der Leasingnehmer vor Abnahme prüfen, ob der Wagen äußerlich in Ordnung ist. Mit Rücksicht auf den hohen technischen Standard gelten für die Fehlerbeurteilung beim Neuwagen strenge Maßstäbe. Eine unsaubere Lackierung mit Tropfnasenbildung braucht der Kunde schon nicht hinzunehmen. Die Prüfung des Fahrzeugs auf etwa vorhandene Qualitätsmängel liegt im Interesse des Leasingnehmers, da er zu guter Letzt einen auf schlechter Verarbeitung des Fahrzeugs beruhenden Mindererlös bei der späteren Verwertung finanziell ausgleichen muß. Außerdem möchte kein Leasingnehmer mit einem schlecht verarbeiteten Neufahrzeug herumfahren.

Nicht alle Mängel sind auf den ersten Blick zu erkennen. Die meisten treten erst im Laufe der Zeit zutage, wie etwa eine Wasserdurchlässigkeit der Karosserie oder das Aufbrechen von Roststellen als Folge mangelhafter Vorbehandlung der Karosserieblech.

Nach- und Teillackierungen sind häufig ein Anzeichen dafür, daß mit dem Fahrzeug bereits irgend etwas passiert ist. Die bloße Tatsache, daß ein Neufahrzeug teilweise nachlackiert wurde, berechtigt den Leasingnehmer allerdings noch nicht, die Abnahme des Fahrzeugs zu verweigern. Er darf dies nur dann tun, wenn die Nachlackierung unsauber durchgeführt wurde.

Außer der Sichtprüfung sollte der Leasingnehmer eine Funktionsprüfung der Bedienungselemente vornehmen. Hierzu gehört auch eine Probefahrt, bei der man ein Fahrzeug am ehesten kennenlernt. Der Leasingnehmer hat hierauf einen Rechtsanspruch.

Einige *Fehlerbeispiele* aus der Rechtsprechung:
– Weiterfressende Unterrostungen (OLG Hamm, DAR 1976, 299); Roststellen an diversen Stellen (LG Frankfurt, DAR 1975, 290; LG Mannheim DAR 1979, 74; OLG Karlsruhe, DAR 1977, 323); nicht gestoppte Rostbildung (LG Gießen, Urt. 16. 2. 1978 – 3 O 290/77 – n. v.).
– Lack- und Chromschäden und Undichtigkeiten (LG Berlin, NJW 1976, 151); Rostschäden, Kratzer, Verschmutzung (BGH, BB 1967, 1268).
– Undichtigkeit der Dachkonstruktion (LG Berlin, Urt. 19. 10. 1978 – 4 O 262/77 – n. v.; Undichtigkeit der Fahrertür und des seitlichen Ausstellfensters (OLG Koblenz, Urt. 5. 3. 1992 – 5 U 996/91 – ZAP 1992, Fach 1, S. 223).
– Dröhngeräusche bei einem Kleinwagen (OLG Köln, NJW-RR 1991, 1340; Knirsch- und Klappergeräusche im Armaturenbereich (LG Köln, Urt. 31. 5. 1990 – 2 O 628/89 – n. v.).
– Scheuerstellen am Schiebedach (LG Köln, Urt., 10. 12. 1992 – 2 O 323/91 – n. v.).
– Gehäufte geringfügige Mängel (OLG Frankfurt, NJW-RR 1990, 889).

Konstruktionsfehler

Außer Verarbeitungsmängeln und funktionellen Mängeln gibt es sog. Konstruktionsfehler, die in der Praxis glücklicherweise selten vorkommen. Etwa vorhandene Konstruktionsmängel wird der Leasingnehmer bei der Abnahme normalerweise nicht erkennen. Sie stellen sich immer erst nachträglich heraus, meistens wenn es zu spät ist.
Beispiele aus der Rechtsprechung:
– Überspreizen eines fehlerhaft konstruierten Bremsnockens, das einen Totalausfall der Bremse und einen Unfall mit Personenschaden zur Folge hatte.
– Kraftstoffaustritt beim Tanken wegen eines konstruktiv bedingt zu kurzen Tankeinfüllstutzens (LG Köln, Urt. 29. 10. 1992 – 2 O 138 92 – n. v.).

Fehlen der Fabrikneuheit

Vorschäden

Das bestellte Neufahrzeug muß frei von Beschädigungen sein (BGH, DB 1980, 1836). Der Leasingnehmer braucht ein Auto, das

Lieferung des Fahrzeugs

Beulen oder Lackschäden aufweist, nicht abzunehmen.
Problematisch sind Autos mit reparierten Vorschäden. Falls der Schaden im Rahmen des Herstellungsprozesses eingetreten ist und im Werk ordnungsgemäß beseitigt wurde, besteht kein Recht des Kunden, das Fahrzeug zurückzuweisen. Wobei es nicht auf Ausmaß und Umfang des Vorschadens ankommt. Nicht mehr zum Herstellungsprozeß gehört der Fall, daß ein gerade produziertes Neufahrzeug auf dem Werksgelände mit einem anderen Neufahrzeug zusammenstößt.
Weitaus schwieriger zu beurteilen sind die Fälle, in denen Neufahrzeuge auf dem Transport oder beim Händler beschädigt und vor Auslieferung repariert worden sind.
Ein Recht zur Abnahmeverweigerung besteht bei nicht einwandfreier Reparatur. Bei technisch und optisch perfekter Instandsetzung kommt es auf die Schwere des Vorschadens an. Falls er als ›Unfallschaden‹ zu qualifizieren ist, bleibt das Fahrzeug lebenslang mit diesem Makel behaftet. Einem solchen Auto fehlt die fabrikneue Eigenschaft. Der Leasingnehmer braucht es nicht abzunehmen. Wohl aber ist er zur Abnahme verpflichtet, falls das Auto nur sehr geringfügige Vorschäden erlitten hat, die den Wert und die Gebrauchstauglichkeit nicht beeinträchtigen.
Im Gebrauchtwagenhandel ist die Grenze zwischen Bagatell- und Unfallschäden bei Personenkraftwagen nach höchstrichterlicher Rechtsprechung sehr eng zu ziehen. Als Bagatellschäden werden nur ganz geringfügige, äußere (Lack-)Schäden anerkannt, nicht dagegen andere Blechschäden, auch wenn sie keine weitergehenden Folgen haben und sich der Reparaturaufwand als geringfügig darstellt (BGH, NJW 1977, 1914, 1915; 1982, 1386). Die Grenze eines Bagatellschadens ist bereits durch das Auswechseln eines Kotflügels überschritten, da eine solche Maßnahme nicht nur wegen einer kleinen Delle vorgenommen zu werden pflegt (BGH, NJW 1975, 642; NJW-RR 1987, 436 f.). Diese für den Gebrauchtwagenhandel entwickelten Maßstäbe für die Bewertung von Unfallschäden gelten um so mehr im Neuwagenhandel. Denn der Käufer eines neuen Fahrzeugs erwartet, für den Verkäufer erkennbar, ein unbenutztes und unbeschädigtes Fahrzeug und diese Eigenschaften haben insbesondere für den Kaufpreis eine erhebliche Bedeutung. Mit Rücksicht darauf sah das OLG Oldenburg (DAR 1992, 380) die Eigenschaft der Fabrikneuheit bei einem PKW nicht mehr als gegeben an, der auf dem Transport an der Ölwanne und am Getriebeschutzblech beschädigt worden war, obschon die Verformungen für sich betrachtet minimal waren und einen Reparaturaufwand von nur 284,83 DM erfordert hatten.
Dem Leasingnehmer ist die Vorgeschichte des Fahrzeugs normalerweise unbekannt. Er weiß weder, daß das Fahrzeug einen Vorschaden erlitten hat, noch kennt er dessen Ausmaß. Aus diesem Grunde verlangt die Rechtsprechung vom Verkäufer, daß er den Käufer ungefragt über Unfallschäden aufklärt. Die Offenbarung des Unfallvorschadens hat vollständig und umfassend zu erfolgen. Falls der Händler den Unfallvorschaden verschweigt oder verharmlost, macht er sich schadensersatzpflichtig (BGH, NJW-RR 1987, 436; OLG Köln, NJW-RR 1986, 1380).

Lagerfahrzeug

Manchmal stehen Fahrzeuge entweder beim Hersteller oder beim Händler längere Zeit, ehe sich ein Käufer findet. Die Frage lautet: Wie lange gilt ein solches Fahrzeug noch als ›fabrikneu‹?
Eine ein für allemal gültige Antwort gibt es nicht. Die Rechtsprechung neigt zu der Auffassung, daß eine Lagerdauer bis zu 12 Monaten zulässig ist.
Das OLG Hamm hat in einer neueren Entscheidung die Ansicht vertreten, unabhängig von der Frage nach der Fabrikneuheit sei der Händler verpflichtet, den Leasingnehmer von sich aus über eine Standzeit des Fahrzeugs von 1¼ Jahren aufzuklären (Urt. 7. 2. 1991 – 28 U 38/90 – n. v.).
Von einem einheitlichen Meinungsstand kann allerdings keine Rede sein. Es liegt in der Natur der Sache, daß nicht jedes Fahr-

Lieferung des Fahrzeugs

zeug vom Band weg verkauft wird. Eine gewisse Dauer der Lagerhaltung ist schon im Interesse der Aufrechterhaltung der Produktion und der gleichmäßigen Beschäftigung der in der Automobilbranche tätigen Arbeitnehmer geboten. Da sich die Markt- und Absatzverhältnisse jederzeit ändern können, wie die jüngste Entwickung erneut zeigt, erscheint ein Mindestmaß an Flexibilität angebracht. Die Rechtsprechung kommt nicht umhin, den jeweiligen konjunkturellen Gegebenheiten angemessen Rechnung zu tragen. Sie wird dem Handel je nach den Umständen mal eine kürzere, mal eine längere Zeit der Lagerung zubilligen müssen. Eine zeitlich unbegrenzte Lagerhaltung ist dem Händler allerdings nicht zu gestatten. Schon dem Wortsinne nach kann von einem fabrikneuen Auto, auf das der Leasingnehmer Anspruch hat, nur die Rede sein, wenn zwischen Herstellung und Verkauf ein befristeter zeitlicher Zusammenhang besteht.

Neufahrzeuge werden durch Lagerhaltung nicht besser. Ihr Zustand verschlechtert sich selbst bei optimalen Aufbewahrungsbedingungen von Tag zu Tag. Die Konservierung der Fahrzeuge bietet nur einen begrenzten Schutz. Wenn die Autos im Freien stehen, geht die Witterung irgendwann an ihre Substanz. Es läßt sich nicht vermeiden, daß etwa durch Sonneneinstrahlung die Sitze verbleichen und Gummidichtungen verspröden. Sofern durch Lagerhaltung Mängel am Fahrzeug entstanden sind, gilt es nicht mehr als fabrikneu. Der Leasingnehmer kann ein mit Lagermängeln behaftetes Auto zurückweisen.

Veraltetes Modell

Das vom Händler bereitgestellte Fahrzeug muß modellmäßig demjenigen entsprechen, das zum Zeitpunkt der Bestellung vom Hersteller produziert wurde. Nach der Rechtsprechung des BGH gilt ein Auto nur dann als fabrikneu, wenn und solange das Modell des Kraftfahrzeugs unverändert weitergebaut wird. Es darf keinerlei Änderungen in der Technik und Ausstattung aufweisen (BGH NJW 1980, 1097). Mit einem veralteten Modell, dessen Produktion schon vor der Bestellung eingestellt wurde, braucht sich der Leasingnehmer nicht abfinden zu lassen. Wird z. B. ein Fahrzeug nach Ablauf eines Modelljahres ohne Änderung der Typenbezeichnung nur noch mit Katalysator ausgestattet, dürfen die bis dahin produzierten Fahrzeuge des vorausgegangenen Modelljahres nicht mehr als »fabrikneu« angeboten und verkauft werden (OLG Köln, DAR 1990, 457).

Das in diesem Sinne veraltete Modell ist nicht zu verwechseln mit dem Auslaufmodell. Hierunter versteht man ein Auto, das noch hergestellt wird, jedoch demnächst aus der Produktion herausgenommen wird. Der Händler muß darauf nicht hinweisen. Er soll die Chance behalten, die bei ihm noch vorrätigen Fahrzeuge zum alten Preis zu veräußern.

Rechtsfolgen bei berechtigter Abnahmeverweigerung

In den AGB von Kfz-Leasingverträgen heißt es üblicherweise, daß die Leasingzeit mit der Übergabe des Fahrzeugs an den Leasingnehmer beginnt. Verweigert der Leasingnehmer berechtigterweise die Abnahme des Autos, weil es nicht in Ordnung oder nicht fabrikneu ist, dann wird der Leasingvertrag nicht in Vollzug gesetzt (OLG Köln, NJW-RR 1987, 371). Dabei kommt es nicht auf die Übernahmebestätigung an, sondern auf die tatsächliche Übernahme der vollständigen und funktionsfähigen Leasingsache.

Soweit der Leasingnehmer als Gehilfe des Leasinggebers bei der Abnahme aus dem Kaufvertrag mitwirkt, hat er das Recht, vom Verkäufer zu verlangen, daß der Fehler des Autos innerhalb von 8 Tagen beseitigt wird. Die Frist steht in den Neuwagenverkaufsbedingungen und macht nur Sinn, wenn der Fehler beseitigt werden kann.

Eine Fehlerbeseitigung ist z. B. nicht möglich, falls das Fahrzeug einen reparierten Unfallschaden aufweist, da der Makel des Unfalls dem Auto zeitlebens anhaftet. In einem solchen Falle muß der Händler anstelle des mangelhaften Autos ein mangelfreies liefern (§ 480 BGB).

Nicht berechtigte Abnahmeverweigerung

Ein vertragsgemäßes und fehlerfreies Auto muß der Leasingnehmer abnehmen. Verweigert er die Abnahme, kann das für ihn unangenehme Folgen haben.
Der Leasingvertrag wird ohne Abnahme in Vollzug gesetzt. Vom Zeitpunkt der unberechtigten Abnahmeverweigerung an muß der Leasingnehmer das Leasingentgelt zahlen. Eine vereinbarte Sonderzahlung wird ebenso wie die erste Leasingrate sofort fällig.

Die unberechtigte Abnahmeverweigerung des Leasingnehmers bleibt auch nicht ohne Auswirkung auf den Kaufvertrag zwischen Leasinggeber und Händler. Im Verhältnis zum Händler ist der Leasinggeber abnahmepflichtig. Der Leasinggeber bedient sich bei Erfüllung dieser kaufvertraglichen Nebenpflicht der Hilfe des Leasingnehmers. Folglich muß er sich dessen Fehlverhalten zurechnen lassen. Die unberechtigte Verweigerung der Abnahme befreit den Leasinggeber nicht von der Bezahlung des Kaufpreises. Er muß dem Händer darüber hinaus diejenigen Aufwendungen ersetzen, welche durch die nicht berechtigte Abnahmeverweigerung des Leasingnehmers entstehen. Hierzu gehören die Kosten für das Unterstellen und Versichern des Fahrzeugs.
An der nicht berechtigten Weigerung des Leasingnehmers zur Abnahme des Fahrzeugs kann unter bestimmten Voraussetzungen der Neuwagenkauf scheitern.
Die beim Neuwagenkauf üblichen Geschäftsbedingungen sehen vor, daß der Händler dem Käufer, der sich mit der Abnahme des Neufahrzeuges länger als 14 Tage ab Zugang der Bereitstellungsanzeige grob fahrlässig oder vorsätzlich in Rückstand befindet, eine

letzte Frist von 14 Tagen mit der Erklärung setzen kann, daß er nach Ablauf dieser Frist eine Abnahme ablehne.
Nach dem Ablauf der Frist steht dem Händler das Recht zu, vom Verkauf zurückzutreten oder Schadensersatz wegen Nichterfüllung zu verlangen. Der Schadensersatzanspruch wird üblicherweise pauschaliert und beträgt 15% des Kaufpreises.
Der für die unberechtigte Abnahmeverweigerung allein verantwortliche Leasingnehmer hat den Leasinggeber von allen Unkosten freizustellen. Er haftet ihm auf Ersatz des Verzögerungs- und des Nichterfüllungsschadens.
Gegen Abnahmeverzug und unberechtigte Abnahmeverweigerung sichern sich Leasingfirmen durch AGB, welche die auf sie zukommenden Risiken aus dem Kaufgeschäft abdecken.

Typisches Klauselbeispiel:

Nimmt der Leasingnehmer trotz schriftlicher Nachfristsetzung mit Ablehnungsandrohung des vermittelnden Händlers als Vertreter der Leasinggeberin das Fahrzeug nicht innerhalb eines Monats nach Beginn der Leasingzeit ab, so hat die Leasinggeberin folgende Rechte:
– Sie kann die Zahlung der Leasingraten ab Beginn der Leasingzeit verlangen, zuzüglich der durch die Nichtabnahme etwa entstehenden Kosten (z. B. für Lagerung und Aufbewahrung),
– sie kann jederzeit anderweitig über das Fahrzeug verfügen,
– sie kann fristlos kündigen und Schadensersatz wegen Nichterfüllung verlangen. Als pauschalen Schadensersatzbetrag kann die Leasinggeberin 15% der Gesamtleasingraten für die vereinbarte Vertragsdauer fordern. Dem Leasingnehmer bleibt der Nachweis unbenommen, daß kein oder ein wesentlich niedrigerer Schaden entstanden ist. Anstelle des Pauschalbetrages kann auch Ersatz des tatsächlich entstandenen höheren Schadens verlangt werden.

Lieferung des Fahrzeugs

Eine unberechtigte Abnahmeverweigerung des Leasingnehmers hat Gläubigerverzug auf seiten der Leasingfirma zur Folge. Der Händler haftet bei Gläubigerverzug nur für Vorsatz und grobe Fahrlässigkeit. Das Verlust- und Beschädigungsrisiko wird hierdurch bereits weitgehend auf die Leasingfirma verlagert. Der Händler ist aufgrund dessen nicht zum Schadensersatz verpflichtet, falls das auf seinem Betriebsgelände abgestellte Neufahrzeug durch leichte Fahrlässigkeit eines Mitarbeiters beschädigt wird. Im Innenverhältnis zwischen Leasingfirma und Leasingnehmer trägt letzterer sämtliche Haftungsrisiken des Gläubigerverzugs allein.

Störfälle bei Lieferung

Unmöglichkeit

Die Rechtsfolgen der Lieferunmöglichkeit werden in AGB von Kfz-Leasingverträgen im allgemeinen nicht ausdrücklich geregelt, da der Unmöglichkeitsfall selten vorkommt.
Das BGB unterscheidet zwischen anfänglicher und nachträglicher sowie zwischen objektiver und subjektiver Unmöglichkeit. Eine rechtliche Sonderbehandlung erfährt die auf einem Sachmangel beruhende Unmöglichkeit.
Die rechtlichen Auswirkungen der Lieferunmöglichkeit betreffen den Kaufvertrag und den Leasingvertrag.
Eine objektive Unmöglichkeit liegt vor, wenn die Lieferung des bestellten Fahrzeugs von niemandem erbracht werden kann.
Solange die Beschaffung eines gleichwertigen Serienfahrzeugs beim Hersteller möglich ist, entbindet weder ein verschuldeter noch ein unverschuldeter nachträglicher Untergang oder Verlust des zur Auslieferung bereitgestellten Fahrzeugs den Händler von seiner Lieferpflicht aus dem Kaufvertrag (§ 279 BGB). Eine Befreiung von dieser Pflicht tritt ausnahmsweise dann ein, wenn infolge nicht vorhersehbarer Umstände derart erhebliche Leistungshindernisse entstanden sind, daß dem Händler die Beschaffung eines anderen Fahrzeugs nach Treu und Glauben nicht mehr zugemutet werden kann (BGH, NJW 1972, 1703).
Für eine anfängliche objektive Unmöglichkeit ist kennzeichnend, daß das Leistungshindernis bereits bei Vertragsschluß existiert.

Beispiel:

Der Hersteller hat die Serienproduktion des vom Leasingnehmer ausgesuchten und vom Leasinggeber beim Händler bestellten Fahrzeugs eingestellt.
Im Beispielsfall sind Kauf- und Leasingvertrag nichtig. Keiner haftet dem anderen auf Schadensersatz, sofern er das Leistungshindernis nicht kannte oder kennen mußte.
Anfängliche subjektive Unmöglichkeit liegt vor, wenn das bestellte Auto grundsätzlich noch geliefert werden kann, nur eben nicht vom ausgesuchten Händler, etwa weil er sich nicht rechtzeitig ein ausreichendes Lieferkontingent gesichert hat. Schließt er gleichwohl mit dem Leasinggeber einen Kaufvertrag über ein solches Fahrzeug, übernimmt er damit die Garantie für sein Leistungsvermögen.
Der Leasinggeber kann als Käufer des Fahrzeugs bei anfänglicher subjektiver Lieferunmöglichkeit entweder vom Kaufvertrag zurücktreten oder vom Händler Schadensersatz wegen Nichterfüllung verlangen. Da der Händler in bezug auf die vom Leasinggeber zu erfüllende Liefer- und Gebrauchsverschaffungspflicht als dessen Erfüllungsgehilfe anzusehen ist, hat der Leasinggeber dem Leasingnehmer für das Unvermögen des Händlers einzustehen. Der Leasingnehmer kann nach seiner Wahl den Rücktritt vom Leasingvertrag erklären oder Schadensersatz wegen Nichterfüllung geltend machen.
Die gleichen Rechte wie bei anfänglicher subjektiver Unmöglichkeit des Händlers besitzen der Leasinggeber (gegen den Händler) und der Leasingnehmer (gegen den Leasinggeber) bei nachträglicher vom Händler zu vertretender objektiver und subjektiver Unmöglichkeit.

103

Lieferung des Fahrzeugs

Beispiel:

Auf der Auslieferungsfahrt wird das Fahrzeug durch das Verschulden des Händlers oder durch das Verschulden eines Dritten total beschädigt.
Für eine nachträgliche unverschuldete objektive oder subjektive Unmöglichkeit haften der Händler und auch der Leasinggeber grundsätzlich nicht.

Beispiel:

Das auf dem Betriebsgelände des Händlers zur Auslieferung bereitgestellte und ordnungsgemäß gesicherte Neufahrzeug wird gestohlen. Die Beschaffung eines gleichwertigen Ersatzfahrzeugs ist nicht möglich, weil der Hersteller die Serienproduktion inzwischen eingestellt hat.
Der Händler kann im Beispielsfall kein gleichwertiges Ersatzfahrzeug besorgen, so daß seine Leistungspflicht erlischt. Auch der Leasinggeber wird von seiner Liefer- und Gebrauchsverschaffungspflicht aus dem Leasingvertrag befreit und haftet dem Leasingnehmer nicht auf Schadensersatz. Auf seiten des Leasingnehmers entfällt die Pflicht zur Zahlung des Leasingentgeltes (§ 323 BGB).
Beruht die Unmöglichkeit auf einem Sachmangel des Fahrzeugs, ist der Kaufvertrag auch bei anfänglicher objektiver Unmöglichkeit nicht gemäß § 306 BGB nichtig. Dem Käufer stehen die Gewährleistungsansprüche zur Seite. Bei einer Gattungsschuld besitzt er Anspruch auf Ersatzlieferung, es sei denn, die anfängliche Unmöglichkeit erfaßt die ganze Gattung.
Im Verhältnis der Parteien des Leasingvertrages zueinander führt eine anfängliche objektive Unmöglichkeit, welche auf einem Sachmangel beruht, zur Vertragsnichtigkeit, solange das Fahrzeug nicht ausgeliefert ist. Von dem Zeitpunkt der Fahrzeugübergabe an haftet der Leasinggeber dem Leasingnehmer auf Vertragserfüllung gemäß §§ 537 ff. BGB, auch wenn das Fahrzeug völlig untauglich und der Fehler unbehebbar ist. Abgeleitet wird diese Rechtsfolge aus dem mietvertraglichen Charakter des Leasingvertrages. Der Leasingnehmer ist von der Zahlung der Leasingraten befreit und kann unbeschadet davon den Leasinggeber auf Schadensersatz in Anspruch nehmen (§§ 538 ff. BGB).
Anfängliche subjektive Unmöglichkeit befreit den Leasinggeber ebenfalls nicht von seiner Erfüllungspflicht. Auch ohne Verschulden haftet er dem Leasingnehmer auf Schadensersatz wegen Nichterfüllung. Für die Zeit nach Überlassung des Fahrzeugs gelten die mietrechtlichen Gewährleistungs- und Haftungsbestimmungen der §§ 537 ff. BGB, welche den §§ 323 ff. BGB vorgehen. Im Falle einer (nur) teilweisen Erfüllung, welche beim Kfz-Leasing allerdings kaum vorstellbar ist, kann der Leasingnehmer den Leasingvertrag gem. § 542 BGB fristlos kündigen, wobei es einer Fristsetzung nicht bedarf, wenn der Leasinggeber eindeutig zu erkennen gegeben hat, die fehlenden Teile nicht selbst liefern zu wollen und wenn der vereinbarte Liefertermin erheblich überschritten ist (OLG Köln, CR 1992, 157).
Bei einem nachträglich eintretenden Unvermögen, das auf einem Sachmangel beruht, setzt der Schadensersatzanspruch des Leasingnehmers ein Verschulden des Leasinggebers voraus.
Sowohl die Eigentumsverschaffungspflicht aus dem Kaufvertrag als auch die Gebrauchsüberlassungspflicht aus dem Leasingvertrag sind Kardinalpflichten. Sie bilden den zentralen Vertragsinhalt beim Kauf- und Leasingvertrag (BGH, ZIP 1985, 1889). Deshalb darf die Haftung für die Erfüllung dieser Pflichten nicht durch AGB ausgeschlossen werden. Die formularmäßige Haftungsfreizeichnung verstößt gegen § 9 AGB-Gesetz. Klauseln, welche die Haftung begrenzen, unterliegen den Schranken des § 11 Nr. 1 AGB-Gesetz.
Soweit die Unmöglichkeit der Gebrauchsverschaffung auf einem Sachmangel beruht und kein Fall der Vertragsnichtigkeit gemäß § 306 BGB vorliegt, wird dem Leasingnehmer die Freizeichnung von seiner mietrechtlichen Haftung gestattet, wenn er gleichzeitig die ihm aus dem Kaufvertrag zustehenden Gewährleistungsansprüche vorbehaltlos an den

Leasingnehmer abtritt (v. Westphalen, Der Leasingvertrag, 4. Aufl., Rn. 412). Ob eine generelle Freizeichnung des Leasinggebers von seiner mietrechtlichen Gebrauchsverschaffungspflicht gegen vorbehaltlose Abtretung des kaufrechtlichen Erfüllungsanspruchs und der damit verbundenen Rechte aus §§ 325, 326 BGB zulässig ist, wurde höchstrichterlich noch nicht entschieden. Im Schrifttum wird die Ansicht vertreten, eine solche Klausel benachteilige den Leasingnehmer nicht unangemessen, da ihm trotz des weitreichenderen Schutzes, den das Mietrecht im Vergleich zum Kaufrecht gewähre, im Falle der Unmöglichkeit allemal das Vertragslösungsrecht verbleibe. Der BGH hat über das Schicksal der Klausel noch nicht entschieden, jedoch für den Fall ihrer Zulässigkeit – wozu er wohl tendiert – bereits definitiv erklärt, daß das Ergebnis der unter dem Gesichtspunkt der Leistungsstörung geführten Auseinandersetzung des Leasingnehmers mit dem Lieferanten die Parteien des Leasingvertrages bindet (ZIP 1993, 130, 132 = NJW 1993, 122). Die Konsequenzen sind die gleichen wie bei der Abtretung von Gewährleistungsansprüchen: Ist der Leasinggeber – handelnd durch den Lieferanten als seinem Erfüllungsgehilfen – nicht in der Lage, den Gebrauch des Fahrzeugs zu verschaffen, fehlt dem Leasingvertrag die Geschäftsgrundlage von Anfang an. Umgekehrt ist es dem Leasingnehmer verwehrt, sich gegenüber dem Leasinggeber auf die Rechte wegen Nichterfüllung zu berufen, wenn er in dem Prozeß gegen den Lieferanten rechtskräftig unterliegt (OLG München, BB 1992, 2384).

Lieferverzug

Die Rechtsfolgen des Verzugs werden in den AGB von Kfz-Leasingverträgen üblicherweise festgelegt.
Nach der Gesetzesregel des § 284 BGB setzt Verzug eine Mahnung nach Eintritt der Fälligkeit voraus. Wann die Lieferung des Autos fällig sein soll, hängt von den vertraglichen Vereinbarungen im Einzelfall ab. Viele Leasinggeber, insbesondere die markengebundenen, unterscheiden zwischen verbindlich und unverbindlich vereinbarten Lieferterminen oder Lieferfristen. Ist der Liefertermin bzw. die Lieferfrist verbindlich festgelegt, gerät der Leasinggeber automatisch mit Überschreitung in Verzug. Der Leasingnehmer muß zur Herbeiführung des Verzugs die Lieferung des Fahrzeugs nicht anmahnen.
Bei Vereinbarung eines unverbindlichen Liefertermins oder einer unverbindlichen Lieferfrist wird durch bloße Nichteinhaltung des Lieferzeitpunkts noch kein Verzug herbeigeführt. Hierzu bedarf es der Mahnung des Leasingnehmers, welche aufgrund der AGB meistens nicht sofort nach Frist- bzw. Terminüberschreitung, sondern erst einige Zeit später zulässig ist. Bis dahin muß sich der Leasingnehmer gedulden. Die Wartefrist beträgt üblicherweise 6 Wochen.

Klauselbeispiel:

»Liefertermine und Lieferfristen, die verbindlich oder unverbindlich vereinbart werden können, sind schriftlich anzugeben. Lieferfristen beginnen mit Vertragsabschluß.
Der Leasingnehmer kann 6 Wochen nach Überschreiten eines unverbindlichen Liefertermins oder einer unverbindlichen Lieferfrist den Leasinggeber schriftlich auffordern, binnen angemessener Frist zu liefern. Mit dieser Mahnung kommt der Leasinggeber in Verzug.
Wird ein verbindlicher Liefertermin oder eine verbindliche Lieferfrist überschritten, kommt der Leasinggeber bereits mit Überschreiten des Liefertermins oder der Lieferfrist in Verzug.«
Die AGB in Leasingverträgen zur Vereinbarung verbindlicher oder unverbindlicher Lieferfristen und Liefertermine und zu den Rechtsfolgen bei Nichteinhaltung durch den Leasinggeber entsprechen weitgehend den Formularregelungen beim Neuwagenkauf. Auch die Neuwagenverträge unterscheiden zwischen verbindlichen und unverbindlichen Lieferfristen und -terminen. Die Anlehnung der Leasingverträge an die von der Rechtsprechung beim Neuwagengeschäft gebillig-

Lieferung des Fahrzeugs

ten AGB begegnet keinen durchgreifenden Bedenken. Die rechtsfolgenlose Wartefrist von 6 Wochen bei Vereinbarung eines unverbindlichen Termins bzw. einer unverbindlichen Frist sollte jedoch auf längstens vier Wochen verkürzt werden, da sie durch sachliche Gründe nicht zu rechtfertigen ist (vgl. hierzu Reinking/Eggert, Der Autokauf, 5. Aufl., Rn. 14).

Die rechtzeitige Lieferung des Fahrzeugs ist sowohl im kaufmännischen als auch im nichtkaufmännischen Geschäftsverkehr eine Hauptpflicht des Leasinggebers. Er kann deshalb durch AGB für den Fall des Leistungsverzugs weder das Kündigungsrecht des § 542 BGB noch das Rücktrittsrecht des § 326 BGB wirksam ausschließen oder einschränken. Gleichermaßen ist es ihm verboten, seine Haftung für Schäden aus vorsätzlicher oder grob fahrlässiger Herbeiführung des Lieferverzugs formularmäßig auszuschließen oder zu begrenzen. Inwieweit eine Beschränkung der auf leichter Fahrlässigkeit beruhenden Schadensersatzansprüche zulässig ist, hat die Rechtsprechung noch nicht entschieden.

Klauselbeispiel:
»Wird das Fahrzeug nicht bis zum Ablauf der Nachfrist vom Leasinggeber bereitgestellt, so kann der Leasingnehmer durch schriftliche Erklärung vom Vertrag zurücktreten oder Schadensersatz wegen Nichterfüllung verlangen. Dieser beschränkt sich bei leichter Fahrlässigkeit auf höchstens 10% des Lieferwertes. Ist der Leasingnehmer eine juristische Person des öffentlichen Rechts, ein öffentlich-rechtliches Sondervermögen oder ein Kaufmann, bei dem der Vertrag zum Betrieb seines Handelsgewerbes gehört, steht ihm ein Schadensersatzanspruch nur bei Vorsatz und grober Fahrlässigkeit des Leasinggebers zu. Der Anspruch auf Überlassung des Fahrzeugs ist in diesen Fällen ausgeschlossen.«

Beim Verzug stellt sich ebenso wie bei der Lieferunmöglichkeit die Frage, ob der Leasinggeber von seiner Haftung freizeichnen darf, wenn er gleichzeitig die ihm aus dem Kaufvertrag zustehenden Ansprüche wegen Lieferverzugs an den Leasingnehmer vorbehaltlos abtritt. Da die nicht ausschließbaren haftungsrechtlichen Folgen des Lieferverzugs beim Miet- und Kaufvertrag weitgehend gleichwertig sind, bestehen gegen eine derartige Abtretungskonstruktion keine schwerwiegenden Bedenken (v. Westphalen, Der Leasingvertrag, 4. Aufl., Rn. 431).

In den AGB des Leasingvertrags muß eindeutig bestimmt sein, daß der Anspruch auf Lieferung des Leasingfahrzeugs und die daraus resultierenden Ansprüche auf Vertragslösung und Schadensersatz an den Leasingnehmer abgetreten werden. Die Abtretung der Gewährleistungsansprüche erfaßt als solche nicht die Erfüllungs- und Schadensersatzansprüche (BGH, DB 1990, 2016).

Nach Eintritt des Verzugs ist der Leasinggeber verpflichtet, dem Leasingnehmer den durch die Lieferverzögerung entstehenden Schaden zu ersetzen. Der Schaden des Leasingnehmers kann z. B. darin bestehen, daß er einen Mietwagen nehmen muß. In diesem Fall besitzt er einen Anspruch gegen den Leasinggeber auf Erstattung der aufgewendeten Mietwagenkosten. Verzichtet er auf ein Mietfahrzeug, kann er verlangen, daß ihm der Leasinggeber Nutzungsausfall in Höhe der jeweils gültigen Sätze nach der Tabelle Sanden/Danner/Küppersbusch (BGH, NJW 1988, 484) gewährt.

Der Verzug eröffnet dem Leasingnehmer noch nicht die Möglichkeit, den Vertrag wegen Nichtgewährung des Gebrauchs entweder fristlos zu kündigen (§ 542 BGB) oder vom Vertrag zurückzutreten oder Schadensersatz wegen Nichterfüllung geltend zu machen (§ 326 BGB). Diese Konsequenzen muß der Leasingnehmer dem Leasinggeber zuvor androhen.

Textvorschlag für die Geltendmachung der Rechte aus § 326 BGB:
»Da Sie sich in Verzug befinden, setze ich Ihnen hierdurch für die Lieferung des Fahrzeugs eine letzte Frist von zwei Wochen. Sollten Sie die Frist nicht einhalten, lehne ich die Vertragserfüllung ab und werde entweder vom Vertrag zurücktreten oder Schadensersatz geltend machen.«

Lieferung des Fahrzeugs

Sofern das Auto innerhalb der Nachfrist nicht geliefert wird, erlischt der Erfüllungsanspruch aus dem Leasingvertrag. Der Leasingnehmer muß sich zwischen Schadensersatz und Rücktritt entscheiden. Das bessere Recht ist im Regelfall die Schadensersatzforderung. Während ein Übergang vom Schadensersatz zum Rücktritt möglich ist, kann nach Ausübung des Rücktrittsrechts Schadensersatz nicht mehr geltend gemacht werden. Der Anspruch auf den bis zum Rücktritt entstandenen Verzögerungsschaden bleibt dem Leasingnehmer jedoch erhalten.

Auch die fristlose Kündigung des § 542 BGB ist nur unter der Voraussetzung zulässig, daß der Leasinggeber eine ihm zuvor vom Leasingnehmer gesetzte Abhilfefrist hat verstreichen lassen, welche nur ausnahmsweise dann entbehrlich ist, wenn die Vertragserfüllung wegen des die Kündigung rechtfertigenden Umstands für den Leasingnehmer kein Interesse hat.

Sofern der Lieferverzug auf einem schon bei Vertragsabschluß vorhandenen unbehebbaren Sachmangel beruht, werden die §§ 306 ff. BGB durch das fristlose Kündigungsrecht des § 542 BGB verdrängt. Bei einem auf nachträglichen Umständen beruhenden Lieferverzug gelten die §§ 323 ff. BGB neben § 542 BGB, jedoch steht dem Leasingnehmer das fristlose Kündigungsrecht dann nicht zur Seite, wenn er den Lieferverzug zu vertreten hat.

Hat der Leasinggeber seine Ansprüche auf Lieferung des Fahrzeugs und wegen der Rechtsfolgen aus Lieferverzug wirksam an den Leasingnehmer abgetreten, so gilt folgendes:

Lieferverzug berührt nicht den Bestand des Leasingvertrags. Der Verkäufer bleibt zur Erfüllung des Kaufvertrags verpflichtet. Er hat dem Leasingnehmer den Verzögerungsschaden zu ersetzen. Gem. Abschn. IV Ziff. 2 Satz 2 NWVB ist die Schadensersatzpflicht des Verkäufers auf höchstens 5% des vereinbarten Kaufpreises beschränkt.

Setzt der Leasingnehmer dem Händler nach Eintritt des Lieferverzugs eine angemessene Nachfrist mit Ablehnungsandrohung, so erlischt dadurch der Erfüllungsanspruch aus dem Kaufvertrag. Der Leasingnehmer kann aus abgetretenem Recht nach seiner Wahl entweder vom Kaufvertrag zurücktreten oder Schadensersatz wegen Nichterfüllung verlangen. Weil die Geschäftsgrundlage in Form des Kaufvertrages fehlt, ist der Leasingvertrag hinfällig.

Im kaufmännischen Geschäftsverkehr steht dem Käufer gem. Abschn. IV Ziff. 2 Abs. NWVB ein Schadensersatzanspruch nur bei Vorsatz und grober Fahrlässigkeit des Verkäufers zu, während der Anspruch im nichtkaufmännischen Verkehr bei leichter Fahrlässigkeit auf höchstens 10% des vereinbarten Kaufpreises beschränkt ist. Mangels Kongruenz der in Abschn. IV NWVB festgelegten Ansprüche im kaufmännischen und nichtkaufmännischen Geschäftsverkehr ist die Wahl der Abtretungskonstruktion nicht unbedenklich, da der private Leasingnehmer keinen adäquaten Ersatz für seine – ausgeschlossenen – mietrechtlichen Ansprüche erlangt.

Aufwendungsersatz

Scheitert der Leasingvertrag wegen Lieferunmöglichkeit oder wegen Verzugs, besitzt der Leasinggeber gegen den Leasingnehmer keinen Anspruch auf Ersatz seiner Aufwendungen. Bereits entstandene Verwaltungs- und Refinanzierungskosten gehen zu seinen Lasten. Für eine Übernahme dieser Kosten durch den Leasingnehmer fehlt die gesetzliche Grundlage. Die Besitzverschaffung des Fahrzeugs ist mietvertragliche Hauptpflicht des Leasinggebers und keine Geschäftsbesorgung für den Leasingnehmer.

Auch dann, wenn der Leasinggeber unter gleichzeitiger Freizeichnung von seiner Haftung die ihm aus dem Kaufvertrag zustehenden Ansprüche auf Erfüllung und Schadensersatz an den Leasingnehmer abgetreten hat, besitzt er im Falle eines vom Leasingnehmer nicht zu vertretenden Scheiterns des Kaufvertrags wegen Lieferverzugs oder Unmöglichkeit keinen Anspruch gegen den

Lieferung des Fahrzeugs

Leasingnehmer auf Ersatz derjenigen Aufwendungen, die er im Hinblick auf das Zustandekommen des angestrebten Leasingvertrags bereits getätigt hat. Eine Klausel in AGB, die dem Leasinggeber einen Anspruch auf Erstattung seiner Aufwendungen zubilligt, ist wegen Verstoßes gegen § 9 Abs. 2 Nr. 1 AGB-Gesetz unwirksam (BGH, ZIP 1985, 1398 = EBE 1985, 403). Durch eine solche AGB-Regelung würde das Verhältnis zwischen Leistung und Gegenleistung schwer gestört, wenn zwar der Leasinggeber von allen Verpflichtungen befreit wäre, der Leasingnehmer aber im praktischen Ergebnis einen Teil seiner Gegenleistung (Leasingraten) erbringen müßte.

Das Leasingentgelt

Die Gegenleistung für die Überlassung des Autos ist das Leasingentgelt. Es besteht in erster Linie aus der einmal zu entrichtenden Sonderzahlung und der Summe der vereinbarten Leasingraten. Dazu gehören aber auch alle Zahlungen, die der Leasingnehmer am Vertragsende zu leisten hat. Das sind
– die Abschlußzahlung beim kündbaren Vertrag,
– der Restwertausgleich beim Vertrag mit Übernahme des Restwertrisikos durch den Leasingnehmer,
– der vereinbarte Kaufpreis beim Vertrag mit Andienungsrecht.

Die Vereinbarung einer Sonderzahlung ist im Geschäftsverkehr mit privaten Kunden die Regel. Sie beträgt üblicherweise etwa 15% bis 20% des Neuwagenpreises.

Die Leasingraten

Berechnung

Die Leasingraten werden vom Leasinggeber auf der Grundlage seiner Leasingkalkulation errechnet. Zu den Kostenfaktoren gehören in erster Linie der Wertverlust des Fahrzeugs als Differenz zwischen dem Neuanschaffungspreis und dem kalkulierten Restwert, die Finanzierungskosten, der Verwaltungsaufwand für Vertragsanbahnung, Vertragsüberwachung und Vertragsbeendigung sowie die Gewerbeertragsteuer. Zum Zwecke der Ermittlung der Monatsraten werden alle Kosten addiert, der Gewinn hinzugerechnet und die Summe nach Abzug einer vereinbarten Sonderzahlung durch die Zahl der Leasingmonate geteilt.

Beispiel:

Neuanschaffungspreis	25 000,– DM
Restwert	10 000,– DM
Wertminderung	15 000,– DM
Kreditkosten	3000,– DM
Gew ESt	280,– DM
Verwaltungskosten	855,– DM
Gewinn	1 277,– DM
Summe	20 412,– DM
geteilt durch 36 Monate ergibt eine Monatsrate von	**567,– DM**

Bei kurzen Vertragslaufzeiten sind die Leasingraten naturgemäß viel höher als bei langer Vertragsdauer. Die Verlängerung der Laufzeit bedeutet eine Reduzierung, die Verkürzung der Laufzeit eine Erhöhung des in die Einzelrate einfließenden Amortisationsbestandteils. Die Höhe der monatlichen Leasingrate hängt weiterhin entscheidend vom Restwert ab: je höher der Restwert, desto geringer die Monatsrate. Beim Restwert ist Vorsicht geboten. Wird er zur Erzielung geringer Monatsraten zu hoch angesetzt, muß die Differenz am Vertragsende nachentrichtet werden. Eine Sonderzahlung reduziert ebenfalls die monatlichen Leasingraten, da sie das Finanzierungsvolumen des Leasinggebers verringert. – Zusammen mit den Leasingraten ergibt sie das Leasingentgelt, das der Leasingnehmer für die Gebrauchsüberlassung insgesamt an den Leasinggeber zahlen muß.

Fälligkeit

Nach der Gesetzesvorschrift des § 551 BGB ist die Miete *nachträglich* zu entrichten. Beim Kraftfahrzeug-Leasing wird diese Bestimmung ausgeschlossen und durch eine

Das Leasingentgelt

AGB-Regelung ersetzt, welche besagt, daß die Leasingraten im *voraus* zahlbar sind. Gegen eine solche Klausel, die eine Vorleistungspflicht des Leasingnehmers begründet, bestehen keine durchgreifenden Bedenken. Die Gesetzesbestimmung ist durch gegenläufige Vertragspraxis – z. B. bei der Wohnraummiete – schon längst zur Ausnahme geworden.
Die Leasingraten sind beim Kfz-Leasing monatlich zahlbar. Als Zeitpunkt für die Fälligkeit gilt normalerweise der erste Tag des Monats. Fällt er auf einen Samstag, Sonntag oder Feiertag, muß das Geld spätestens am darauffolgenden Werktag beim Leasinggeber eintreffen. Die erste Rate sowie eine etwa vereinbarte Sonderzahlung werden mit Beginn des Leasingverhältnisses fällig. Maßgeblicher Zeitpunkt hierfür ist die Übernahme des Fahrzeugs durch den Leasingnehmer oder – im Falle des Verzugs – die Überschreitung der vertraglich festgelegten Abnahmefrist.

Zahlungsverzug

Sofern der Leasingnehmer die Leasingraten nicht zur vertraglich bestimmten Zeit zahlt, kommt er in Verzug. Es bedarf hierzu nicht der Mahnung des Leasinggebers (§ 284 Abs. 2 BGB). Verzug tritt aber nicht ein, wenn die Zahlung ohne Verschulden des Leasingnehmers verspätet erfolgt. Krankheit, Naturereignisse und höhere Gewalt entlasten ihn.
Der Zeitpunkt für die Zahlung der ersten Rate und einer etwa vereinbarten Sonderzahlung läßt sich wegen der Unbestimmtheit der Lieferung bei Abschluß des Leasingvertrags nicht immer datumsmäßig vorherbestimmen. Mangels Festlegung eines kalendermäßig bestimmten Zeitpunkts für die Leistung kommt der Leasingnehmer nicht automatisch in Verzug, wenn er die erste Rate oder die vereinbarte Sonderzahlung nicht sogleich nach Übernahme des Autos bezahlt. Zur Herbeiführung des Verzugs muß der Leasinggeber die Zahlung beim Leasingnehmer anmahnen.

Einer an den Leasingnehmer gerichteten Aufforderung, innerhalb einer bestimmten Frist Zahlung zu leisten, bedarf es auch dann, wenn der Leasingnehmer den Leasinggeber bevollmächtigt hat, die monatlichen Raten von seinem Konto abzubuchen und der Geldeinzug durch ein Versehen des Leasinggebers einige Monate unterbleibt.

Verzugsschaden

Den durch Zahlungsverzug verursachten Schaden muß der Leasingnehmer dem Leasinggeber ersetzen.
Der Schaden besteht in erster Linie aus
– dem entgangenen Gewinn und
– den Mahn- und Beitreibungskosten.
Eine konkrete Berechnung des Schadens ist mühevoll. Der Leasinggeber muß im Einzelfall darlegen und beweisen, daß er mit dem vom Leasingnehmer geschuldeten Geld einen Neuvertrag oder ein sonstiges Anlagegeschäft geschlossen und dadurch einen konkreten Gewinn erzielt hätte.
Im Rahmen der abstrakten Schadensberechnung favorisiert der BGH (NJW 1988, 1968 ff.) eine Anknüpfung an den Durchschnittsgewinn. Diese Methode bereitet in der praktischen Umsetzung erhebliche Schwierigkeiten und stößt deshalb auf Kritik (vgl. Bruchner/Ott/Wagner-Wieduwilt, VerbrKrG § 11, Rn. 10, m. w. N.). Anstelle des Durchschnittssollzinssatzes kann der Leasinggeber vom Leasingnehmer auch den bisherigen Vertragszins als Schadensersatz wegen Nichterfüllung aus dem offenen Kapital verlangen, längstens jedoch bis zum Ende der ursprünglich vereinbarten Vertragslaufzeit.
Zur Vermeidung bestehender Rechtsunsicherheiten ist daran gedacht, den in § 11 Abs. 1 VerbrKrG festgelegten Regelzinssatz von 5% über dem jeweiligen Diskontsatz der Deutschen Bundesbank auf diejenigen Kreditgeschäfte und Leasingverträge zu erstrecken, die nicht unter das Verbraucherkreditgesetz fallen (amtl. Begründung zum VerbrKrG, BT-Drucks. 11/5462, S. 12–14, 25, 26; Seibert, VerbrKrG, § 11, Rn. 1). Der BGH hat den Vorschlag aufgegriffen und eine ent-

Das Leasingentgelt

sprechende Anwendung des § 11 Abs. 1 VerbrKrG als eine von mehreren Möglichkeiten der Schadensschätzung im Wege der abstrakten Verzugsschadensberechnung nach § 287 ZPO für sog. Verbraucher-Altkredite zugelassen (WM 1991, 1983 ff.). Dem Leasinggeber steht es frei, den Verzugsschaden formularmäßig zu pauschalieren. Der vereinbarte Pauschalbetrag muß sich im Rahmen des nach dem gewöhnlichen Lauf der Dinge zu erwartenden Schadens bewegen (§ 11 Nr. 5 a AGB-Gesetz). Ein Pauschalbetrag von 4% bis 5% ist sachlich angemessen (v. Westphalen, der Leasingvertrag, 4. Aufl., Rn. 360). Für eine Verzugsschadenspauschalierung außerhalb des Verbraucherkreditgesetzes gilt der Regelzinssatz von 5% über dem jeweiligen Diskontsatz der Deutschen Bundesbank nicht als verbindliche Obergrenze.

Dem Leasingnehmer darf nicht der Nachweis abgeschnitten werden, daß kein oder ein weitaus geringerer Schaden eingetreten ist. Gegen dieses Verbot verstößt z. B. eine Klausel, die den Leasingnehmer berechtigt, 5% Zinsen über dem jeweils gültigen Diskontsatz der Deutschen Bundesbank, mindestens jedoch 9% Zinsen zu verlangen. Es besteht keine Verpflichtung des Leasinggebers, den Leasinggeber auf die Möglichkeit des Gegenbeweises ausdrücklich aufmerksam zu machen. Wenn solche Hinweise in AGB erfolgen, so geschieht dies regelmäßig in Verbindung mit Regelungen, die den Leasinggeber berechtigen, im Falle eines von ihm nachgewiesenen höheren Schadens einen entsprechend höheren Zinssatz zu verlangen.

Klauselbeispiel:

»Die Verzugszinsen sind höher oder niedriger anzusetzen, wenn der Leasinggeber eine Belastung mit einem höheren Zinssatz oder der Leasingnehmer eine wesentlich geringere Belastung nachweist.«

Sofern der Leasingvertrag unter das Verbraucherkreditgesetz fällt, ist der vom Leasingnehmer geschuldete Vertrag mit 5% über dem jeweiligen Diskontsatz der Deutschen Bundesbank zu verzinsen, wenn nicht im Einzelfall der Leasinggeber einen höheren oder der Verbraucher einen niedrigeren Schaden nachweist (§ 11 Abs. 1 VerbrKrG). Dieser Regelverzugszins versperrt im Anwendungsbereich des Verbraucherkreditgesetzes den Rückgriff auf den Vertragszins. Die Vereinbarung eines abstrakt berechneten Verzugsschadens von mehr als 5% über dem jeweiligen Diskontsatz der Bundesbank ist gem. § 18 VerbrKrG unwirksam. § 11 VerbrKrG eröffnet dem Leasinggeber allerdings die Möglichkeit, einen höheren Verzugsschaden im Einzelfall geltend zu machen. Umgekehrt kann auch der Leasingnehmer den konkreten Nachweis erbringen, daß dem Leasinggeber ein geringerer Verzugsschaden entstanden ist. Gerät der Leasingnehmer mit den auf einem gesonderten Konto zu verbuchenden Regelverzugszinsen des § 11 Abs. 1 VerbrKrG in Verzug, kann der Leasinggeber Schadensersatz nur zur Höhe der gesetzlichen Zinsen von 4% gem. § 11 Abs. 2 VerbrKrG i. V. m. §§ 288, 289 S. 2 BGB verlangen.

Vielfach werden auch die Mahn- und Beitreibungskosten in AGB pauschaliert. Dies ist grundsätzlich nicht zu beanstanden, sofern die angesetzten Beträge dem gewöhnlich eintretenden Verzugsschaden entsprechen. Mahnkosten in Höhe von 3 DM sind zulässig. Die Kosten für eine verzugsbegründende Mahnung i. S. v. § 284 Abs. 1 BGB dürfen nicht auf den Leasingnehmer abgewälzt werden, da es sich um eine Obliegenheit des Leasinggebers handelt.

Der Vergleich des Kleingedruckten lohnt sich. Dies verdeutlichen folgende

Klauselbeispiele:

»Die Leasinggeberin kann den Rückstand durch einen Inkasso-Beauftragten erheben und hierfür eine Gebühr von 25,– DM zuzüglich Mehrwertsteuer für jeden Einzugsversuch berechnen. Dem Leasingnehmer bleibt in allen Fällen der Nachweis unbenommen, daß kein bzw. ein wesentlich niedrigerer Schaden entstanden ist.«

111

Das Leasingentgelt

»Alle Kosten, die durch den Einzug von rückständigen Beträgen anfallen, z. B. Kosten für Mahnungen mindestens DM 5,– inclusive Mehrwertsteuer, Kosten für den Einsatz des Außendienstes des Leasinggebers mindestens DM 55,– inclusive Mehrwertsteuer innerhalb der Bundesrepublik Deutschland sowie sonstige anfallende Kosten werden gesondert in Rechnung gestellt.«

Die letztgenannte Klausel ist ungültig, weil sie dem Leasingnehmer durch die Festschreibung der Mindestbeträge den Gegenbeweis des niedrigeren Schadens abschneidet.

Sonderzahlung

Im Geschäftsverkehr mit privaten Kunden ist die Vereinbarung einer bei Vertragsbeginn vom Leasingnehmer zu leistenden Sonderzahlung die Regel. Sie liegt üblicherweise bei 15% bis 20% des Neuanschaffungspreises. Kaufleuten wird eine Sonderzahlung seltener abverlangt. Die Sonderzahlung ist Bestandteil des Leasingentgelts und keine Mietsicherheit, wie etwa eine Kaution. Eine Erstattung der Sonderzahlung am Vertragsende findet nicht statt.
Über die Art und Weise der Verrechnung von Sonderzahlungen geben die Vertragsformulare meistens keine Auskunft. Diese enthalten allenfalls die Klarstellung, daß die Sonderzahlung nicht als Kaution dient und Leasingraten durch sie nicht getilgt werden (so Abschn. IV Ziff. 2 der Muster-AGB).
Steuerrechtlich ist die Vorauszahlung als Forderung ein Aktivposten in der Bilanz des gewerblichen Leasingnehmers. Er verteilt die Sonderzahlung zu Lasten des Ertrags auf die Wirtschaftsjahre der Vertragslaufzeit. Dementsprechend wird die Sonderzahlung vom Leasinggeber aufgeteilt und den Leasingraten scheibchenweise hinzugerechnet. Eine solche Verwendung der Einmalzahlung ist im Geschäftsverkehr mit privaten Kunden bedenklich, sofern hierüber keine klare vertragliche Absprache existiert.

Textvorschlag:

»Die Sonderzahlung ist gleichmäßig auf die Monate der Vertragszeit verteilt und bereits in der monatlich zu zahlenden Leasingrate berücksichtigt.«

Die rechtliche Behandlung der Sonderzahlung erlangt Bedeutung bei der vorzeitigen Vertragsbeendigung. Hat der Leasinggeber die Sonderzahlung von Anfang an in voller Höhe auf die Restschuld verrechnet, so ist sie im Abrechnungsverfahren nicht – nochmals – zu berücksichtigen. Im Fall einer ratierlichen Anrechnung der Sonderzahlung auf die jeweilige Restschuld besitzt der Leasingnehmer jedoch Anspruch auf Erstattung des bei vorzeitiger Vertragsbeendigung noch nicht aufgebrauchten Teils der Sonderzahlung mit den darin enthaltenen künftigen Zinsen.
Probleme gibt es auch dann, wenn der Gesetzgeber die Umsatzsteuer während der Laufzeit des Leasingvertrages erhöht. Das Kfz-Leasing unterliegt grundsätzlich der Umsatzsteuer. Die monatlichen Leasingraten sind deshalb jeweils zuzüglich Umsatzsteuer zu berechnen. Für die Höhe der Umsatzsteuer kommt es auf den Zeitpunkt an, in dem der Leasinggeber seine Leistung erbringt. Weil der Leasingvertrag ein Dauerschuldverhältnis ist, erbringt der Leasinggeber seine Leistung nach und nach von Monat zu Monat. Somit gilt der während der Vertragsdauer jeweils maßgebliche Umsatzsteuersatz.
Wird die Umsatzsteuer inmitten der Laufzeit des Leasingvertrages angehoben, ist der Leasingnehmer verpflichtet, von diesem Zeitpunkt an den höheren Umsatzsteuersatz zu zahlen, vorausgesetzt, daß der Leasingvertrag eine entsprechende Anpassungsklausel enthält.
Falls nach dem Vertrag die Sonderzahlung als Vorauszahlung den Leasingraten nach und nach zugerechnet werden soll, hat dies zur Folge, daß der Leasingnehmer die erhöhte Umsatzsteuer ab dem Zeitpunkt der Erhöhung für den noch nicht durch Verrechnung aufgebrauchten Teil der Sonderzahlung nachentrichten muß.

Das Leasingentgelt

Das Umsatzsteuergesetz regelte diese Frage seit 1982 in § 27 Abs. 4 eindeutig. Schon vor der Änderung hatte der Bundesfinanzhof erklärt, daß Vorauszahlungen Teil des Gesamtentgelts sind und die Leistung des Leasinggebers während der Vertragszeit ständig gleich bleibt. Anläßlich der Erhöhung der Umsatzsteuer im Jahre 1983 gab der Bundesminister der Finanzen hierzu folgende *Erläuterung:*

»Hat der Unternehmer vor dem 1. Juli 1983 Vorauszahlungen für die Leistungen vereinbart, die nach dem 30. Juli 1983 bewirkt werden, so sind auf diese Beträge nachträglich die ab dem 1. Juli 1983 geltenden Steuersätze anzuwenden. Damit ergibt sich für diese Beträge eine weitere Steuerschuld in Höhe von 1 vom Hundert« (Schreiben vom 26. 4. 1983).

Hereinnahme eines Gebrauchtfahrzeugs

Oftmals vereinbaren die Parteien, daß der Leasingnehmer die Sonderzahlung durch Inzahlunggabe seines Gebrauchtfahrzeugs erbringen kann. Die Inzahlungnahme erfolgt regelmäßig durch den Händler und nicht etwa durch den Leasinggeber. Der Neuwagenpreis wird im Wege der Verrechnung um den Betrag gekürzt, den der Händler als Preis für den Gebrauchten gewährt. Entsprechend geringer ist der vom Leasinggeber zu finanzierende Kaufpreisanteil und das vom Leasingnehmer in Form von Raten zu zahlende Entgelt.

Beim gekoppelten Agentur-Leasing-Geschäft erteilt der Leasingnehmer den Auftrag zur Vermittlung des Altwagens. Der Verkaufserlös wird abzüglich einer vereinbarten Händlerprovision auf den vom Leasinggeber zu entrichtenden Neuwagenpreis angerechnet. Bis zum Verkauf gewährt der Händler dem Leasingnehmer Stundung in Höhe des Anrechnungspreises.

Das Agenturgeschäft, bei dem der Händler den Verkauf des Gebrauchtwagens nur vermittelt, hat seit Einführung der Differenzbesteuerung zum 1. 7. 1990 (BGBl 1990 I S. 597) weitgehend an Bedeutung verloren. Früher diente die Wahl des Agenturgeschäfts bei einem Privatgeschäft fast ausschließlich dazu, das Anfallen der Umsatzsteuer zu verhindern. Seit Inkrafttreten der Differenzbesteuerung ist die Bemessungsgrundlage für die Umsatzsteuer nicht mehr das Entgelt in Form des Preises, sondern nur noch die Differenz zwischen dem Verkaufspreis und dem Einkaufspreis des Fahrzeugs (§ 25 a II UStG. Da die Wahl des Agenturgeschäfts zur Vermeidung der Umsatzsteuer nicht mehr notwendig ist und das Vertragsmodell beim gekoppelten Neuwagengeschäft keine sonstigen Vorteile bietet, kaufen Händler heutzutage die von ihren Kunden »in Zahlung genommenen Gebrauchtfahrzeuge« in der Regel selbst an.

Rechtsnatur der Vereinbarung

Beim Kauf ›neu gegen alt‹ geht es dem Händler vorrangig um den Verkauf des Neuwagens. Den Gebrauchten nimmt er nur herein, um das Neuwagengeschäft zu fördern. So jedenfalls bewertet der Bundesgerichtshof die Interessenlage (BGHZ 46, 338 ff.). Hieraus folgt, daß der Käufer den vollen Neuwagenpreis in Geld schuldet. Seine Gegenleistung besteht nicht zum Teil aus Geld und zum Teil aus dem alten Auto. Ihm wird lediglich vom Händler gestattet, einen Teil des Neuwagenpreises durch Verkauf des Gebrauchtfahrzeugs zu begleichen. Juristen sprechen von ›Ersetzungsbefugnis‹.

Nach Meinung vieler wird der Händler hierdurch bevorzugt. Kritiker werfen der Rechtsprechung nicht ganz zu Unrecht vor, sie verkenne, daß manch ein Käufer erst durch die Bereitschaft des Händlers zur Inzahlungnahme des Altwagens finanziell in die Lage versetzt werde, den Neuwagenkauf zu tätigen.

Sofern dem Leasingnehmer gestattet wird, seinen Altwagen in Zahlung zu geben, ist die Rechtslage weitgehend der beim Kauf »neu gegen alt« vergleichbar. Die Inzahlung-

113

Das Leasingentgelt

nahme erfolgt regelmäßig durch den Händler. Mit dem Anrechnungspreis für das gebrauchte Auto wird der entsprechende Teil des Neuwagenpreises ›ersetzt‹. Hierdurch verringert sich der Aufwand des Leasinggebers. Er muß nur noch die Differenz zwischen dem Neuwagenpreis und dem Anrechnungspreis finanzieren. Diesen Vorteil geben Leasinggeber an ihre Kunden meistens in der Form weiter, daß sie ihrerseits in Höhe des vom Händler gewährten Anrechnungspreises auf die Sonderzahlung verzichten. Rechtlich betrachtet liegt eine doppelte Ersetzung vor. Durch das Gebrauchtfahrzeug wird im Verhältnis zwischen Leasinggeber und Händler ein Teil des Neuwagenpreises und im Verhältnis zwischen Leasingnehmer und Leasinggeber die Sonderzahlung ganz oder zum Teil ersetzt.

Die Interessenlage ist aus der Sicht der Parteien ebenfalls weitgehend die gleiche wie beim Kauf »neu gegen alt«. Dem Händler kommt es naturgemäß in erster Linie auf den Verkauf des Neuwagens an. Wer rechtlich als Käufer in Erscheinung tritt, interessiert ihn allenfalls am Rande. Die Übernahme des Altwagens ist für ihn manchmal eine lästige, aus Gründen des Konkurrenzdrucks jedoch nicht vermeidbare Angelegenheit. Er muß den Gebrauchten wohl oder übel nehmen, damit das Neuwagengeschäft zustandekommt. Dem Leasingnehmer geht es darum, daß er für sein Gebrauchtfahrzeug einen möglichst hohen Anrechnungspreis bekommt und die Sonderzahlung nicht in bar zu leisten braucht. Den Leasingeber interessiert der Abschluß des Leasingvertrages. Die in Abstimmung mit dem Händler und dem Leasingnehmer vereinbarte Inzahlungnahme des Gebrauchtwagens dient aus seiner Sicht der Förderung des Leasinggeschäftes. Mit der Inzahlungnahmevereinbarung verfolgt der Leasinggeber keinen selbständigen Geschäftszweck. Es macht für ihn keinen Unterschied, ob er die Sonderzahlung vom Händler in Form einer entsprechenden Herabsetzung des Neuwagenpreises bekommt oder ob er das Geld direkt vom Leasingnehmer als Sonderzahlung erhält. Die dargestellte Interessenlage rechtfertigt es

– wie beim Kauf »neu gegen alt« – die Inzahlungnahmevereinbarung als Ersetzungsbefugnis zu werten.

Die gleiche rechtliche Situation besteht, falls der Händler das gebrauchte Auto nicht selbst ankauft, sondern den Verkauf nur vermittelt. Auch in diesem Falle ersetzt der Verkaufserlös des Altwagens den entsprechenden Teil des Neuwagenpreises, verringert im gleichen Verhältnis das Finanzierungsvolumen des Leasinggebers und führt zu einer vollständigen oder teilweisen Befreiung des Leasingnehmers von der Pflicht zur Sonderzahlung.

Unmöglichkeit der Übergabe des Altwagens

Meistens ist der Leasingnehmer, der eine Inzahlungnahmevereinbarung getroffen hat, auf die Weiterbenutzung des Autos bis zur Lieferung des Neufahrzeugs angewiesen. Während dieser Zeit besteht die Gefahr, daß der Leasingnehmer mit dem Auto in einen Unfall verwickelt wird. Falls der Gebrauchtwagen bei Beginn des Leasingvertrages wegen eines Totalschadens nicht mehr vorhanden ist, kann der Leasingnehmer von seiner ›Ersetzungsbefugnis‹ keinen Gebrauch machen. Infolgedessen lebt die ursprüngliche Geldschuld wieder auf. Von der vertraglichen Gestaltung im Einzelfall hängt es ab, wer den Restkaufpreis an den Händler bezahlen muß. Falls der auf den Anschaffungspreis zu verrechnende Erlös für den Altwagen den Anspruch des Leasinggebers auf Sonderzahlung ersetzen sollte, trifft den Leasinggeber in seiner Eigenschaft als Neuwagenkäufer die Pflicht zur Zahlung des Restkaufpreises. Im Gegenzug haftet ihm der Leasingnehmer auf Begleichung der Sonderzahlung, die ihrerseits infolge fehlgeschlagener Ersetzung als Geldschuld auflebt. Demgegenüber muß der Leasingnehmer den Kraftfahrzeug-Restkaufpreis bezahlen, wenn die Hereinnahme des Gebrauchtwagens eine ausschließlich zwischen ihm und dem Händler getroffene Absprache darstellt, mit welcher der Leasinggeber nichts zu tun hat. Im einen wie im anderen Falle trifft die gescheiterte Inzah-

Das Leasingentgelt

lungnahme den Leasingnehmer als *Geldschuld*. Er muß den Ausfallbetrag auch dann bezahlen, wenn er den Verlust, den Untergang oder die Beschädigung des Autos nicht zu vertreten hat.
Dieses Ergebnis wird von vielen als unbillig empfunden. Es verdeutlicht, wie schwach die Rechtsstellung des Leasingnehmers im Vergleich zu der des Händlers ist. Die Ursache besteht in der vom BGH angenommenen Rechtskonstruktion der ›Ersetzungsbefugnis‹. Zu einem ausgewogenen Ergebnis gelangt indes, wer das Neuwagengeschäft gegen Inzahlungnahme – auch wenn es Teil des Leasingvertrages ist – als Mischvertrag aus Kauf und Tausch begreift. Diese rechtliche Betrachtung wird den Interessen der am Vertrag beteiligten Personen weitaus eher gerecht. Im Dreiecksverhältnis zwischen Leasinggeber, Leasingnehmer und Händler bestehen bei Annahme eines einheitlichen Mischvertrages aus Elementen des Kaufes und des Tausches folgende Leistungspflichten:
– Pflicht des Händlers zur Lieferung des Neufahrzeugs an den Leasinggeber zu Händen des Leasingnehmers,
– Pflicht des Leasingnehmers zur Übereignung des Gebrauchtfahrzeugs an den Händler,
– Pflicht des Leasinggebers zur Zahlung des restlichen Kaufpreises an den Händler.
Falls einer Partei ihre Leistung ohne Verschulden unmöglich wird, sind auch die anderen bei Annahme eines Mischvertrages von ihren Leistungspflichten befreit. Der Fall einer nicht zu vertretenden Unmöglichkeit ist allerdings in bezug auf die Person des Leasinggebers undenkbar, da er eine Geldleistungspflicht zu erfüllen hat. Für sein finanzielles Leistungsvermögen muß der Leasinggeber grundsätzlich einstehen.

Fehlerhaftigkeit des Gebrauchtwagens

Nach der Gesetzesregel des § 459 BGB haftet der Verkäufer dem Käufer dafür, daß die Sache zum Zeitpunkt der Übergabe keine Fehler aufweist. Falls ein Auto mangelhaft im Sinne des Gesetzes ist, kann der Käufer nach seiner Wahl den Vertrag durch Wandlung rückgängig machen oder den Kaufpreis mindern. Von dieser gesetzlichen Gewährleistung darf sich der Verkäufer freizeichnen. Während die Verkaufsformulare der Händler über Gebrauchtfahrzeuge regelmäßig den Gewährleistungsausschluß im Kleingedruckten enthalten (Verkauf erfolgt unter Ausschluß jeglicher Gewährleistung), fehlen solche Regelungen oft auf den Formularen, mit denen Händler Autos in Zahlung nehmen. Vor einer strengen Haftung für etwa vorhandene Fehler schützt die Rechtsprechung den Verkäufer des Altwagens. Sie stellt entweder sehr geringe Anforderungen an die Vereinbarung eines Gewährleistungsausschlusses oder geht davon aus, daß der Gewährleistungsausschluß zumindest beim Kauf »neu gegen alt« und folglich auch beim Leasingvertrag mit Inzahlungnahmevereinbarung als stillschweigend vereinbart gilt (BGH, DAR 1982, 292). Für den Leasingnehmer ist deshalb die Gefahr relativ gering, daß er sein in Zahlung gegebenes Gebrauchtfahrzeug wegen verborgener Mängel zurücknehmen muß.
Wohl aber scheitert die Inzahlungnahmevereinbarung in den Fällen, in denen der Leasingnehmer entweder falsche Zusicherungen in bezug auf den Altwagen erteilt oder ihm bekannte Mängel arglistig verschwiegen hat. Auf den Gewährleistungsausschluß kann sich der Leasingnehmer in diesen Fällen nicht berufen. Die Rechtsfolge ist die gleiche wie beim Untergang des Fahrzeugs vor Beginn des Leasingvertrages: Die Ersetzungsbefugnis wird hinfällig und die ursprüngliche Kaufpreisschuld lebt in vollem Umfang auf. Der Leasingnehmer muß das Gebrauchtfahrzeug vom Händler zurücknehmen und entweder den Restkaufpreis an den Händler oder den für die Sonderzahlung des Leasingvertrages bestimmten Anrechnungspreis an den Leasinggeber entrichten.
Bei Zusicherungen ist grundsätzlich Vorsicht geboten. Der Leasingnehmer sollte in bezug auf das Altfahrzeug nur das zusagen, was er aufgrund eigener Wahrnehmung weiß. Falls

Das Leasingentgelt

ein Auto bereits durch mehrere Hände gegangen ist, kann er niemals sicher sein, ob die auf dem Tacho angezeigte Laufleistung der Gesamtfahrleistung des Autos entspricht oder ob der Wagen unfallfrei ist. Sofern auch nur die geringsten Zweifel bestehen, sollte der Leasingnehmer Zusagen auf den eigenen Wissensbereich beschränken, etwa durch den Vermerk: »Nach Angaben des Vorbesitzers unfallfrei.« Falsche Zusicherungen betreffen meistens die Unfallfreiheit, den technischen Zustand, die Laufleistung, das Baujahr und die Zahl der Vorbesitzer des Autos.

Beim Leasinggeschäft mit Inzahlungnahme des Gebrauchtfahrzeugs kommt es vor, daß der vereinbarte Anrechnungspreis für das Altfahrzeug dessen tatsächlichen Wert übersteigt. Auf diese Weise gewährt der Handel ›versteckte Rabatte‹. Das ist zwar nicht zulässig, jedoch tägliche Praxis. Wenn nun eine Ersetzungsabrede etwa wegen einer vom Leasingnehmer gutgläubig erteilten falschen Zusicherung hinfällig wird, muß er den überhöhten Anrechnungspreis in bar bezahlen. Dadurch erlangt der Händler einen nicht gerechtfertigten Vorteil infolge Wegfalls der verdeckten Rabattabsprache. Weil das Ergebnis nicht befriedigt, gibt es Stimmen, die eine Wiederbegründung des restlichen Kaufpreisanspruchs nur in Höhe des tatsächlichen Altwagenpreises zulassen wollen (so z. B. LG Köln, Urt. 11. 10. 1979 – 9 S. 185/77 – n. v.).

Scheitern des Agenturvertrages über das Altfahrzeug

Beim Agenturvertrag übernimmt der Händler den Verkauf des Altwagens im Namen des Leasingnehmers, wobei meist eine untere Preisgrenze festgelegt wird. Der Erlös aus dem Verkauf wird auf den Neuwagenpreis angerechnet. Oft vereinbaren die Parteien, daß ein etwaiger Übererlös dem Händler als Provision verbleiben soll.

Beim Agenturgeschäft handelt der Händler in fremdem Namen und für fremde Rechnung. Für fremde Rechnung bedeutet, daß die wirtschaftlichen Wirkungen des Geschäfts den Leasingnehmer treffen.

Da heutzutage nach dem Inkrafttreten der Differenzbesteuerung die Wahl des Agenturgeschäftes zur Ausschaltung des Umsatzsteueranfalls nicht mehr erforderlich ist, läßt sich hinsichtlich des Veräußerungsrisikos die Gleichstellung mit einem Fahrzeugdirektankauf durch den Händler nicht mehr rechtfertigen. Als das Agenturgeschäft noch die einzige – legale – Möglichkeit bot, das Anfallen der Umsatzsteuer beim privaten Gebrauchtwagenverkauf zu vermeiden, wies der BGH (BB 1982, 1943) dem Händler grundsätzlich das Absatz- und Kaufpreisrisiko zu. Fand der Händler keinen Käufer, mußte er das Fahrzeug selbst ankaufen und durfte den Agenturvertrag nicht kündigen. Damaliger Grund: Der Kunde durfte auf die ordnungsgemäße Abwicklung des Agenturvertrages vertrauen, zumal er darauf angewiesen war, daß der Restkaufpreisanspruch aus dem Erlös getilgt wurde. Heute ist diese Argumentation nicht mehr stichhaltig. Will der Leasingnehmer ganz sicher gehen, daß der Wert seines Gebrauchtfahrzeugs auch tatsächlich auf den Neuwagenpreis angerechnet wird, dann muß er den Ankauf des Gebrauchtwagens durch den Händler vereinbaren.

Ein Agenturvertrag ist grundsätzlich zum vertraglich festgelegten Zeitpunkt kündbar. Außerdem kann sich der Händler vorzeitig von einem Agenturgeschäft lösen, wenn der Leasingnehmer – wie bei der Inzahlungnahme – entweder das Auto, z. B. wegen Totalschadens, bei Beginn des Leasingvertrags nicht übergeben kann, oder wenn er in bezug auf das Gebrauchtfahrzeug eine falsche Zusicherung erteilt bzw. Mängel arglistig verschwiegen hat. Die zuletzt genannten Gründe, die im Falle des Eigenankaufs dem Händler Anspruch auf Schadensersatz gewähren, berechtigen ihn, den Agenturvertrag fristlos zu kündigen. Das Erteilen einer unrichtigen Zusicherung und das Verschweigen von Mängeln in bezug auf das Gebrauchtfahrzeug stellen einen ›wichtigen Grund‹ für eine solche Kündigung dar.

Änderung des Leasingentgelts

Das vereinbarte Leasingentgelt wird üblicherweise hand- oder maschinenschriftlich in die hierfür vorgesehene Rubrik des Leasingvertrages eingetragen. Es handelt sich um eine individuelle Absprache, die als solche den AGB vorgeht. Sofern das Leasingentgelt als ›Festpreis‹ vereinbart wird, sind einseitige nachträgliche Änderungen grundsätzlich unzulässig. Eine nachträgliche Erhöhung oder Senkung ist nur in beiderseitigem Einvernehmen möglich.

Bei einem nicht als Festpreis vereinbarten Leasingentgelt kann das Recht der einseitigen nachträglichen Änderung bei Vertragsabschluß durch eine entsprechende Einzelabrede festgelegt werden. Nicht unumstritten ist, ob sich der Leasinggeber diese Befugnis durch AGB vorbehalten darf. Es wird die Meinung vertreten, die Preisabsprache sei grundsätzlich gegenüber einer Preisänderungsklausel in AGB vorrangig. Demzufolge gelte ein für allemal der bei Abschluß des Vertrages ausgehandelte Preis, auch wenn er nicht als Festpreis bezeichnet werde. Andere sehen zwischen Preisabsprache in der Bestellung und Preisänderungsklausel im Kleingedruckten keinen Widerspruch. Für sie ist die Preisänderungsklausel nur eine Ergänzung der getroffenen Absprache für den Fall, daß sich die der Kalkulation zugrunde gelegten Umstände später verändern. Es dient der Vermeidung von Streit, wenn Leasinggeber den ausgehandelten Preis auf der Vorderseite des Vertrages mit dem formularmäßigen Hinweis verbinden, daß dieser aufgrund einer Anpassungsklausel geändert werden kann.

Formulierungsvorschlag:
»Die monatliche Leasingrate beträgt DM ... mit dem Vorbehalt der Änderung gem. Ziffer ... der AGB.«

Beim Kraftfahrzeugleasing behalten sich Leasinganbieter eine Anpassung des Leasingentgeltes durch AGB für den Fall der Änderung folgender Kalkulationsgrößen vor:
– Anschaffungspreis des Fahrzeugs
– Refinanzierungsbedingungen
– Kfz-Steuern und Versicherungsbeiträge
– Umsatzsteuer.

Änderung des Kraftfahrzeug-Kaufpreises

Selten ist das vom Leasingnehmer ausgesuchte Fahrzeug beim Händler vorrätig und sofort lieferbar. Es muß in den meisten Fällen erst beim Hersteller bestellt werden. Monatelange Lieferfristen sind bei begehrten Fabrikaten und Modellen keine Seltenheit. Während der Lieferfristen können sich die Preise des Herstellers ändern.

Auswirkungen auf den Kaufvertrag

Der Verkäufer darf Preiserhöhungen nur dann an den Käufer weitergeben, wenn er mit ihm eine entsprechende Vereinbarung getroffen hat.
Die Preisanpassung kann individuell ausgehandelt und abgesprochen werden. Möglich ist aber auch eine Regelung in AGB.
Die früher gebräuchliche sog. Tagespreisklausel, die den Verkäufer berechtigte, den am Tage der Lieferung gültigen Preis zu fordern, wurde vom BGH für unwirksam erklärt (BB 1982, 146). Er stellt folgende Anforderungen an eine Preisänderung betreffende Formularregelung:
– Erhöhung und eingetretene Änderung müssen in einem angemessenen Verhältnis zueinander stehen.

Änderung des Leasingentgelts

- Die Kriterien der Preiserhöhung müssen aus der Klausel konkret ablesbar sein.
- Dem Käufer muß ab einer gewissen Preissteigerung ein Rücktrittsrecht eingeräumt werden; die Grenze liegt bei ca. 5% des Kaufpreises.

In den unverbindlich zur Verwendung empfohlenen NWVB wurde die Preisänderungsklausel zwischenzeitlich ersatzlos gestrichen. Das bedeutet für den Händler, daß er entweder von Fall zu Fall mit seinen Kunden individuelle Vereinbarungen über eine Preisanpassung bei längeren Lieferfristen treffen oder eine selbstentworfene Preisänderungsklausel in seine AGB aufnehmen muß, anderenfalls der bei Vertragsschluß vereinbarte Preis unveränderbar als Festpreis gilt.

Im Geschäftsverkehr mit Nichtkaufleuten sind Preisänderungsvorbehalte in AGB nur erlaubt, wenn die vereinbarte Lieferfrist vier Monate überschreitet (§ 11 Nr. 1 AGB-Gesetz). Hiervon abweichende AGB-Regelungen entfalten keine Wirksamkeit. Das Verbot betrifft jede Art der Preiserhöhung. Auch eine Änderung der Umsatzsteuer berechtigt den Verkäufer nicht zur Preisanpassung, wenn die Lieferung innerhalb von vier Monaten erbracht werden soll. Maßgeblich ist die vereinbarte und nicht die tatsächliche Lieferfrist.

Der Leasinggeber wird durch § 11 Abs. 1 AGB-Gesetz nicht geschützt, da diese Vorschrift im kaufmännischen Geschäftsverkehr keine unmittelbare Anwendung findet. Die viermonatige Frist ist auch im Rahmen von § 9 AGB-Gesetz unter Kaufleuten kein bindender Maßstab. Demzufolge sind gegenüber dem Leasinggeber formularmäßig ausbedungene Preiserhöhungen des Kraftfahrzeughändlers auch dann wirksam, wenn sie den Zeitraum der ersten vier Monate nach Vertragsschluß betreffen. Der fehlende Schutz des § 11 Abs. 1 AGB-Gesetz kann sich zum Nachteil des Leasingnehmers auswirken.

Auswirkungen auf den Leasingvertrag

Falls sich der Anschaffungspreis des Leasingfahrzeugs durch berechtigte Preisanhebung des Händlers verteuert, erhöht sich der Aufwand des Leasinggebers entsprechend. Der Leasinggeber darf die Preissteigerung an den Leasingnehmer durch Erhöhung der Leasingraten weitergeben, wenn er dies mit dem Leasingnehmer vereinbart hat.

Eine AGB-Regelung im Leasingvertrag, die dem Leasinggeber das Recht der Preisanpassung zubilligt, benachteiligt als solche den Leasingnehmer nicht unangemessen, da er sich das Auto in der Regel ausgesucht und die Preis- und Liefermodalitäten mit dem Händler ausgehandelt hat (v. Westphalen, Der Leasingvertrag, 4. Aufl., Rn. 367). Eine Preisänderungsklausel darf aber grundsätzlich nicht zu einer Erhöhung des Gewinns führen, sonst ist sie unwirksam. Unveränderbare Preisfaktoren dürfen von der Erhöhung ebenfalls nicht betroffen sein. Im übrigen muß sich die Preisanpassung aus der Klausel ablesen lassen. Die Klausel muß sämtliche kostensteigernden Elemente enthalten. Für die Erhöhung als solche gilt, daß sie in einem nachvollziehbar dargestellten Verhältnis zu den veränderten Kostenfaktoren stehen muß. Fehlt die erforderliche Konkretisierung, muß dem Leasingnehmer zumindest ein Vertragslösungsrecht für den Fall einer erheblichen Erhöhung der Leasingraten eingeräumt werden. Außerdem sind Erhöhungen des Leasingentgelts nur zuzulassen, soweit sich die kalkulierten Preise nach Vertragsschluß verändern. In die Zeit vor Vertragsschluß fallende Änderungen der Bezugsgrößen sind grundsätzlich unbeachtlich. Schließlich ist eine Anpassungsklausel mit § 9 AGB-Gesetz nur vereinbar, wenn sie zugunsten des Leasingnehmers eine Senkung der Leasingrate für den Fall vorsieht, daß der Anschaffungspreis geringer als erwartet ausfällt.

Klauselbeispiel:

»Der Leasingnehmer und der Leasinggeber können eine entsprechende Anpassung der Leasingrate und der anderen Leasingent-

Änderung des Leasingentgelts

gelte einschließlich der Leasingsonderzahlung verlangen, wenn sich die unverbindliche Preisempfehlung des Fahrzeugherstellers nach dem Datum der Bestellung oder des Leasingantrags ändert, sofern zwischen Bestellung/Leasingantrag und Übernahme mehr als 4 Monate liegen. Ergibt sich durch die erfolgte Anpassung eine Erhöhung des Leasingentgeltes um mehr als 5%, kann der Leasingnehmer innerhalb von 3 Wochen nach Mitteilung des Anpassungsverlangens durch schriftliche Erklärung vom Leasingvertrag zurücktreten.«

Unzulässig ist eine Erhöhung der Leasingraten dann, wenn der Leasinggeber den höheren Anschaffungspreis selbst verschuldet hat oder wenn er den höheren Kaufpreis an den Händler zahlt, ohne hierzu rechtlich verpflichtet zu sein.

Das formularmäßig vorbehaltene Recht des Leasinggebers zur Anpassung der Leasingraten an den gestiegenen Kaufpreis setzt nicht voraus, daß die vereinbarte Frist für die Bereitstellung des Leasingfahrzeugs mehr als vier Monate beträgt. Das viermonatige Preisänderungsverbot des § 11 Abs. 1 AGB-Gesetz findet auf den Leasingvertrag als Dauerschuldverhältnis keine Anwendung. Der in § 11 Abs. 1 AGB-Gesetz verankerte Preisschutz von vier Monaten kommt dem Leasingnehmer auch nicht über den Kaufvertrag zugute, da der Leasinggeber als Kaufmann und Käufer des Fahrzeugs nicht unter den Schutz dieser Norm fällt.

Änderung der Verhältnisse auf dem Geldmarkt

Das für die Anschaffung der Leasingfahrzeuge notwendige Geld beschaffen sich Leasingfirmen auf dem Geldmarkt, d. h. sie refinanzieren. Da sich die Verhältnisse auf dem Geldmarkt erfahrungsgemäß tagtäglich ändern, besteht für Leasinganbieter ein vitales Interesse daran, Zins- und Kostensteigerungen an ihre Kunden weiterzugeben. Eine Änderung der Refinanzierungsbedingungen ist in jedem Vertragsstadium möglich.

Einzelabsprachen zwischen Leasingfirmen und ihren Kunden über eine Anpassung des Leasingentgelts bei Änderung der Geldmarktverhältnisse sind unüblich. Sie haben grundsätzlich Vorrang (§ 4 AGB-Gesetz). Anpassungsregelungen in AGB für den Fall der Änderung der Kapitalmarktverhältnisse unterliegen einer strengen Kontrolle.

Für generell unzulässig werden AGB-Regelungen erachtet, welche den Leasinggeber zur entsprechenden Erhöhung des Leasingentgelts berechtigen, falls sich die Refinanzierungsverhältnisse in der Zeit zwischen Antrag und Annahme des Leasingvertrages nachteilig verändern. Solche Klauseln benachteiligen den Leasingnehmer unangemessen. Der Leasinggeber besitzt die Möglichkeit, die Refinanzierungsbedingungen vorher durchzuhandeln und bindend mit dem Kreditgeber festzulegen. Macht er hiervon keinen Gebrauch, darf er die gestiegenen Kosten nicht dem Leasingnehmer anlasten, der auf die Verhandlungen mit dem Kreditgeber überhaupt keinen Einfluß hat. Zur Rettung des Geschäftes kann der Leasinggeber dem Leasingnehmer ein neues Angebot unterbreiten, das den geänderten Verhältnissen entspricht.

Höchstrichterlich noch nicht entschieden ist die Frage, ob der Leasinggeber das Risiko einer ›nach‹ Abschluß des Leasingvertrages eintretenden Veränderung der Geldmarktverhältnisse dem Leasingnehmer durch eine Anpassungsklausel zuweisen darf. Im Schrifttum wird die Meinung vertreten, jedwede Anpassungsklausel, die sich auf eine Veränderung der Geldmarktverhältnisse beziehe, sei nach § 9 AGB-Gesetz als unwirksam zu qualifizieren (v. Westphalen, Der Leasingvertrag über bewegliche Sachen mit Nichtkaufleuten, 4. Aufl., Rn. 368; Sannwald, Finanzierungsleasingvertrag, S. 145). Zur Begründung wird geltend gemacht, der Leasinggeber habe grundsätzlich die Möglichkeit, feste Zinssätze und verbindliche Konditionen für die gesamte Laufzeit des Vertrages mit seinem Kreditgeber auszuhandeln, so

Änderung des Leasingentgelts

daß die Änderung der Geldmarktverhältnisse sein typisches Geschäftsrisiko sei. Demgegenüber hat das OLG Frankfurt dem berechtigten Interesse des Leasinggebers, das Risiko einer Veränderung der Refinanzierungsbedingungen durch eine Anpassungsklausel aufzufangen, Vorrang eingeräumt (BB 1986, 696). Der Fall bot allerdings die Besonderheit, daß der Leasinggeber die Leasingsache erst noch beschaffen mußte, und der Leasingvertrag mangels Übernahmebestätigung noch nicht in Kraft getreten war. Das OLG Frankfurt bewertete die Risikozuweisung als sachangemessen und gerecht, weil sie auf den Einzelfall abgestellt sei. Der Leasinggeber könnte das Risiko der Änderung der Geldmarktverhältnisse anstelle einer Anpassungsregelung auch generell durch einen kalkulatorischen Preisaufschlag verwirklichen, wodurch sämtliche Leasingnehmer betroffen würden. Gegen die im Endergebnis für die Leasingnehmer schlechtere Lösung, welche finanziell zu dem gleichen Ergebnis führe, sei juristisch nichts einzuwenden.

Selbst wenn man das formularmäßige Preisanpassungsrecht wegen einer Veränderung der Geldmarktverhältnisse nach Vertragsabschluß im Grundsatz ausnahmsweise anerkennt, wenn der Leasinggeber das Fahrzeug erst noch beschaffen muß, darf sich der Leasinggeber nicht einseitig das Recht vorbehalten, bei einer Verschlechterung der Refinanzierungsbedingungen die Leasingraten zu erhöhen. Die Klausel muß den Leasinggeber zumindest auch verpflichten, nachträglich eintretende Finanzierungsvorteile an den Leasingnehmer durch Senkung des Leasingentgelts weiterzugeben (OLG Frankfurt, BB 1986, 696). Als berechtigt erweist sich die in diesem Zusammenhang erhobene Forderung, das Veränderungsrecht dürfe nicht einseitig beim Leasinggeber lokalisiert sein, vielmehr müsse die Klausel dem Leasingnehmer das Recht einräumen, seinerseits eine Ermäßigung des Leasingentgelts aufgrund geänderter Geldmarktverhältnisse zu verlangen (Canaris, Bankvertragsrecht, Rn. 1770). Im übrigen sind die allgemeinen Anforderungen zu beachten, welche die Rechtsprechung an eine wirksame Anpassungsklausel stellt, d. h. die Erhöhungsfaktoren und das Ausmaß der Erhöhung müssen aus der Klausel ablesbar sein. Außerdem muß die Klausel dem Leasingnehmer ein Vertragslösungsrecht ab einer gewissen Steigerungsgrenze konzedieren.

Leasingfirmen schaden sich selbst, wenn sie unwirksame Preisanpassungsklauseln in ihren Verträgen verwenden. Infolge Unwirksamkeit fällt das klauselmäßig vorbehaltene Recht der Preisanpassung ersatzlos weg (OLG Frankfurt, BB 1986, 696). Die entstandene Vertragslücke darf nicht durch eine ergänzende Vertragsauslegung geschlossen werden, da der Wegfall die Gestaltungsmacht des Leasinggebers betrifft, nachträglich eine Veränderung des Leasingentgelts vorzunehmen.

Änderung der Kraftfahrzeugsteuer, der Versicherungsprämien und Werkstattpreise

Beim sogenannten ›Brutto-Leasing‹ umfaßt das Leasingpaket außer der Gebrauchsüberlassung des Fahrzeugs Zusatzleistungen des Leasinggebers. Dazu gehören die Übernahme der Kraftfahrzeugsteuer, der Versicherungsprämien sowie die Vornahme der Inspektionen und Reparaturen. Alle genannten Aufwendungen beziehen sich direkt auf das Leasinggut. Für Kostenerhöhungen gelten deshalb die gleichen Grundsätze wie im Falle einer Änderung der Anschaffungskosten (Sannwald, Finanzierungsleasingvertrag über bewegliche Sachen mit Nichtkaufleuten, S. 146); d. h. AGB-Anpassungsregelungen sind grundsätzlich zulässig und wirksam, wenn sie den vom BGH gestellten Anforderungen entsprechen (BB 1982, 146).

Erhöhung der Umsatzsteuer

Die Vorschrift des § 11 Abs. 1 AGB-Gesetz gilt nicht für Leasingverträge. Folglich wird die Weitergabe von Umsatzsteuererhöhungen aufgrund von AGB-Regelungen grundsätzlich auch dann für zulässig erachtet, wenn die Erhöhung in die Viermonatsfrist nach Vertragsschluß fällt. Eine die Umsatzsteuer betreffende Anpassungsklausel ist auch für den rechtlich nicht vorgebildeten Durchschnittskunden ohne weiteres verständlich und nachvollziehbar und von daher unbedenklich.

Der Leasinggeber ist grundsätzlich auch verpflichtet eine Umsatzsteuersenkung an den Leasingnehmer weiterzugeben. Eine Preisanpassungsklausel, die einseitig nur das Recht des Leasinggebers zur Umsatzsteueranhebung nicht aber dessen Verpflichtung zur Weitergabe einer Umsatzsteuersenkung beinhaltet, verstößt gegen § 9 AGB-Gesetz und ist unwirksam.

Eine Erhöhung der den Anschaffungspreis betreffenden Umsatzsteuer in der Zeit zwischen Bestellung und Lieferung darf der Leasinggeber nicht auf den Leasingnehmer abwälzen, da er den Umsatzsteuerbetrag als Vorsteuer abziehen kann (v. Westphalen, Der Leasingvertrag, 4. Aufl., Rn. 377).

Das mangelhafte Leasingfahrzeug

Es gehört, wie schon oft gesagt, zu den Pflichten des Leasinggebers, dem Leasingnehmer ein gebrauchstaugliches Fahrzeug zu verschaffen. Bei der Erfüllung dieser Pflicht bedient sich der Leasinggeber der Mithilfe des Lieferanten. Ihm wird gestattet, von der eigenen Haftung für eine etwaige Fehlerhaftigkeit des Autos freizuzeichnen, vorausgesetzt, daß er gleichzeitig seine kaufrechtlichen Gewährleistungsansprüche an den Leasingnehmer abtritt. Anstelle der Abtretung kann er den Leasingnehmer vorbehaltlos zur Geltendmachung der Ansprüche ermächtigen.

Dem Leasingnehmer stehen daher im Falle der Mangelhaftigkeit des Leasingfahrzeugs die kaufrechtlichen Gewährleistungsansprüche zur Seite. Er muß sich mit dem Verkäufer auseinandersetzen. Gelegentlich bleibt allerdings auch die Leasingfirma Ansprechpartner: Immer dann nämlich, wenn sie eine eigene Gewährleistung in dem Umfang der ihr aus dem Kauf des Fahrzeugs zustehenden Gewährleistungsansprüche gegenüber dem Leasingnehmer übernommen hat.

Um seine Rechte im Falle einer Fehlerhaftigkeit des Leasingfahrzeugs wahren zu können, muß der Leasingnehmer wissen, welche Rechte ihm gegen wen zustehen. Hierzu ist die Kenntnis der gesetzlichen und auch der vertraglichen Gewährleistung erforderlich. Die vertragliche Gewährleistung ergibt sich aus dem Kaufvertrag zwischen Händler und Leasinggeber. Falls der Leasingnehmer hierüber keine Unterlagen besitzt, muß ihm der Leasinggeber Auskunft erteilen, etwa durch Übergabe der Kopie des Kaufvertrages mit den AGB.

Aufgrund des Leasingvertrages ist der Leasinggeber verpflichtet, dem Leasingnehmer bei der Durchsetzung der Gewährleistungsansprüche behilflich zu sein. Er muß, soweit es die Umstände erfordern, den Leasingnehmer unterstützen.

Gesetzliche Gewährleistung beim Kauf

Kraft Gesetzes haftet jeder Verkäufer dafür, daß die verkaufte Sache zum Zeitpunkt des Gefahrübergangs nicht mit Mängeln behaftet ist, die den Wert bzw. die Gebrauchstauglichkeit erheblich beinträchtigen (§ 459 BGB).

Ausgeschlossen ist die Haftung für unerhebliche Fehler. Gewährleistungsansprüche stehen dem Käufer auch dann nicht zu, wenn er den Mangel beim Kauf gekannt oder infolge grober Fahrlässigkeit nicht erkannt hat. Erfährt der Leasingnehmer in der Zeit zwischen dem Kauf und der Abnahme von einem Fehler, so muß er sich seine Ansprüche ausdrücklich vorbehalten, etwa durch einen Vermerk auf der Abnahmebestätigung. Anderenfalls verliert er seine Gewährleistungsansprüche (§ 464 BGB). Für Vollkaufleute gilt die Pflicht, die gekaufte Sache unverzüglich zu überprüfen und entdeckte Fehler zu rügen, kraft Gesetzes (§ 377 HGB). Die Versäumung der Rügepflicht führt zum Verlust der Ansprüche.

Falls der Verkäufer des Leasingfahrzeugs aufgrund gesetzlicher Gewährleistung haftet, ist der Leasingnehmer berechtigt, entweder die Rückgängigmachung des Vertrages (Wandlung) oder die Herabsetzung des Kaufpreises (Minderung) zu verlangen. Das Wahlrecht zwischen Wandlung und Minderung steht dem Leasingnehmer zu. Falls er sich für die Wandlung entscheidet, ist es dem Händler verwehrt, die Rückgängigmachung

Das mangelhafte Leasingfahrzeug

des Vertrages durch Anbieten einer Minderungszahlung abzuwenden. Der Händler kann auch nicht verlangen, daß ihm der Leasingnehmer das Fahrzeug zur Nachbesserung überläßt. Beim Kauf sieht das Gesetz kein Nachbesserungsrecht des Verkäufers vor.
Die gesetzlichen Gewährleistungsansprüche verjähren in sechs Monaten vom Tage der Übergabe des Fahrzeugs an.
Beim Verkauf von Gebrauchtfahrzeugen ist der Ausschluß der Verkäufergewährleistung, abgesehen von einigen Ausnahmefällen, uneingeschränkt zulässig.

Typisches Klauselbeispiel:

»Der Verkauf des Fahrzeugs erfolgt wie besichtigt und probegefahren und unter Ausschluß jeglicher Gewährleistung.«

Nach höchstrichterlicher Rechtsprechung ist der gutgläubige Verkäufer, der einen Gewährleistungsausschluß vereinbart hat, dem Käufer selbst dann nicht haftbar, wenn das verkaufte Fahrzeug zum Zeitpunkt der Übergabe mit Fehlern behaftet ist, welche die Verkehrs- und Betriebssicherheit beeinträchtigen oder sogar aufheben (BGH, NJW 1984, 1452).
Die verkäuferfreundliche Gerichtspraxis ist nicht ohne Kritik geblieben. Der mit diesem Thema befaßte Arbeitskreis des 24. Verkehrsgerichtstages hat empfohlen, die Berufung des Verkäufers auf den Gewährleistungsausschluß dann nicht zuzulassen, wenn der Fehler die Verkehrssicherheit des Autos beeinträchtigt und eine Instandsetzung nur mit einem unverhältnismäßig hohen Kostenaufwand zu bewerkstelligen ist. Instanzgerichte haben vereinzelt die den Gewährleistungsausschluß betreffende Klausel wegen unangemessener Benachteiligung des Käufers oder wegen Widersprüchlichkeit in sich für unwirksam erklärt, sich jedoch mit dieser Auffassung nicht durchsetzen können.
Auf den Gewährleistungsausschluß kann sich der Verkäufer allerdings nicht berufen, wenn er eine unrichtige Zusicherung erteilt hat. Hier gilt, daß man nicht mit der einen Hand nehmen darf, was man mit der anderen gibt. Der Gewährleistungsausschluß gilt ferner nicht, wenn der Verkäufer ihm bekannte Mängel des Fahrzeugs arglistig verschwiegen oder wenn er in Wahrheit nicht vorhandene Eigenschaften arglistig vorgespiegelt hat.
Er versagt ausnahmsweise auch dann, wenn der Verkäufer seine Untersuchungspflicht verletzt hat. Zur Überprüfung des Fahrzeugs ist der gewerbliche Verkäufer eines Gebrauchtwagens verpflichtet, falls er aufgrund ›handgreiflicher Anhaltspunkte‹ befürchten muß, daß das Fahrzeug verändert oder mit Teilen ausgerüstet wurde, welche die Verkehrs- oder Betriebssicherheit beeinträchtigen bzw. zum Verlust der Allgemeinen Betriebserlaubnis führen. Eine generelle Untersuchungspflicht besteht nicht.

Beispiel aus der Gerichtspraxis:

Ob ein Fahrzeug ordnungsgemäß bereift ist, kann der Händler in der Regel durch eine flüchtige Prüfung feststellen. Stimmt die Bereifung nicht und verunfallt der Käufer, macht sich der Händler schadensersatzpflichtig (BGH, NJW 1978, 2241).
Beim Neuwagenkauf darf der Verkäufer seine gesetzliche Gewährleistung nicht durch AGB ausschließen. Eine AGB-Regelung, die das Verbot nicht beachtet, ist unwirksam (§ 11 Nr. 10 AGB-Gesetz). Beim Kauf neuer Sachen verdient das typische Interesse des Käufers, eine mangelfreie Ware zu bekommen, besonderen Schutz. Da das Leasinggeschäft überwiegend mit Neufahrzeugen getätigt wird, genießt der Leasingnehmer infolge Abtretung der Gewährleistungsansprüche stets den gesetzlichen Mindestschutz kaufrechtlicher Gewährleistung. Allerdings kann auch beim Neuwagengeschäft die gesetzliche Gewährleistung durch Individualabsprache ausgeschlossen werden. Solche Vereinbarungen kommen beim Neuwagenhandel jedoch nicht vor. Sollte sich ausnahmsweise ein Leasinggeber auf eine derartige Einzelabsprache mit dem Händler einlassen, wäre ihm die Berufung auf die Freizeichnung von der mietrechtlichen Gewähr-

123

Das mangelhafte Leasingfahrzeug

leistung zu untersagen. Der formularmäßige Ausschluß der mietrechtlichen Gewährleistung ist nämlich ohne gleichzeitige Abtretung der kaufrechtlichen Gewährleistungsansprüche unwirksam. Die klauselmäßig vorgesehene Abtretung würde im Falle eines einzelvertraglich vereinbarten Gewährleistungsausschlusses ins Leere gehen, weil sie dem Leasingnehmer keine Rechte gegen den Verkäufer verschafft.

Haftung des Verkäufers für falsche Zusicherungen und arglistiges Verschweigen

Der Verkäufer haftet kraft Gesetzes dem Käufer nicht nur in den Fällen, in denen die verkaufte Sache mangelhaft ist, sondern auch, wenn er eine falsche Zusicherung erteilt oder ihm bekannte Mängel arglistig verschweigt. Dem arglistigen Verschweigen steht das arglistige Vorspiegeln der Fehlerfreiheit und in Wahrheit nicht vorhandener Eigenschaften gleich.
Unrichtige Zusicherungen und arglistiges Verschweigen kommen besonders oft beim Verkauf gebrauchter Fahrzeuge vor. Beim Neuwagengeschäft sind die Möglichkeiten eines arglistigen Verhaltens naturgemäß beschränkt. Demzufolge ist die Arglisthaftung für das Leasinggeschäft, von dem meist Neufahrzeuge betroffen sind, nicht sehr bedeutsam. Gelegentlich kommt es aber auch hier zu Haftungsfällen. Am häufigsten anzutreffen sind unrichtige Verkäuferzusicherungen im Hinblick auf die *Fabrikneuheit* des Fahrzeugs. Der fabrikneue Charakter gilt nach höchstrichterlicher Rechtsprechung beim Neuwagengeschäft stets als stillschweigend zugesichert. Die Eigenschaft der Fabrikneuheit kann jedoch sehr schnell verloren gehen, etwa durch eine Beschädigung auf dem Transport oder beim Händler, durch eine sehr lange Standdauer bis zum Verkauf, bei der Lagermängel entstehen, und durch eine höhere ungeklärte Kilometerleistung.

Ein Neufahrzeug ist außerdem nur dann fabrikneu, wenn und solange das Modell des Kraftfahrzeugs vom Hersteller noch unverändert weitergebaut wird. Sobald er Änderungen in der Technik und Ausstattung vornimmt, entfällt die fabrikneue Eigenschaft der bis dahin produzierten Fahrzeuge. Darauf muß der Händler hinweisen. Tut er es nicht, handelt er unter Umständen arglistig.
Beim Gebrauchtwagenkauf, der beim Kfz-Leasing seltener vorkommt, betreffen unrichtige Zusicherungen meistens die Unfallfreiheit des Autos, dessen Laufleistung, die Anzahl der Vorbesitzer und die Art der Vorbenutzung. Beim Neuwagenkauf ist arglistiges Verschweigen im Hinblick auf bekannte Vorschäden denkbar, die nicht ohne Verbleib einer Wertminderung beseitigt worden sind.

Falls die Voraussetzungen einer Verkäuferhaftung wegen Erteilung einer unrichtigen Zusicherung oder wegen arglistigen Verschweigens von Mängeln vorliegen, stehen dem Käufer drei Ansprüche zur Wahl. Er kann den Vertrag im Zuge der Wandlung rückgängig machen, den Kaufpreis durch Minderung herabsetzen oder Schadensersatz wegen Nichterfüllung verlangen (§ 463 BGB). Beim Schadensersatz hat er wiederum die Wahl zwischen dem sog. kleinen und dem großen Schadensersatz. Der große Schadensersatz umfaßt die Rückabwicklung des Geschäftes unter Einbeziehung sämtlicher Schadenspositionen. Im Rahmen des kleinen Schadensersatzes kann der Käufer z. B. Wertminderung für den vom Verkäufer verschwiegenen Unfall oder aber die Reparaturkosten für die Beseitigung eines Fehlers verlangen.
Die Ansprüche verjähren, sofern der Verkäufer arglistig gehandelt hat, statt in sechs Monaten in 30 Jahren.
Die Auswirkungen der Geltendmachung der aufgezeigten Ansprüche des Leasingnehmers auf den Leasingvertrag werden später dargestellt.

Das mangelhafte Leasingfahrzeug

Vertragliche Gewährleistung beim Gebrauchtwagenkauf

Im Gebrauchtwagenhandel werden die gesetzlichen Gewährleistungsansprüche des Käufers in aller Regel ausgeschlossen. Nur selten räumen Händler ihren Kunden vertragliche Gewährleistungsrechte in Form eines zeitlich befristeten Nachbesserungsanspruchs ein.
Stattdessen bieten sie – oft gegen zusätzliches Entgelt – Reparaturversicherungen für bestimmte Fahrzeugteile an. Die Kostenbeteiligung des Versicherers ist üblicherweise auf einen Höchstbetrag je Schadensfall begrenzt und außerdem abhängig von der Laufleistung. Bei Fahrzeugen mit hoher Fahrbeanspruchung ist der Prozentsatz geringer als bei Fahrzeugen mit niedrigem Kilometerstand. Für den Versicherer besteht Leistungsfreiheit, wenn der Kunde die Vornahme der vorgesehenen Inspektionen und Wartungsdienste versäumt hat oder der Fehler auf falscher Bedienung oder Überbeanspruchung beruht.

Vertragliche Gewährleistung beim Neuwagenkauf

Die vertraglichen Gewährleistungszusagen im Neuwagenhandel gehen weit über die gesetzlichen Mindestanforderungen hinaus. Kraftfahrzeughändler übernehmen – von wenigen Ausnahmen abgesehen – üblicherweise eine Gewährleistung auf die Dauer eines Jahres vom Zeitpunkt der Auslieferung des Fahrzeugs an.
Bei einigen Fabrikaten beträgt die Gewährleistungszeit bereits zwei Jahre und mehr. Die Gewährleistung ist kilometermäßig nicht begrenzt (siehe NWVB im Anhang, dort Abschn. VII, Ziff. 1).
Die vertragliche Gewährleistungszusage ergänzt und erweitert die gesetzliche Gewährleistung in mancherlei Hinsicht. Der augenfälligste Vorteil für den Käufer besteht darin, daß die Gewährleistungsfrist ein Jahr anstelle von sechs Monaten beträgt. Nach der gesetzlichen Gewährleistungsregelung haftet der Verkäufer nur für eine Fehlerfreiheit *zum Zeitpunkt des Gefahrübergangs.* Den Nachweis, daß das Fahrzeug bereits zum Zeitpunkt der Übergabe mit Fehlern behaftet war, muß der Käufer erbringen. Dieser Beweis ist oft sehr schwer zu führen. Aus der Tatsache, daß später ein Mangel auftritt, läßt sich nämlich nicht automatisch die Schlußfolgerung ziehen, daß dieser Fehler bereits bei Übergabe des Autos zumindest im Keime vorhanden gewesen ist. Selbst Kraftfahrzeugsachverständige können diesen Nachweis in vielen Fällen nicht führen. Falls der Motor wegen eines Lagerschadens oder Kolbenfressers ausfällt, kommen theoretisch viele Ursachen in Betracht. Der Kolbenfresser kann beispielsweise auf einer schon bei Übergabe des Fahrzeugs vorhandenen Schadhaftigkeit der Laufbuchsen oder auf mangelhafter Motorschmierung beruhen. Denkbar ist aber auch, daß sich der Schaden nur deshalb ereignet, weil der Käufer das Öl nicht kontrolliert oder den Motor überdreht hat. Zugunsten des Käufers spricht evtl. der Anscheinsbeweis in den Fällen, in denen ein Schaden unmittelbar nach Übernahme des Fahrzeugs auftritt.
All dieser Beweisprobleme wird der Käufer eines Neufahrzeugs durch die Gewährleistungszusage des Händlers enthoben. Die Gewährleistungszusage begründet nämlich die Vermutung, daß innerhalb der Gewährleistungsfrist auftretende Fehler bereits bei Auslieferung des Fahrzeugs zumindest im Keime vorhanden waren. Diese Vermutung kann der Händler entkräften, indem er etwa beweist, daß der Mangel auf einem Bedienungsfehler des Käufers beruht.
Nach einer für den Käufer noch günstigeren Rechtsmeinung soll die Gewährleistungszusage gem. Abschn. VII, Ziff. 1 NWVB einer Bestands- bzw. Haltbarkeitsgarantie gleichkommen, und zwar im Sinne eines Händlerversprechens, daß das Fahrzeug innerhalb der Jahresfrist die fehlerfreie Beschaffenheit behält.
Eine weitere Abweichung der vertraglichen Gewährleistung von der gesetzlichen besteht

125

Das mangelhafte Leasingfahrzeug

darin, daß der Anspruch des Käufers auf Rückgängigmachung des Kaufs bzw. auf Herabsetzung des Kaufpreises ausgeschlossen und durch ein Recht des Händlers auf Nachbesserung ersetzt wird. Die Einräumung eines Nachbesserungsanspruchs ist die wirtschaftlich sinnvollere Lösung, welche der Aufrechterhaltung des Vertrages dient. Die gesetzlichen Gewährleistungsansprüche führen demgegenüber sogleich zu einer völligen oder teilweisen Zerschlagung des Kaufgeschäftes. Eine solche Folge dient oft weder dem Interesse des Käufers noch dem Interesse des Verkäufers. Beiden liegt daran, daß der Käufer ein einwandfrei funktionierendes Fahrzeug erhält. Dieser Zustand ist in der Mehrzahl der Fälle durch eine Instandsetzung herstellbar. Das absolut fehlerfreie Auto vom Band gibt es nicht.

Zusammenfassend bleibt festzuhalten, daß durch die vertragliche Gewährleistung beim Neuwagenkauf
– die gesetzliche Gewährleistungsfrist von 6 Monaten auf ein Jahr verlängert wird;
– bis zum Beweis des Gegenteils durch den Händler die Beweisvermutung gilt, daß ein innerhalb der Gewährleistungsfrist auftretender Fehler schon bei der Auslieferung vorhanden war;
– der gesetzliche Anspruch auf Rückgängigmachung des Kaufvertrages bzw. Herabsetzung des Kaufpreises durch ein Nachbesserungsrecht ersetzt wird.

Die gesetzliche Gewährleistung, d. h. die Ansprüche auf Wandlung oder Minderung bzw. Schadensersatz können allerdings wieder aufleben, wenn die Nachbesserung scheitert (hierzu später ausführlich).

Die vertraglichen Gewährleistungsansprüche erlangt der Leasinggeber durch den Kauf des Fahrzeugs. Sie richten sich gegen den Händler. Der Leasingnehmer wird Rechtsinhaber der Gewährleistungsansprüche durch Abtretung. Anstelle der Abtretung ist auch eine Ermächtigung zulässig. Sie betrifft die Befugnis des Leasingnehmers, die Gewährleistungsansprüche des Leasinggebers aus dem Kaufgeschäft im eigenen Namen geltend zu machen.

Herstellergarantie

Manche Hersteller geben auf die von ihnen produzierten Fahrzeuge eine Garantie. Die Garantiezeit beträgt ein Jahr, manchmal auch zwei und mehr Jahre. Für Durchrostungsschäden wird von einigen Herstellern eine Haftung bis zu sechs Jahren übernommen, vorausgesetzt, daß der Käufer zusätzliche Pflegedienste durchführen läßt.
Der Garantievertrag kommt zwischen dem Hersteller und der Leasinggesellschaft als Käuferin des Fahrzeugs zustande. Vermittelt wird der Garantievertrag vom Händler durch die Übergabe einer Garantieurkunde oder eines abgestempelten Wartungsheftes mit darin enthaltenen Garantiebedingungen.
Die Garantie mancher Hersteller ähnelt der Händlergewährleistung. Hersteller garantieren in der Regel eine dem jeweiligen Stand der Technik des Typs des Kaufgegenstandes entsprechende Fehlerfreiheit in Material und Verarbeitung während der Dauer eines Jahres nach Erstzulassung. Die Herstellergarantie steht neben der Händlergewährleistung. Sie ist weder vor- noch nachrangig. Der Käufer hat die freie Wahl, entweder aus der Garantie gegen den Hersteller oder aus der Gewährleistung gegen den Händler vorzugehen.
Der Vorteil der Herstellergarantie besteht darin, daß sie den Käufer vor Zahlungsunfähigkeit und Vermögensverfall des Händlers schützt. Allerdings sollte man diesen Vorzug nicht überbewerten. Kraft der von allen Fabrikatshändlern zugesagten Gewährleistung ist der Käufer berechtigt, das Fahrzeug bei jeder beliebigen Vertragswerkstatt nachbessern zu lassen. Die Insolvenz des Händlers, der das Fahrzeug verkauft hat, bekommt der Käufer nur dann unangenehm zu spüren, wenn er den Kauf berechtigterweise rückgängig machen oder den Kaufpreis mindern will. Diese Rechte kann er gegenüber sogenannten Dritthändlern nicht geltend machen. In solchen Fällen kann eine selbständige Herstellergarantie neben der Händlergewährleistung vorteilhaft sein.

Das mangelhafte Leasingfahrzeug

Manche Händler nehmen das Bestehen einer Hersteller-Jahresgarantie zum Anlaß, die eigene Gewährleistung auf die gesetzlich vorgeschriebene Mindestzeit von sechs Monaten zu beschränken. Falls nach Ablauf dieser kurzen Frist Fehler auftreten, kann sich der Käufer nur noch an den Hersteller halten. Eine Rückgängigmachung des Vertrages oder eine Kaufpreisminderung aus der Händlergewährleistung ist nicht mehr möglich.

Die Herstellergarantie berechtigt den Käufer, kostenlose Reparatur oder kostenlosen Ersatz während der Garantiezeit zu verlangen. Der Anspruch richtet sich gegen den Hersteller. Dieser kann seiner Verpflichtung nachkommen, indem er die Instandsetzung entweder selbst durchführt oder von einem Vertragshändler nach Wahl des Käufers vornehmen läßt. Weigern sich in Anspruch genommene Vertragshändler, die Garantiearbeiten kostenlos durchzuführen, muß der Käufer den Hersteller notfalls verklagen, den Fehler durch eine von ihm zu bezeichnende Vertragswerkstatt beseitigen zu lassen.

Gegenüber der Gewährleistung des Händlers ist die Garantie des Herstellers insoweit von Nachteil, als der Käufer aus der Garantie weder die Rückabwicklung des Kaufvertrages noch die Herabsetzung des Kaufpreises beanspruchen kann. Im günstigsten Falle besitzt er einen aus der Garantie ableitbaren Anspruch auf Lieferung eines gleichwertigen fehlerfreien Neufahrzeugs gegen Rückgabe des mangelhaften Autos. Der sogenannte Ersatzlieferungsanspruch aus der Garantie hilft wenig, wenn entweder eine ganze Fahrzeugserie mit Herstellungsmängeln behaftet ist oder wenn der Käufer das Vertrauen in das Fabrikat verloren hat.

Abwicklung der Gewährleistungsansprüche

Die Gewährleistungsansprüche aus dem Kauf richten sich in erster Linie gegen den Händler, der das Fahrzeug verkauft hat. Der Käufer darf sich gem. Abschn. VII, Ziff. 2a der NWVB an beliebige vom Hersteller/Importeur für die Betreuung des Fahrzeugs anerkannte Betriebe wenden. Ob dem Käufer gegen diese sog. Drittbetriebe ein gerichtlich durchsetzbarer Anspruch auf kostenlose Beseitigung von Gewährleistungsmängeln zusteht, ist umstritten. Die einen meinen, es handele sich um einen nur *begünstigenden* Vertrag zugunsten des Käufers, aus dem er keine klagbaren Ansprüche herleiten könne. Andere stehen auf dem Standpunkt, es liege ein *berechtigender* Vertrag zugunsten Dritter vor, durch den eigene, notfalls gerichtlich verfolgbare Ansprüche des Erwerbers auf kostenlose Nachbesserung gegen jeden Betrieb der Händlerkette begründet werden.

Das Problem erlangt in den meisten Fällen keine praktische Bedeutung. Im Verhältnis zum Hersteller/Importeur sind Vertragshändler aufgrund gleichlautender Verträge verpflichtet, an allen Fahrzeugen des Fabrikats innerhalb der Jahresfrist Gewährleistung ohne Kostenbelastung des Käufers bzw. des Eigentümers zu erbringen. Wer sich weigert, bekommt wegen Vertragsbruchs Schwierigkeiten mit dem Hersteller und riskiert die Kündigung seines Händlervertrags. Infolgedessen funktioniert das Gewährleistungsnetz, von dem Neuwagenkäufer profitieren, einigermaßen reibungslos. Probleme gibt es allenfalls bei solchen Fahrzeugen, die über Vermittlerfirmen grau importiert oder reimportiert worden sind.

Läßt der Leasingnehmer Gewährleistungsarbeiten von einer anderen Vertragswerkstatt ausführen, ist er verpflichtet, den Verkäufer hiervon unverzüglich schriftlich zu informieren. Diese neue AGB-Regelung (Abschn. VII, Ziff. 2a NWVB) soll dem Verkäufer die Möglichkeit verschaffen, sich einzuschalten und eventuell erforderliche Abstimmungen im Hinblick auf die Erbringung von Gewährleistung mit der in Anspruch genommenen Werkstatt zu treffen.

Unverzügliche Mängelanzeige

Innerhalb der Gewährleistungsfrist auftretende Fehler des Fahrzeugs muß der Lea-

127

Das mangelhafte Leasingfahrzeug

singnehmer dem Händler unverzüglich – d. h. ohne schuldhaftes Zögern – anzeigen. Er kann den Mangel schriftlich anzeigen oder durch den Händler aufnehmen lassen. Versäumt er die rechtzeitige Mängelanzeige, läuft er Gefahr, seine Gewährleistungsansprüche zu verlieren. Er muß die Fehler angeben, die er festgestellt hat. Zur Untersuchung des Fahrzeugs ist der Käufer nicht verpflichtet. Er genügt seiner Anzeigepflicht, wenn er das Erscheinungsbild des Mangels beschreibt. Es fällt in den Aufgabenbereich der Werkstatt, die Ursache des Fehlers zu suchen. Rügt der Käufer etwa ein ›Schlagen der Lenkung‹, dann sind von dieser Mängelanzeige sämtliche in Frage kommenden Ursachen umfaßt. Die Erstreckung der Mängelrüge auf alle in Betracht kommenden Fehlerquellen kann von Bedeutung sein, falls die Werkstatt innerhalb der Gewährleistungsfrist die eigentliche Fehlerursache nicht findet und beseitigt. Wird die Ursache erst später – nach Ablauf der Jahresfrist – entdeckt, dann heißt es oft, der Fehler sei nicht rechtzeitig geltend gemacht worden. Mit einer solchen Erklärung braucht sich der Leasingnehmer nicht abfinden zu lassen. Er besitzt in solchen Fällen rechtzeitiger Mängelanzeige innerhalb der Gewährleistungsfrist auch später noch Anspruch auf kostenlose Fehlerbeseitigung und ist nicht auf Herstellerkulanz angewiesen.

Fehlerbeseitigung durch Nachbesserung

Der Pflicht des Käufers zur unverzüglichen Mängelrüge entspricht die Pflicht des Händlers zur unverzüglichen Fehlerbeseitigung. Sofern es die Umstände erfordern, muß der in Anspruch genommene Händler andere nicht dringliche Aufträge zurückstellen. Die Art und Weise der Reparaturausführung bestimmt der Händler. Der Käufer kann ihm insoweit keine Vorschriften machen. Er besitzt einen Anspruch auf ordnungsgemäße Instandsetzung des Fahrzeugs. Die Reparatur hat nach den technischen Erfordernissen und unter Beachtung der Richtlinien des Herstellers zu erfolgen. Sofern Teile wegen eines Fehlers ausgetauscht werden müssen, sind Original-Ersatzteile vom Händler zu verwenden. Hierunter versteht man solche Teile, die der Hersteller entweder selbst konstruiert und hergestellt oder von einem Spezialunternehmen bezogen hat und die für die Erstausrüstung wie auch als Ersatzteile Verwendung finden (BGH, MDR 1963, 108 ff.). Unzureichende Instandsetzungsmaßnahmen braucht der Käufer nicht hinzunehmen. Nicht fachgerecht ist etwa das bloße Überpinseln von defekten Lackstellen anstelle einer gebotenen Teillackierung.

Kostenlose Nachbesserung

Die Nachbesserung hat ›zum Nulltarif‹ zu erfolgen. Der in Anspruch genommene Betrieb darf dem gewährleistungsberechtigten Käufer weder Material- noch Lohnkosten berechnen. Auch die mit der Reparatur in Zusammenhang stehenden Leistungen, wie z. B. der Ölwechsel im Zusammenhang mit einer Motorreparatur, sind unentgeltlich zu erbringen. Gleiches gilt für zusätzliche Wartungsarbeiten, welche im Anschluß an eine durchgeführte Instandsetzungsmaßnahme erforderlich werden. Hierzu gehört etwa die 1000-km-Inspektion nach dem Austausch des Motors.

Sofern durch das Auswechseln defekter Teile eine Werterhöhung des Fahrzeugs eintritt, braucht der Käufer keinen Kostenbeitrag zu leisten.

Der in Anspruch genommene Händler trägt nicht nur die Kosten der Instandsetzung, sondern sämtliche Aufwendungen des Käufers, die dieser *zum Zwecke* der Reparatur machen muß. Hierzu gehören die Abschleppkosten, etwaige Fahrtkosten für das Hinbringen des Fahrzeugs in die Werkstatt und das spätere Abholen, Porto- und Telefonkosten sowie gewährleistungsbedingte Wartungskosten.

Auch die Gutachterkosten muß der Händler tragen, sofern sie zum Zwecke der Fehlerfeststellung notwendig sind. Die Notwendigkeit liegt immer dann vor, wenn es die in Anspruch genommene Werkstatt nicht schafft, die Ursache eines Fehlers zu finden oder wenn sie den Fehler grundlos abstreitet. Keine Erstattungspflicht besteht für solche Aufwendungen, die nicht *zum Zwecke* der Reparatur gemacht werden, sondern anläßlich der Reparatur anfallen. Dazu gehören beispielsweise Übernachtungskosten, falls das Fahrzeug auf einer Urlaubsreise wegen eines Gewährleistungsmangels liegenbleibt und erst tags darauf in einer Vertragswerkstatt instandgesetzt werden kann. Die Inanspruchnahme eines Mietfahrzeugs erfolgt ebenfalls nicht zum Zwecke der Reparatur. Sie ist nur eine Begleiterscheinung der Instandsetzungsmaßnahme. Deshalb braucht der Händler die Mietwagenkosten nicht zu übernehmen. Aus den gleichen Gründen ist dem Käufer ein Anspruch auf Nutzungsausfall für die Reparaturzeit zu versagen.

Soweit der Leasingnehmer die Ansprüche aus abgetretenem Recht bzw. kraft der ihm vom Leasinggeber erteilten Ermächtigung geltend macht, bestehen keine rechtlichen Besonderheiten. Allerdings fallen die Aufwendungen zum Zwecke der Reparatur nicht beim Käufer – dem Leasinggeber – an, sondern beim Leasingnehmer. Folglich ist beim Aufwendungsersatz auf die Person des Leasingnehmers abzustellen.

Fortfall der Gewährleistung

In Abschn. VII, Ziff. 6 der im Anhang abgedruckten NWVB sind die Gründe genannt, die zum Wegfall der Gewährleistung führen. Der Käufer verliert das Recht zur kostenlosen Nachbesserung z. B. dadurch, daß er einen Fehler nicht vorschriftsmäßig anzeigt und dem Händler unverzüglich Gelegenheit zur Nachbesserung gibt, daß er das Auto unsachgemäß behandelt oder daß er es überbeansprucht. Der Rechtsverlust tritt nur insoweit ein, als der aufgetretene Fehler mit der Obliegenheitsverletzung in ursächlichem Zusammenhang steht.

Beispiel:

Versäumt es der Käufer, einen sich durch ungewöhnliche Geräusche anbahnenden Motorschaden anzuzeigen, verliert er dadurch nicht seine Gewährleistungsansprüche wegen etwaiger Korrosionsschäden des Autos.

Den Beweis, daß ein gewährleistungsausschließender Grund vorliegt, hat der Händler zu führen, denn er beruft sich auf eine für ihn günstige Tatsache. Die Beweisführung im Hinblick auf den fehlenden Ursachenzusammenhang zwischen Fehlverhalten und Mangel obliegt dem Käufer.

Pflicht zur Zahlung der Leasingraten während der Instandsetzung

Während der Zeit, in der sich das Fahrzeug wegen eines Gewährleistungsmangels zur Reparatur in der Werkstatt befindet, darf der Leasingnehmer die Raten weder einbehalten noch kürzen.
Gleiches gilt, falls die Gebrauchstauglichkeit des Autos wegen eines Gewährleistungsfehlers vorübergehend eingeschränkt oder aufgehoben wird. Diese Regelung steht in jedem Kfz-Leasingvertrag.
Der Ausschluß des Rechts auf Minderung ist wirksam. Ein Zurückbehaltungsrecht gemäß § 320 BGB steht dem Leasingnehmer nicht zu (BGH, WM 1984, 933).
Sofern das Recht auf Minderung ausnahmsweise nicht ausgeschlossen ist, entfällt die Pflicht des Leasingnehmers zur Zahlung der Leasingraten, wenn die Sache von Anfang an mit einem Mangel behaftet ist, der im Laufe der Vertragszeit zur Aufhebung der Gebrauchstauglichkeit führen würde und der Leasinggeber sie in seinen Besitz nimmt, um den Fehler beseitigen zu lassen (BGH, NJW 1987, 432).

Scheitern der Nachbesserung

In Abschn. VII, Ziff. 4 der NWVB heißt es, daß der Käufer anstelle der Nachbesserung Wandlung (Rückgängigmachung des Kaufvertrags) oder Minderung (Herabsetzung der Vergütung) verlangen kann, wenn die geltend gemachte Nachbesserung fehlgeschlagen ist. Ein Fehlschlag ist anzunehmen,
– wenn es unmöglich ist, den Fehler mit einem wirtschaftlich vertretbaren Aufwand zu beseitigen,
– wenn dem Kunden weitere Mängelbeseitigungsversuche nach Treu und Glauben nicht mehr zugemutet werden können,
– wenn der in Anspruch genommene Betrieb die Vornahme der Nachbesserung unzumutbar verzögert,
– wenn der in Anspruch genommene Betrieb die Mängelbeseitigung ablehnt.

Es kommt immer wieder vor, daß neue Fahrzeuge Fehler aufweisen, die nicht oder nur mit einem unverhältnismäßig hohen Kostenaufwand beseitigt werden können. In rechtlicher Hinsicht spielt es hierbei keine Rolle, ob eine Fehlerbeseitigung technisch objektiv unmöglich ist oder ob nur ein Unvermögen des auf Nachbesserung in Anspruch genommenen Händlers vorliegt.

Zu der Frage, unter welchen Voraussetzungen einem Käufer weitere Nachbesserungsversuche nicht mehr zuzumuten sind, gibt es zahlreiche Gerichtsentscheidungen. Es hat sich die Faustregel herausgebildet, daß der Käufer eines neuen Fahrzeugs normalerweise nicht mehr als zwei Instandsetzungsmaßnahmen hinnehmen muß. Allerdings spielen auch andere Umstände eine Rolle, wie z. B. Art und Schwere des Fehlers, dessen Auswirkung auf die Verkehrs- und Betriebssicherheit des Fahrzeugs, Umfang und Dauer der bereits durchgeführten Instandsetzungsmaßnahmen, Bereitstellung eines Ersatzfahrzeugs während der Reparaturzeit usw.

Bei Fehlern, welche die Verkehrssicherheit des Fahrzeugs und damit Leben und Gesundheit seiner Insassen gefährden, kann bereits nach einer fehlgeschlagenen Nachbesserung die Grenze der Zumutbarkeit erreicht sein. Wegen funktioneller Mängel, welche sehr schwer zu diagnostizieren sind, muß der Käufer dem Händler unter Umständen drei Instandsetzungsversuche zubilligen. Große Mühe und Sorgfalt wird dem Händler bei der Suche und Beseitigung solcher Fehler abverlangt, welche an die Substanz des Fahrzeugs gehen, wie etwa ein Rostbefall oder eine Wasserdurchlässigkeit der Karosserie.

Von einer fehlgeschlagenen Nachbesserung ist weiterhin auszugehen, wenn der Händler die Reparatur unzumutbar verzögert. Allgemein verbindliche Vornahmefristen bestehen nicht. Wann eine unzumutbare Verzögerung vorliegt, kann nur anhand der Umstände des Einzelfalles entschieden werden. Ganz allgemein läßt sich allerdings feststellen, daß die Fristen relativ kurz zu bemessen sind, da heutzutage die Ersatzteilbevorratung und -beschaffung angesichts des gut funktionierenden Kundendienstes keine Schwierigkeiten bereitet.

Der unzumutbaren Verzögerung steht die Verweigerung der Nachbesserung gleich. Eine Verweigerung liegt auch dann vor, wenn der Händler den Mangel irrtümlich nicht erkennt oder die Nachbesserung von einer nicht vereinbarten Mitwirkung bzw. Kostenbeteiligung des Leasingnehmers abhängig macht.

Rechtsfolgen

Scheitert die Fehlerbeseitigung, dann entfällt die Nachbesserungsabrede beim Kauf. An ihre Stelle tritt die gesetzliche Gewährleistung. Der Käufer kann nunmehr nach seiner Wahl entweder die Rückgängigmachung des Kaufvertrages (Wandlung) oder aber die Herabsetzung des Kaufpreises (Minderung) verlangen.

Eine Fristsetzung mit Ablehnungsandrohung ist normalerweise nicht erforderlich, jedoch bei einer Verzögerung der Nachbesserung ratsam.

Im Zuge der Wandlung sind die ausgetauschten Leistungen zurückzugewähren. Der Käufer erhält den Kaufpreis und der Händler das Auto. Bei einer Minderung wird der Kaufpreis wegen des Mangels herabgesetzt.

Ersatzvornahme

Wird die Mängelbeseitigung von dem in Anspruch genommenen Betrieb zu Unrecht verweigert oder unzumutbar verzögert, muß der Leasingnehmer nicht unbedingt auf die gesetzlichen Gewährleistungsrechte der Wandlung und Minderung zurückgreifen. Er kann an seinem vertraglichen Nachbesserungsrecht festhalten, den Händler auf Vornahme der Nachbesserung verklagen und deren Durchführung im Wege der Zwangsvollstreckung erzwingen. Solange das Nachbesserungsrecht nicht durch Androhung der Wandlung oder Minderung unter gleichzeitiger Fristsetzung mit Ablehnungsandrohung verfallen ist, steht dem Leasingnehmer das Recht zur Seite, den Mangel auf Kosten des Verkäufers zu beseitigen, wenn sich der Verkäufer mit der Erbringung der Gewährleistung in Verzug befindet (BGH, WM 1991, 1221). Auf Verlangen hat ihm der Verkäufer unter diesen Voraussetzungen einen Kostenvorschuß für die Reparatur des Fahrzeugs durch eine andere Werkstatt zur Verfügung zu stellen (BGH, DAR 1992, 458).

Auswirkungen auf den Leasingvertrag

Falls, wovon im Regelfall auszugehen ist, der Leasinggeber den Leasingnehmer in seinen AGB wirksam auf die Geltendmachung abgetretener Gewährleistungsansprüche aus dem Kauf verwiesen hat, muß er nach gefestigter höchstrichterlicher Rechtsprechung die sich daraus ergebenden rechtlichen Folgen als verbindlich hinnehmen (BGH, WM 1985, 226; WM 1985, 573; ZIP 1990, 175 = NJW 1990, 314; 1991, 519). Er darf das Ergebnis für das Leasingverhältnis nicht mehr in Frage stellen. Entgegenstehende AGB-Regelungen sind unwirksam. (BGH, ZIP 1991, 519 = BGHZ 114, 57).

Beispiel für eine unwirksame Klausel:
»Eine Wandlung oder Minderung des Kaufvertrages entfaltet dann auf den Leasingvertrag keine Rechtsfolgen, wenn der Leasingnehmer und der Lieferant/Hersteller nach Verjährung der kaufrechtlichen Gewährleistungsansprüche einen Wandlungsvertrag schließen oder die tatsächlichen Voraussetzungen für eine Wandlung (z. B. das Leasingobjekt ist nicht mangelhaft) nicht vorliegen.«

Die aus der Freizeichnung der Gewährleistung in Verbindung mit der Abtretung bzw. Ermächtigung resultierende Bindungswirkung folgt aus der Natur der kombinierten Regelung und bedarf von daher keiner ausdrücklichen Festlegung im Leasingvertrag. Auf welche Art und Weise der Gewährleistungsanspruch zwischen Leasingnehmer und Lieferant vollzogen worden ist, spielt im Hinblick auf die Verbindlichkeit des Ergebnisses für den Leasingvertrag keine Rolle. Der Leasinggeber muß auch eine außerhalb des Rechtsstreits zwischen dem Leasingnehmer und dem Verkäufer einverständlich vollzogene Wandlung oder Minderung gegen sich gelten lassen. Er kann sich nicht darauf berufen, ihm sei keine Gelegenheit zur Mitwirkung eingeräumt worden.

Ein Versäumnisurteil hat keine geringere Wirkung als ein auf streitige Verhandlung ergangenes Urteil (BGH, ZIP 1991, 519, 520). Den Eintritt der Verjährung der Gewährleistungsansprüche kann der Leasinggeber dem Leasingnehmer nicht mit Erfolg entgegenhalten, wenn sich der Verkäufer darauf im Prozeß nicht berufen hat (BGH, ZIP 1991, 519, 520).

Den Vollzug von Gewährleistungsansprüchen braucht der Leasinggeber ausnahmsweise nicht hinzunehmen, wenn bei dessen Herbeiführung Leasingnehmer und Lieferant bewußt zum Nachteil des Leasinggebers gehandelt haben (OLG Hamm, CR 1992, 272). Ein derartiges kollusives Zusammenwirken zum Schaden des Leasinggebers liegt vor, wenn sich Leasingnehmer und Lieferant auf

Das mangelhafte Leasingfahrzeug

eine Wandlung verständigen, obschon das Fahrzeug keinen Fehler aufweist oder die rechtlichen Voraussetzungen für eine Wandlung noch nicht eingetreten sind (BGH, WM 1985, 573 f.). Allein die Tatsache, daß der Leasingnehmer die Klage erst nach Verjährungseintritt erhebt und der Verkäufer ein Versäumnisurteil gegen sich ergehen läßt, reicht zur Annahme eines einvernehmlichen Verhaltens mit Schädigungsabsicht noch nicht aus (BGH, ZIP 1991, 519, 521). Läßt sich der Leasingnehmer bei einem Wandlungsvergleich mit dem Lieferanten auf eine sachlich nicht begründete Kaufpreiserstattung ein, schuldet er dem Leasinggeber die Differenz als Schadensersatz (OLG Hamm, CR 1992, 272). Das Ergebnis der gewährleistungsrechtlichen Auseinandersetzung ist auch für den Leasingnehmer verbindlich. Unterläßt es der Leasingnehmer, wegen der geltendgemachten Mängelrügen Wandlungs- oder Minderungsklage zu erheben, ist er nicht berechtigt, die Leasingraten zurückzuhalten (OLG Frankfurt, FLF 1993, 35). Desgleichen kann er sich im Falle eines für ihn negativen Prozeßausgangs der Ansprüche des Leasinggebers aus dem Leasingvertrag nicht mehr mit der Behauptung der Fehlerhaftigkeit des Leasingfahrzeugs erwehren. Die rechtskräftige Abweisung der Wandlungsklage schließt allerdings nicht das Recht des Leasingnehmers zur fristlosen Vertragskündigung wegen unvollständiger Lieferung aus (BGH, ZIP 1993, 130 = NJW 1993, 122).
Infolge der Abtretung der Gewährleistungsansprüche bzw. der vorbehaltlosen Ermächtigung des Leasingnehmers zu deren Geltendmachung werden die gewährleistungsrechtlichen Auseinandersetzungen allein zwischen dem Händler und dem Leasingnehmer ausgetragen. Da die gewährleistungsrechtlichen Ergebnisse auf den Leasingvertrag durchschlagen, gehört die Information des Leasinggebers über die Geltendmachung von Gewährleistungsansprüchen zu den selbstverständlichen Nebenpflichten des Leasingnehmers aus dem Leasingvertrag (BGH, ZIP 1991, 519, 520).
Dadurch erlangt der Leasinggeber die Möglichkeit, sich an dem Gewährleistungsstreit zu beteiligen und einem Prozeßverfahren als Nebenintervenient beizutreten. Der Leasingnehmer macht sich schadensersatzpflichtig, wenn er die Informationspflicht verletzt. Zur Begründung von Schadensersatzansprüchen muß der Leasinggeber schlüssig darlegen, was er bei rechtzeitiger Unterrichtung zur Vermeidung des in den Wandlungs- bzw. Minderungsfolgen liegenden Schadens unternommen hätte (BGH, ZIP 1991, 519, 520).

Minderung

Für die Minderung des Kaufpreises gilt die Berechnungsformel des §472 BGB. Der Kaufpreis ist im Verhältnis des Wertunterschieds zwischen einem mangelfreien und dem mangelhaften Fahrzeug herabzusetzen. Da sich beim Neuwagenkauf der Wert des Fahrzeugs und der Anschaffungspreis in aller Regel entsprechen, benötigt man für die Berechnung lediglich die Feststellung des Fahrzeugwertes in mangelhaftem Zustand. Dieser ergibt sich normalerweise aus der Differenz zwischen dem Neuanschaffungspreis und den aufzuwendenden Reparaturkosten. Eine vom Leasingnehmer auf der Grundlage von §472 BGB erfolgreich durchgesetzte Herabsetzung des Kaufpreises verringert den Investitionsaufwand des Leasinggebers. Sie macht folglich eine Anpassung der Leasingraten wie auch eine Neufestsetzung des kalkulierten Restwerts notwendig.

Die Anpassung der Leasingraten wird in den Vertragsmustern der Leasinggeber rechnungsmäßig nicht dargestellt. Es gilt auch insoweit die Formel des §472 BGB. Allerdings muß zwischen den verschiedenen Leasing-Vertragsmodellen differenziert werden. *Berechnungsbeispiel*, dargestellt an einem Leasingvertrag mit Übernahme des Restwertrisikos durch den Leasingnehmer:

Vorgaben
Anschaffungspreis des
Fahrzeugs 12 000,– DM
Kalkulierter Restwert 6 000,– DM
Leasingentgelt-Summe aus
36 Leasingraten in Höhe von
monatlich 250,– DM 9 000,– DM

Das mangelhafte Leasingfahrzeug

Minderung infolge
Fehlerhaftigkeit des Autos
bei Vertragsbeginn 2 000,– DM
Minderung bezogen auf das
Vertragsende nach 36 Monaten 1 000,– DM

Für das Auto im Wert von 12 000,– DM muß ein Leasingnehmer ein Leasingentgelt von 9000,– DM zahlen und den Restwert von 6000,– DM garantieren. Das sind insgesamt 15 000 DM. Für ein Auto, das infolge von Mängeln nur 10 000,– DM wert ist, beträgt das entsprechend § 472 BGB herabgesetzte Entgelt des Leasingnehmers 12 500,– DM. (Wert des mangelhaften Fahrzeugs 10 000,– DM × Gesamtbelastung von 15 000,– DM geteilt durch Fahrzeugwert in mangelfreiem Zustand von 12 000,– DM). Infolge mängelbedingter Minderung des kalkulierten Restwertes von 6000,– DM auf 5000,– DM ist im Zuge der Minderung der vom Leasingnehmer garantierte Restwert auf 5000,– DM zu reduzieren. Nach Abzug dieses Betrages verbleibt ein vom Leasingnehmer zu zahlendes Leasingentgelt von 7500,– DM (Differenz zwischen 12 500,– DM gemindertes Leasingentgelt und 5000,– DM herabgesetzter kalkulierter Restwert) gegenüber 9000,– DM (Differenz zwischen 15 000,– DM Gesamtaufwand und 6000,– DM ursprünglich kalkulierter Restwert). Um diesen Vorteil von 1500,– DM sind die Leasingraten linear herabzusetzen. Sie betragen 208,33 DM pro Monat anstelle von 250,– DM, berechnet für die Zeit von Vertragsbeginn an. Wird für das Fahrzeug am Vertragsende tatsächlich nur ein Erlös von 5000,– DM erzielt, braucht der Leasingnehmer infolge der Herabsetzung des kalkulierten Restwertes nichts mehr hinzuzuzahlen.

Das Berechnungsbeispiel verdeutlicht, daß sich die Kaufpreisminderung betragsmäßig nicht mit der Minderung des Leasingentgelts deckt. Die Summe der Leasingratenminderung ist in der Regel höher als die Kaufpreisminderung, weil das Leasingentgelt außer dem Anschaffungspreis die Kosten des Leasinggebers und dessen Gewinn enthält (BGH, ZIP 1987, 240, 243 = WM 1987, 349).

Bei einem Leasingvertrag mit Andienungsrecht wirkt sich die Beispielsrechnung ebenfalls in der Weise aus, daß die Leasingraten entsprechend der Kaufpreisminderung herabgesetzt werden. Am Vertragsende schuldet der Leasingnehmer den geminderten Kaufpreis, falls der Leasinggeber von seinem Andienungsrecht Gebrauch macht.
Sofern der Leasinggeber das Restwertrisiko übernommen hat, sind lediglich die Leasingraten dem geminderten Wert anzupassen. Kompliziert ist die Berechnung der Minderung beim kündbaren Vertrag mit Abschlußzahlung. Um zu korrekten Ergebnissen zu gelangen, muß die Minderung infolge der Fehlerhaftigkeit des Fahrzeugs für alle in Frage kommenden Kündigungszeitpunkte vorausberechnet und mit dem jeweiligen Buchwert verglichen werden. Die Differenz ist dem Leasingnehmer bei der Ermittlung der Abschlußzahlung gutzuschreiben. Im übrigen sind auch beim kündbaren Vertragsmodell mit Abschlußzahlung die Leasingraten entsprechend der Wertdifferenz zu mindern.

Wandlung

Eine vom Leasingnehmer aus abgetretenem Recht bzw. kraft erteilter Ermächtigung durchgesetzte Wandlung des Kaufvertrags hat zur Folge, daß dem Leasingvertrag die Geschäftsgrundlage von vornherein fehlt. Die Geschäftsgrundlage, auf die der Leasingvertrag nach den Vorstellungen der Parteien regelmäßig aufbaut, besteht in dem käuflichen Erwerb eines gebrauchsfähigen Kraftfahrzeugs durch den Leasinggeber zum Zwecke der Weitergabe an den Leasingnehmer. Ihrem Fehlen ist durch eine Anpassung des Leasingvertrags in der Weise Rechnung zu tragen, daß der Leasingnehmer von seiner Pflicht zur Zahlung der Leasingraten rückwirkend befreit wird und der Leasinggeber die vom Leasingnehmer bereits gezahlten Leasingraten nach Bereicherungsrecht herauszugeben hat (BGH, ZIP 1990, 175, 177 = WM 1990, 25).
Mit dem Vollzug der Wandlung verliert der Leasingnehmer das Besitzrecht am Fahr-

133

Das mangelhafte Leasingfahrzeug

zeug, da die Geschäftsgrundlage des Leasingvertrages entfällt. Der Leasingnehmer muß das Fahrzeug an den Leasinggeber als Eigentümer herausgeben (OLG Düsseldorf, NJW-RR 1990, 1143, 1144). Diese Grundsätze gelten auch dann, wenn der Leasingnehmer das Fahrzeug bereits in Benutzung genommen hat. Da das Ziel des Vertrages, nämlich die Überlassung eines mangelfreien Fahrzeugs für die vertraglich festgelegte Zeit, nicht erreicht wird, kann dem Leasingnehmer nicht zugemutet werden, sich zeitweilig mit einer mangelhaften Sache zu begnügen, dafür aber dennoch die für die Nutzungszeit vorgesehenen, auf eine mangelfreie Sache berechneten Raten zahlen zu müssen (BGH, WM 1985, 105). Aus diesem Grund sind auch Formularregelungen unwirksam, die den Leasingnehmer zur Zahlung der Leasingraten nach Gebrauchsentzug verpflichten.

Eine dem Leasingnehmer gesetzlich eingeräumte und formularmäßig nicht abdingbare Befugnis, den Leasingvertrag wegen Mangelhaftigkeit des Leasingfahrzeugs fristlos zu kündigen, bietet im Vergleich hierzu keinen ausreichenden Schutz. Die Kündigung wirkt nämlich nur in die Zukunft und beseitigt nicht die Pflicht zur Zahlung der Leasingraten für die zurückliegende Zeit (BGH, NJW 1982, 105). Dieser Grundsatz wird von vielen Leasinggebern nicht beachtet. Namentlich diejenigen, die eine eigene Gewährleistung im Umfang der jeweiligen Gewährleistung bzw. Garantie des Händlers/Herstellers übernehmen, räumen ihren Kunden für den Fall des Fehlschlagens der Nachbesserung nur ein Kündigungsrecht ein.

Klauselbeispiel aus der Praxis:

»Kann ein Gewährleistungsfehler, der die Tauglichkeit des Fahrzeugs zu dem vertragsmäßigen Gebrauch aufhebt, nicht beseitigt werden oder sind dem Leasingnehmer weitere Nachbesserungsversuche unzumutbar, ist der Leasingnehmer bei entsprechendem Nachweis berechtigt, durch schriftliche Erklärung gegenüber dem Leasinggeber den Leasingvertrag zu beenden.«

Vollzug der Gewährleistungsansprüche

Es gilt der Grundsatz, daß nur *vollzogene* Gewährleistungsansprüche auf den Leasingvertrag durchschlagen (BGHZ 68, 118). Das bloße Vorhandensein eines Gewährleistungsmangels berechtigt den Leasingnehmer nicht, die Leasingraten einzubehalten oder zu kürzen, nicht einmal dann, wenn die Gebrauchsfähigkeit des Autos eingeschränkt oder sogar aufgehoben ist.

Der Anspruch auf Wandlung oder Minderung ist vollzogen mit der Einverständniserklärung des Händlers. Ihr steht die rechtskräftige Verurteilung des Händlers zur Rückzahlung des Kaufpreises gegen Rückgabe des Fahrzeuges bzw. die Senkung des Kaufpreises gleich. Ein Vollzug der Wandlung liegt auch dann vor, wenn der Verkäufer – anstatt zur Rückzahlung des Kaufpreises an den Leasinggeber – rechtskräftig zur Abgabe der Wandlungserklärung verurteilt wird (BGH, NJW 1977, 848; OLG Düsseldorf, NJW-RR 1990, 1143, 1144).

Der Grundsatz, wonach ein Fehler des Fahrzeugs vor Vollzug der Gewährleistungsansprüche weder zum Einbehalt noch zur Kürzung der Leasingraten berechtigt, erfährt eine wichtige Durchbrechung. Dem Leasinggeber steht der Anspruch auf die vorläufige Zahlung der Leasingraten von dem Augenblick an nicht mehr zu, in dem der Leasingnehmer Wandlungsklage gegen den Händler erhebt (BGH, NJW 1986, 1744). Diese Konsequenz leitet der BGH aus der Überlegung ab, daß der Leasinggeber als Vermieter – wenn er sich von der mietrechtlichen Haftung nicht freigezeichnet hätte – eine Verweigerung der Mietzahlung bei Mängeln der Mietsache hinnehmen müßte.

Aus höchstrichterlicher Sicht hat die Frage, ob der Leasinggeber bis zur Klärung des Rechtsstreits über die Fahrzeugmängel vorläufige Zahlung der Leasingraten verlangen kann, mit der typischen Leasingsituation nichts zu tun, welche dadurch gekennzeichnet ist, daß der Leasingnehmer wegen der ›Nähe zum Auto‹ die Verantwortlichkeit für die Geltendmachung von Mängelansprü-

Das mangelhafte Leasingfahrzeug

chen übertragen wird. Das Interesse des Leasinggebers auf Fortzahlung der Leasingraten während des Rechtsstreits über die Wandlung gleicht dem eines jeden Gläubigers, »*der bestrebt ist, seinen Anspruch nicht durch möglicherweise unberechtigte Einwendungen verzögern oder gefährden zu lassen*« (BGH, NJW 1986, 1744).

Der Leasingnehmer kann ausnahmsweise auch dann berechtigt sein, vor Vollziehung der Wandlung die Zahlung der Leasingraten einzustellen, wenn die Durchsetzung der Wandlung unmöglich oder unzumutbar ist (Braxmeier, WM-Sonderbeilage Nr. 1/1988, 14).

Einer vorherigen Vollziehung der Wandlung des Kaufvertrages bedarf es ferner nicht, wenn der Leasinggeber seine Ansprüche gegen den Leasingnehmer aus dem Leasingvertrag an den Händler abgetreten hat. Den vom Händler aus abgeleitetem Recht geltend gemachten Leasingansprüchen kann der Leasingnehmer das Wandlungsrecht *einredeweise* entgegenhalten. Durch die Abtretung der Gewährleistungsansprüche an den Leasingnehmer einerseits und der Leasingansprüche an den Händler andererseits wird die für das Leasinggeschäft typische Aufspaltung in eine Erwerbs-, eine Gebrauchsüberlassungs- und eine Gewährleistungsbeziehung wieder aufgehoben. Verkäufer- und Leasinggeberrechte sowie die kaufrechtliche Gewährleistung vereinigen sich infolge der Abtretungen in der Person des Händlers. Es besteht folglich keine Veranlassung mehr, die Leasingbeziehung bis zum Vollzug der Wandlung vom Streit über die kaufrechtliche Gewährleistung freizustellen (BGH, ZIP 1985, 226).

Höchstrichterlich ungeklärt ist die Frage, ob der Leasingnehmer evtl. schon ab der bloßen Wandlungserklärung zur Zurückbehaltung der Leasingraten berechtigt ist (vgl. v. Westphalen, Der Leasingvertrag, 4. Aufl., Rn. 469). In diesem Zusammenhang wird eine entsprechende Anwendung von § 9 Abs. 3 VerbrKrG erwogen und teils befürwortet, sofern die Anwendungsvoraussetzungen des Verbraucherkreditgesetzes im übrigen vorliegen und eine dem verbundenen Geschäft vergleichbare Interessenlage besteht. Die praktische Bedeutung des Problems ist gering. Gewinnt der Leasingnehmer den Wandlungsprozeß, ist er ohnehin von der Zahlungspflicht befreit, verliert er ihn, schuldet er dem Leasinggeber die Leasingraten. Unterläßt der Leasingnehmer die Wandlungsklage, obwohl er die Wandlung geltend gemacht hat, ist er im Zahlungsprozeß des Leasinggebers nicht schutzbedürftig (OLG Frankfurt, FLF 1993, 35). Umgekehrt fehlt es am Schutzbedürfnis des Leasinggebers, der nichts unternimmt, wenn der Leasingnehmer die Zahlung der Leasingraten verweigert ohne Wandlungsklage zu erheben (v. Westphalen, Der Leasingvertrag, 4. Aufl., Rn. 470).

Ein die Leasingansprüche betreffender Rechtsstreit zwischen Leasinggeber und Leasingnehmer ist wegen der Vorgreiflichkeit des Gewährleistungsprozesses bis zu dessen rechtskräftigem Abschluß nach § 148 ZPO auszusetzen (BGH, NJW 1986, 1746). Für den Leasingnehmer ist es folglich nicht ratsam, einen Prozeß wegen des Leasingentgeltes vor Abschluß des Wandlungsprozesses anzustrengen. Hierdurch entstehen allenfalls unnötige Kosten. Die gerichtliche Geltendmachung kann aber u. U. geboten sein, um die Verjährung zu unterbrechen.

Einzelfragen

Die gesetzlichen Gewährleistungsansprüche des Leasingnehmers aus dem Kaufvertrag kann der Leasinggeber nicht dadurch abwenden, daß er dem Leasingnehmer im Austausch ein mangelfreies Ersatzfahrzeug anbietet. Die Rechtsbeziehungen zwischen Leasingnehmer und Leasinggeber beschränken sich auf das in Erfüllung des Vertrages überlassene Kraftfahrzeug (§ 243 Abs. 2 BGB). Eine andere Sache als diejenige, auf die sich das Vertragsverhältnis konkretisiert hat, braucht sich der Leasingnehmer nicht aufdrängen zu lassen (BGH, BB 1982, 208). Eine Klausel, die dem Leasingnehmer unter Ausschluß des Wandlungsrechts Anspruch auf Lieferung eines Ersatzfahrzeugs zubilligt,

135

Das mangelhafte Leasingfahrzeug

verstößt nicht gegen §9 AGB-Gesetz. Die Interessen des Leasingnehmers werden angemessen gewahrt, wenn der Verkäufer gegen Rücknahme des mangelhaften Autos ein fehlerfreies Neufahrzeug des gleichen Typs bereitzustellen hat (v. Westphalen, Der Leasingvertrag, 4. Aufl., Rn. 457 f.).

Die vorbehaltlose Abtretung der Gewährleistungsansprüche berechtigt den Leasingnehmer, die Ansprüche ohne Mitwirkung des Leasinggebers durchzusetzen. Er allein entscheidet zwischen den wahlweise zur Verfügung stehenden Ansprüchen auf Wandlung oder Minderung. Der Leasingnehmer muß allerdings bei der Wahl des Gewährleistungsanspruchs auf die Belange des Leasinggebers Rücksicht nehmen. Das gebietet ihm die Pflicht zur Schadensminderung. Er gefährdet beispielsweise den Anspruch des Leasinggebers auf die in den Leasingraten enthaltenen Gewinnanteile, wenn er sich zur Geltendmachung der Wandlung entschließt, obwohl ihm wahlweise Schadensersatzansprüche nach §463 BGB zustehen, etwa wegen arglistigen Verschweigens von Mängeln oder Erteilung falscher Zusicherungen. Der Schadensersatzanspruch des §463 BGB umfaßt auch den entgangenen Gewinn, während eine darauf gerichtete Forderung im Zuge der Wandlung nicht durchgesetzt werden kann.

Dem Leasinggeber ist es verwehrt, die Verfolgung der Gewährleistungsansprüche durch AGB von der Einhaltung bestimmter Abwicklungsmodalitäten abhängig zu machen, falls hierdurch die kaufrechtlichen Gewährleistungsansprüche des Leasingnehmers unzulässig verkürzt werden.

Das Risiko, daß der Händler zahlungsunfähig wird oder in Konkurs fällt, hat der BGH dem Leasinggeber zugewiesen (BB 1984, 2019, ZIP 1990, 176). Der Leasinggeber muß den Leasingnehmer so stellen, wie er stünde, wenn die infolge Vermögensverfall nicht mehr realisierbare Wandlung oder Minderung vollzogen worden wäre.

Aus der Risikoverteilung folgt, daß der Leasinggeber dem Leasingnehmer auch die Ersatzvornahmekosten erstatten muß, wenn der Lieferant insolvent ist. Aufwendungen, die der Leasinggeber im Zusammenhang mit der Anschaffung des Leasingfahrzeugs getätigt hat, kann er dem Leasingnehmer nicht bereicherungsmindernd entgegenhalten, wenn er den Anspruch auf Kaufpreisrückzahlung gegenüber dem Verkäufer nicht durchsetzen kann (BGH, ZIP 1990, 176, 178).

Diese Feststellung leitet der BGH aus der Gewährleistungskonstruktion des Leasingvertrages ab, wonach der Leasinggeber das Ergebnis der gewährleistungsrechtlichen Auseinandersetzung zwischen Leasingnehmer und Händler für und gegen sich gelten lassen muß. Andernfalls würde die getroffene Gewährleistungsregelung leerlaufen und der Leasingnehmer im Ergebnis rechtlos gestellt.

Die Durchführung des Gewährleistungsprozesses ist Sache des Leasingnehmers. Deshalb besitzt er keinen Anspruch gegen den Leasinggeber auf Erstattung der von ihm aufgewendeten Kosten für den Prozeß gegen den Verkäufer. Auch die Tatsache, daß der BGH dem Leasinggeber das Risiko der Händler-Insolvenz zugewiesen hat, verschafft dem Leasingnehmer keinen Anspruch auf Prozeßkostenerstattung. Ein solcher Anspruch besteht nur unter der Voraussetzung, daß die Führung des Gewährleistungsprozesses – infolge unwirksamer Haftungsfreizeichnung – ein Geschäft des Leasinggebers darstellt und im übrigen ein Auftragsverhältnis oder eine Geschäftsführung ohne Auftrag vorliegt (BGH, ZIP 1990, 176, 180). Im Folgeprozeß zwischen Leasingnehmer und Leasinggeber über den Wegfall der Geschäftsgrundlage des Leasingvertrages infolge Wandlung kann der obsiegende Leasingnehmer die Kosten des Vorprozesses nicht als notwendige Kosten nach §§91, 104 ZPO festsetzen lassen (OLG Koblenz, BB 1985, 357).

Falls der Leasinggeber außer den Gewährleistungsansprüchen gegen den Händler etwaige Garantieansprüche gegen den Hersteller/Importeur an den Leasingnehmer abgetreten hat, muß er sich auch die Folgen aus der Geltendmachung der Garantie zurechnen lassen.

Klagt der Leasingnehmer mit Erfolg gegen den Hersteller aus der Garantie auf Lieferung

Das mangelhafte Leasingfahrzeug

eines fehlerfreien gleichwertigen Ersatzfahrzeugs gegen Rückgabe des mangelhaften Autos, braucht er für die Zeit, in der die Gebrauchstauglichkeit des Leasingfahrzeugs wegen der Mängel aufgehoben oder eingeschränkt war, die Leasingraten nicht bzw. nicht in voller Höhe zu entrichten.

Durchführung der vollzogenen Wandlung

Bei der Abwicklung der vollzogenen Wandlung sind die beiderseits empfangenen Leistungen zurückzugewähren. Der Händler erhält das Auto zurück. Im Gegenzug muß er den Kaufpreis erstatten. Der Anspruch auf Rückzahlung des Kaufpreises steht dem Leasinggeber zu. Er verliert mit der Abtretung der Gewährleistungsansprüche unter Einschluß des Wandlungsrechts nicht seine eigene Käuferstellung (BGHZ 68, 118, 125). Die geschilderte Art und Weise der Rückabwicklung entspricht dem Sinn und Zweck der Gewährleistungsregelung. Würde man dem Leasingnehmer den Anspruch auf Rückzahlung des Kaufpreises gegen den Händler zubilligen, müßte der Leasinggeber das ihm gehörende Auto an den Händler zurückübereignen, ohne gleichzeitig den Gegenwert in Form des Kaufpreises zu erhalten. Statt dessen müßte er sich mit ungesicherten Ansprüchen gegen den Leasingnehmer begnügen. Eine solche Rückabwicklung wäre nicht interessengerecht. Der Leasinggeber will regelmäßig nicht das Eigentum an der Sache aufgeben, ohne gleichzeitig den Kaufpreis zu erhalten, den er dafür bezahlt hat (Reinecke/Tiedtke, DB 1982, 1143; a. A. Canaris, NJW 1982, 305, 306). Dies würde auch der gesetzlichen Wertung widersprechen. Daher steht dem Leasinggeber der Anspruch auf Rückzahlung des Kaufpreises auch zu, wenn der Leasingnehmer in dem Antrag seiner Wandlungsklage nicht deutlich gemacht hat, daß die Rückzahlung unmittelbar an den Leasinggeber erfolgen soll (v. Westphalen, Der Leasingvertrag, 4. Aufl., Rn. 511).

Zinsen

Der Händler hat im Falle der Wandlung den vom Leasinggeber gezahlten Kaufpreis vom Tage des Empfangs an gemäß § 347 S. 3 BGB zu verzinsen. Die Höhe des Zinssatzes beträgt bei Kaufleuten gemäß § 352 HGB 5% und im Geschäftsverkehr mit privaten Kunden 4% gemäß § 288 BGB (v. Westphalen, Der Leasingvertrag, 4. Aufl., Rn. 510; a. A. OLG Düsseldorf, NJW-RR 1992, 821 unter Hinweis darauf, die Abtretung der Gewährleistungsansprüche umfasse nicht einen Verzugsschaden des Leasinggebers).
Für den die Wandlung aus abgetretenem Recht betreibenden Leasingnehmer empfiehlt es sich, den Zinsanspruch sofort anzumelden und – sofern erforderlich – einzuklagen. Zinsen in Höhe des meist höheren Refinanzierungssatzes muß der Händler erst ab Eintritt des Verzugs zahlen. Er gerät in Verzug, sobald er das berechtigte Verlangen des Leasingnehmers auf Rückabwicklung des Kaufvertrags zurückweist.
Weil der Leasinggeber gegen den Händler Anspruch auf Verzinsung des Kaufpreises besitzt, besteht für den Leasingnehmer keine Verpflichtung, dem Leasinggeber im Falle der Wandlung eine Verzinsung des eingesetzten Kapitals zu gewähren (BGH, BB 1981, 2093).

Gewinn

Der für das mangelhafte Auto verantwortliche Händler ist aufgrund gesetzlicher Gewährleistung für einen Gewinnausfallschaden des Leasinggebers nicht verantwortlich. Anspruch darauf besitzt der Leasinggeber nur, wenn die Voraussetzungen einer Händlerhaftung wegen falscher Eigenschaftszusicherung oder wegen arglistigen Verschweigens von Mängeln vorliegen. In solchen Fällen muß der Leasingnehmer anstelle der Wandlung den ›großen Schadensersatz‹ geltend machen, der außer dem gezahlten Kaufpreis auch den entgangenen Gewinn des Leasinggebers und die vergeblich aufgewendeten Kosten mit umfaßt.

Das mangelhafte Leasingfahrzeug

Auf seiten des Leasingnehmers besteht keine Verpflichtung, den entgangenen Gewinn des Leasinggebers ganz oder anteilig auszugleichen. Dieses Risiko muß der Leasinggeber selbst tragen. Er übernimmt aufgrund seiner dem Vermieter vergleichbaren Stellung die Verpflichtung zur Bereitstellung eines gebrauchstauglichen Autos, deren Scheitern er dem Leasingnehmer nicht anlasten darf (BGH, BB 1981, 2093 f.).

Aufwendungsersatz, Vertragskosten, Verwendungen

Für Aufwendungen des Leasinggebers hat der Händler ausnahmsweise Ersatz zu leisten, falls die Voraussetzungen einer Haftung nach § 463 BGB vorliegen, also bei Erteilung unrichtiger Zusicherungen oder wegen arglistigen Verschweigens von Mängeln. Nach den Vorschriften des Gewährleistungsrechts muß der Händler dem Leasinggeber entstandene Vertragskosten im Zuge der Rückabwicklung ersetzen. Vertragskosten sind Aufwendungen, die im Zusammenhang mit der Anschaffung und der Vertragserfüllung anfallen, wie z. B. Inspektionskosten, Vermittlungsgebühren, Telefonkosten, Transport- und Ummeldekosten, Zoll- und Frachtgebühren, Einbau- und Montagekosten und TÜV-Gebühren (BGH, NJW 1967, 340; hierzu ausführlich Reinking/Eggert, Der Autokauf, 5. Aufl., Rn. 770 f.).
Vom Händler ebenfalls zu ersetzen sind die auf das Fahrzeug gemachten *notwendigen* Verwendungen. Dazu gehören auch die Unterstellkosten (BGH, WM 1983, 326).
Sofern notwendige Verwendungen, wie z. B. Reparaturarbeiten zur Herstellung der Fahrbereitschaft des Autos, zu einem Zeitpunkt gemacht werden, in dem die zur Wandlung berechtigenden Fehler bereits bekannt sind, hat der Händler Ersatz nur unter der Voraussetzung zu gewähren, daß die Vornahme der Arbeiten seinem wirklichen oder mutmaßlichen Willen entsprochen haben.
Im Zuge der Wandlung sind *nützliche* Verwendungen vom Händler nicht zu erstatten. Insoweit steht dem Leasingnehmer lediglich ein Wegnahmerecht zur Seite. Zu den nützlichen Verwendungen zählt z. B. die Anbringung einer Anhängerkupplung.
Der Leasinggeber besitzt seinerseits gegen den Leasingnehmer keinen Anspruch auf Erstattung der mit dem Abschluß des Leasingvertrages zusammenhängenden Kosten, weder unter dem Gesichtspunkt des Aufwendungsersatzes, noch aus Treu und Glauben. Auch sonstige Vertragskosten sind vom Leasingnehmer nicht zu ersetzen, weil andernfalls das den Leasingvertrag beherrschende Äquivalenzprinzip gestört wäre (BGH, BB 1981, 2093; ZIP 1990, 176, 177).
Abrechnungsregelungen in AGB, mit denen sich Leasingfirmen Ersatz ihrer Aufwendungen für den Fall der Wandlung sichern, sind grundsätzlich ungültig (Ulmer/Schmidt, DB 1983, 2558 ff., 2562).

Vergütung der Nutzungen

Hat der Leasingnehmer das Auto bis zum Vollzug der Wandlung benutzt, sind hierfür Gebrauchsvorteile zu vergüten. Der vom Verkäufer zu erstattende Kaufpreis vermindert sich entsprechend. Die Gebrauchsvorteile sind vom Verkäufer geltend zu machen. Eine Berücksichtigung von Amts wegen findet im Prozeß nur dann statt, wenn der Leasingnehmer den Rückabwicklungsanspruch im Rahmen des großen Schadensersatzes geltend macht.
In Höhe der Gebrauchsvorteile schuldet der Leasingnehmer dem Leasinggeber Ausgleich nach den Regeln des Bereicherungsrechts (BGH, WM 1985, 226, 227). Um den Betrag, den der Leasinggeber dem Händler für die Benutzung zahlen muß, ist der Leasingnehmer wegen Fehlens der Geschäftsgrundlage des Leasingvertrags rechtsgrundlos bereichert.
Aufgegeben hat der BGH seinen früher vertretenen Standpunkt, der Leasingnehmer, welcher das Leasingfahrzeug in Gebrauch genommen und tatsächlich genutzt habe, sei zunächst – ob bis zur Erklärung oder bis zum Vollzug der Wandlung, blieb offen – zur Zahlung der Leasingraten verpflichtet (BB 1991,

Das mangelhafte Leasingfahrzeug

2093). Aus heutiger Sicht des BGH ist dem Leasingnehmer nicht zuzumuten, sich mit einer mangelhaften Sache zu begnügen, gleichwohl aber die für eine mangelfreie Sache kalkulierten Raten zahlen zu müssen (BGH, WM 1985, 226 ff.).
Der Leasinggeber trägt die Darlegungs- und Beweislast für die von ihm verlangten Nutzungen. Da er aus eigener Kenntnis Einzelheiten über den Umfang des Gebrauchs nicht vortragen kann, fällt es vornehmlich in den Aufgabenbereich des Leasingnehmers, eine vom Leasinggeber behauptete Nutzungsmöglichkeit substantiiert zu bestreiten (BGH, NJW 1987, 1201; ZIP 1990, 175, 179 = NJW 1990, 314, 316).

Berechnung der Nutzungsvergütung

Der Wert der gezogenen Nutzungsvorteile ist zu vergüten, da eine Herausgabe ausscheidet. Die Leasingraten bieten keinen geeigneten Berechnungsansatz für die Ermittlung der Gebrauchsvorteile in der hierfür maßgeblichen Beziehung zwischen Leasinggeber und Händler. Sie betreffen das Verhältnis zwischen Leasinggeber und Leasingnehmer und beruhen auf einer Kalkulation, die außer dem Anschaffungspreis gebrauchsneutrale Kostenfaktoren, wie etwa Zinsen und Gewinn des Leasinggebers, einschließt, und außerdem die Überlassung eines mangelfreien Autos voraussetzt.

Maßgeblich für die Bemessung der Nutzungsvergütung ist deren objektiver Wert. Der Gebrauchswert entspricht dem Wert des Autos (BGH, WM 1991, 1800 f.).
Dieser wiederum ist – jedenfalls beim Neufahrzeug – identisch mit dem Brutto-Anschaffungspreis. Der Anschaffungspreis verkörpert den Gesamtnutzungswert, der sich üblicherweise in der bei normaler Beanspruchung zu erwartenden Gesamtfahrleistung widerspiegelt (BGH, NJW 1983, 2194). Beträgt die zu erwartende Laufleistung beispielsweise 150 000 km und liegt der Kaufpreis bei 20 000 DM, so belaufen sich die Gebrauchsvorteile auf 1% des Kaufpreises pro gefahrene 1500 km bzw. 0,67% pro 1000 km. Falls die Nutzung des Autos infolge der Mängel beeinträchtigt worden ist, sind u. U. Abschläge vorzunehmen.

Ein während der Anfangsphase höherer Wertverlust geht als typisches Gewährleistungsrisiko zu Lasten des Händlers (OLG Nürnberg, DAR 1980, 345). Deshalb sind die Nutzungsvorteile auf der Grundlage einer *linearen* Wertschwundberechnung zu ermitteln (BGH, WM 1991, 1800 f.). Die Tatsache, daß ein Fahrzeug – um beim Beispiel zu bleiben – nach ca. 150 000 km evtl. noch einen Restwert besitzt, kann vernachlässigt werden, da dieser üblicherweise durch Reparaturkosten kompensiert wird, die erfahrungsgemäß bis dahin bereits aufgewendet worden sind (a. A. Klimke, DAR 1984, 69 ff. sowie DAR 1986, 301 ff.).

Regelungen in AGB, welche besagen, daß mit den bis zum Vollzug der Wandlung gezahlten Leasingraten die Gebrauchsvorteile für die Zeit der Nutzung abgegolten sind, benachteiligen den Leasingnehmer unangemessen. Sie sind deshalb wegen Verstoßes gegen § 9 AGB-Gesetz unwirksam. Gleiches gilt für AGB-Klauseln, welche vorsehen, daß der Leasingnehmer den Leasingvertrag nach einem Fehlschlagen der Nachbesserung nur mit Wirkung für die Zukunft beenden kann (BGH, WM 1985, 226).

Ausschluß der Wandlung

Der Leasingnehmer verliert das Recht auf Wandlung, wenn das Auto infolge seines Verschuldens zerstört oder nicht unerheblich beschädigt wird (§ 351 BGB). Diese Vorschrift findet entsprechende Anwendung, wenn der Leasingnehmer die Rückabwicklung des Kaufgeschäftes im Rahmen des großen Schadensersatzes verlangt.
Falls der Untergang oder die Zerstörung des Fahrzeugs auf einem für den Leasingnehmer unabwendbaren Ereignis beruhen, bleibt das Recht auf Wandlung bestehen. Der Leasinggeber behält den Anspruch auf Rückzahlung des Kaufpreises, muß jedoch im Gegensatz das herausgeben, was er als Ersatz für die Beschädigung oder Zerstörung von dem

139

Das mangelhafte Leasingfahrzeug

Schädiger bzw. der Versicherung erlangt hat. Befindet sich der Händler mit der Rücknahme des Fahrzeugs in Annahmeverzug, entfällt das Wandlungsrecht des Leasingnehmers nur, wenn er die Beschädigung oder den Verlust im Rahmen der Aufbewahrung des Fahrzeugs vorsätzlich oder grobfahrlässig verschuldet hat.

Die Gesetzesbestimmung des § 351 BGB betrifft die Zeit bis zum Vollzug der Wandlung, also bis zur Einverständniserklärung des Händlers mit der Wandlung bzw. bis zu dessen rechtskräftiger Verurteilung. Für die Zeit danach gelten die für das Verhältnis zwischen Eigentümer und Besitzer maßgeblichen Bestimmungen der §§ 987 ff. BGB.

Eine Weiterbenutzung des Fahrzeugs nach Geltendmachung der Wandlung bis zu deren Vollzug beseitigt normalerweise nicht das Wandlungsrecht des Leasingnehmers. Sie stellt weder einen Verzicht auf das Wandlungsrecht dar noch führt sie zu einer Verwirkung des Anspruchs. Dieser Grundsatz gilt für die schlichte, vertragsgemäße Benutzung des Autos. Bei einer übermäßigen Beanspruchung kann im Einzelfall der Tatbestand der Verwirkung des Anspruchs auf Wandlung vorliegen.

Vorzeitige Vertragsbeendigung

Finanzierungsleasingverträge sind während der vereinbarten Vertragslaufzeit grundsätzlich unkündbar. Keine Regel ohne Ausnahme: Beim erlaßkonformen kündbaren Vertragsmodell kann sich der Leasingnehmer gegen Zahlung einer Abstandssumme vom Vertrag lossagen. Vertraglich nicht ausschließbar ist das Recht beider Seiten zur fristlosen Kündigung von Leasingverträgen. Die fristlose Kündigung erfordert einen wichtigen Grund sachlicher oder persönlicher Natur.

Kündigung durch den Leasinggeber aus wichtigem Grund

Einige Gründe, die den Leasinggeber zur fristlosen Kündigung berechtigen, ergeben sich aus dem Gesetz. Die mietrechtlichen Vorschriften der §§ 553 und 554 BGB sehen die außerordentliche Kündigung bei vertragswidrigem Gebrauch und bei Zahlungsverzug vor. Darüber hinaus enthalten Leasingverträge Klauseln, welche zusätzliche Gründe für die fristlose Kündigung durch den Leasinggeber vorsehen. Nicht immer aber regeln Vertragsformulare auch das fristlose Kündigungsrecht des Leasingnehmers. Bei der rechtlichen Beurteilung der AGB-Regelungen zur fristlosen Kündigung durch den Leasinggeber sind strenge Maßstäbe anzulegen. Nicht jede Verfehlung des Leasingnehmers berechtigt den Leasinggeber zur vorzeitigen Vertragsbeendigung.

Vertragswidriger Gebrauch

Häufig sehen Leasingverträge das Recht des Leasinggebers zur fristlosen Kündigung vor, falls der Leasingnehmer das Fahrzeug in vertragswidriger Weise gebraucht. Die Klausel ist angemessen, da sie der gesetzlichen Regelung des § 553 BGB entspricht.
Vertragswidriger Gebrauch liegt vor, wenn der Leasingnehmer das Fahrzeug nicht entsprechend den vertraglichen Bestimmungen sach- und fachgerecht einsetzt. Beispiel: Der Leasingnehmer schließt abredewidrig keinen Wartungsvertrag.
Eine Kündigung wegen vertragswidrigen Gebrauchs setzt voraus, daß der Leasinggeber den Leasingnehmer zuvor vergeblich abgemahnt hat. Diese in § 553 BGB vorgesehene Regelung kann nicht durch AGB ausgeschlossen werden, denn die Abmahnung hat Warnfunktion. Sie soll dem Leasingnehmer verdeutlichen, daß eine Fortsetzung des gerügten Verhaltens die außerordentliche Kündigung zur Folge hat. Eine Klausel, die sen Gesichtspunkt nicht beachtet und die Kündigung ohne Abmahnung gestattet, benachteiligt den Leasingnehmer unangemessen und verstößt daher gegen § 9 AGB-Gesetz. Das gilt gleichermaßen für den kaufmännischen wie für den privaten Geschäftsverkehr.

Zahlungsverzug

Oft werden Leasingverträge notleidend, weil Leasingnehmer die Raten nicht mehr aufbringen können und ihre Zahlungen einstellen. Für solche Fälle lassen sich Leasingfirmen regelmäßig ein Recht zur außerordentlichen Kündigung einräumen.

Vorzeitige Vertragsbeendigung

Klauselbeispiel:

»Der Leasinggeber kann den Vertrag fristlos kündigen, wenn der Leasingnehmer sich mit zwei aufeinanderfolgenden Leasingraten in Verzug befindet.«

Gegen eine solche Klausel ist nichts einzuwenden. Sie entspricht der gesetzlichen Regelung von § 554 BGB. Mit dem wesentlichen Grundgedanken dieser Vorschrift nicht vereinbar ist allerdings die AGB-Klausel eines Kfz-Leasingvertrages, die den Leasinggeber zur fristlosen Kündigung berechtigt, wenn der Kunde sich mit zwei Leasingraten ›im Rückstand‹ befindet. Das Gesetz verlangt in § 554 Abs. 1 Nr. 2 BGB ›Verzug‹, weil die einschneidenden Folgen der vorzeitigen kurzfristigen Vertragsbeendigung den Mieter nur unter den besonderen Voraussetzungen des § 284 BGB und bei Verschulden treffen sollen (OLG Hamm, NJW-RR 1992, 502). Grundsätzlich ist die Vorschrift von § 554 BGB nicht zwingend. Sie darf – auch durch AGB – abgeändert werden. Ob und in welchen Grenzen eine formularmäßige Abänderung zu Lasten des Leasingnehmers durch Verringerung des verschuldeten Zahlungsrückstands und der Verzugsfrist zulässig ist, wird die Rechtsprechung noch klären müssen.

Kündigungs- und Rücktrittsvoraussetzungen nach dem Verbraucherkreditgesetz

Die Kündigung wegen Zahlungsverzugs ist gemäß § 12 VerbrKrG nur unter folgenden Voraussetzungen zulässig:
- Der Verbraucher muß sich mit zwei aufeinanderfolgenden Raten ganz oder teilweise in Verzug befinden.
- Der rückständige Betrag muß mindestens 10%, bei einer Laufzeit des Kreditvertrages über drei Jahre mindestens 5% des Nennbetrages des Kredits oder des Teilzahlungspreises betragen.
- Der Kreditgeber muß dem Verbraucher erfolglos eine zweiwöchige Frist zur Zahlung des rückständigen Betrages mit der Erklä-

rung gesetzt haben, daß er bei Nichtzahlung innerhalb der Frist die gesamte Restschuld verlange.

Soweit der Kreditgeber dem Verbraucher spätestens mit der Fristsetzung ein Gespräch über die Möglichkeiten einer einverständlichen Regelung anbieten soll, handelt es sich dabei nicht um eine Wirksamkeitsvoraussetzung für die Kündigung. Unterläßt der Kreditgeber das Gesprächsangebot, macht er sich jedoch eventuell gegenüber dem Verbraucher schadensersatzpflichtig, wenn dieser nachweist, daß sich die Kündigung bei einer Gesprächsinitiative des Kreditgebers hätte vermeiden lassen (Groß, VGT 1993, 208). Welcher Zahlungsrückstand bei Finanzierungsleasingverträgen erreicht sein muß, ehe der Leasinggeber kündigen oder zurücktreten kann, ist außerordentlich umstritten. Es geht darum, den auf klassische Kreditverträge zugeschnittenen Begriff des „Nennbetrages" für Finanzierungsleasingverträge zu definieren. Der Begriff des „Teilzahlungspreises" eignet sich hierzu nicht, da er auf Teilzahlungskredite maßgeschneidert ist (a. A. Bülow, VerbrKrG, 2. Aufl., Rn. 20b m. w. N.). Das vom Schrifttum vertretene Meinungsspektrum ist breitgefächert. Im wesentlichen stehen sich zwei Ansichten gegenüber. Die eine versteht unter ›Nennbetrag‹ die Summe der Leasingraten, wobei hinsichtlich der anzusetzenden Höhe noch Differenzierungen vorgenommen werden (Münstermann/Hannes, VerbrKrG, § 12, Rn. 653; Reinicke/Tiedtke, Kaufrecht, 5. Aufl., S. 529; Zahn, DB 1991, 81, 84; Seifert, FLF 1991, 54; Slama, WM 1991, 569, 574; Emmerich in v. Westphalen/Emmerich/Kessler, VerbrKrG, § 12, Rn. 14), die andere den Vollamortisationsbetrag, der insbesondere auch den Restwert einschließt, wobei die Frage der Berücksichtigung einer Leasingsonderzahlung umstritten ist (Reinking/Nießen, ZIP 1991, 634, 638; Schmidt-Burgk-Schölermann, BB 1991, 566, 568; Ulmer/Habersack, § 12, Rn. 14; v. Westphalen, Leasingvertrag, 4. Aufl., Rn. 1303 ff.; vgl. im übrigen die Meinungsübersicht von Emmerich in v. Westphalen/Emmerich/Kessler, VerbrKrG, § 12, Rn. 13, Fn. 18). Der Arbeitskreis IV des 31. Deutschen Ver-

Vorzeitige Vertragsbeendigung

kehrsgerichtstages, der sich mit dem Thema »Verbraucherkreditgesetz beim Kfz-Leasing und finanziertem Kfz-Kauf« befaßte, hat zu dieser Problematik folgende Empfehlung ausgesprochen:
»Bei Finanzierungsleasingverträgen ist für die Ermittlung des relativen Rückstandsbetrages (10% bzw. 5%) vom ›Nennbetrag‹ auszugehen.«

Er wird gebildet
– beim Kilometerabrechnungsvertrag durch die Summe der Leasingraten,
– bei Verträgen mit Andienungsrecht aus der Summe der Leasingraten und des kalkulierten Restwertes,
– bei Verträgen mit offenem Restwert aus der Summe der Leasingraten.
(VGT 1993, S. 11)

Für Finanzierungsleasingverträge ist typisch, daß der Leasingnehmer dem Leasinggeber auf volle Kostendeckung haftet. Wird der kalkulierte Restwert am Vertragsende nicht erzielt, muß der Leasingnehmer die Differenz ausgleichen. Diese von ihm zu leistende Ausgleichszahlung gehört zur Kreditrückführung. Deshalb erscheint es gerechtfertigt, bei Finanzierungsleasingverträgen auch den vom Leasingnehmer garantiemäßig abgesicherten und vom Leasinggeber regelmäßig mitfinanzierten Restwert rechnerisch in den Nennbetrag einzubeziehen.

Auch eine Sonderzahlung gehört zum Nennbetrag, wenn sie Bestandteil der Leasingfinanzierung ist. Laut Schreiben des Bundesministers der Finanzen vom 19. 3. 1973 (DB 1973, 789)
»ist der Zins- und Kostenanteil wie folgt zu ermitteln: Der in den Leasingraten enthaltene Zins- und Kostenanteil ergibt sich, wenn die Summe der Leistungen, die der Leasingnehmer vor und während des Grundmietzeitraums zu erbringen hat, um den Betrag der Anschaffungs- und Herstellungskosten des Leasinggebers, die der Berechnung der Leasingraten zugrundegelegt worden sind, vermindert wird.«

Hiernach ist die Sonderzahlung steuerlich in die Finanzierung einzubeziehen, als Aufgeld anzusehen, vom Leasingnehmer zu aktivieren und auf die Grundmietzeit zu verteilen. Diese Verteilung hat, da es sich bei der Sonderzahlung um eine zusätzliche Vergütung für den Kredit handelt, entsprechend der Verteilung der Zins- und Kostenanteile zu erfolgen (Tacke, Leasing, 182). Entsprechend diesen steuerlichen Vorgaben wird die Sonderzahlung von seiten des Leasinggebers den monatlichen Raten zugerechnet und dem Leasingnehmer im Falle einer vorzeitigen Vertragsbeendigung der nicht verbrauchte Teil gutgebracht (Flink, Automobilleasing, 41).

Die Kündigung des Leasingvertrages wegen Zahlungsverzugs ist nur dann gerechtfertigt, wenn ›beide‹ in § 12 Abs. 1 Ziff. 1 VerbrKrG genannten Voraussetzungen vorliegen, d. h. der Leasingnehmer muß sich mit mindestens zwei aufeinanderfolgenden Raten ganz oder teilweise in Verzug befinden und außerdem muß die relative Rückstandssumme den gesetzlich vorgesehenen Grenzwert von 10% bzw. 5% des Nennbetrags übersteigen. Liegt nur die eine oder die andere Voraussetzung vor, entfaltet die Kündigung keine Wirksamkeit. Weiterhin wird vom Leasinggeber verlangt, daß er dem Leasingnehmer vor Ausspruch der Kündigung fruchtlos eine zweiwöchige Nachfrist in Verbindung mit der Erklärung gesetzt hat, daß er bei Nichtzahlung innerhalb der Frist die gesamte Restschuld verlange (§ 12 Abs. 1 Nr. 2 VerbrKrG). Hierdurch soll dem Leasingnehmer der Ernst der Situation verdeutlicht und ihm zugleich eine letzte Chance eingeräumt werden, den Leasingvertrag durch Zahlung zu retten.

Die sogenannte Nachfristsetzung muß, um wirksam zu sein, zwei Erklärungen enthalten, zum einen die an den Leasingnehmer gerichtete Aufforderung zur Zahlung des rückständigen Betrages binnen einer Frist von zwei Wochen, zum anderen die Androhung, daß bei Nichtzahlung innerhalb der Frist die gesamte Restschuld aus dem Leasingvertrag verlangt werde. In der Zahlungsaufforderung muß der rückständige Betrag beziffert werden. Er setzt sich zusammen aus dem geschuldeten Betrag, den aufgelaufenen Zinsen und eventuell weiteren Kosten. Die Zinsen betragen 5 vom Hundert über dem jeweiligen Diskontsatz der Deutschen Bundesbank, wenn nicht im Einzelfall der Leasinggeber einen höheren oder der Leasingnehmer einen niedrigeren Schaden nachweist (§ 11 Abs. 1 VerbrKrG).

Vermögensverschlechterung

Leasingfirmen lassen sich durch AGB das Recht zur fristlosen Kündigung für den Fall einräumen, daß der Leasingnehmer in Vermögensverfall gerät, seine Zahlungen einstellt oder über sein Vermögen ein Vergleichs- oder Konkursverfahren beantragt oder eröffnet wird. Nicht selten schießen solche AGB-Regelungen über das Ziel hinaus:

Klauselbeispiel:

»Der Leasinggeber kann den Leasingvertrag aus wichtigem Grund kündigen, wenn die Vermögensverhältnisse des Leasingnehmers sich verschlechtern, er insbesondere Wechsel oder Schecks zu Protest gehen läßt, seine Zahlungen einstellt, einen außerordentlichen Vergleich anstrebt, über sein Vermögen ein Vergleichs- oder Konkursverfahren beantragt oder eröffnet wird, sich die Haftungsverhältnisse beim Leasingnehmer ändern (z. B. durch Erbfall, Unternehmensliquidierung, Geschäftsübergang, Ausscheiden eines persönlich haftenden Gesellschafters).«

Das Gebrauchsinteresse des Leasingnehmers wird durch eine solche oder ähnliche Regelung nicht angemessen berücksichtigt. Die Kündigungsrechte des Leasinggebers gehen zu weit. Ein einzelner Wechsel- oder Scheckprotest gefährdet nicht unbedingt den Anspruch des Leasinggebers auf das Leasingentgelt. Es kann ebensogut ein nur vorübergehender finanzieller Engpaß beim Leasingnehmer vorliegen.
Unvereinbar mit § 9 Abs. 2 Nr. 1 AGB-Gesetz, und deshalb unwirksam, ist insbesondere eine Klausel, die dem Leasinggeber ein Recht zur fristlosen Kündigung einräumt, wenn beim Leasingnehmer sonstige Umstände vorliegen, die zu einer wesentlichen Verschlechterung oder Gefährdung seines Vermögens führen (BGH, ZIP 1990, 1406 = BGHZ 112, 279).
Ungünstige Umstände bewirken nicht ohne weiteres, daß der Leasingnehmer nicht in der Lage ist, die geschuldeten Leasingraten zum Fälligkeitszeitpunkt zu erbringen. Zahlt er die Raten, so ist es dem Leasinggeber nicht unzumutbar, sondern ein Gebot der eigenen Leistungstreue, trotz der wesentlichen Verschlechterung der Vermögensverhältnisse des Leasingnehmers am Vertrag festzuhalten. Eine Formularregelung, die es dem Leasinggeber ermöglicht, das Leasingverhältnis fristlos zu kündigen, auch wenn der Leasingnehmer trotz der eingetretenen erheblichen Vermögensverschlechterung leistungswillig und leistungsfähig geblieben ist, kann keinen Bestand haben, da sie den Leasingnehmer unangemessen benachteiligt.
Nicht unangemessen ist das außerordentliche Kündigungsrecht in AGB des Leasinggebers für den Fall der Zahlungseinstellung und bei Konkurs- und Vergleichsantragstellung. In solchen Fällen besteht für den Leasinggeber in aller Regel kaum noch Hoffnung, künftig an sein Geld zu kommen. Die eingetretenen Umstände in der Person des Leasingnehmers sind so erheblich, daß dem Leasinggeber ein Festhalten am Vertrag nicht zugemutet werden kann, so daß ihm gestattet wird, die eigentlich von ihm geschuldete Vertragstreue hintanzustellen.
Die Vermögensverschlechterung, welche zur fristlosen Kündigung berechtigen soll, muß ins Gewicht fallen. Falls sich der Leasingnehmer für den Leasinggeber erkennbar schon bei Vertragsabschluß in finanziellen Schwierigkeiten befunden hat, darf der Leasinggeber hierauf eine fristlose Kündigung nicht stützen.
Das Recht auf vorzeitige Vertragsbeendigung steht dem Leasinggeber weiterhin nicht zu, wenn er es versäumt, die Leasingraten im vereinbarten Lastschriftverfahren rechtzeitig einzuziehen. Es gehört zu seinen Aufgaben, das Geld fristgerecht anzufordern. In seinen Risikobereich fällt es, wenn er die Frist versäumt und das Konto des Leasingnehmers später ›ins Minus‹ gerät.

Vorzeitige Vertragsbeendigung

Die Verpflichtung eines Dritten, das Leasingfahrzeug zu kaufen, falls der Leasingvertrag notleidend wird, ist dahin auszulegen, daß es zum Eintritt der vereinbarten Bedingung einer wirksamen Kündigung des Leasingvertrages bedarf (BGH DAR 1990, 96).

Vollstreckungshandlungen gegen den Leasingnehmer

Vielfach lassen sich Leasinggeber ein Recht zur außerordentlichen Kündigung für den Fall einräumen, daß in das Vermögen des Leasingnehmers die Zwangsvollstreckung betrieben wird. Eine solche Regelung ist zumindest unter Kaufleuten zulässig. Kommt es zur Zwangsvollstreckung, so ist das regelmäßig ein Anzeichen dafür, daß der Leasingnehmer selbst gerichtlich ausgeurteilte Leistungspflichten freiwillig nicht erfüllen kann oder will. Die berechtigten Belange des Leasinggebers werden durch Zwangsvollstreckungsakte in das Vermögen des Leasingnehmers somit nachhaltig beeinträchtigt. Falls in das Auto vollstreckt wird, muß sich der Leasinggeber unter Umständen sogar mit Dritten auseinandersetzen und sein Eigentum geltend machen.

Für den Geschäftsverkehr mit privaten Leasingnehmern liegt zu dem Problem noch keine höchstrichterliche Entscheidung vor. Es wird die Meinung vertreten, nicht jede Vollstreckungshandlung gefährde automatisch die Fortsetzung des Leasingvertrages. Nur wenn die Undurchführbarkeit feststehe, wie etwa bei Pfändung des Autos, sei eine Kündigung berechtigt.

Umzug ins Ausland

AGB von Leasingverträgen sehen manchmal vor, daß der Leasinggeber berechtigt sein soll, den Vertrag vorzeitig zu beenden, wenn der Leasingnehmer seinen Wohn- oder Geschäftssitz ins Ausland verlegt. Der Grund liegt auf der Hand: Das Sicherungsgut Auto wird dem Zugriff des Leasinggebers entzogen. Ihm ist nicht zuzumuten, dem Leasingnehmer hinterherzurennen, unter Umständen kostspielige Aufenthaltsermittlungen anzustellen und sein Recht notfalls unter Inanspruchnahme ausländischer Gerichte durchzusetzen. Da der Vorbehalt der außerordentlichen Kündigung von der Sache her gerechtfertigt ist, benachteiligt die AGB-Regelung den Leasingnehmer nicht unangemessen.

Weitere Kündigungsgründe

Leasingfirmen behalten sich das Recht zur außerordentlichen Kündigung für den Fall vor, daß der Leasingnehmer bei Vertragsabschluß falsche Angaben macht oder Tatsachen verschweigt, die vertragswesentlich sind. Ein wichtiger Grund für eine fristlose Kündigung soll auch vorliegen, falls der Leasingnehmer – abgesehen von den Fällen des vertragswidrigen Gebrauchs – trotz schriftlicher Abmahnung Verletzungen des Vertrages nicht unterläßt oder bereits eingetretene Folgen von Vertragsverletzungen nicht unverzüglich beseitigt. Solche Regelungen sind mit der Einschränkung wirksam, daß die Rechte des Leasinggebers erheblich verletzt bzw. das Leasingobjekt erheblich gefährdet werden.

Lappalien rechtfertigen die fristlose Kündigung nicht. Im Interesse des Leasingnehmers ist ein strenger Maßstab anzulegen, da die vorzeitige Vertragsbeendigung durch fristlose Kündigung die schärfste Waffe in der Hand des Leasinggebers darstellt.

Kündigungserklärung

Nach dem Gesetz ist die Kündigung formfrei. Leasingverträge sehen meistens vor, daß die Kündigung schriftlich erklärt werden muß. Wer sich nicht an die ›gewillkürte‹ Schriftform hält, dessen Kündigung ist im Zweifel unwirksam. Maßgeblicher Zeitpunkt für die Kündigung ist der Zugang der Kündigungserklärung. Den Beweis des Zugangs muß derjenige führen, der die Kündigung erklärt.

Da die Absendung nicht den Zugang beweist und der Empfang wichtiger Schreiben mit Vorliebe bei Gericht bestritten wird, empfiehlt es sich, die Kündigung durch den Gerichtsvollzieher zustellen oder durch einen Boten überbringen zu lassen. Ein vom Leasingnehmer nicht abgeholtes Einschreiben per Rückschein reicht als Nachweis für den Zugang der Kündigungserklärung nicht aus. Das Verbraucherkreditgesetz schreibt für die Kündigungserklärung des Leasingnehmers weder eine besondere Form noch eine Frist vor. Die Kündigung entfaltet jedoch keine Wirksamkeit, sofern die Kündigungsvoraussetzungen des § 12 VerbrKrG fehlen.

Im Schrifttum wird die Auffassung vertreten, der Leasinggeber dürfe die Kündigung bereits zusammen mit der Nachfristsetzung erklären. Dem Leasingnehmer entstehe hierdurch kein Nachteil, da er es in der Hand habe, die Kündigung durch rechtzeitige Zahlung abzuwenden. Erforderlich sei allerdings, daß der Leasingnehmer in dem Aufforderungsschreiben ausdrücklich und zusätzlich darauf hingewiesen werde, daß nach fruchtlosem Ablauf der zweiwöchigen Zahlungsfrist kein weiteres Kündigungsschreiben mehr an ihn gerichtet werde (Bruchner/Ott/Wagner-Wieduwilt, VerbrKrG, § 12, Rn. 24; Münstermann/Hannes, § 12, Rn. 660, 661). Es bleibt abzuwarten, ob die Rechtsprechung diese grundsätzlich anerkannte Verfahrensweise (BGH, WM 1986, 975) auch für den Anwendungsbereich des Verbraucherkreditgesetzes zuläßt. Eine derartige, das Kündigungsverfahren abkürzende Vereinbarung könnte eventuell gemäß § 18 VerbrKrG unwirksam sein, da sie zum Nachteil des Verbrauchers von § 12 Abs. 1 Ziff. 2 VerbrKrG abweicht.

Der Leasinggeber ist mit seinem Kündigungsrecht ausgeschlossen, wenn er dem Leasingnehmer zwar die Kündigung des Leasingvertrages zulässigerweise angedroht, diese jedoch nicht binnen angemessener Zeit nach Ablauf der Zahlungsfrist erklärt hat (BGH, WM 1993, 753).

Zahlt der Leasingnehmer innerhalb der gesetzten Frist den rückständigen Betrag, wird der Leasingvertrag fortgesetzt. Der Leasingnehmer kann dem Leasinggeber das Kündigungsrecht dadurch aus der Hand schlagen und die Fortsetzung des Vertrages erzwingen, daß er nur einen Teil des rückständigen Betrages zahlt und damit die relative Rückstandssumme von 10 % bzw. 5 % unterschreitet (Bruchner/Ott/Wagner-Wieduwilt, VerbrKrG, § 12, Rn. 20; Groß, VGT 1993, 210). Damit sind die gesetzlichen Kündigungsvoraussetzungen, die zum Zeitpunkt des Ausspruchs der Kündigung vorliegen müssen, nicht mehr erfüllt. Die teilweise vertretene Auffassung, das Kündigungsrecht des Leasinggebers werde nur dann beseitigt, wenn der Leasingnehmer den Rückstand vollständig tilge (Münstermann/Hannes, § 12, Rn. 668), findet im Gesetz keine Grundlage. Legt es der Leasingnehmer jedoch darauf an, das Kündigungsrecht des Leasinggebers jeweils durch Teilzahlungen zu unterlaufen, ohne den Zahlungsrückstand vollständig auszugleichen, dürfte die Kündigung des Leasinggebers wegen des rechtsmißbräuchlichen Verhaltens des Leasingnehmers gemäß § 242 BGB gerechtfertigt sein (Groß, VGT 1993, 210; Emmerich in v. Westphalen/Emmerich/Kessler, VerbrKrG, § 12, Rn. 23).

Unklar ist, wie sich die Rechtslage nach fruchtlosem Ablauf der Nachfrist vor Ausübung des Kündigungsrechts verhält. Es wird die Auffassung vertreten, daß entsprechend der Regelung von § 326 BGB die beiderseitigen Erfüllungsansprüche erlöschen, jedoch der Verbraucher der Fortsetzung des ursprünglichen Vertrages zustimmen muß, wenn sich der Leasinggeber hierfür unter Verzicht auf sein Kündigungsrecht entscheidet (Emmerich in v. Westphalen/Emmerich/Kessler, VerbrKrG, § 12, Rn. 34).

Vorübergehende Inbesitznahme des Kraftfahrzeugs

Nicht immer haben Leasingfirmen ein Interesse daran, das Vertragsverhältnis sofort zu kündigen, wenn die Voraussetzungen hierzu vorliegen. Der Schritt der vorzeitigen Vertragsbeendigung ist nicht sinnvoll, wenn sich der Leasingnehmer nur vorübergehend in finanziellen Nöten befindet. Deshalb behalten sich Leasingfirmen in ihren Formularverträgen manchmal das Recht vor, dem Leasingnehmer den Gebrauch vorübergehend zu entziehen, und zwar solange, bis er entweder den Zahlungsrückstand ausgeglichen oder seine schwerwiegenden Vertragsverletzungen eingestellt hat. Eine solche AGB-Regelung hat der BGH vor Jahren noch gebilligt, obschon der Leasinggeber den Leasingnehmer für die Zeit der Sicherstellung des Fahrzeugs nicht von seiner Verpflichtung zur Zahlung der Leasingraten befreit hatte (WM 1978, 406; zustimmend v. Westphalen, Der Leasingvertrag, 4. Aufl., Rn. 829). Kritiker warnen zu Recht vor einer Verallgemeinerung des Urteils, das einen Sonderfall betraf. Für sie gilt nach wie vor uneingeschränkt der Grundsatz, daß dem Leasingnehmer der Besitz des Fahrzeugs vor Beendigung des Vertrages nicht entzogen werden darf.

Eine Vertragsgestaltung, die es dem Leasinggeber gestattet, das Leasingfahrzeug vorübergehend zum Zwecke der Sicherung seiner Zahlungsansprüche an sich zu nehmen, wahrt die Interessen des Leasingnehmers nicht mehr angemessen, so daß ihr die Wirksamkeit gemäß § 9 Abs. 2 Nr. 1 AGB-Gesetz zu versagen ist (Wolf/Eckert, Handbuch des gewerblichen Miet-, Pacht- und Leasingrechts, 6. Aufl., Rn. 516).

Gleichermaßen unwirksam ist eine AGB-Klausel, die den Leasinggeber anstelle der fristlosen Kündigung berechtigt, vom Leasingnehmer zur Sicherung seiner Zahlungsansprüche das Leasingfahrzeug herauszuverlangen und gleichzeitig sämtliche noch ausstehenden Leasingraten fälligzustellen (OLG Düsseldorf, BB 1988, 863). Vor § 9 Abs. 2 Nr. 1 AGB-Gesetz kann auch eine Formularregelung nicht bestehen, die dem Leasingnehmer die Möglichkeit verschafft, bei sofortiger Zahlung aller rückständigen und künftigen Leasingraten das sichergestellte Fahrzeug vom Leasinggeber herauszuverlangen. Denn:

»*typischerweise ist der Leasingnehmer, der nicht einmal die bis zur Kündigung fälligen Raten zahlen konnte, nicht in der Lage, sofort auch die bis zum Ende der – im Vertrag nicht eindeutig bestimmten – ›Gesamtmietzeit‹ zu zahlenden Mietraten aufzubringen. In aller Regel wird die Weiterbenutzungsbefugnis also praktisch ein nicht realisierbares Recht sein, das die Äquivalenzstörung nur scheinbar mildert*« (BGH, MDR 1982, 485). Der Entzug der Gebrauchsmöglichkeiten benachteiligt den Leasingnehmer insbesondere deshalb unangemessen, weil der Leasinggeber hinsichtlich der Gebrauchsüberlassung zur Vorleistung verpflichtet ist (v. Westphalen, Der Leasingvertrag, 4. Aufl., Rn. 831).

Folgen der Kündigung

Im Zuge der Abwicklung muß der Leasingnehmer das Kraftfahrzeug an den Leasinggeber oder an eine von ihm beauftragte Person herausgeben. Kommt er der Rückgabepflicht nicht nach, darf ihm der Leasinggeber nicht eigenmächtig entziehen. Sofern die Umstände ausnahmsweise eine sofortige Rückholung des Fahrzeugs rechtfertigen, muß der Leasinggeber für die Sicherstellung des Fahrzeugs eine einstweilige Verfügung des Gerichts erwirken. Die Anforderungen an eine einstweilige Verfügung sind hoch. Das OLG Köln (ZIP 1988, 445; vgl. auch OLG Frankfurt, NJW 1960, 827) vertrat die Auffassung, die normale Weiterbenutzung eines geleasten Autos nach der Kündigung gefährde nicht den Herausgabeanspruch des Leasinggebers i. S. v. § 935 ZPO und wies den Antrag des Leasinggebers auf Erlaß der einstweiligen Verfügung zurück. Den Einwand des Leasinggebers, das Fahrzeug verliere durch Weiterbenutzung an Wert, ließen die Richter nicht als Verfügungsgrund gelten. Sie argumentierten, das Fahrzeug verliere auch durch Stehen in der Pfandkammer an Wert und außerdem habe der Leasinggeber die mit der Benutzung des Fahrzeugs verbundenen Risiken bereits vor der Kündigung vertraglich in Kauf genommen. Auf den gleichen Standpunkt hat sich das LG Rottweil gestellt (Urt. v. 2. 5. 1990 – 1 O 449/90 – n. v.). Es

Vorzeitige Vertragsbeendigung

erkannte keinen tragfähigen Grund für den Erlaß einer einstweiligen Anordnung und führte in den Urteilsgründen wörtlich folgendes aus:

»Gebrauchsgütern wohnt inne, daß sie einer Abnutzung unterliegen. Immer besteht die Gefahr, daß ein rechtsuntreuer Vertragspartner etwa über das Vertragsende hinaus einen Gegenstand behält und ihn – dann unberechtigt – benutzt und weiterem Verschleiß unterwirft. Dabei verwirklicht sich aber nur die diesem Geschäft von vornherein innewohnende typische Gefahr einer Leistungsstörung... Ein Verfügungsgrund für eine vorläufige Sicherstellung des Leasingfahrzeugs liegt nur dann vor, wenn das Fahrzeug übermäßig benutzt und in seiner Substanz wesentlich verändert wird.«

Eine Klausel in AGB, die den Leasinggeber zur Abholung des Leasingfahrzeugs berechtigt, wenn der Leasingnehmer seiner Rückgabepflicht nicht nachkommt, verhilft dem Leasinggeber nicht zu einer einstweiligen Verfügung. Das OLG Hamm hat die Formularregelung für unwirksam erklärt (NJW-RR 1992, 502), weil sie von dem wesentlichen Grundsatz des Besitzschutzes abweicht.

Durch diese Spruchpraxis der Gerichte haben sich Leasingfirmen dazu verleiten lassen, vom »Faustrecht« Gebrauch zu machen, anstatt den Rechtsweg zu beschreiten. Rechtsuntreuen Leasingnehmern, welche entweder ihren Zahlungspflichten nicht nachkommen oder in sonstiger Weise gegen Vertragspflichten verstoßen, werden die Fahrzeuge eigenmächtig abgenommen, wobei vielfach die Kündigungsvoraussetzungen nicht einmal vorliegen. Die Methode ist einfach: Man engagiert einen Sicherungsdienst, der das Fahrzeug unter Verwendung des beim Leasinggeber vorhandenen Zweitschlüssels abholt. Die Polizei wird von der Sicherstellung des Fahrzeugs vorsorglich für den Fall verständigt, daß der Leasingnehmer Diebstahlsanzeige erstattet. Um nicht selbst in den Verdacht des Diebstahls zu geraten, erhält der Leasingnehmer sofort alles zurück, was nicht zum Fahrzeug gehört. Bevor noch der Leasingnehmer die Möglichkeit besitzt, das Fahrzeug seinerseits im Wege der einstweiligen Verfügung herauszuverlangen, ist es weiterveräußert. Leasinggeber haben bei dieser Art der Selbsthilfe lediglich das Problem, daß sie für das Auto einen Ersatzfahrzeugschein bekommen müssen, da sich das Original normalerweise in Händen des Leasingnehmers befindet. Zwecks Erlangung eines Ersatzfahrzeugscheins muß gegenüber dem Straßenverkehrsamt glaubhaft gemacht werden, daß der Original-Fahrzeugschein in Verlust geraten ist.

Im Hinblick auf diese Praktiken sollten die Gerichte ihre Spruchpraxis überprüfen. Mit der berechtigten Vertragskündigung des Leasinggebers erlischt das Besitz- und Benutzungsrecht des Leasingnehmers. Gibt dieser das Fahrzeug nicht heraus und benutzt er es weiter, kann nicht mehr die Rede davon sein, dieses Risiko habe der Leasinggeber noch vertraglich in Kauf genommen. Er besitzt Anspruch darauf, daß ihm das Fahrzeug in dem Zustand herausgegeben wird, in dem es sich zum Zeitpunkt des Ausspruchs der berechtigten Kündigung befindet. Durch die unbefugte Weiterbenutzung wird dieser Anspruch gefährdet (so OLG Düsseldorf, MDR 1984, 411). Deshalb ist es durchaus gerechtfertigt, die Sequestration des Fahrzeugs per einstweiliger Verfügung zuzulassen. Die Auffassung des OLG Köln (ZIP 1988, 445 = EWiR 1988, 415 – Reinking – § 935 ZPO 1/88), ein Fahrzeug verliere durch Verwahrung auf der Pfandkammer ebenso an Wert wie durch Weiterbenutzung, ist absolut lebensfremd.

Ab Vertragsbeendigung bis zur Fahrzeugrückgabe muß der Leasingnehmer für die Weiterbenutzung des Autos eine Vergütung zahlen. In vielen Verträgen wird die Nutzungsentschädigung betragsmäßig dem zeitanteiligen Leasingentgelt gleichgesetzt.

Klauselbeispiel:

»Gibt der Leasingnehmer das Fahrzeug nicht termingerecht zurück, wird ihm für jeden überschrittenen Tag $1/30$ des für die Vertragszeit vereinbarten monatlichen Leasingpreises in Rechnung gestellt.«

Der Anspruch des Leasinggebers auf Nutzungsentschädigung nach Vertragsbeendigung findet in § 557 Abs. 1 BGB seine Grundlage und hat zur Voraussetzung, daß der Leasingnehmer dem Leasinggeber das Fahrzeug vorenthält. Ein Vorenthalten liegt nur vor, wenn das Fahrzeug gegen den Willen des Leasinggebers nicht zurückgegeben wird (OLG Koblenz, BB 1989, 1997). Sehen die AGB vor, daß der Leasingnehmer das Fahrzeug an einem vom Leasinggeber zu benennenden Ort abzuliefern hat und versäumt der Leasinggeber die Bestimmung am Vertragsende, besitzt er mangels Vorenthaltung i. S. v. § 557 Abs. 1 BGB keinen Anspruch auf Nutzungsentschädigung. Nur wenn der Leasingnehmer in einem solchen Falle das Fahrzeug unentgeltlich einem Dritten überläßt, haftet er dem Leasinggeber wegen ungerechtfertigter Bereicherung (OLG Hamm, ZIP 1989, 45 = EWiR 1989, 137 – Sternel – § 557 BGB 1/89).

Der BGH vertritt die Auffassung, daß der Leasingnehmer dem Leasinggeber für die Zeit der Vorenthaltung des Fahrzeugs die vereinbarte Leasingrate als Mindestentschädigung zahlen muß (BGH, NJW 1978, 1432; WM 1982, 666; ZIP 1989, 647; LG Köln, NJW-RR 1993, 822, 823). Dabei soll es weder darauf ankommen, ob dem Leasinggeber aus der Vorenthaltung des Fahrzeugs ein Schaden erwachsen ist, noch darauf, ob der Leasingnehmer einen entsprechenden Nutzen ziehen konnte. Für den BGH ist die auf Finanzierungsleasingverträge uneingeschränkt anwendbare Regelung des § 557 Abs. 1 BGB ein Druckmittel in der Hand des Leasinggebers, welche es ihm ermöglichen soll, die Rückgabe des Fahrzeugs vom Leasingnehmer zu erzwingen. Es liegt beim Leasingnehmer, die Rechtsfolgen des § 557 Nr. 1 BGB zu vermeiden oder zu beenden. Dieser Standpunkt stößt auf Kritik und findet nicht die ungeteilte Zustimmung der Instanzgerichte. Die auf den Mietvertrag zugeschnittene Vorschrift des § 557 Abs. 1 BGB ist auf Leasingverträge nicht ohne weiteres übertragbar. Bei der Miete entspricht der Mietzins in aller Regel dem Nutzungswert der Mietsache. Beim Leasingvertrag ist dies jedoch nicht zwangsläufig der Fall, da die Leasingraten auf Kalkulationsgrößen beruhen, die mit dem Nutzungswert nichts zu tun haben. Die Höhe der Leasingraten kann deshalb von Fall zu Fall sehr unterschiedlich sein. Sie hängt ab von der vereinbarten Vertragszeit, von der Höhe einer vom Leasingnehmer zu entrichtenden Sonderzahlung, dem bei Vertragsbeginn kalkulierten Wertverlust, den Einkaufskonditionen, den Refinanzierungsmodalitäten und den Verwertungsmöglichkeiten. Daß die Leasingraten nicht unbedingt dem Nutzungswert entsprechen müssen, beweist auch die Tatsache, daß die Leasingraten für einen Folge- oder Anschlußleasingvertrag wegen des geringeren Wertverzehrs zwangsläufig niedriger als für den vorausgegangenen Vertrag angesetzt werden (vgl. Tiedtke, ZIP 1989, 1441). Aus den vorgenannten Gründen erscheint es nicht gerechtfertigt, dem Leasinggeber für die Dauer der Vorenthaltung die vereinbarte Leasingrate als Mindestentschädigung zuzubilligen, zumindest dann nicht, wenn die Leasingrate den Restwert übersteigt (OLG Köln, WM 1993, 1053). Das für den Mietvertrag einleuchtende Argument, der Mieter, der die Mietsache dem Vermieter nach Beendigung des Vertrages vorenthalte, dürfe nicht bessergestellt werden als bei einer Fortdauer des Mietvertrages, ist für den Leasingvertrag nicht stichhaltig (LG Hamburg, NJW-RR 1986, 474; OLG Hamm, ZIP 1989, 45).

Schadensersatzanspruch des Leasinggebers

Der Leasingnehmer haftet dem Leasinggeber auf Schadensersatz, wenn er ihm Veranlassung zur fristlosen Kündigung gegeben hat. Es handelt sich um einen Anspruch eigener Art, der keine vorherige Nachfristsetzung des Leasinggebers erfordert (BGH, NJW 1984, 933 u. 2687), es sei denn, die Kündigung erfolgt gem. § 12 VerbrKrG. Der Anspruch richtet sich nach den für das Mietrecht entwickelten Grundsätzen und umfaßt den Ersatz der durch die Kündigung verursachten Nachteile des Leasinggebers, welche darin bestehen, daß die nach dem Vertrag angestrebte und vom Leasingnehmer zugesagte Vollamortisation im Sinne einer vollständigen Kostendeckung infolge vorzeitiger Vertragsbeendigung nicht erreicht wird. Beim Schadensersatz wegen einer vom Leasingnehmer veranlaßten fristlosen Kündigung gibt es für den Leasinggeber zwei Möglichkeiten: Er kann den Schaden entweder konkret berechnen oder pauschalieren.

Konkrete Schadensberechnung

Die vom Leasingnehmer zugesagte Vollamortisation setzt sich zusammen aus der Summe aller Leasingraten für die vereinbarte Vertragszeit plus Restwert plus Sonderzahlung, falls vereinbart. Bei vorzeitiger Vertragsbeendigung liegt es auf der Hand, die noch ausstehenden Leasingraten bis zum regulären Vertragsende und den Restwert bei der Berechnung des konkreten Schadens zugrundezulegen, evtl. zuzüglich eines Vorfälligkeitszinses für die vorzeitige Rückzahlung des Refinanzierungskredits (BGH, NJW 1985, 1539; ZIP 1990, 863; OLG Köln, NJW-RR 1993, 1016). Dabei müssen die Ersparnisse des Leasinggebers infolge vorzeitiger Vertragsbeendigung abgezogen und der Erlös angerechnet werden.

Ein wesentlicher Vorteil für den Leasinggeber besteht darin, daß das eingesetzte Kapital früher als geplant an ihn zurückfließt. Deshalb muß er den Betrag, der sich aus der Summe der restlichen Leasingraten und dem Verwertungserlös errechnet, auf den Zeitpunkt des durch die Kündigung markierten Vertragsendes abzinsen.

Die Höhe der Abzinsung hängt von den jeweiligen Umständen des abzuwickelnden Vertragsverhältnisses ab. Grundsätzlich ist die Abzinsung mit dem Zinssatz vorzunehmen, den der Leasinggeber für die Refinanzierung zu zahlen hat. Im Streitfall muß er die Kalkulation offenlegen (v. Westphalen, Der Leasingvertrag, 4. Aufl., Rn. 789). Die formularmäßige Festlegung eines unterhalb des Refinanzierungssatzes liegenden Zinssatzes für die Abzinsung im Falle der vorzeitigen Vertragsbeendigung benachteiligt den Leasingnehmer unangemessen, so daß eine solche Regelung wegen Verstoßes gegen § 9 AGB-Gesetz keine Gültigkeit besitzt (BGH, WM 1986, 480). Auch das vom Leasinggeber eingesetzte Eigenkapital ist abzuzinsen, da sein Verzinsungsanspruch mit der Vertragsbeendigung entfällt. Die Abzinsung betrifft sowohl die zum Zeitpunkt der Kündigung ausstehenden Leasingraten als auch den kalkulierten Restwert.

Der Leasinggeber muß zur schlüssigen Darlegung der Abzinsung die Abzinsungsformel oder -methode angeben. Für die Berechnung der Abzinsung gibt es keine allgemeingültige Formel. Jede Berechnung eines Abzinsungsbetrages führt nur zu einem Annäherungswert, dessen Maßgeblichkeit der Tatrichter zu beurteilen hat (BGH, WM 1990, 2043). Die Praxis arbeitet vielfach mit der vor- oder nachschüssigen Rentenbarwertformel, der sog. blue-book-Methode oder mit Rechnungsprogrammen, welche die in den Leasingraten jeweils enthaltenen Zinsanteile bis zum regulären Vertragsende ausweisen (vgl. zur Berechnung OLG Stuttgart, NJW-RR 1988, 502; OLG Köln, NJW-RR 1993, 1016; LG Wuppertal, ZIP 1984, 1365; Reinking, ZAP 1991, Fach 4R, 13). Sofern das Verbraucherkreditgesetz Anwendung findet, sind die dem Leasingnehmer im Falle der Kündigung zu vergütenden Zinsen nach der Zinsstaffelmethode zu berechnen (§ 12, Abs. 2 VerbrKrG). Von den Schadensersatzleistungen des Leasingnehmers sind die Aufwendungen abzuziehen, welche infolge der vorzeitigen Kündigung entfallen. Es handelt sich um die sonstigen laufzeitabhängigen Kosten des Kredits i. S. v. § 12 Abs. 2 VerbrKrG. Dazu gehören in erster Linie die Verwaltungskosten der Vertragsüberwachung. Die Vertragsanbahnungs- und -abschlußkosten sowie die Vertragsbeendigungskosten sind im Regelfall nicht abzuziehen, da sie entweder bereits angefallen sind, so daß keine Ersparnis eintritt oder auch im Falle einer regulären Vertragsbeendigung anfallen würden (OLG Köln, NJW-RR 1993, 1016, 1017). Eine AGB-Klau-

Vorzeitige Vertragsbeendigung

sel, welche die ersparten laufzeitabhängigen Kosten nicht zugunsten des Leasingnehmers berücksichtigt, verstößt – sofern das Verbraucherkreditgesetz einschlägig ist – gegen die zwingende Regelung des § 12 Abs. 2 VerbrKrG sowie außerhalb des Verbraucherkreditgesetzes gegen § 9 AGB-Gesetz. Dies hat der BGH zwar noch nicht entschieden, wohl aber angedeutet (BGH, WM 1990, 2044; vgl. zur Berechnung der ersparten laufzeithängigen Kosten Reinking/Eggert, Der Autokauf, 5. Aufl., Rn. 1172 sowie OLG Köln, NJW-RR 1993, 1016, 1017).

Der Schadensersatzanspruch des Leasinggebers wegen Nichterfüllung umfaßt grundsätzlich auch den vollständigen Gewinn, den der Leasinggeber bei ordnungsgemäßer Vertragserfüllung erzielt hätte (BGH, WM 1990, 480). Auch bei der Vertragskündigung gem. § 12 VerbrKrG bleibt dem Leasinggeber der Anspruch auf den vollständigen Gewinn erhalten. Er ist wegen Vorfälligkeit der Restschuld abzuzinsen.

Eine wichtige Ausnahme macht der BGH bei der ordentlichen und außerordentlichen Kündigung des kündbaren Leasingvertrages mit Abschlußzahlung (BGH, WM 1990, 480; ZIP 1985, 668). Bei dieser Vertragsart hat der Leasinggeber Schadensersatz nur für die ihm während der unkündbaren Vertragsdauer entgehenden Leistungen zu fordern, weil es an der Kausalität zwischen seiner fristlosen Kündigung und dem Ausfall fehlt. Maßgebend für diese Einschränkung ist die Erwägung des BGH, daß dem Leasingnehmer keine Gegenleistung für den Zeitraum angelastet werden kann, in dem ihm der Gebrauch des Leasingobjekts nicht mehr möglich ist und der Leasinggeber das zurückfließende Kapital – nicht nur die Leasingsache selbst – anderweitig gewinnbringend nutzen kann. Eine formularvertragliche Vereinbarung, die dem Leasinggeber einen Anspruch gegen den Leasingnehmer auf vollständigen Gewinn zubilligt, verstößt gegen § 9 AGB-Gesetz und ist unwirksam.

Der Anspruch auf den Gewinn, der in den künftigen Leasingraten enthalten ist, kann vom Leasinggeber nicht mit dem Argument gerettet werden, der vollständige Gewinn werde nach seiner Kalkulation bis zum Zeitpunkt der ordentlichen Kündigungsmöglichkeit erwirtschaftet. Auch eine dementsprechende Vertragsgestaltung würde der BGH nicht gelten lassen, da der Leasinggeber einen Gewinn tatsächlich erst erzielt, nachdem die Aufwendungen durch die Leasingraten ausgeglichen sind (BGH, WM 1990, 480).

Auf seine Schadensersatzforderung muß sich der Leasinggeber den Verwertungserlös und etwaige Versicherungsleistungen anrechnen lassen. Als maßgebenden Zeitpunkt für den anzurechnenden Erlös ist auf die Beendigung des Vertragsverhältnisses abzustellen (OLG Köln, NJW-RR 1993, 1017). Eine Anrechnung des Verwertungserlöses auf rückständige Leasingraten für den ungekündigten Vertragszeitraum braucht der Leasingnehmer nicht gegen sich gelten zu lassen. Der Vorteil aus der Verwertung ist nur bei der Berechnung des Schadensersatzanspruchs zu berücksichtigen (OLG Frankfurt, NJW-RR 1987, 372).

Kündbarer Vertrag mit Abschlußzahlung

Zwischen dem vertraglich abgesicherten Anspruch des Leasinggebers auf Vollamortisation und dem hierauf gerichteten Schadensersatzanspruch im Falle außerordentlicher Kündigung besteht betragsmäßig kein Unterschied. Sowohl bei der ordentlichen als auch bei der außerordentlichen Kündigung verliert der Leasinggeber den Anspruch auf den noch nicht erwirtschafteten Gewinn (BGH, ZIP 1986, 576). Bei der außerordentlichen Kündigung entfällt der Anspruch ab dem Zeitpunkt der frühestmöglichen Kündigung (BGH, WM 1990, 480). Der weggefallene Gewinnanteil muß ermittelt und vom Gesamtaufwand abgezogen werden.

Beim kündbaren Vertrag mit Abschlußzahlung wird der Verwertungserlös mit 90 % zugunsten des Leasingnehmers angerechnet (BGH, ZIP 1985, 668). Der Grund besteht darin, daß der Leasingnehmer nicht besser als bei einem kündigungsfreien Vertragsverlauf gestellt werden darf. Die im Teilamortisationserlaß vorgesehene Anrechnungsquote findet aber nur dann Anwendung, wenn sie im Leasingvertrag vereinbart ist. Es ist umstritten, ob der Leasinggeber dem Leasingnehmer die Verwertungskosten durch AGB auferlegen darf. Während der BGH eine derartige Regelung akzeptiert (NJW 1991, 221), wird im Schrifttum die Auffassung vertreten, die Klausel sei unvereinbar mit § 9 AGB-Gesetz, weil sie das Kündigungsrecht erschwere und den Leasingnehmer mit Aufwendungen belaste, die der Leasinggeber als wirtschaftlicher Eigentümer des Leasingobjektes zu tragen habe (v. Westphalen, Der Leasingvertrag, 4. Aufl., Rn. 784). Da der Leasinggeber durch den Schadensersatzanspruch, den er im Falle der außerordentlichen Vertragskündigung gegen den Leasingnehmer erlange, nicht besser gestellt werden dürfe, als er bei ordnungsgemäßer Vertragserfüllung stehen würde, sei eine AGB-Regelung, die den Leasingnehmer mit den Verwertungskosten belaste, auch im Zusammenhang mit einer fristlosen Kündigung unzulässig.

Beim kündbaren Vertrag liegt die vertragsmäßige Festlegung der Abschlußzahlung in der Natur der Sache (BGH, ZIP 1985, 868). Dennoch hat bisher keine AGB-Klausel über die Abschlußzahlung die höchstrichterliche Kontrolle beanstandungsfrei passiert. Ursprünglich vertrat der BGH die Auffassung, die Zahlungsklausel benachteilige den Leasingnehmer unangemessen, da sie dessen Kündigungsrecht erschwere, indem sie ihn trotz Vertragsbeendigung mit erheblichen Leistungen belaste (BGH, WM 1981, 1378). Auch die Anrechnung des Verwertungserlöses mit nur 90 % mißbilligte er, weil er hierfür keinen rechtfertigenden Grund sah (BGH, WM 1982, 666). Im Laufe der Zeit erkannte und akzeptierte er vom Grundsatz her die Abschlußzahlung als Bestandteil des Vollamortisationsprinzips und die Belastung des Leasingnehmers durch entsprechende AGB-Regelungen. Die von ihm unter die Lupe genommenen Klauseln wurden jedoch alle verworfen, weil sie für den Leasingnehmer nicht hinreichend durchschaubar waren (BGH, ZIP 1985, 868; WM 1986, 458; WM 1986, 673). In einem wegweisenden Urteil, das im Jahre 1985 verkündet wurde, erteilte der BGH wichtige Ratschläge zur wirksamen Klauselgestaltung. Er führte hierzu aus,

»*die Berechnung erfordert nicht mehr als die Angabe der Gesamtkosten einschließlich der Gewinnerwartung, der Amortisationsdauer bei Zahlung der vereinbarten Leasingraten, der Abzinsungsmodalitäten und die Erklärung, daß 90 % des Erlöses aus der Verwertung des Leasingobjektes auf die Ausgleichszahlung des Leasingnehmers angerechnet werden. Eine dementsprechende Regelung könnte auch Eingang in Allgemeine Geschäftsbedingungen finden*« (ZIP 1985, 868 ff.).

Diese Hinweise sind aufgrund weiterführender BGH-Judikatur bereits überholt. Die Klausel bedarf, um wirksam zu sein, der Einschränkung, daß dem Leasinggeber der Gewinn im Falle einer außerordentlichen Kündigung längstens bis zum Zeitpunkt einer nach dem Vertrag zulässigen ordentlichen Kündigung zusteht (BGH, WM 1990, 480).

Vertrag mit Übernahme des Restwertrisikos durch den Leasingnehmer

Bei dieser Vertragsvariante besitzt der Leasingnehmer Anspruch darauf, daß ihm der Leasinggeber den erzielten Verwertungserlös gutschreibt. Aufgrund seines Restwertversprechens trägt er – als Kehrseite des Vorteils der Überschußbeteiligung – das hundertprozentige Risiko eines Mindererlöses. Falls der Leasinggeber allerdings nachweist, daß er bei regulärer Vertragsbeendigung einen höheren Restwert als den kalkulierten erzielt hätte, ist der Überschuß entsprechend der vertraglich festgelegten Quote zu verteilen. Diese beträgt bei erlaßkonformer Vertragsgestaltung 75 % zugunsten des Leasingnehmers und 25 % zugunsten des Leasinggebers.

Den mit der Verwertung zusammenhängenden Aufwand darf der Leasinggeber dem Leasingnehmer in Rechnung stellen, sofern der Leasingvertrag eine entsprechende Regelung enthält (BGH, NJW 1991, 221).

Vorzeitige Vertragsbeendigung

Vertrag mit Andienungsrecht des Leasinggebers

Da der Leasingnehmer bei dieser Vertragsform das Restwertrisiko trägt, hat der Leasinggeber den Verwertungserlös in voller Höhe zu beanspruchen. Eine Anrechnung des durch freie Verwertung erzielten Mehrerlöses zugunsten des Leasingnehmers findet nicht statt.

Steht bei vorzeitiger Vertragsbeendigung zu erwarten, daß der kalkulierte Restwert durch einen freihändigen Verkauf des Fahrzeugs nicht erreicht wird, kann der Leasinggeber von seinem Andienungsrecht Gebrauch machen. In diesem Fall ist der auf das reguläre Vertragsende kalkulierte Preis des Autos als Forderung des Leasinggebers gegen den Leasingnehmer in der Schlußabrechnung auszuweisen.

Pauschalierung der Schadensersatzansprüche des Leasinggebers

Grundsätzlich ist auch bei Leasingverträgen eine Pauschalierung des Nichterfüllungsschadens statthaft. Die Pauschale soll die Durchsetzung des Schadens vereinfachen, da sie dem Berechtigten die konkrete Schadensberechnung und deren Darlegung im Prozeß erspart.

Sie ist aber nur zulässig, wenn dem Schuldner der Gegenbeweis eines geringeren Schadens nicht abgeschnitten wird. Es genügt, wenn die Klausel nach ihrem Wortlaut und erkennbaren Sinn dem Schuldner die Möglichkeit beläßt, im konkreten Fall nachzuweisen, daß ein geringerer Schaden entstanden ist (BGH, BB 1983, 19 ff.). Eines ausdrücklichen Hinweises auf die Möglichkeit des Gegenbeweises bedarf es nicht. Zulässig sind Ersatzpauschalen nur für Schäden oder Wertminderungen, die ›dem gewöhnlichen Lauf der Dinge‹ entsprechen. Diese Anknüpfung verfehlt eine Schadenspauschalierung, welche vorsieht, daß der Leasingnehmer mindestens 15% des von einem vereidigten Gutachter festgestellten Marktzeitwertes des Fahrzeugs im Falle einer vorzeitigen Vertragsbeendigung zahlen muß. Eine Schadensersatzquote von 15% wird zwar dem Neuwagenverkäufer bei Nichtabnahme des Fahrzeugs als branchenüblich zugebilligt, sie hat aber keine erkennbare Relevanz zur Schadensersatzberechnung bei fristloser Kündigung des Leasingvertrages (v. Westphalen, DAR 1984, 337 ff.).

Aus den gleichen Gründen unwirksam ist eine Formularregelung, die den Leasingnehmer im Falle der fristlosen Kündigung des Leasingvertrages zur Zahlung eines pauschalierten Schadensersatzes von acht Leasingraten maximal bis zur Höhe der ausstehenden Restraten verpflichtet. Sie verstößt außerdem gegen das Abzinsungsgebot und berücksichtigt weder die ersparten Aufwendungen noch den Verwertungserlös. Ein offenes Mißverhältnis zwischen dem pauschalierten und dem tatsächlichen Schaden offenbart die früher manchmal verwendete Klausel, die den Leasingnehmer verpflichtete, im Falle vorzeitiger Vertragsbeendigung den Anschaffungspreis des Fahrzeugs abzüglich 60% der bis dahin fälligen Mieten sofort zu zahlen. Mangels hinreichender Durchschaubarkeit unzulässig ist eine AGB-Regelung, die den Leasinggeber berechtigt, im Falle der Kündigung eine Abrechnung in der Weise zu erstellen, »daß er seine Aufwendungen für die verkürzte Vertragszeit seinen Erträgen gegenüberstellt«.

Vom Gläubiger ist der Nachweis zu erbringen, daß die von ihm geltend gemachte Pauschale nicht in einem offenen Mißverhältnis zum branchenüblichen Schaden steht (BGHZ 67, 314). Solange das offene Mißverhältnis nicht vorliegt, verhilft die Pauschale dem Gläubiger zur Beweiserleichterung.

Trotz dieses Vorteils ist die Pauschalierung des Nichterfüllungsschadens für Leasingverträge nicht zu empfehlen. Dagegen spricht die Tatsache, daß der Verwertungserlös bei der Geltendmachung des Schadens berücksichtigt werden muß, dessen Höhe sich nach den Marktdaten richtet, die zum Zeitpunkt der fristlosen Kündigung vorherrschen und nicht vorhersehbar sind (v. Westphalen, Der Leasingvertrag, 4. Aufl., Rn. 835). Zweifelhaft

153

ist auch die Praktikabilität der abstrakten Schadensberechnung. Erschwert wird die Schadenspauschalierung durch die Verschiedenartigkeit der Vertragsmodelle. Zwar ist das Prinzip der Schadensberechnung stets das gleiche: Der Leasingnehmer schuldet dem Leasinggeber im Falle der vorzeitigen Vertragsbeendigung den nicht gedeckten Teil seines Aufwandes. Die konkrete Berechnung des Restamortisationsschadens variiert jedoch von Fall zu Fall. Beim kündbaren Vertrag muß z. B. der Schadensbetrag um die in den ausstehenden Leasingraten enthaltenen Gewinnanteile gekürzt werden (vgl. dazu die Ausführungen auf S. 151). Auch darf der Leasingnehmer bei dieser Vertragsform nicht mit den Verwertungskosten belastet werden, während ihm – erlaßkonforme Vertragsgestaltung vorausgesetzt – nur 90% statt der sonst üblichen 100% des Verwertungserlöses gutgeschrieben werden.

Hinzu kommt, daß dem strengen Blick des BGH bislang noch keine Schadenspauschalierung standgehalten hat (vgl. z. B. BGH, BB 1979, 1001; BB 1982, 1078; NJW 1986, 1235; ZIP 1986, 1566; OLG Hamburg, MDR 1985, 934). Auch dies mag ein Grund dafür sein, daß die Praxis der abstrakten Schadensberechnung von den meisten Leasingunternehmen aufgegeben wurde. Es ist heutzutage kein Problem, den Nichterfüllungsschaden EDV-unterstützt konkret zu berechnen. Hierzu bedarf es nach der Eingabe der Daten nur eines Knopfdrucks. Die vom BGH erteilten Hinweise zur Abzinsung, Verwertung usw. haben sich schnell herumgesprochen und werden von seriösen Leasingfirmen beachtet.

Rechtsverfolgungskosten

Der Schadensersatzanspruch des Leasinggebers umfaßt grundsätzlich auch die Kosten der Rechtsverfolgung (Gerichts-, Anwalts- und Vollstreckungskosten).

Die Rechtsverfolgung eines gewerblichen Leasinggebers aus einem notleidend gewordenen Leasingvertrag ist für diesen als Routineprozeß einzustufen. Von ihm wird erwartet, daß er über die zur Abwicklung seiner branchenüblichen Geschäftsvorfälle erforderlichen Rechtskenntnisse verfügt, wobei es in erstattungsrechtlicher Hinsicht unerheblich ist, ob er hierzu eigene Mitarbeiter beschäftigt oder sich statt dessen der Hilfe praktizierender Rechtsanwälte bedient. Deshalb mutet ihm die Rechtsprechung zu, einen auswärtigen Prozeßanwalt schriftlich zu informieren. Seine Kosten von Leasingnehmer weder für eine Informationsreise zum auswärtigen Prozeßbevollmächtigten noch für eine beratende oder vermittelnde Tätigkeit durch einen am Betriebsort ansässigen Anwalt zu übernehmen und folglich bei der Kostenfestsetzung am Prozeßende nicht zu berücksichtigen (OLG Koblenz, Jur. Büro 1985, 618; OLG Köln, Beschl. v. 10. 8. 1989 – 17 W 366/89 – n. v.).

Umsatzsteuer

Der Schadensersatzanspruch des Leasinggebers gegen den Leasingnehmer wegen schuldhafter Herbeiführung der vorzeitigen Vertragsbeendigung unterliegt nicht der Umsatzsteuerpflicht, da er kein Entgelt für eine steuerbare (Gegen-)Leistung des Leasinggebers i. S. v. § 1 Abs. 1 Nr. 1 UStG darstellt (BGH, ZIP 1987, 517; Empfehlung des BMF v. 29. 4. 1981 – IV A 2-S 7100-13/91 – an die Finanzminister der Länder). Hat jedoch der Leasingnehmer von einem vertraglich eingeräumten ›ordentlichen‹ Kündigungsrecht Gebrauch gemacht, dann ist die von ihm zu leistende Ausgleichszahlung Bestandteil des Entgelts für die Leistung des Leasinggebers und aus diesem Grunde mit der Umsatzsteuer zu belegen (BGH, ZIP 1986, 576 ff.). Ein steuerpflichtiger Umsatz im Rahmen eines fortbestehenden Leistungsaustauschverhältnisses wird auch dadurch begründet, daß der Leasingnehmer das Fahrzeug über den Kündigungszeitraum hinaus benutzt (OLG Hamm, ZIP 1986, 1475). Folglich ist der Leasingnehmer verpflichtet, an den Leasinggeber für die Zeit der Vorenthaltung des Fahrzeugs (§ 557 Abs. 1 BGB) Nutzungsentgelt in

Höhe der jeweiligen Leasingrate zuzüglich der gesetzlichen Umsatzsteuer zu zahlen. Die im Verwertungserlös enthaltene Umsatzsteuer findet bei der Abrechnung mit dem Leasingnehmer keine Berücksichtigung, d. h., der anrechenbare Teil des Verwertungserlöses ist ›netto‹ auszubringen (OLG Hamm, ZIP 1986, 1475). Dem Leasinggeber entsteht dadurch kein ungerechtfertigter Vorteil, da er die Umsatzsteuer an das Finanzamt abführen muß.

Kündigung durch den Leasingnehmer aus wichtigem Grund

Der Leasingvertrag ist ein Dauerschuldverhältnis, das, sofern ein ›wichtiger Grund‹ vorliegt, auch vom Leasingnehmer vorzeitig gekündigt werden kann. Ein Ausschluß des außerordentlichen Kündigungsrechts ist unzulässig. Keine Wirksamkeit entfaltet beispielsweise folgende, in einem Leasingvertrag vorgefundene Klausel:

»Eine Kündigung des Leasingvertrages durch den Leasingnehmer während der vereinbarten Laufzeit ist nicht möglich, insbesondere ist das Recht zur Kündigung gemäß § 542 BGB (Gebrauchsstörung) und § 569 BGB (Rechtsnachfolge) ausgeschlossen.«

Wann ein wichtiger Grund für eine fristlose Kündigung des Leasingnehmers anzunehmen ist, hängt von den Umständen des Einzelfalles ab. Es gilt die Faustregel, daß ein wichtiger Grund immer dann vorliegt, wenn die Durchführung des Vertrages durch ein Ereignis so erheblich gefährdet wird, daß sie dem Kündigenden nicht mehr zuzumuten ist. Denkbar ist z. B. ein außerordentliches Kündigungsrecht für den Fall, daß der Leasinggeber seine Mitwirkung bei der Geltendmachung von Gewährleistungsansprüchen versagt oder daß er den Gebrauch des Leasingfahrzeugs beeinträchtigt.

Beim Kfz-Leasing ist der Leasingnehmer stets berechtigt, die vorzeitige Vertragsbeendigung durch außerordentliche Kündigung herbeizuführen, wenn das Leasingfahrzeug Totalschaden erleidet, erheblich beschädigt oder gestohlen wird (BGH, ZIP 1986, 1566). Das Recht der außerordentlichen Vertragskündigung muß im Leasingvertrag enthalten sein und darf mit einer Verpflichtung des Leasingnehmers zur Zahlung eines Ausgleichsbetrages in Höhe des jeweiligen Restamortisationsbetrages gekoppelt werden. Fehlt die außerordentliche Kündigungsmöglichkeit im Vertrag, entfaltet die Gefahrverlagerungsklausel keine Wirksamkeit. Dies hat zur Folge, daß der Leasingnehmer den Leasingvertrag kraft Gesetzes ohne Verpflichtung zur Zahlung eines Ausgleichs kündigen kann und ab dem Zeitpunkt des Schadenseintritts von der Zahlung der Leasingraten befreit ist. Für den Fahrzeugschaden haftet er dem Leasinggeber nur, wenn er das schadensstiftende Ereignis zu vertreten hat.

Das OLG Frankfurt (NJW 1986, 2509) hat sich auf den Standpunkt gestellt, ein außerordentliches Kündigungsrecht sei ausgeschlossen, wenn ein mit dem Lieferanten vereinbartes Umtauschrecht des Leasingnehmers wegen Konkurses des Lieferanten nicht mehr durchsetzbar sei oder von diesem verweigert werde, da die Vereinbarung nur den Lieferanten, nicht aber den Leasinggeber verpflichte. Das Urteil ist auf diejenigen Fälle nicht übertragbar, in denen der Lieferant entweder als Vertreter des Leasinggebers handelt oder in denen er vom Leasinggeber im Stadium der Vertragsvorbereitung als Erfüllungsgehilfe eingeschaltet wird. Liegen die Voraussetzungen einer Erfüllungsgehilfenschaft vor, muß sich der Leasinggeber die Zusatzvereinbarung zumindest haftungsrechtlich zurechnen lassen. Ihre Nichteinhaltung berechtigt den Leasingnehmer zur fristlosen Kündigung.

Der Leasingnehmer besitzt kein außerordentliches Kündigungsrecht, wenn er das Leasingobjekt an einen Dritten herausgibt und von ihm nicht wiederbekommt. Fallbeispiel, entschieden vom OLG Schleswig (NJW-RR 1987, 1398): Der Leasingnehmer übergab das Leasingobjekt – es handelte sich um ein Gerät zur Kontrolle von Herz-

Vorzeitige Vertragsbeendigung

schrittmachern – an eine Drittfirma und erhielt von ihr ein Austauschgerät, das sie aber kurze Zeit später wieder abholte. Das Kündigungsrecht wurde dem Leasingnehmer versagt, weil der Leasingvertrag lediglich das ursprüngliche, nicht aber das umgetauschte Gerät betraf.

Tod des Leasingnehmers

Gemäß § 569 BGB sind nach dem Tode des Mieters sowohl dessen Erben als auch der Vermieter berechtigt, das Mietverhältnis unter Einhaltung der gesetzlichen Frist zu kündigen. Die Kündigung kann nur für den ersten Termin erfolgen, für den sie zulässig ist. Die Frist beginnt mit Kenntniserlangung vom Tod des Mieters. Wird die Frist versäumt, entfällt die Kündigungsmöglichkeit.
Die Bestimmung des § 569 BGB ist auf Kfz-Leasingverträge entsprechend anwendbar, auch wenn sich das – vorzeitige – Kündigungsrecht mit dem Vollamortisationsprinzip nicht vereinbaren läßt. Es ermöglicht den Erben gleichsam den kostenlosen Ausstieg aus dem Kreditgeschäft. Gleichwohl wird dem Leasinggeber die Hinnahme der Kündigungsmöglichkeit zugemutet, weil das mietrechtliche Leitbild dominiert (v. Westphalen, Der Leasingvertrag, 4. Aufl., Rn. 750). Der besonderen Interessenlage, welche beim Finanzierungsleasinggeschäft besteht, kann der Leasinggeber dadurch Rechnung tragen, daß er die nicht zwingende Vorschrift des § 569 BGB im Rahmen der Vertragsfreiheit abändert und hierdurch seinem Vollamortisationsinteresse zur Geltung verhilft (LG Gießen, NJW 1986, 2116). Leasingfirmen haben das Problem erkannt. Es entspricht heute üblicher Vertragsgestaltung, daß das Kündigungsrecht der Erben des Leasingnehmers entgegen der Wertung des § 569 BGB sowohl im kaufmännischen als auch im nichtkaufmännischen Bereich ausgeschlossen wird (v. Westphalen, Der Leasingvertrag, 4. Aufl., Rn. 748). Gegen den formularmäßigen Ausschluß der Kündigungsmöglichkeit bestehen keine rechtlich durchgreifenden Bedenken. Er trägt den Besonderheiten des Finanzierungsleasinggeschäftes Rechnung und führt nicht zu einer unangemessenen Benachteiligung des Leasingnehmers.
Unwirksam ist jedoch eine Regelung in vorformulierten AGB, die dem Leasinggeber für den Fall, daß der Leasingnehmer während der Vertragszeit stirbt, das Recht einräumt, den Leasingvertrag fristlos zu kündigen und Schadensersatz wegen der vorzeitigen Vertragsbeendigung zu verlangen. Sie benachteiligt den Rechtsnachfolger des Leasingnehmers unangemessen, da er der Schadensersatzverpflichtung selbst dann nicht entgehen kann, wenn er zur Fortsetzung des Leasingvertrages bereit ist (OLG Düsseldorf, NJW-RR 1990, 1469).

Ordentliche Vertragsbeendigung

Kfz-Leasingverträge enden üblicherweise mit Ablauf der vereinbarten Nutzungsdauer. Doch Vorsicht, es gibt auch Verträge, die nur durch Kündigung beendet werden können. Das Erfordernis der Kündigung ist nach höchstrichterlicher Rechtsprechung weder überraschend noch benachteiligt es den Leasingnehmer unangemessen. (BGH, NJW 1990, 247). Auch der Eintritt der Vollamortisation befreit den Leasingnehmer nicht von der Kündigungspflicht (BGH, ZIP 1990, 173 = DB 1990, 107). Das mit wesentlichen Grundgedanken des Mietrechts in Einklang stehende Kündigungserfordernis wird aus Sicht des BGH nicht von dem für Finanzierungs-Leasingverträge typischen Vollamortisationsprinzip verdrängt. Auch ein privater Leasingnehmer wird hierdurch nicht überfordert.

Eine vergessene Kündigung kann den Leasingnehmer teuer zu stehen kommen, insbesondere dann, wenn er für ein älteres, erheblich im Wert gesunkenes Auto die ursprünglichen Leasingraten auch dann noch bezahlen muß, wenn der Leasinggeber von ihm bereits volle Kostendeckung erhalten hat. (Kritisch daher Canaris, AcP 190, 410, 442; Tiedtke, ZIP 1989, 1437; ders. WM 1990, 337; zustimmend v. Westphalen, Der Leasingvertrag, 4. Aufl., Rn. 743 ff.; Flume, DB 1991, 265, 268).

Der Leasingnehmer hat das Auto am Vertragsende an den Leasinggeber zurückzugeben oder – bei entsprechender Vereinbarung – beim Händler oder einem Dritten abzuliefern. Sofern die AGB des Leasingvertrages die Herausgabe an den Händler vorsehen, kann darin eine unangemessene Benachteiligung des Leasingnehmers liegen, wenn die Entfernung wesentlich größer ist als zum Leasinggeber.

Die Rückgabepflicht ist am Wohn- bzw. Betriebssitz des Leasinggebers zu erfüllen. Es handelt sich um eine Bringschuld. Demzufolge gehen die Kosten der Rückführung zu Lasten des Leasingnehmers. Dieser muß auch die Gefahr des Untergangs und des Verlustes bis zur Rückgabe am Wohn- bzw. am Betriebssitz des Leasinggebers tragen. Kommt er seiner Rückgabepflicht nicht nach, muß er dem Leasinggeber für die Zeit der Vorenthaltung Schadensersatz mindestens in Höhe der vereinbarten Leasingraten zahlen (vgl. die Ausführungen auf S. 149).

Macht der Leasinggeber von einem vertraglich vereinbarten Andienungsrecht Gebrauch, darf der Leasingnehmer das Auto gegen Zahlung des kalkulierten Restwertes behalten. Das gleiche gilt, falls der Leasingnehmer ein ihm vertraglich zugestandenes Erwerbsrecht ausübt.

Es steht den Parteien frei, am Ende der Nutzungszeit eine neue Vereinbarung zu treffen, z. B. in Form eines Kaufvertrags oder eines Anschluß-Leasingvertrags.

Das Fahrzeug ist in einem Zustand zurückzugeben, welcher der tatsächlich beanspruchten Fahrleistung und der Nutzungszeit entspricht. Einbauten braucht der Leasinggeber nicht zu übernehmen und zu vergüten. Der Leasingnehmer hat sie auf seine Kosten zu entfernen. Bei etwaigen Veränderungen muß er den ursprünglichen Zustand wiederherstellen.

Eine Vertragsregelung, die sowohl das Wegnahmerecht als auch das Entschädigungsrecht des Leasingnehmers ausschließt, verstößt gegen § 9 AGB-Gesetz und ist unwirksam.

In AGB von Kilometerverträgen steht üblicherweise, daß der Zustand des Fahrzeugs zum Zeitpunkt der Rückgabe dem bei Anlieferung unter Berücksichtigung der *normalen* Abnutzung entsprechen muß und der Leasingnehmer für eine *übermäßige* Abnutzung Ersatz zu leisten hat.

Ordentliche Vertragsbeendigung

Klauselbeispiel:

»Entspricht das Fahrzeug bei Verträgen mit Kilometer-Limit nicht dem gewöhnlichen Zustand des Fahrzeugs bei Vertragsbeginn unter Berücksichtigung der vertragsgemäßen normalen Abnutzung bis zum Vertragsablauf, ist der Leasingnehmer zum Ersatz desjenigen Minderwertes verpflichtet, um den der tatsächliche Wert des Fahrzeuges unter dem Zeitwert liegt, den das Fahrzeug bei vertragsgemäßer normaler Abnutzung gehabt hätte.«

Soweit die Meinung vertreten wird, diese und ähnliche Regelungen, die den Leasingnehmer zur Beseitigung der durch übermäßigen Gebrauch des Fahrzeugs entstandenen Mängel bzw. zur Zahlung einer Wertminderung verpflichten, stünden in Widerstreit zu § 9 AGB-Gesetz (v. Westphalen, Der Leasingvertrag, 4. Aufl., Rn. 722), kann dieser Aussage jedenfalls für Kilometerverträge nicht zugestimmt werden. Da der Leasinggeber bei dieser Vertragsart ausnahmsweise das Restwertrisiko trägt, erscheint die Regelung, die ihn gegen eine übermäßige Abnutzung des Fahrzeugs sichert, auch unter Berücksichtigung der Interessen des Leasingnehmers durchaus angemessen.

Manchmal wird der Leasingnehmer verpflichtet, das Fahrzeug vor der Rückgabe zur Hauptuntersuchung nach § 29 StVZO vorzuführen oder einen demnächst – z. B. innerhalb der nächsten drei Monate – fälligen Wartungsdienst vornehmen zu lassen. Derartige die nachvertragliche Zeit betreffende Regelungen gehen weit über den in § 556 BGB festgelegten Rahmen hinaus, welcher besagt, daß die Mietsache am Vertragsende in dem Zustand zurückzugeben ist, in dem sie sich befindet. Eine Formularregelung, die den Leasingnehmer mit den Kosten künftiger Wartungsdienste belastet, wird wegen ihres überraschenden Charakters nicht wirksam in den Vertrag einbezogen (§ 3 AGB-Gesetz).

Von dem üblichen Verschleiß und der gewöhnlichen Abnutzung sind die Schäden zu unterscheiden, für die der Leasingnehmer aufzukommen hat. Seine Haftung folgt aus der Übernahme der Sachgefahr und der Pflicht zur Instandhaltung. Auf ein Verschulden kommt es nicht an. Schäden können auf äußeren Einwirkungen, wie z. B. einem Unfall, beruhen. Sie können aber auch als Folge eines fehlerhaften oder übermäßigen Gebrauchs auftreten.

Feststellung des Fahrzeugzustands am Vertragsende

Typisch für Leasingverträge ist die Klausel, daß der Zustand des Fahrzeugs bei dessen Rückgabe ermittelt und in einem gemeinsamen, von beiden Parteien zu unterschreibenden Protokoll festgehalten wird, von dem der Leasingnehmer eine Abschrift erhält. Die vorgesehene Dokumentation insbesondere der vorhandenen Schäden und Mängel des Autos soll späteren Streit vermeiden.
Der Leasingnehmer muß das Protokoll nicht unterschreiben, wenn die Feststellungen nicht den Tatsachen entsprechen. Zur eigenen Sicherheit sollte er sich aber auf jeden Fall die Fahrzeugablieferung bestätigen lassen.

Oft können sich die Parteien über den Zustand des Fahrzeugs am Vertragsende nicht einigen. Für diesen Fall sehen Leasingverträge die Einschaltung eines vereidigten Kfz-Sachverständigen vor. Er soll die vorhandenen Schäden und Mängel feststellen, den Instandsetzungsaufwand errechnen und die Höhe einer etwa verbleibenden Wertminderung ermitteln. Eine Regelung, mit der sich Leasingfirmen die Wahl des Gutachters vorbehalten, ist nicht unbedenklich. Sie verbürgt nicht in jedem Einzelfall, daß der eingeschaltete Sachverständige ausreichende Kompetenz besitzt und über die notwendige Unabhängigkeit verfügt (v. Westphalen, DAR 1984, 337 f.).
Soll der Sachverständige seine Feststellungen ›für beide Seiten verbindlich‹ treffen, wird er zum Schiedsgutachter. In AGB bedarf es des ausdrücklichen Hinweises auf die Bedeutung des Sachverständigen als Schiedsgutachter (LG Frankfurt, NJW-RR 1988, 1132;

Ordentliche Vertragsbeendigung

v. Westphalen, Der Leasingvertrag, 4. Aufl., Rn. 1052). Erkennt die eine oder andere Partei das Gutachten nicht an, muß sie den außerordentlich schwierigen Nachweis führen, daß die im Gutachten getroffenen Feststellungen offenbar unrichtig oder unbillig sind. Die schlichte Behauptung, das Fahrzeug sei gepflegt und mangelfrei gewesen, reicht hierzu nicht aus (OLG Frankfurt, NJW-RR 1989, 435).
Weil die Barriere einer offensichtlichen Unrichtigkeit eines Schiedsgutachtens sehr hoch ist, verdient die Schiedsgutachterklausel in Leasing-AGB einen besonders kritischen Blick. Die Neutralität des Gutachters ist nicht gewährleistet, wenn er der Leasingfirma aufgrund ständiger Geschäftsbeziehung nahesteht oder gar von ihr abhängig ist. Hierbei kommt es auf die Person des jeweiligen Gutachters an. Es reicht nicht aus, daß die Organisation, der er angehört, die Voraussetzung der Neutralität und Fachkompetenz besitzt. Die Forderung, dem Leasingnehmer müsse in den Leasing-AGB von vornherein ein Ablehnungsrecht des Gutachters eingeräumt werden, erweist sich vor diesem Hintergrund als durchaus berechtigt (v. Westphalen, Der Leasingvertrag, 4. Aufl., Rn. 1050; a. A. OLG München, Urt. 20. 8. 1990 – 17 U 5860/89 – n. v.).
Eine Klausel in Leasing-AGB, die den Leasingnehmer von der Mitwirkung an dem Schiedsgutachterverfahren ausschließt benachteiligt den Leasingnehmer unangemessen und ist unwirksam (OLG Frankfurt, WM 1987, 1402/1403; OLG München, Urt. 20. 8. 1990 – 17 U 5860/89 – n. v.). Eines positiven Hinweises auf das Mitwirkungsrecht in der AGB-Klausel bedarf es nicht, denn es kann als Verfahrensgrundlage einer jeden Schiedsgutachtervereinbarung vorausgesetzt werden, daß die Parteien sich an der Gutachtenerstattung vorausgehenden Verfahren beteiligen können (OLG München, Urt. 20. 8. 1990 – 17 U 5860/89 – n. v.).
Nach Ansicht des LG Frankfurt (NJW-RR 1988, 1132) ist der beauftragte Sachverständige verpflichtet, den Leasingnehmer von sich aus in den Schätzvorgang einzuschalten. Er hat für ein faires Verfahren Sorge zu tragen und muß sicherstellen, daß der Leasingnehmer mit seinen Bedenken und Zweifeln gleichgewichtig zu Wort kommt (v. Westphalen, Der Leasingvertrag, 4. Aufl., Rn. 1052).
Die Forderung, dem Leasingnehmer sei im Rahmen des Schiedsgutachtenverfahrens rechtliches Gehör zu gewähren, stößt in der Rechtsprechung auf Ablehnung (OLG Frankfurt, WM 1987, 1402, 1403). Begründet wird dieser Standpunkt mit dem formalen Argument, der Erstattung des Schiedsgutachtens sei kein gerichtliches oder gerichtsähnliches Verfahren vorgeschaltet und außerdem unterliege das gutachterliche Ergebnis der gerichtlichen Nachprüfung auf offenbare Unrichtigkeit (BGHZ 6, 341; OLG München, Urt. 20. 8. 1990 – 17 U 5860/89 – n. v.).
Zur Frage, welche Voraussetzungen erfüllt sein müssen, damit eine Schiedsgutachterklausel in Leasing-AGB der Angemessenheitskontrolle standhält, hat die Rechtsprechung noch nicht das letzte Wort gesprochen.
Besonders problematisch sind die Fälle, in denen der vom Sachverständigen zu ermittelnde Verkehrswert des Fahrzeugs für das Abrechnungsverhältnis verbindlich sein soll. Das OLG Frankfurt (DB 1989, 522) steht auf dem Standpunkt, daß die Kombination aus Schiedsgutachter- und Abrechnungsklausel jedenfalls dann nicht nach § 9 AGB-Gesetz unwirksam ist, wenn dem Leasingnehmer alternativ das Recht eingeräumt wird, dem Leasinggeber einen Käufer vorzuschlagen (ebenso LG Köln, Urt. 20. 3. 1991 – 4 O 596/90 – n. v., vgl. hierzu die Ausführungen auf S. 161).
Soll der Sachverständige beim Kilometerleasingvertrag die Schadensersatzansprüche des Leasinggebers wegen übermäßiger Abnutzung der Leasingsache feststellen, so muß er im Gutachten detailliert darlegen, welche Mängel auf normalem Verschleiß und welche auf einer übermäßigen, vom Leasingnehmer zu vertretenden Abnutzung des Leasingfahrzeugs beruhen (LG Hamburg, NJW-RR 1989, 883). Fehlt diese Differenzierung, ist das Gutachten unbrauchbar.
Die Unstimmigkeiten über den Zustand des Fahrzeugs am Vertragsende beruhen in vie-

159

Ordentliche Vertragsbeendigung

len Fällen darauf, daß die Grenzen zwischen den durch vertragsgemäßen Gebrauch verursachten Mängeln und solchen, deren Ursache in einem vertragswidrigen Gebrauch liegt, fließend und manchmal nicht mehr feststellbar sind. Die Nichtfeststellbarkeit geht zu Lasten des Leasinggebers, der die übermäßige Benutzung des Leasingfahrzeugs beweisen muß.

Beispiel aus der Gerichtspraxis:

Ein Leasingauto der unteren Mittelklasse wies bei Rückgabe nach dreijähriger Benutzung auf den linken und rechten Seitenteilen tiefe Lackkratzer auf. Weiterhin war der Sitzbezug vorne links durch ein Brandloch beschädigt. Kostenpunkt für den Leasingnehmer: 1316,90 DM incl. Gutachterkosten. Begründung des Gerichts: Bei den Kratzern im Lack und dem Brandloch handelt es sich nicht um bloße Verschleißerscheinungen. Hierzu gehören nur solche Mängel, die nach alters- und vertragsgemäßer Nutzung des Fahrzeugs regelmäßig und nach allgemeiner Lebenserfahrung auftreten (AG Köln, Urt. v. 18. 10. 1985 – 130 C 12/85 – n. v.).

Verwertung des Fahrzeugs und Abrechnung

Am Vertragsende darf der Leasinggeber das Fahrzeug nicht nach Belieben verwerten, jedenfalls dann nicht, wenn der Leasingnehmer das Restwertrisiko trägt. Der Leasinggeber muß die Belange des Leasingnehmers optimal wahren. Er ist verpflichtet, sich mit zumutbarer Sorgfalt um die bestmögliche Verwertung des Fahrzeugs zu bemühen. Verstößt er gegen diese Pflicht, muß er sich so behandeln lassen, als hätte er den höheren Marktpreis für das Fahrzeug erzielt.
Zur Obliegenheit der bestmöglichen Verwertung hat der BGH (NJW 1991, 221) folgende konkrete Hinweise erteilt:

»Diese Pflicht zur bestmöglichen Verwertung erfüllt der Leasinggeber nicht ausnahmslos schon durch die Veräußerung an einen Händler zu dessen Einkaufspreis. Anderen Möglichkeiten zur Erzielung eines höheren Erlöses muß der Leasinggeber nachgehen. Das gilt insbesondere dann, wenn ihm vom Leasingnehmer weitere Interessenten genannt werden. Inwieweit sich der Leasinggeber selbst um solche Interessenten bemühen muß, hängt von den Umständen des Einzelfalles und insbesondere von der Marktgängigkeit des Leasingobjektes ab. Auf der anderen Seite kann dem Leasinggeber nicht allein deshalb die Mißachtung der erforderlichen Sorgfalt vorgeworfen werden, weil er an einen Händler veräußert und weniger als den Händlerwiederverkaufswert erzielt hat. Die Suche nach einem anderen Abnehmer als einem Händler kann sich als zeitraubend und aufwendig erweisen, aber gleichwohl erfolglos bleiben und dann dem Leasinggeber sowohl den Vorwurf der Verletzung der ihm zur Schadensminderung obliegenden Pflicht zur Veräußerung in angemessener Zeit eintragen als auch ihn dem Einwand aussetzen, er habe unnötige Kosten verursacht... Ob unter solchen Umständen die Suche nach weiteren Interessenten aussichtsreich ist, muß vom Standpunkt eines mit zumutbarer Sorgfalt handelnden Leasinggebers und unter Berücksichtigung der ihm zum Zeitpunkt der Verwertung offenen Erkenntnismöglichkeiten beurteilt werden.«

Durch diese strengen Anforderungen wird verhindert, daß Leasingfirmen zurückgenommene Leasingfahrzeuge durch Weitergabe zum Händlereinkaufspreis an mit ihnen freundschaftlich verbundene Gebrauchtwagenhändler nach vorausgegangener Wertschätzung eines Sachverständigen unter Wert veräußern, wobei der Händler hohen Gewinn erzielt und der Leasingnehmer das Nachsehen hat.
Eine schuldhafte Sorgfaltspflichtverletzung liegt aus Sicht des BGH in der Regel dann nicht vor, wenn der erzielte Erlös trotz des Verkaufs an einen Händler weniger als 10 % unter dem vom Sachverständigen ermittelten Händlerverkaufswert liegt (NJW 1991, 221). Eine solche Abweichung hält sich noch in

Ordentliche Vertragsbeendigung

dem Rahmen, den der Leasingnehmer im Hinblick auf die mit der Verwertung des Leasingobjektes verbundenen Unsicherheiten hinnehmen muß.
Eine AGB-Klausel, welche vorschreibt, daß nur der Schätzpreis eines Gutachters und nicht ein möglicherweise davon abweichender, tatsächlich erzielter Verkaufspreis die Grundlage für die Abrechung zwischen den Parteien darstellt, benachteiligt den Leasingnehmer unangemessen. Die Regelung führt aber gleichwohl nicht zur Unwirksamkeit der Klausel, wenn der Leasinggeber dem Leasingnehmer die Möglichkeit einräumt, einen Käufer zu stellen. Durch die Beibringung eines Käufers kann der Leasingnehmer die nachteilige Folge der Schiedsgutachtervereinbarung abwenden (OLG Frankfurt, DB 1989, 522; LG Köln, Urt. 20. 3. 1991 – 4 O 596/90 – n. v.).
Ob eine Klausel im Leasingvertrag, welche die Anrechnung des vom Sachverständigen zu ermittelnden Händlereinkaufspreises vorsieht, wegen unangemessener Benachteiligung des Leasingnehmers nichtig ist, hat das OLG Köln ungeprüft dahinstehen lassen, da die Regelung nach seiner – insoweit zutreffenden – Meinung nicht die weitere Verpflichtung des Leasinggebers sperrt, einen tatsächlich erzielten (höheren) Verwertungserlös dem Leasingnehmer gutzubringen (Urt. v. 29. 7. 1992 – 2 U 29/92 – n. v.).
Der Leasingnehmer kann den Leasinggeber bei der Suche nach einem Käufer auch ohne ausdrückliche Vertragsregelung unterstützen. Benennt er einen meistbietenden Interessenten, muß der Leasinggeber zwar nicht an diesen verkaufen, jedoch ist sein Angebot für das Abrechnungsverhältnis maßgeblich. Soweit Leasinggeber hiergegen einwenden, der Verkauf an private Endabnehmer sei nicht zumutbar, weil sie keinen Handel mit Gebrauchtfahrzeugen betreiben würden, vermag diese Argumentation mit Blick auf § 254 BGB nicht zu überzeugen.
Maßgebend für die Höhe des dem Leasinggeber infolge der Verwertung des Leasingfahrzeugs anzurechnenden Vorteils ist grundsätzlich nur der Vermögenszuwachs, der ihm tatsächlich zugeflossen ist (BGH,

WM 1983, 931). Zum Zwecke der Verwertung aufgewendete Reparaturaufwendungen schmälern den Verwertungserlös. Reparaturaufwendungen sind aber nur dann zu Lasten des Leasingnehmers zu berücksichtigen, *»wenn sie entweder erforderlich waren, um den Leasinggegenstand überhaupt veräußern zu können, oder – bei einer möglichen Veräußerung auch in unrepariertem Zustand – zu einem vergleichbar höheren Verwertungserlös geführt haben. Soweit ein solcher Mehrerlös tatsächlich nicht erreicht worden ist, kommt es darauf an, ob der Leasinggeber bei seiner Entscheidung, die Reparatur durchführen zu lassen, unverschuldet davon ausgegangen ist, der Reparaturaufwand werde zumindest einen entsprechend höheren Verwertungserlös bedingen«* (BGH, NJW-RR 1992, 378).

Obwohl die Verwertung des Leasingfahrzeugs ein Eigengeschäft darstellt, das der Leasinggeber in seiner Eigenschaft als rechtlicher und wirtschaftlicher Eigentümer des Leasingfahrzeugs tätigt, gestattet ihm die Rechtsprechung, den mit der Verwertung des Fahrzeugs zusammenhängenden Aufwand dem Leasingnehmer in Rechnung zu stellen, sofern der Leasingvertrag eine entsprechende Regelung enthält. Nach Ansicht des BGH (NJW 1991, 221) ist diese Aussage auch für den kündbaren Leasingvertrag mit Abschlußzahlung gültig, wogegen v. Westphalen (Der Leasingvertrag, 4. Aufl., Rn. 784) berechtigterweise einwendet, das ordnungsgemäße Kündigungsrecht dürfe nicht mit solchen Aufwendungen belastet werden, die der Leasinggeber als Eigentümer im Zusammenhang mit der Verwertung zu tragen habe.

Nach Meinung des OLG Frankfurt ist der Leasingnehmer nicht berechtigt, vom Leasinggeber die Anrechnung des für die Leasingsache erzielten Verwertungserlöses auf rückständige Leasingraten zu verlangen. Der Verwertungserlös ist nur auf den Ausgleichs- und den Schadensersatzanspruch des Leasinggebers zu verrechnen (NJW-RR 1987, 372).

Ordentliche Vertragsbeendigung

Der Leasingnehmer braucht die Differenz zwischen einem tatsächlich erzielten niedrigen Restwert und einem höher kalkulierten nicht auszugleichen, wenn es sich bei dem kalkulierten Restwert um einen willkürlich eingesetzten Phantasiepreis handelt (LG Bochum, NJW-RR 1987, 123).

In welcher Höhe der Verwertungserlös des Leasingfahrzeugs in Anrechnung zu bringen ist, hängt von den jeweiligen vertraglichen Vereinbarungen ab. Diese können erlaßkonform sein, müssen es aber nicht. Der bloße Hinweis auf den Inhalt des Teilamortisations-Erlasses reicht zur Rechtfertigung der dort vorgesehenen Anrechnungsquoten, welche z. B. 90% beim kündbaren Vertrag mit Abschlußzahlung beträgt, nicht aus. Erforderlich ist eine durchsichtige Vertragsgestaltung (v. Westphalen, Der Leasingvertrag, 4. Aufl., Rn. 779, 780).

Beim Kilometervertrag ist die Verwertung des Fahrzeugs allein Sache des Leasinggebers. Der Erlös findet bei der Abrechnung keine Berücksichtigung. Auszugleichen sind Mehr- oder Minderkilometer nach Maßgabe der vertraglich festgelegten Vergütungssätze. Weiterhin besitzt der Leasinggeber gegen den Leasingnehmer einen Anspruch auf Schadensersatz, falls das Fahrzeug am Vertragsende Schäden oder auf übermäßige Benutzung zurückzuführende Mängel aufweist. Für eine übermäßige Abnutzung des Fahrzeugs trägt der Leasinggeber die Beweislast. Die auf normaler Abnutzung und üblichem Verschleiß beruhenden Reparaturerfordernisse werden durch die Leasingraten (mit-)abgegolten und dürfen bei der Ermittlung der Wertminderung für die übermäßige Abnutzung nicht berücksichtigt werden (LG Frankfurt, NJW-RR 1988, 1134). Fehlt die Differenzierung zwischen den durch normalen Verschleiß und den durch übermäßige Benutzung herbeigeführten Schäden in dem vom Leasinggeber beauftragten Gutachten, ist eine darauf gestützte Berechnung der Wertminderung mangels Nachvollziehbarkeit insgesamt zu verwerfen (LG Hamburg, NJW-RR 1989, 883). Versäumnisse der Beweissicherung gehen zu Lasten des Leasinggebers, der im Falle des Vorhandenseins negativer Zustandsmerkmale dafür Sorge tragen muß, daß vom Fahrzeug Fotografien angefertigt werden und gegebenenfalls ein Sachverständiger eingeschaltet wird.

Die generelle Zubilligung eines Anspruchs in Höhe der Reparaturkosten anstelle eines Wertminderungsausgleichs weckt Bedenken.

Typische Klausel aus einem Leasingvertrag:

»Festgestellte Schäden und nicht vereinbarte Änderungen am Leasingfahrzeug kann der Leasinggeber auf Kosten des Leasingnehmers beseitigen.«

Das Problem verdeutlicht folgendes Beispiel: Die Beseitigung eines einzigen Kratzers verursacht erhebliche Kosten, wenn im Zuge einer ordnungsgemäßen Reparatur das betroffene Fahrzeugteil komplett neu lackiert werden muß. Demgegenüber fällt ein etwaiger Mindererlös im Falle eines Verkaufs des unreparierten Fahrzeugs ›mit Kratzer‹ weitaus weniger ins Gewicht. In einem solchen Falle ist dem Leasinggeber der Anspruch auf die Reparaturkosten zu versagen und ihm statt dessen nur ein Ausgleich in Höhe der durch den Kratzer verursachten Wertminderung zuzubilligen. Anderenfalls würde der Leasinggeber an dem Schaden verdienen. Im Hinblick auf das schadensrechtlich verankerte Bereicherungsverbot können AGB-Regelungen, die entweder den Leasingnehmer verpflichten, am Vertragsende vorhandene Schäden beseitigen zu lassen oder dem Leasinggeber das Recht der Selbstbeseitigung auf Kosten des Leasingnehmers einräumen vor § 9 AGB-Gesetz nicht bestehen, wenn sie keinerlei Ausnahmen zulassen.

Fahrzeugrückkauf durch den Händler

Vielfach verpflichten Leasingfirmen ihre Lieferanten, die Fahrzeuge von ihnen später zum kalkulierten Restwert oder zum Händlereinkaufspreis zurückzukaufen. Üblicherweise wird das Wiederverkaufsrecht für den

Ordentliche Vertragsbeendigung

Zeitpunkt der ordentlichen Vertragsbeendigung vereinbart. Es kommt aber auch vor, daß der Händler das Leasingauto im Falle einer vorzeitigen Vertragsbeendigung zurücknehmen muß. Eine Vereinbarung, die den Händler zum Kauf des Fahrzeugs verpflichtet, falls der Leasingvertrag notleidend wird, ist dahin auszulegen, daß es zum Eintritt der Bedingung einer wirksamen Kündigung des Leasingvertrages bedarf (BGH, DAR 1990, 96).
Im Wiederverkaufsfall trägt der Leasinggeber das Risiko der Verschlechterung. Auch für vom Leasingnehmer verschuldete Schäden und Mängel des Fahrzeugs muß er gegenüber dem Händler einstehen.
Die für den gesetzlich geregelten Wiederkauf in § 498 Abs. 2 BGB vorgesehene Freistellung des Wiederverkäufers von der Mängelhaftung kommt dem Leasinggeber nicht zugute, da die Gesetzesregelung maßgeblich auf der Erwägung beruht, daß es zum Wiederverkauf ausschließlich im Interesse und auf Veranlassung des Wiederkäufers kommt. Anders ist die Situation beim Wiederverkaufsrecht des Leasinggebers. Es dient vorrangig dem Interesse des Leasinggebers. Für ihn bedeutet die Rückkaufverpflichtung des Händlers eine Erfüllungsgarantie in bezug auf den kalkulierten Restwert, falls er, wie beim Kilometerleasing, das Restwertrisiko trägt oder der Leasingnehmer nicht in der Lage ist, den Restwert finanziell abzusichern. (BGH, NJW 1990, 2546, 2548). Die entsprechende Anwendung von § 498 Abs. 2 BGB scheitert ferner daran, daß sich der Anwendungsbereich dieser Vorschrift auf nicht gewerbsmäßig eingeräumte Wiederverkaufsrechte beschränkt. Dem Leasinggeber wird allerdings gestattet, seine Gewährleistung für Mängel des Fahrzeugs vertraglich auszuschließen (BGH, NJW 1990, 2546 f.).

Zwangsvollstreckung

Gläubiger des Leasingnehmers

Pfändung des Fahrzeugs

Der Leasingnehmer besitzt das Auto aufgrund des Leasingvertrages. Seine Gläubiger können in das Auto vollstrecken. Die Pfändung setzt nur ›Gewahrsam‹, nicht aber Eigentum voraus (§ 808 ZPO).
Für den Leasinggeber ist es außerordentlich wichtig, daß er von einer Pfändung des Autos sofort erfährt. Denn nur er hat als rechtlicher und wirtschaftlicher Eigentümer des Leasingfahrzeugs die Möglichkeit, die Zwangsvollstreckung abzuwenden. Die rechtlichen Möglichkeiten des Leasingnehmers sind begrenzt.
Leasingfirmen schreiben ihren Kunden in ihren AGB vor, wie sie sich im Falle der Zwangsvollstreckung zu verhalten haben. An oberster Stelle steht die Pflicht zur Benachrichtigung des Leasinggebers.

Klauselbeispiel:

»Eine drohende oder erwirkte Zwangsvollstreckung in das Fahrzeug der Leasinggeberin hat der Leasingnehmer unverzüglich schriftlich mitzuteilen und das Pfändungsprotokoll, Namen und Adresse des Gläubigers sowie des Gerichtsvollziehers beizufügen.«

Zu den vertraglichen Nebenpflichten des Leasingnehmers gehört es, daß er den Gerichtsvollzieher auf das Fremdeigentum hinweisen muß. Erforderlichenfalls hat er den Leasingvertrag vorzulegen und den Namen und die Anschrift des Leasinggebers bekanntzugeben.
Der durch den Gewahrsam begründete Schein der Zugehörigkeit des Fahrzeugs zum Schuldnervermögen wird aber weder durch den Hinweis, daß es sich um ein Leasingfahrzeug handelt, noch durch die Vorlage der Leasingunterlagen zerstört. Setzt der Gerichtsvollzieher die Zwangsvollstreckung fort, besitzt der Leasingnehmer keine Möglichkeit zur Verhinderung. Er kann allenfalls einen Vollstreckungsaufschub herbeiführen, indem er der Durchsuchung durch den Gerichtsvollzieher widerspricht. In diesem Falle muß der betreibende Gläubiger beim Vollstreckungsgericht zunächst einen Durchsuchungsbeschluß erwirken, ehe er den Gerichtsvollzieher erneut mit der Pfändung des Autos beauftragen kann.
Die Zwangsvollstreckung kann nur der Leasinggeber wirksam verhindern, indem er sich auf sein Eigentum an dem Fahrzeug beruft. Gibt der Gläubiger das Auto nicht frei, muß der Leasinggeber sein Eigentum im Wege der Drittwiderspruchsklage geltend machen. Auf seinen Antrag hin erklärt das Gericht die Zwangsvollstreckung für unzulässig. Durch die Einreichung der Drittwiderspruchsklage wird die Zwangsvollstreckung nicht automatisch gestoppt. Droht die Versteigerung des Autos, muß der Leasinggeber bei Gericht beantragen, daß die Zwangsvollstreckung einstweilen eingestellt wird (§§ 771, 769 ZPO). Erhebt der Leasinggeber keine Drittwiderspruchsklage und wird das Fahrzeug versteigert, erwirbt der Ersteher gutgläubig Eigentum. Der die Zwangsvollstreckung betreibende Gläubiger muß den Versteigerungserlös abzüglich der Zwangsvollstreckungskosten wegen ungerechtfertigter Bereicherung an den Leasinggeber auskehren, da ein materiellrechtlich wirksames Pfändungsrecht wegen des Dritteigentums nicht zur Entstehung gelangen konnte. Auf einen Wegfall der Bereicherung kann er sich berufen. Da der Versteigerungserlös in aller Regel

nicht den Schaden des Leasinggebers deckt, haftet ihm der Leasingnehmer auf den Differenzbetrag, falls er es unterlassen hat, den Leasinggeber rechtzeitig von der Zwangsvollstreckung in Kenntnis zu setzen. Der Anspruch des Leasinggebers betrifft in erster Linie die durch die Zwangsvollstreckung verursachten Kosten, die der betreibende Gläubiger nicht erstatten muß, und den kalkulierten Restwert des Leasingfahrzeugs.

Hat – umgekehrt – der Leasinggeber die Intervention gegen die Vollstreckung trotz rechtzeitiger Mitteilung des Leasingnehmers versäumt, so daß die Zwangsversteigerung des Leasingfahrzeugs zur Durchführung gelangen konnte, ist der Leasingnehmer berechtigt, wegen des Gebrauchsentzugs den Leasingvertrag fristlos zu kündigen.

Der Gerichtsvollzieher, der ein Leasingfahrzeug trotz des Hinweises des Leasingnehmers auf das Eigentum des Leasinggebers versteigert, macht sich gegenüber dem Leasinggeber nicht schadensersatzpflichtig. Er haftet weder nach Bereicherungsrecht noch wegen Amtspflichtverletzung. Grundsätzlich darf ein Vollziehungsbeamter aufgrund der Gesetzesregelung von § 808 ZPO davon ausgehen, daß der Gewahrsamsinhaber – in diesem Falle der Leasingnehmer – auch Eigentümer des gepfändeten Autos ist. Das gilt selbst dann, wenn ihn der Leasingnehmer ausdrücklich auf das Eigentum des Leasinggebers hinweist, und sogar, wenn er den Namen des Leasinggebers nennt. Es gehört nicht zu den Aufgaben des Gerichtsvollziehers, derartigen Hinweisen nachzugehen. Vielmehr fällt es in die Verantwortung des Leasingnehmers, den Leasinggeber von der Pfändung unverzüglich zu benachrichtigen (LG Dortmund, NJW-RR 1986, 1497).

Zwangsvollstreckung in sonstige Rechte aus dem Leasingvertrag

Als Vollstreckungsgüter kommen beim Teilamortisationsvertrag außer dem Leasingfahrzeug das Nutzungsrecht des Leasingnehmers, ein etwa vereinbartes Erwerbsrecht des Leasingnehmers und eine Mehrerlösbeteiligung am Vertragsende in Betracht.

Die Pfändbarkeit des Nutzungsrechts ist umstritten. Es wird die Auffassung vertreten, die Nutzungsmöglichkeit stelle ein verselbständigtes Vermögensrecht dar, dessen Pfändung nach § 857 ZPO zu vollziehen sei (Borggräfe, Die Zwangsvollstreckung in bewegliches Leasinggut – Finanzierungsleasing als Kreditgeschäft, 96 f.), wobei sich der Wert des Nutzungsrechts aus der Differenz zwischen den noch nicht gezogenen Nutzungen und den während der Vertragslaufzeit vom Leasingnehmer noch zu erbringenden Leasingraten ergebe. Da die Wertberechnung des durch die Nutzungsmöglichkeit verkörperten Vermögensvorteils außerordentlich schwierig ist, erweist sich die Pfändung des Nutzungsrechts als nicht praktikabel. Außerdem stößt sie auf rechtliche Bedenken.

Nach anderer Auffassung ist das Nutzungsrecht Teil des Besitzes und in entsprechender Anwendung von § 808 ff. ZPO pfändbar (Canaris, Bankvertragsrecht Rn. 1776). Im Falle einer Besitzpfändung muß der Leasingnehmer die Wegnahme des Fahrzeugs durch den Gerichtsvollzieher jedoch nur dann hinnehmen, wenn er vertragsrechtlich verpflichtet ist, die Übertragung des Leasingfahrzeugs an einen Dritten zu dulden. Da diese Voraussetzung meistens fehlt, läuft die Pfändung des Nutzungsrechts leer. Leasingverträge enthalten üblicherweise AGB-Regelungen, die es dem Leasingnehmer verbieten, das Kraftfahrzeug Dritten zum Gebrauch zu überlassen.

Klauselbeispiel:

»Der Leasingnehmer darf das Fahrzeug weder vermieten noch verleihen. Zur längerfristigen Nutzung darf er das Fahrzeug nur den seinen Haushalt angehörenden Personen mit gültiger Fahrerlaubnis überlassen.«

Das Verbot der Besitz- und Gebrauchsüberlassung ist wegen des Vollamortisationsinteresses auf seiten des Leasinggebers leasingtypisch und von daher rechtlich nicht zu beanstanden (BGH, ZIP 1990, 1133).

Zwangsvollstreckung

Selbst wenn ein entsprechendes Verbot nicht im Leasingvertrag enthalten ist, scheitert die Pfändung nach teilweise vertretener Auffassung an dem gesetzlichen Verbotstatbestand von § 549 BGB (v. Westphalen, Der Leasingvertrag, 4. Aufl., Rn. 891), da die Versagung der Zustimmung des Leasinggebers zur Gebrauchsüberlassung – im Gegensatz zum reinen Mietverhältnis – nicht zur außerordentlichen Kündigung berechtigt, anderenfalls dem Leasinggeber der Finanzierungsaufwand einschließlich des kalkulierten Gewinns nicht zufließen würde.

Der Anspruch des Leasingnehmers auf Auszahlung eines etwaigen Mehrerlöses nach Verwertung des Fahrzeuges am Vertragsende ist – wie jede künftige Forderung – pfändbar. Der Anspruch entsteht nur, wenn am Vertragsende tatsächlich ein Mehrerlös erzielt wird, von dem der Leasingnehmer einen Teil zu beanspruchen hat.

Bei erlaßkonformer Vertragsgestaltung erstreckt sich die Pfändung auf 75% des Mehrerlöses, da der Leasingnehmer diese Quote zu beanspruchen hat. Sofern der Leasingvertrag dem Leasingnehmer eine Mehrerlösbeteiligung von 100% für den Fall zubilligt, daß der Leasingnehmer einen Anschlußleasingvertrag abschließt, unterfällt die Bonus-Regelung nur insoweit der Pfändung, als der Leasingnehmer Anspruch auf Auskehrung des Mehrerlöses besitzt.

Geteilt sind die Meinungen zu der Frage, ob ein vertraglich vereinbartes Recht des Leasingnehmers zum Erwerb des Fahrzeugs am Vertragsende pfändbar ist. Das LG Berlin hat die Pfändung abgelehnt, weil das Erwerbsrecht nach seiner Meinung lediglich eine nicht zum Vermögen des Leasingnehmers gehörende künftige Erwerbsmöglichkeit darstellt (MDR 1976, 409). Dieser Auffassung wird entgegengehalten, das Erwerbsrecht des Leasingnehmers sei dem übertragbaren Vorkaufsrecht vergleichbar, für das die h. M. die Pfändung zuläßt. Folglich müsse auch das Erwerbsrecht des Leasingnehmers pfändbar sein. Nach der gesetzlichen Grundregel von § 514 BGB ist das Vorkaufsrecht nicht übertragbar, falls nicht ein anderes bestimmt ist. Sofern man das Erwerbsrecht des Leasingnehmers mit dem in § 514 BGB geregelten Vorkaufsrecht auf eine Stufe stellt, muß man die Gleichstellung konsequenterweise auch im Hinblick auf die kraft Gesetzes geltende ›Unübertragbarkeit‹ vornehmen. Wer diesen Schritt vollzieht, gelangt zu dem Ergebnis, daß das Erwerbsrecht nicht pfändbar ist (v. Westphalen, Leasingvertrag, 4. Aufl., Rn. 908).

Gläubiger des Leasinggebers

Pfändung des Anspruchs aus dem Kaufvertrag

Der Leasinggeber besitzt gegenüber dem Händler aus dem Kaufvertrag Anspruch auf Eigentumsübertragung und Besitzverschaffung. Dieser Anspruch unterliegt der Pfändung gem. §§ 829, 846 ZPO. Die Pfändung geht jedoch ins Leere, falls der Leasinggeber die Rechte aus dem Kaufvertrag im Wege einer antizipierten Sicherungszession an die refinanzierende Bank übertragen hat.

Pfändung des Fahrzeugs

Ab Auslieferung durch den Händler können Gläubiger des Leasinggebers im Wege der Pfändung gem. §§ 808, 809 ZPO auf das Fahrzeug Zugriff nehmen.

Die Zwangsvollstreckung in das Fahrzeug führt jedoch nur zum Erfolg, wenn der Leasingnehmer das Fahrzeug herausgibt. Das wird er aber in der Regel nicht tun, weil er ein Recht zum Besitz hat. Wird das Auto dennoch gepfändet, kann er gegen diese Maßnahme vorgehen:

Entweder mit der Erinnerung wegen Verletzung des Gewahrsams (Baumbach/Lauterbach/Albers/Hartmann, ZPO §§ 809 Anm. 1 B) oder mit der Drittwiderspruchsklage wegen Verletzung des Besitzrechts (Canaris, Bankvertragsrecht, Rn 1780; a. A. Mohrbutter, ZAP Fach 14 S. 23, 24)

Falls der Leasinggeber das Eigentum am Fahrzeug seinem Kreditgeber sicherungs-

übereignet hat, muß er ihn von der Zwangsvollstreckung benachrichtigen.
Der Kreditgeber besitzt die Möglichkeit, die Zwangsvollstreckung durch Drittwiderspruchsklage abzuwenden (BGH, NJW 1986, 2252; ZIP 1987, 577, 580).

Pfändung der Leasingraten

Der Gläubiger des Leasinggebers kann dessen Anspruch auf Zahlung der Leasingraten pfänden und sich zur Einziehung überweisen lassen. Vom Zeitpunkt der Zustellung des Beschlusses an darf der Leasingnehmer nicht mehr an den Leasinggeber, sondern nur noch an den Gläubiger zahlen. Er hat dem Gläubiger auf Verlangen Auskunft zu erteilen.
Die Pfändung des Leasingentgeltes ist wirkungslos, falls der Leasinggeber seine Ansprüche aus dem Leasingvertrag an seinen Kreditgeber wirksam abgetreten hat. Besitzt der Leasinggeber wegen Übersicherung einen Freigabeanspruch gegen die refinanzierende Bank, kann der Gläubiger dieses Recht pfänden und sich zur Einziehung überweisen lassen.
Pfändbar sind außer den Leasingraten
- der Anspruch des Leasinggebers gegen den Leasingnehmer auf Restwertausgleich,
- der Anspruch gegen den Leasingnehmer auf Abschlußzahlung beim kündbaren Vertrag,
- der Anspruch auf Ersatz des Restamortisationsbetrages bei einem bereits gekündigten Vertragsverhältnis.

Pfändung des Anspruchs auf Rückgabe des Autos

Der Leasinggeber besitzt als Eigentümer des Fahrzeugs gegen den Leasingnehmer einen Anspruch auf Herausgabe des Fahrzeugs.

Daneben besteht der vertragliche Anspruch auf Rückgewähr nach Vertragsbeendigung. Beide Ansprüche sind gem. § 846 ff. ZPO pfändbar. Während der Laufzeit des Vertrages hat der Leasingnehmer an dem Fahrzeug ein Recht zum Besitz. Sein Besitzrecht kann er dem Gläubiger entgegenhalten und dadurch die Zwangsvollstreckung zu Fall bringen.
Auch ein vereinbartes Optionsrecht auf Kauf des Fahrzeugs kann er dem Pfändungsgläubiger entgegenhalten.

Kosten der Abwehr von Zwangsvollstreckungsmaßnahmen

Die Kosten der Zwangsvollstreckung trägt der jeweilige Schuldner. Richtet sich die Zwangsvollstreckung gegen den Leasinggeber, so hat dieser für die mit ihrer Abwehr zusammenhängenden Kosten aufzukommen. Eine formularmäßige Regelung im Leasingvertrag, die den Leasingnehmer verpflichtet, alle zur Beseitigung unberechtigter Eingriffe notwendigen Kosten zu tragen, entfaltet keine Wirksamkeit.

Ungültig ist auch eine Klausel im Leasingvertrag, wonach im Falle einer Pfändung des Leasingfahrzeugs die Kosten der Intervention grundsätzlich zu Lasten des Leasingnehmers gehen, wenn sich die Zwangsvollstreckung gegen ihn richtet. Der Leasingnehmer besitzt keine rechtliche Handhabe, den Zugriff auf das Leasinggut zu verhindern. Anerkanntermaßen in Einklang mit § 9 AGB-Gesetz steht indessen eine Formularregelung, die den Leasingnehmer zur Übernahme der Kosten einer Drittwiderspruchsklage verpflichtet, soweit der Leasinggeber gegenüber dem pfändenden Gläubiger einen Ausfall erleidet (Ulmer/Brandner/Hensen, Anh. zu §§ 9–11, Rn. 573; v. Westphalen, Der Leasingvertrag, 4. Aufl., Rn. 872).

Konkurs

Konkurs des Leasingnehmers

Fällt der Leasingnehmer vor Überlassung des Leasingfahrzeugs in Konkurs, ist der Leasinggeber berechtigt, vom Vertrag zurückzutreten (§ 20 KO). Ist dem Leasingnehmer das Fahrzeug bereits vor Konkurseröffnung überlassen worden, können nach h. M. (Kuhn/Uhlenbruck, Konkursordnung, § 19, Rn. 3 a; v. Westphalen, Der Leasingvertrag, 4. Aufl., Rn. 925; a. A. Canaris, Bankvertragsrecht, Rn. 1718 f.) sowohl der Leasinggeber als auch der Konkursverwalter den Leasingvertrag kündigen (§ 19 KO). Die Kündigung hat innerhalb der jeweiligen dem Mietrecht zu entnehmenden Kündigungsfrist zu erfolgen. Die gesetzliche Frist beträgt 3 Tage (§ 565 Abs. 4 Nr. 2 BGB). Unabhängig davon ist der Leasinggeber zur fristlosen Kündigung berechtigt, sofern er sich dieses Recht im Leasingvertrag hat einräumen lassen.

Beim Leasingvertrag mit Andienungsrecht findet anstelle von § 19 KO ausnahmsweise § 17 KO Anwendung, falls der Leasinggeber nach dem Ende der Grundmietzeit von seinem Andienungsrecht Gebrauch gemacht hat und der Leasingnehmer erst danach in Konkurs fällt. Mit dem Zugang der Andienungserklärung kommt der Kaufvertrag zustande, so daß der Konkursverwalter dessen Erfüllung vom Leasinggeber verlangen kann (v. Westphalen, Der Leasingvertrag, 4. Aufl., Rn. 933).

Im Falle der Kündigung des Leasingvertrages kann der Leasinggeber das Fahrzeug, dessen rechtlicher und wirtschaftlicher Eigentümer er ist, aus der Konkursmasse des Leasingnehmers aussondern. Weiterhin steht ihm ein Schadensersatzanspruch wegen vorzeitiger Vertragsbeendigung zur Seite, der eine einfache Konkursforderung darstellt (Kuhn/Uhlenbruck, Konkursordnung, § 19, Rn. 3 f.). Dieser Anspruch besteht – konkret berechnet – in Höhe der nicht amortisierten Kosten. Im Rahmen der ihn treffenden Schadensminderungspflicht muß der Leasinggeber das ausgesonderte Fahrzeug bestmöglich verwerten.

Umstritten ist, ob der Leasinggeber sich für den Fall der vorzeitigen Vertragsbeendigung wegen der Konkurseröffnung über das Vermögen des Leasingnehmers Schadensersatzansprüche einräumen lassen kann, die über den gesetzlich gesteckten Rahmen des § 19, S. 3 KO hinausgehen. Soweit die Kündigung unter Berufung auf § 19 KO erfolgt, gilt nach h. M. § 19, Abs. 3 KO zwingend für beide Seiten. Kündigt der Leasinggeber jedoch fristlos, ist er nach überwiegend vertretener Ansicht berechtigt, vertraglich vereinbarte Schadensersatzansprüche geltend zu machen, auch wenn sie den Rahmen des § 19, Abs. 3 KO sprengen. Begründet wird dieser Standpunkt mit dem Argument, Verträge des Gemeinschuldners seien im Konkurs so hinzunehmen, wie dieser sie abgeschlossen habe (Kuhn/Uhlenbruck, Konkursordnung, § 19, Rn. 3 e; v. Westphalen, Der Leasingvertrag, 4. Aufl., Rn. 928).

Wird der Leasingvertrag nach Konkurseröffnung vom Konkursverwalter nicht gekündigt, etwa weil ihm der Leasingnehmer die Existenz des Leasingvertrages verschwiegen hat, sind die fortlaufenden Leasingraten als Masseschulden zu behandeln und so lange zu zahlen, wie der Leasingnehmer das Fahrzeug benutzt. Auch die Ansprüche wegen Vorenthaltung des Leasingfahrzeugs gem. § 557 BGB stellen Masseschulden nach § 59 KO dar, wenn der Leasingvertrag durch Kündigung oder Zeitablauf beendet worden ist. Nach Ansicht des OLG Hamm (ZIP 1992, 1563) besitzen die Ansprüche wegen Vorenthaltung der Leasingsache jedoch dann keinen Masseschuldcharakter, wenn der Leasingvertrag bereits vor Konkurseröffnung endete.

Konkurs des Leasinggebers

Der Leasingvertrag wird durch die Eröffnung des Konkurses über das Vermögen des Leasinggebers nicht berührt. Er bleibt gemäß § 21 KO gegenüber der Konkursmasse wirksam. Seitens des Konkursverwalters besteht keine Kündigungsmöglichkeit. Er muß den Weitergebrauch des Fahrzeugs durch den Leasingnehmer dulden, wodurch die Konkursmasse nicht belastet wird.

Die Ansprüche des Leasingnehmers aus dem fortbestehenden Vertrag sind Masseschulden gem. § 59 Abs. 1 Ziff. 2 KO.

Sofern der Leasingvertrag noch nicht durch Überlassung des Autos in Vollzug gesetzt wurde, findet § 17 KO Anwendung. Der Konkursverwalter hat die Wahl, den Vertrag entweder ordnungsgemäß durchzuführen oder die Erfüllung abzulehnen. Das gleiche Recht steht ihm auch gegenüber dem Händler zu, falls das Fahrzeug zum Zeitpunkt der Konkurseröffnung noch nicht geliefert worden ist.

Das Wahlrecht des § 17 KO besitzt der Konkursverwalter auch dann, wenn der Leasinggeber eines Leasingvertrages mit Andienungsrecht schon vor Eröffnung des Konkursverfahrens von dem Andienungsrecht Gebrauch gemacht hat (v. Westphalen, Der Leasingvertrag, 4. Aufl., Rn. 947). Ob § 17 KO bereits Anwendung findet, wenn der Leasinggeber vor Ausübung des Andienungsrechts, jedoch nach Ablauf der vereinbarten Grundvertragsdauer in Konkurs fällt, ist umstritten (vgl. Kuhn/Uhlenbruck, Konkursordnung, § 21, Rn. 18). Wie immer man sich entscheidet, das Ergebnis ändert sich nicht: Das Andienungsrecht ist nicht konkursfest; dasselbe gilt für eine Kaufoption des Leasingnehmers.

Die vom Leasinggeber nach Übergabe des Leasingfahrzeugs vor Konkurseintritt getroffenen Vorausverfügungen über die nach Konkurseröffnung anfallenden Leasingraten sind im Konkurs wirksam, weil es sich bei den Leasingraten um betagte Forderungen handelt (BGH, NJW 1990, 1113; ZIP 1990, 646 = NJW 1990, 1785). Auch eine Vorausverfügung über die Leasingraten, die erst in der Verlängerungszeit des Leasingvertrages fällig werden, muß die Konkursmasse gegen sich gelten lassen. Im Falle einer Abtretung der Leasingraten im Wege der ›Forfaitierung‹ an eine Refinanzierungsbank braucht diese eine nachträglich vereinbarte Abkürzung der Vertragslaufzeit oder eine Aufhebung des Leasingvertrages nicht gegen sich gelten zu lassen, wenn der Leasingnehmer bei Abschluß die Vereinbarung der Abtretung kennt (BGH, ZIP 1990, 646 = NJW 1990, 1785).

Konkurs des Lieferanten

Kann der Leasingnehmer die ihm abgetretenen Gewährleistungsansprüche wegen der Insolvenz des Lieferanten diesem gegenüber nicht mehr durchsetzen, ist er im Verhältnis zum Leasinggeber so zu stellen, als wenn entweder die Wandlung des Kaufvertrages oder die Minderung des Kaufpreises vollzogen wäre. Der Leasinggeber kann das ihn treffende Insolvenzrisiko nicht durch AGB auf den Leasingnehmer abwälzen und die Zahlung des Kaufpreises nicht bereicherungsmindernd geltend machen (BGH, NJW 1985, 129; NJW 1990, 314).

Der Unfall mit dem Leasingauto

Der wohl häufigste Störfall beim Kraftfahrzeug-Leasing ist der Unfall. Bei der Regulierung von Haftpflicht- und Kaskoschäden gibt es viele Probleme: Umstrittene, ungelöste und solche, die noch nicht im Blickfeld juristischen Interesses stehen. Sie beruhen darauf, daß
- Halter und Eigentümer sowie Versicherungsnehmer und Versicherter nicht die gleichen Personen sind,
- Vereinbarungen aus dem Leasingvertrag in das Schadensrecht hineinwirken,
- vielfach ungleiche steuerliche Voraussetzungen der Vertragsparteien, insbesondere hinsichtlich der Berechtigung zum Vorsteuerabzug vorliegen.

Obliegenheiten nach dem Unfall

Der Leasingnehmer hat zunächst die allgemeinen Verhaltenspflichten zu beachten, die für jeden Autofahrer gelten, der in einen Unfall verwickelt wird. Er muß helfen, wo Hilfe geboten ist, die Unfallstelle absichern und räumen, die Polizei hinzuziehen, bei der Unfallaufnahme mitwirken, Beweismittel sichern, seine Personalien bekanntgeben, den Unfall der Versicherung melden und vieles andere mehr. Der Pflichtenkatalog des Leasingnehmers ist damit noch nicht erschöpft. Was er zu tun hat, steht im Leasingvertrag, dessen Lektüre nach einem Unfall unerläßlich ist. Die Verhaltenspflichten sind von Fall zu Fall unterschiedlich geregelt. Im Vordergrund steht die Pflicht des Leasingnehmers, den Leasinggeber zu informieren und die Reparatur bzw. die Verwertung des Fahrzeugs mit ihm abzustimmen und den Schaden geltend zu machen. Beispielhaft sind die zur Zeit in Überarbeitung befindlichen AGB des Verbandes der Automobilindustrie (VDA) für das Leasing von Neufahrzeugen, welche für die Schadensabwicklung u. a. folgendes vorsehen:
- Pflicht des Leasingnehmers zur telefonischen Unterrichtung des Leasinggebers in Schadensfällen mit Reparaturkosten von voraussichtlich mehr als 3000,- DM vor Erteilung des Reparaturauftrags.
- Pflicht zur Übersendung einer Kopie der Schadensanzeige an den Versicherer/ Schädiger sowie einer Kopie der Rechnung.
- Pflicht zur unverzüglichen Vornahme der Reparatur im eigenen Namen und auf eigene Rechnung in einem vom Hersteller anerkannten Betrieb, es sei denn, daß ein Totalschaden vorliegt oder die Reparaturkosten 60% des Wiederbeschaffungswertes übersteigen.
- Pflicht zur Verwendung der Ersatzleistung für die Reparatur, soweit der Leasingnehmer dazu verpflichtet ist, andernfalls Pflicht zur Weiterleitung des Geldes an den Leasinggeber.
- Pflicht zur Weiterleitung der Wertminderung an den Leasinggeber, die bei Verträgen mit Gebrauchtwagenabrechnung dem Verwertungserlös am Vertragsende zugerechnet wird.

Nach Eintritt eines Totalschadens darf der Leasingnehmer das Auto nicht ohne Zustimmung des Leasinggebers verwerten, da er nicht Eigentümer ist.
Im Zuge der Schadensregulierung obliegt dem Leasingnehmer die Pflicht, die Versicherung darüber zu informieren, daß es sich um ein Leasingfahrzeug handelt (BGH, NZV 1988, 216, 217).
Sofern bei einem Unfall lediglich das Leasingfahrzeug zu Schaden gekommen ist, stellt sich für den Leasingnehmer die Frage,

Der Unfall mit dem Leasingauto

ob er am Unfallort bis zur Feststellung seiner Person und der Art seiner Beteiligung warten muß. Fährt er weiter, ohne sich um den Unfall zu kümmern, macht er sich unter Umständen wegen unerlaubten Entfernens vom Unfallort strafbar. Ob eine Wartepflicht i. S. v. § 142 StGB besteht, hängt von der Ausgestaltung des Leasingvertrages ab. Nach Ansicht des OLG Hamm (NZV 1990, 197) ist für die Beurteilung, ob es sich bei dem Leasingfahrzeug um eine für den Leasingnehmer fremde Sache handelt, die Gefahrtragungsregelung ausschlaggebend. Hat der Leasinggeber das Risiko der Beschädigung dem Leasingnehmer auch für Zufall auferlegt, so besteht aus seiner Sicht i. d. R. kein Feststellungsinteresse (OLG Hamm NJW-RR 1992, 925). Folglich sind die tatbestandlichen Voraussetzungen einer Fahrerflucht nicht erfüllt, wenn sich der Leasingnehmer nach einem Unfall, bei dem ausschließlich das Leasingfahrzeug beschädigt worden ist, ohne Hinzuziehung der Polizei vom Unfallort entfernt.

Keine mitwirkende Betriebsgefahr zu Lasten des Leasinggebers

Beim Haftpflichtschaden haftet ein anderer auf Schadensersatz. Das kann der Halter, Fahrer oder Haftpflichtversicherer des anderen am Unfall beteiligten Fahrzeugs sein. Auch ein Fußgänger, Radfahrer, Hundehalter kommt als möglicher Anspruchsgegner in Betracht. Ist am Unfall ein anderes Auto beteiligt, übernimmt in der Regel die Haftpflichtversicherung die Unfallregulierung. Falls das Leasingauto Opfer eines Unfalls wird, spielt es für die Haftung des anderen eine nicht unbedeutende Rolle, daß der Leasinggeber zwar Eigentümer aber nicht Halter oder Mithalter des Fahrzeugs ist. Bei mitwirkender Betriebsgefahr muß er sich die ihm als Eigentümer des Leasingfahrzeugs zustehenden Ansprüche nach höchstrichterlicher Rechtsprechung nicht um den Haftungsanteil der vom Leasingfahrzeug ausgehenden Betriebsgefahr kürzen lassen (BGHZ 87, 133; NJW 1986, 1044). Nach Meinung des BGH wird der Schädiger, dem Leasinggeber auf den vollen Schaden haftet und sich nicht auf die mitwirkende Betriebsgefahr berufen kann, dadurch nicht unbillig belastet, da er im Wege des Gesamtschuldnerausgleichs beim Leasingnehmer, dem Halter des Leasingfahrzeugs, Regress in Höhe der aus Betriebsgefahr resultierenden Mithaftungsquote nehmen kann. Falls der Leasinggeber seine Ansprüche einklagt, empfiehlt es sich für den in Anspruch genommenen Unfallbeteiligten, dem Leasingnehmer bei mitwirkender Betriebsgefahr des Leasingfahrzeugs gerichtlich den Streit zu verkünden. Die Rechtsprechung des BGH führt zu dem befremdlichen Ergebnis, daß z. B. bei einem nicht aufklärbaren Zusammenstoß von zwei Leasingfahrzeugen im Begegnungsverkehr keinem der beiden Leasinggeber gegen den jeweils anderen Schadensersatzansprüche zustehen, jedoch jeder vom Leasingnehmer des anderen Fahrzeugs hundertprozentigen Schadensersatz zu bekommen hat. Die Leasingnehmer bzw. ihre Versicherungen müssen sich dann anschließend intern in der Weise auseinandersetzen, daß einer dem anderen die Mithaftungsquote aus der von seinem Fahrzeug ausgehenden Betriebsgefahr ersetzt.

Es würde die Unfallabwicklung erleichtern, wenn sich der BGH zu einer entsprechenden Anwendung von § 9 StVG durchringen könnte, die eine für das gesamte Haftpflichtrecht geltende Regelung beinhaltet (Klimke, VersR 1988, 329). Die Vorschrift des § 9 StVG wäre zur Erzielung sachgerechter Ergebnisse dahin auszulegen, daß nicht nur das im Gesetzestext erwähnte Verschulden des Fahrers, sondern auch eine vom Leasingfahrzeug ausgehende Betriebsgefahr Anrechnung findet (LG Hamburg, VersR 1986, 583).

Keine Haftungsbeschränkung wegen gefahrgeneigter Arbeit

Für Schäden, die ein Arbeitnehmer in Ausübung gefahrgeneigter Arbeiten verursacht, haftet er nur dann in vollem Umfang, falls er

171

Der Unfall mit dem Leasingauto

vorsätzlich oder grob fahrlässig gehandelt hat. Bei geringer Schuld (leichtester Fahrlässigkeit) entfällt seine Schadensersatzverpflichtung, während bei leichter und mittlerer Fahrlässigkeit der Schaden quotal zu verteilen ist.

Für eine Beschränkung der Haftung des Leasingnehmers nach Maßgabe dieser von der Rechtsprechung entwickelten Grundsätze zur gefahrgeneigten Arbeit ist nach Ansicht des BGH (WM 1989, 1772) kein Raum. Eine Erstreckung der normalerweise nur für Ansprüche des Arbeitgebers geltenden Haftungsbeschränkung auf das Rechtsverhältnis zum Leasinggeber kann sich in Ausnahmefällen aus der Vertragsauslegung ergeben. Ein solcher Fall ist anzunehmen, wenn der Leasinggeber Kenntnis davon besitzt, daß sein Leasingfahrzeug vom Arbeitnehmer des Leasingnehmers bei gefahrgeneigten Arbeiten eingesetzt wird und der Leasinggeber die Verpflichtung übernimmt, für eine Vollkaskoversicherung zu sorgen und dadurch den Leasingnehmer von einer entsprechenden Vorsorge für seine Arbeitnehmer abhält.

Teilschaden

Ansprüche des Leasinggebers

Ansprüche des Leasinggebers gegen Dritte

Beschädigt ein Dritter das Leasingfahrzeug, hat der Leasinggeber Ausgleich der Nachteile zu beanspruchen, die aus der Beschädigung seines Eigentums herrühren. Der Anspruch folgt aus § 823 Abs. 1, evtl. aus § 823 Abs. 2 BGB i. V. m. einem Schutzgesetz oder aus § 7 Abs. 1 StVG. Der zum Ersatz verpflichtete Schädiger hat die unfallbedingt notwendigen Reparaturkosten, einen etwa verbleibenden Minderwert des Fahrzeugs, die Gutachterkosten sowie die anfallenden Nebenkosten zu übernehmen.

Ein Anspruch auf Nutzungsausfall steht dem Leasinggeber regelmäßig nicht zu (BGH, ZIP 1992, 44; AG Düsseldorf, ZfS 1985, 395).

Reparaturkosten

Nach der Gesetzesregel von § 249 BGB müßte der Unfallverursacher das Auto eigentlich wieder in Ordnung bringen. Weil er das normalerweise nicht kann, darf der Geschädigte das Auto in einer Werkstatt seiner Wahl reparieren lassen. Der Schädiger haftet auf Ersatz des zur ordnungsgemäßen Herstellung erforderlichen Instandsetzungsaufwands. Falls der Leasinggeber den Reparaturauftrag ausnahmsweise im eigenen Namen erteilt und die Rechnung auf seinen Namen ausgestellt wird, gilt folgendes:

Der Schadensverursacher braucht die für die Instandsetzung des Fahrzeugs berechnete Umsatzsteuer nicht zu erstatten, da der Leasinggeber nach § 15 Abs. 1 UStG regelmäßig vorsteuerabzugsberechtigt ist. Das beschädigte Auto gehört zu seinem Betriebsvermögen. Die auf die Reparatur entfallende Mehrwertsteuer kann er im Wege des sog. Vorsteuerabzugs auf das Finanzamt abwälzen. Sein Schaden besteht nur in dem Nettobetrag der Reparaturkosten. Zwar umfaßt der Schadensersatzanspruch normalerweise auch die gesetzliche Umsatzsteuer als Preisbestandteil der Reparaturkosten. Der Leasinggeber muß sich jedoch den aus seiner Vorsteuerabzugsberechtigung entstehenden Vorteil anspruchsmindernd anrechnen lassen. Andernfalls bekäme er die Umsatzsteuer doppelt: einmal vom Schädiger und ein zweites Mal vom Finanzamt (LG Hildesheim ZfS 1984, 100; LG München I ZfS 1984, 101; AG Mönchengladbach, ZfS 1984, 134; AG Bad Homburg, ZfS 1985, 43, 44).

Leasingvertragsformulare enthalten in ihren AGB die Regelung, daß der Leasingnehmer die ihm aus einem Haftpflichtschaden zustehenden Ansprüche gegen den Schädiger und dessen Versicherung – mit Ausnahme der Ansprüche aus Personenschäden – unwiderruflich an den Leasinggeber abtritt. Soweit es um die Reparaturkosten geht, dient die Abtretung nicht dem Ziel, Ansprüche beim Leasinggeber zu begründen. Dessen Berechtigung zur Geltendmachung des Schadens folgt bereits aus der Beeinträchtigung seines Eigentums am Leasingfahrzeug.

Die Abtretung bezweckt vielmehr, daß der Leasingnehmer mit eigenen konkurrierenden Ansprüchen ausgeschlossen wird. Auf diese Weise läßt sich sicherstellen, daß die Entschädigung auch tatsächlich für die Reparatur Verwendung findet.

Wertminderung

Erleidet das Leasingfahrzeug einen Reparaturschaden, steht dem Leasinggeber als dem geschädigten Eigentümer ein Anspruch auf Ausgleich einer nach Instandsetzung des Fahrzeugs etwa verbleibenden technischen oder merkantilen Wertminderung zu.
Eine technische Wertminderung kommt bei dem heutigen Stand der Reparaturtechnik außerordentlich selten vor. Demgegenüber steht die wirtschaftliche oder sog. merkantile Wertminderung hoch im Kurs. Fahrzeuge mit reparierten Unfallschäden werden im Geschäftsverkehr weitaus geringer bewertet als unfallfreie. In Käuferkreisen herrscht die – manchmal unbegründete und vielleicht sogar auf irrationalen Vorurteilen beruhende – Vorstellung, es könnten möglicherweise trotz fachgerechter Reparatur Restmängel zurückgeblieben sein.
Hinzu kommt, daß Kaufinteressenten vielfach von ihrer Kaufentscheidung abrücken oder um den Kaufpreis feilschen, wenn sie hören, daß das Auto einen Unfallschaden hatte.
Der Minderwert wird dem Geschädigten auch dann ersetzt, wenn er das Auto behält und weiterbenutzt, der Minderwert sich also nicht bei einem Verkauf konkretisiert (BGHZ 35, 396).
Es ist anerkannt, daß eine Wertminderung nur im Falle eines erheblichen Eingriffs in das bis dahin integre Gefüge eines Kraftfahrzeugs zurückbleibt. Blechschäden, bei denen ein solcher ›Gefügeschock‹ auszuschließen ist, bewirken normalerweise keine Wertminderung des Kraftfahrzeugs im Rechtsverkehr.
Für ältere Fahrzeuge läßt sich eine Wertminderung selten durchsetzen. Das ist unbefriedigend und inkonsequent, da auch beim Verkauf eines älteren Fahrzeugs frühere Unfallschäden offenbart werden müssen. Deshalb

erzielt der Verkäufer für ein solches Auto nicht den gleichen Preis, den er für ein Auto ohne Unfallvorschaden bekommen würde.
Für die Berechnung der Wertminderung gibt es verschiedene Methoden und Empfehlungen (s. hierzu Palandt/Heinrichs, § 251, Rn. 22, 23).
Die anhand der Berechnungsmodelle ermittelten Beträge wiegen oft nicht den tatsächlichen Preisnachteil auf, den der Geschädigte im Falle des Fahrzeugverkaufs bei wahrheitsgemäßer Offenbarung des Vorschadens erleidet.
Zwischen der Minderbewertung beim Fahrzeugverkauf und der Wertminderung im Schadensrecht besteht manchmal ein beachtlicher Unterschied.
Falls der Leasinggeber vom Schädiger eine Wertminderung erhält, muß er den Betrag rechnerisch zugunsten des Leasingnehmers am Vertragsende berücksichtigen, wenn der Leasingnehmer das Restwertrisiko trägt. Die Differenz zwischen einem unfallbedingten Mindererlös und dem kalkulierten Restwert braucht der Leasingnehmer nicht – noch einmal – auszugleichen (zust. Alois Dittrich, Leasing: Haftpflicht- und Kaskoschaden in: Kfz-Leasing, hrsg. v. Arbeitsgemeinschaft der Verkehrsrechtsanwälte, S. 11; v. Westphalen, Der Leasingvertrag, 4. Aufl., Rn. 1034).
Beim Vertrag mit Andienungsrecht muß der Leasinggeber, wenn er von dem Recht der Andienung Gebrauch macht, die Wertminderung an den Leasingnehmer in voller Höhe auskehren, während sich beim Vertrag mit Abschlußzahlung der vom Leasingnehmer zu leistende Ausgleichsbetrag um die vom Leasinggeber empfangene Wertminderung verringert. Die Wertminderung kompensiert beim Vertrag mit Restwertabrechnung und Übernahme des Restwertrisikos durch den Leasingnehmer einen etwaigen Mindererlös am Vertragsende, jedoch erhält der Leasingnehmer von einem Mehrerlös nur die vertraglich vereinbarte Quote, die bei erlaßkonformer Vertragsgestaltung 75% beträgt.

Es stellt sich die Frage, ob der Leasingnehmer die vom Leasinggeber empfangene Wertminderung anteilig auch in den Fällen

Der Unfall mit dem Leasingauto

beanspruchen kann, in denen der Leasinggeber das Verwertungsrisiko übernommen hat. Aufgrund der Unfalleigenschaft des Fahrzeugs und der darauf beruhenden Wertminderung erhält der Leasingnehmer vom Zeitpunkt des Unfalls an vom Leasinggeber zumindest wertmäßig nicht mehr die vertraglich vereinbarte Gegenleistung. Fr muß während der restlichen Vertragszeit mit einem Unfallwagen Vorlieb nehmen. Auch wenn die Unfalleigenschaft als solche die Gebrauchstauglichkeit eines Autos nicht beeinträchtigt, macht es dennoch einen großen Unterschied, ob der Leasingnehmer ein unfallfreies oder ein bereits erheblich beschädigtes Auto fährt. Außerdem ist die Wertminderung am Vertragsende, wenn der Leasinggeber das Auto zurückbekommt, regelmäßig geringer als während der vorausgegangenen Zeit, in der der Leasingnehmer das Auto benutzt und den Unfall erlitten hat, da die Wertminderung mit dem Alter des Fahrzeuges abnimmt. Bei dieser Sachlage wäre es nicht gerecht, würde man dem Leasinggeber gleichwohl die Wertminderung in voller Höhe belassen. Er kann wegen der im Leasingvertrag verbindlich festgelegten Nutzungsdauer das Leasingfahrzeug nach dem Unfall ohnehin nicht veräußern und erleidet also auch keinen Nachteil in Form einer entsprechenden Kaufpreisminderung wegen der Unfalleigenschaft des Autos.

Dieser Auffassung läßt sich freilich entgegenhalten, das Risiko des Unfalls und der damit einhergehenden Verschlechterung in Form der Wertminderung trage der Leasingnehmer, sein Gebrauch, auf den er laut Vertrag Anspruch besitzt, werde durch die Unfalleigenschaft nicht tangiert und schließlich handele es sich bei der Wertminderung um einen Schaden, der unmittelbar mit dem Eigentum an dem Fahrzeug zusammenhänge und daher ausschließlich dem Inhaber des Eigentumsrechts, also dem Leasinggeber, zustehe (Hohloch NZV 1992, 1 ff., 6).

Die Argumente sind formal in Ordnung. Dennoch tragen sie nicht die Wertentscheidung, welche lautet, die zeitweise Trennung der Sachnutzung und des Eigentums als Nutzungsrecht ändere nichts an dem Eintritt des merkantilen Schadens bei dem Leasinggeber als dem Herrn der Sache. Nach Meinung des Verfassers steht dem Leasinggeber lediglich die Wertminderung betragsmäßig zu, die das Leasingfahrzeug am Vertragsende aufweist.

Beispiel:

Eine Wertminderung von 1000 DM bei erheblicher Beschädigung des Leasingfahrzeugs in den ersten 6 Monaten wirkt sich am Ende des Vertrages mit noch 400 DM aus. Die Differenz von 600 DM hat der Leasingnehmer zu beanspruchen. Die restliche Wertminderung von 400 DM steht dem Leasinggeber zu.

Rechtsverfolgungskosten

Die Anwaltskosten sind vom Schädiger im Regelfall zu tragen, es sei denn, die Leasinggeberin verstößt gegen ihre Schadensminderungspflicht (AG Gelnhausen, ZfS 1987, 333 m. w. N.; v. Westphalen, Der Leasingvertrag, 4. Aufl., Rn. 1020; a. A. AG Charlottenburg, ZfS 1987, 46 und AG Wiesbaden, ZfS 1986, 176; Klimke, NJW 1988, 1830). Ein Verstoß gegen die Schadensminderungspflicht liegt vor, wenn die Beauftragung des Rechtsanwalts mutwillig erfolgt, offensichtlich überflüssig ist und anstatt dem Geschädigten Vorteile zu bringen, nur Kosten für den Schädiger verursacht (AG Salzgitter, Urt. 12. 3. 1881 – 12 C 78/81 – n. v.). Im Normalfall verstößt die Leasinggeberin durch die Einschaltung eines Anwalts nicht gegen die ihr obliegende Pflicht der Schadensminderung, da

- die Schadensregulierung nach Verkehrsunfällen im Hinblick auf die komplizierte gesetzliche Regelung und die umfangreiche Rechtsprechung in zunehmendem Maße spezielle Kenntnisse erfordert,
- nur die Einschaltung qualifizierter Fachleute Gewähr für eine umfassende und umgehende Regulierung bietet,
- die Rechtsprechung der einzelnen Gerichtsbezirke kaum überschaubar ist, so daß die Einschaltung eines am Gerichtsort des Unfalls niedergelassenen Anwalts angemessen und zweckmäßig erscheint,

Der Unfall mit dem Leasingauto

– der geschädigten Leasingfirma weder zugemutet werden kann, qualifizierte Mitarbeiter für die Schadensabwicklung einzustellen, noch solche Mitarbeiter, sofern vorhanden, für Schadensregulierungen in eigener Sache zu verwenden, ohne daß eine Entschädigung durch den Schadensverursacher erfolgt (AG Gelnhausen, ZfS 1987, 333).

Gutachter-, Bergungs- und sonstige Kosten

Bei den Gutachterkosten handelt es sich um einen ursächlich auf dem Unfall beruhenden Sachfolgeschaden. Der Schädiger muß dem Leasinggeber diese Kosten gemäß §249 BGB ersetzen. Voraussetzung hierfür ist allerdings, daß die Einschaltung eines Sachverständigen zur Beweissicherung des Schadensumfangs geboten und mit Rücksicht auf die Schadenshöhe vertretbar war. Als untere Grenze der Reparaturkosten, welche die Einschaltung eines Gutachters rechtfertigt, gilt üblicherweise ein Betrag von 1000,– DM.

Der Schädiger braucht bei bestehender Berechtigung des Leasinggebers zum Vorsteuerabzug nur den Nettobetrag der Gutachterkosten zu erstatten, vorausgesetzt, daß der Leasinggeber den Auftrag erteilt hat und die Rechnung auf ihn ausgestellt ist.

Unfallbedingt angefallene Kosten, wie z. B. für die Bergung, das Abschleppen und das Unterstellen des verunfallten Fahrzeugs hat der Schädiger bzw. dessen Versicherer gegen Vorlage der Belege zum Nettobetrag zu erstatten, vorausgesetzt wiederum, daß der Leasinggeber zum Vorsteuerabzug berechtigt ist und die Rechnungen auf seinen Namen lauten.

Ohne Nachweis ist vom Schädiger ferner ein Pauschbetrag im Mittelwert von 40,– bis 50,– DM zu vergüten, mit dem die üblicherweise anfallenden Auslagen für Porto, Telefon usw. abgegolten werden. Höhere Auslagen sind konkret darzulegen.

Schadensbearbeitungskosten kann der Leasinggeber vom Schädiger beanspruchen, wenn er beweist, daß mit Rücksicht auf die Vielzahl der Schadensfälle eine oder mehrere Personen innerhalb des Betriebes ausschließlich mit der Unfallbearbeitung beauftragt und hierdurch abgrenzbare Mehrkosten entstanden sind, die sich vom allgemeinen betrieblichen Verwaltungsaufwand trennen lassen.

Ansprüche des Leasinggebers gegen den Leasingnehmer

Sofern der Unfall auf einem Verschulden des Leasingnehmers beruht, hat er dem Leasinggeber Ersatz in dem gleichen Maße wie ein Dritter zu leisten. Trifft ihn ein Mitverschulden, haftet er neben dem Dritten.

Die Halterhaftpflicht des Leasingnehmers gem. §7 StVG kommt dem Leasinggeber als Eigentümer des beschädigten Fahrzeugs nicht zugute. Sie deckt nur Schäden ab, die durch den Betrieb des schädigenden Fahrzeugs an ›anderen‹ Sachen oder bei anderen Personen entstehen (Hohloch NZV 1992, 1 ff., 5).

Außer Ansprüchen aus unerlaubter Handlung stehen dem Leasinggeber gegen den Leasingnehmer regelmäßig auch vertragliche Ansprüche zur Seite. Diese beruhen auf der vom Leasingnehmer übernommenen Sachgefahr und sind unabhängig von einem Verschulden.

Im Teilschadensfall führt die leasingtypische Gefahrtragungsregelung dazu, daß der Leasingnehmer das Fahrzeug auf eigene Rechnung reparieren lassen muß. Es wird die Auffassung vertreten, daß der auf Vornahme der Reparatur gerichtete Anspruch des Leasinggebers gegenüber den Schadensersatzansprüchen auf Wiederherstellung Vorrang genießt (v. Westphalen, Der Leasingvertrag, 4. Aufl., Rn. 1037). Eine nach der Reparatur verbleibende Wertminderung muß der Leasingnehmer ausgleichen. Da sich der Schaden in Form der Wertminderung erst bei der Verwertung des Fahrzeugs am Vertragsende verwirklicht, ist eine Fälligkeit des Anspruchs frühestens zu diesem Zeitpunkt denkbar (zur Höhe der Wertminderung vgl. oben).

Vorformulierte Schadensersatzregelungen zur Wertminderung, die dem Leasingnehmer den Nachweis eines geringeren Schadens

Der Unfall mit dem Leasingauto

abschneiden, verstoßen gegen § 11 Nr. 5 ABG-Gesetz und sind unwirksam.

Beispiel einer unzulässigen Klausel:

»Erleidet das Fahrzeug einen Schaden, für den eine gegnerische Versicherung nicht eintritt, hat der Leasingnehmer dem Leasinggeber Ersatz für merkantile Wertminderung in Höhe von 10% der aufgewendeten Reparaturkosten (ohne Mehrwertsteuer) zu leisten. Dieser Ersatzanspruch ist bei Vertragsende fällig.«

Typische Schadensersatzklausel aus einem Kfz-Leasingvertrag:
- Der Leasingnehmer ist verpflichtet, die Reparatur des Fahrzeugs in einer autorisierten Fachwerkstatt ausführen zu lassen und die mit dem Schadensereignis zusammenhängenden weiteren Kosten (Mietwagenkosten, Wertminderung, Gutachterkosten, Kosten der Rechtsverfolgung usw.) zu übernehmen.
- Ein durch Unfall bedingter Minderwert sowie Gutachterkosten zu dessen Ermittlung müssen vom Leasingnehmer getragen werden.

Verhältnis der Ansprüche zueinander

Trifft den Leasingnehmer eine Mitschuld am Unfall, haftet er dem Leasinggeber zusammen mit dem Dritten als Gesamtschuldner (§ 840 Abs. 1 BGB). Eine gesamtschuldnerische Haftung liegt auch vor, wenn der Leasingnehmer ohne eigenes Verschulden Schadensersatz leisten muß. Zur Annahme einer Gesamtschuldnerschaft genügt das objektive Vorhandensein einer Zweckgemeinschaft. Für das Schadensrecht gilt, daß eine solche Zweckgemeinschaft stets zwischen allen Beteiligten besteht, die einen Schaden mitverursacht haben und hierfür, aus welchem Rechtsgrund auch immer, Ersatz leisten müssen (BGH, WM 1983, 1191). Demzufolge haften sowohl der Leasingnehmer als auch der Dritte dem Leasinggeber nach dessen Wahl auf Schadensersatz.
Mit der Zahlung des einen erlischt die Schuld des anderen gegenüber dem Leasinggeber.

Für das Innenverhältnis zwischen dem Leasingnehmer und dem Dritten gilt die Ausgleichsregel des § 426 Abs. 1 BGB. Außerdem gehen die Ansprüche des Leasinggebers gegen den anderen Gesamtschuldner auf den Zahlenden gemäß § 426 Abs. 2 BGB über. Haftet der Leasingnehmer dem Leasinggeber ohne Verschulden kraft vertraglicher Gefahrübernahme, gilt für das Innenverhältnis in diesem Falle der Dritte als alleinverantwortlicher Schadensverursacher. Wenn beide den Unfall zu gleichen Teilen verschuldet haben, bekommt der Zahlende vom anderen 50% zurück.

Verwendung der Entschädigung für die Reparatur des Fahrzeugs

In einem Kaskoschadensfall entschied der BGH, der Leasinggeber sei verpflichtet, eine empfangene Versicherungsleistung für die Wiederherstellung des Fahrzeugs bereitzustellen und nicht befugt, den Betrag zurückzuhalten und mit rückständigen Leasingraten zu verrechnen (DAR 1985, 223). In den Gründen des Urteils führte er aus, dem Leasingnehmer müßten die Vorteile des Versicherungsvertrages allein schon deshalb zugute kommen, weil er sämtliche Kosten der Versicherung getragen habe. Außerdem wäre die Kaskoversicherung für den Leasingnehmer sinnlos, wenn der Leasinggeber die Versicherungsleistung, welche für die Reparatur des Autos bestimmt sei, für sich behalten dürfte.
Die Pflicht des Leasinggebers, eine empfangene Versicherungsleistung für die Reparatur des Autos zur Verfügung zu stellen, folgt – unabhängig von versicherungsrechtlichen Aspekten – aus der für Leasingverträge typischen Übernahme der Sachgefahr durch den Leasingnehmer. Der Leasingnehmer haftet dem Leasinggeber für die Beschädigung des Fahrzeugs als Gesamtschuldner zusammen mit der Kaskoversicherung. Zahlt die Versicherung den Schaden, wirkt deren Leistung zugunsten des Leasingnehmers (§ 422 BGB). Der Leasinggeber kann nicht ein zweites Mal die Bezahlung der Reparaturkosten oder an ihrer Stelle die Vornahme der Instandsetzung

Der Unfall mit dem Leasingauto

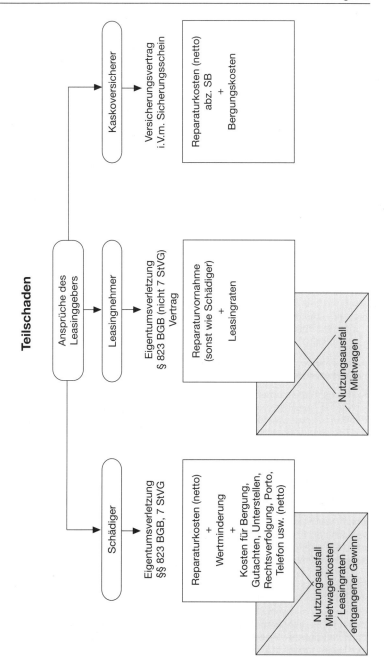

Der Unfall mit dem Leasingauto

des Fahrzeugs verlangen (v. Westphalen, Der Leasingvertrag, 4. Aufl., Rn. 1039). Die Forderung des Leasinggebers gegenüber der Versicherung geht gem. § 426 Abs. 2 BGB auf den Leasingnehmer über.
Die gleichen Überlegungen gelten auch für den Fall, daß ein Dritter das Leasingfahrzeug schuldhaft beschädigt hat oder aus Betriebsgefahr haftet. Soweit der Leasingnehmer die Reparaturkosten bezahlt oder die Instandsetzung vorgenommen hat, geht der Anspruch des Leasinggebers gegen den Schädiger auf ihn über. Eine bereits erhaltene Entschädigungsleistung muß der Leasinggeber auf die Verpflichtung des Leasingnehmers zur Wiederherstellung des Fahrzeugs anrechnen. Hat der Leasingnehmer die Reparatur bereits vornehmen lassen und bezahlt, ist die Entschädigung des Dritten an ihn auszukehren. In diesem Sinne ist die Gefahrtragungsregel des Leasingvertrages nach Treu und Glauben auszulegen, sofern die Parteien keine abweichenden Vereinbarungen getroffen haben (v. Westphalen, Der Leasingvertrag, 4. Aufl., Rn. 1028).

Ansprüche des Leasinggebers gegen die Kaskoversicherung

Kraft des Sicherungsscheines ist der Leasinggeber berechtigt, über die Rechte aus der Fahrzeugversicherung zu verfügen und die Entschädigung anzunehmen. Falls er die Reparatur selbst in Auftrag gegeben und bezahlt hat, kann er bei bestehender Berechtigung zum Vorsteuerabzug vom Versicherer lediglich Ersatz der Netto-Reparaturkosten verlangen. Eine Inanspruchnahme der Kaskoversicherung kommt immer dann in Betracht, wenn der Leasingnehmer den Unfall verschuldet bzw. mitverschuldet hat. Bei einer nur geringen Mithaftungsquote ist zwischen dem Prämiennachteil des Leasingnehmers infolge Eingruppierung in eine höhere Beitragsklasse, dem sog. Rückstufungsschaden, und dem Vorteil infolge der Inanspruchnahme der Kaskoversicherung sorgfältig abzuwägen. Es gehört zu den selbstverständlichen vertraglichen Nebenpflichten, daß sich der Leasinggeber in Zweifelsfällen mit dem

Leasingnehmer abstimmen muß. Andernfalls setzt er sich der Haftung wegen Verletzung der ihm obliegenden Schadensminderungspflicht gemäß § 254 BGB aus.
Beruht der Unfall auf einem mitwirkenden Verschulden des Leasingnehmers, ist das sog. ›negative Quotenvorrecht‹ zu beachten. Es besagt, daß der innerhalb der Mithaftungsquote liegende unmittelbare Fahrzeugschaden des Geschädigten dem Ausgleichsanspruch der Vollkaskoversicherung vorgeht. Zu den unmittelbaren das Fahrzeug betreffenden Schäden gehören die Selbstbeteiligung des Leasingnehmers, die Wertminderung des Fahrzeugs, die Abschlepp- und Transportkosten, die Gutachterkosten sowie kaskospezifische Abzüge.

Berechnungsbeispiel:

Reparaturkosten	4000,– DM
Gutachterkosten	400,– DM
Bergungskosten	250,– DM
Zwischensumme	4650,– DM
Mithaftungsquote des Dritten 30% aus 4650,– DM, das ergibt	1395,– DM

Hiervon erhält nach der Differenztheorie der Leasinggeber aufgrund der Abtretung

die Selbstbeteiligung des Leasingnehmers	500,– DM
die Gutachterkosten	400,– DM
die Abschleppkosten	250,– DM
Zwischensumme	1150,– DM
den Rest von	245,– DM

bekommt der Kaskoversicherer gemäß § 47 VVG

Falls der Leasingnehmer den Unfall allein verschuldet hat, muß er dem Leasinggeber die Reparaturkosten in Höhe der Selbstbeteiligung zur Verfügung stellen und etwaige vom Kaskoversicherer vorgenommenen Abzüge ›neu für alt‹ ausgleichen, die ihren Grund im Kaskorecht finden. Diese Abzüge sind bei einem Mitverschulden des Dritten als unmittelbarer Fahrzeugschaden ebenfalls quotenbevorrechtigt.

Kaskoversicherer und Leasingnehmer haften für den Schaden des Leasinggebers gesamtschuldnerisch gemäß § 421 BGB (OLG München, OLGZ 83, 446).

Wegfall des Versicherungsschutzes

Die Kaskoversicherung braucht nicht zu zahlen, wenn der Leasingnehmer den Unfall grob fahrlässig oder gar vorsätzlich verschuldet hat. Ihre Leistungspflicht entfällt auch dann, wenn der Leasingnehmer Obliegenheiten des Versicherungsvertrages vorsätzlich verletzt hat. Beispiel: Unerlaubtes Entfernen vom Unfallort. Bei grob fahrlässiger Verletzung von Obliegenheiten kommt es darauf an, ob das Handeln des Leasingnehmers für die Feststellung des Versicherungsfalles ursächlich war.
Zum Thema grob fahrlässige Herbeiführung des Unfalles gibt es eine Vielzahl von Gerichtsentscheidungen. Ein häufiger Fall ist der Unfall infolge Trunkenheit am Steuer.
Ein grob fahrlässiges Verhalten wird auch bei Rotlichtverstößen schon fast regelmäßig angenommen. Eine Vorfahrtsverletzung kann ebenfalls grob fahrlässig sein. Selbst der Autofahrer, der während der Fahrt eine Cassette einlegt oder eine zu Boden gefallene Zigarette aufhebt und sich hierdurch vom Verkehrsgeschehen ablenken läßt, setzt seinen Versicherungsschutz aufs Spiel, wenn es zum Unfall kommt.
Der Leasinggeber muß sich den Entzug des Versicherungsschutzes entgegenhalten lassen, es sei denn, daß er sich durch eine Zusatzvereinbarung mit dem Versicherer gegen grob fahrlässiges Verhalten des Leasingnehmers abgesichert hat (vgl. OLG Köln, VersR 1986, 229; LG Aurich, ZfS 1984, 255). Hat der Leasinggeber die Kaskoentschädigung vom Versicherer erhalten, obschon zum Zeitpunkt der Zahlung ein leistungsbefreiender Tatbestand vorlag, wie etwa ein vom Leasingnehmer fingierter Diebstahl oder ein von ihm grob fahrlässig herbeigeführter Totalschaden, von dem weder der Versicherer noch der Leasinggeber Kenntnis hatten, so richtet sich der bereicherungsrechtliche Rückzahlungsanspruch des Versicherers regelmäßig gegen den Leasing- und Versicherungsnehmer und nicht gegen den Leasinggeber (BGH, DAR 1993, 223). Die Beweiserleichterungen, die dem eine Diebstahlsentschädigung beanspruchenden Versicherungsnehmer zugebilligt werden, kommen dem Versicherer im Rückforderungsprozeß nicht zugute (BGH, ZIP 1993, 1312 = NJW 1993, 2678).

Ansprüche des Leasingnehmers

Ansprüche des Leasingnehmers gegen Dritte

Da der Leasingnehmer kraft leasingtypischer Vertragsgestaltung zur Reparatur von Schäden verpflichtet ist und ihn alle Nachteile der zeitweisen Entbehrung des Fahrzeuges treffen, stehen ihm eigene gesetzliche Ansprüche wegen Besitzverletzung gegen den Schädiger zur Seite (BGH, NJW 1981, 550). Unmittelbarer Besitz gehört zu den geschützten Gütern im Recht der unerlaubten Handlung. Außerdem unterfällt der Besitz dem Schutzzweck der Haftung von § 7 Abs. 1 StVG. Zur Durchsetzung von Schadensersatzansprüchen gegenüber dem verantwortlichen Dritten oder dessen Haftpflichtversicherung benötigt der Leasingnehmer aufgrund seiner eigenen Anspruchsberechtigung weder eine Ermächtigung des Leasinggebers noch eine Forderungsabtretung. Der Leasingnehmer darf, sofern er zur Reparaturvornahme verpflichtet ist, Zahlung an sich selbst verlangen.
Der Leasingnehmer ist im Teilschadensfall nicht nur berechtigt, sondern aufgrund entsprechender Vertragsgestaltung regelmäßig auch verpflichtet, die Ansprüche gegen den Schädiger im eigenen Namen geltend zu machen.

Typisches Klauselbeispiel:

»Der Leasingnehmer ist – vorbehaltlich eines Widerrufs durch den Leasinggeber – ermächtigt und verpflichtet, alle fahrzeugbezogenen Ansprüche aus einem Schadensfall im eigenen Namen und auf eigene Kosten geltend zu machen. Zum Ausgleich des Fahrzeugschadens erlangte Beträge hat der Leasingnehmer im Reparaturfall zur Begleichung der Reparaturrechnung zu verwenden.«

Reparaturkosten

Der aus dem Eingriff in das Besitzrecht dem Leasingnehmer erwachsende Schaden umfaßt auch den sog. Haftungsschaden. Hierunter ist der Schaden zu verstehen, den der Leasingnehmer aufgrund der von ihm vertraglich übernommenen Sachgefahr dem Leasinggeber zu ersetzen hat. Er schuldet dem Leasinggeber die Instandhaltung des Autos und dessen Rückgabe in einem intakten Zustand am Vertragsende. Kann er dieser Pflicht wegen der unfallbedingten Beschädigung nicht gerecht werden, bleibt er dem Leasinggeber leistungs- bzw. ausgleichspflichtig. Diese ihn in Form des sog. Haftungsschadens treffenden Nachteile darf er auf den Schädiger abwälzen.

Der Anspruch des Leasingnehmers auf Ersatz der Wiederherstellungskosten läßt sich durchaus auch dem sog. Nutzungsschaden zuordnen und mit dem Entzug der Sachnutzung begründen. Das zeitlich zwar begrenzte aber inhaltlich weit angelegte Recht des Leasingnehmers zur Sachnutzung wird durch die auf dem Unfall beruhende Beschädigung beeinträchtigt. Zur Wiederherstellung der zweckgerechten Nutzung ist die Reparatur erforderlich (Hohloch, NZV 1992, 7).

Es wird die Rechtsansicht vertreten, der Schädiger hafte dem Leasingnehmer grundsätzlich nur auf Erstattung der Reparaturkosten in Höhe des Nettobetrages, wenn der Leasinggeber zum Vorsteuerabzug berechtigt sei. Lasse der nicht zum Vorsteuerabzug berechtigte Leasingnehmer das Fahrzeug im eigenen Namen reparieren, so könne nicht davon ausgegangen werden, daß die Leistungen der Reparaturwerkstatt i. S. v. § 15 Abs. 1 Ziff. 1 UStG für den zum Vorsteuerabzug berechtigten Leasinggeber durchgeführt worden seien. Eine Verlagerung der hierdurch geschaffenen Mehrbelastung auf den Schädiger sei unzulässig, weil sie erst durch die konkrete Art der Wiederherstellung entstehe und insoweit nicht auf dem Unfall beruhe (AG Bad Homburg, ZfS 1985, 43, 44; Dörner, VersR 1978, 884, 892; sowie ferner Nachweise bei Bethäuser, DAR 1987, 109). Diese Meinung ist verfehlt. Bewertet man den Anspruch auf Ersatz der Wiederherstellungskosten als Bestandteil des Nutzungsschadens, kann es folgerichtig bei der Schadensbemessung allein auf die persönlichen Verhältnisse des Leasingnehmers ankommen, da nur er – und nicht der Leasinggeber – durch die auf dem Unfall beruhende Beschädigung des Fahrzeugs im Gebrauch beeinträchtigt wird. Ist er nicht berechtigt, die Umsatzsteuer im Wege des Vorsteuerabzugs gegenüber dem Finanzamt geltend zu machen, muß der Schädiger ihm auch insoweit Ersatz leisten.

Nicht anders verhält es sich, wenn man den Anspruch auf Ersatz der Reparaturkosten aus dem Haftungsschaden ableitet, der in der Verletzung des dem Leasinggeber zustehenden Eigentums an dem Fahrzeug wurzelt und im Innenverhältnis zwischen Leasingnehmer und Leasinggeber die Kehrseite des Leasingnehmerschadens im Außenverhältnis zum Schädiger darstellt. Im Innenverhältnis haftet der Leasingnehmer dem Leasinggeber nicht lediglich auf Ersatz des für die Reparatur aufzuwendenden Geldbetrages, vielmehr hat er die Reparatur vornehmen zu lassen und eine Entschädigung Dritter hierfür tatsächlich zu verwenden. Wenn aber der Leasingnehmer kraft der als leasingtypisch bezeichneten Instandhaltungsklausel verpflichtet ist, die Reparatur des Fahrzeugs durchführen zu lassen, dann muß er zwangsläufig auch die in der Reparatursumme enthaltene Umsatzsteuer begleichen. Also umfaßt sein Haftungsschaden immer dann, wenn er zum Vorsteuerabzug nicht berechtigt ist, auch die in der Reparatursumme enthaltene Umsatzsteuer. Sie ist Bestandteil des Leasingnehmerschadens im Außenverhältnis zum Schädiger.

Die Vertragsregelung, die den Leasingnehmer nach einem Unfall zur Reparatur des Autos verpflichtet, ist sach- und interessege-

Der Unfall mit dem Leasingauto

recht. Das Leasingfahrzeug befindet sich regelmäßig in der ausschließlichen Herrschaftsgewalt des Leasingnehmers. Der Leasinggeber will mit dem Auto möglichst wenig zu tun haben. Ihn interessiert das Leasingobjekt nur insoweit, als es der Sicherung seiner Ansprüche aus dem Leasingvertrag dient. Die dargestellte Interessenlage gebietet es dem Leasinggeber, dem Leasingnehmer die Reparaturpflicht aufzuerlegen. In Anbetracht dieser sachlich naheliegenden Vertragsregelung kann der Schädiger nicht einwenden, der Leasinggeber sei in seinem Interesse gehalten, die Reparatur selbst durchführen zu lassen und die Umsatzsteuer auf das Finanzamt abzuwälzen. Die Parteien des Leasingvertrages verstoßen nicht gegen die Pflicht zur Schadensminderung, wenn der Leasingnehmer das unfallbeschädigte Auto im eigenen Namen reparieren läßt (Paul, FLF 1989, 174, 175).

Soweit gegen die Zubilligung der Umsatzsteuer eingewandt wird, der Schaden beruhe nicht auf dem Unfall, sondern auf der vertraglichen Absprache zwischen Leasingnehmer und Leasinggeber – Stichwort: Schadensmaximierung durch vertragliche Vereinbarungen (vgl. Dörner, VersR 1978, 884, 892 und Reinking, ZIP 1984, 1319 f.) – überzeugt die Argumentation nicht.

Beim Teilschadensfall verwirklicht sich ein Risiko, das gegenüber dem ungestörten Vertragsablauf zu erhöhten Belastungen des Leasingnehmers führt. Zusätzlich zu den normalen Leasingraten muß der Leasingnehmer nunmehr auch die Reparaturkosten bezahlen. Ursächlich hierfür ist in erster Linie das Verhalten des Schädigers und nicht der Leasingvertrag (Hohloch, NZV 1992, 6).

Im übrigen kann der Schadensersatzanspruch bei ein und demselben Schadensereignis durchaus unterschiedlichen Umfang haben, je nachdem, ob ihn der zum Vorsteuerabzug berechtigte Leasinggeber oder der nicht zum Vorsteuerabzug berechtigte Leasingnehmer geltend macht (Bethäuser DAR 1987, 107 f., 109).

Es bleibt nach alledem festzuhalten, daß der für die Instandsetzung verantwortliche und nicht zum Vorsteuerabzug berechtigte Leasingnehmer gegen den Schädiger einen Anspruch auf Erstattung der Reparaturkosten zuzüglich der Umsatzsteuer besitzt (LG Stade, DAR 1987, 123; AG Schorndorf, DAR 1987, 123; AG Freiburg, NJW-RR 1987, 345; AG Fürstenfeldbruck, DAR 1987, 59; AG Stuttgart, DAR 1988, S. 98; Geigel/Schlegelmilch, Der Haftpflichtprozeß, Rn. 170; Bethäuser, DAR 1987, 107 f., 109; Paul, FLF 1984, 174, 175; Hohloch, NVZ 1992, 7).

Mietwagenkosten, Nutzungsausfall und Verdienstausfall

Der Leasingnehmer besitzt gegen den Schädiger keinen Anspruch auf Ersatz der Leasingraten, die er während der Zeit der Gebrauchsuntauglichkeit des Autos an den Leasinggeber bezahlen muß (st. Rspr. BGH, NJW-RR 1991, 280, 281; ZIP 1992, 44 ff. = NJW 1992, 553). Sein Unfallschaden besteht grundsätzlich nicht in der Belastung mit den Leasingraten, sondern in dem zeitweiligen Entzug der Sachnutzung.

Die Nutzungsmöglichkeit des Leasingfahrzeugs stellt einen vermögenswerten Vorteil dar. Kann der Leasingnehmer das Auto wegen eines Unfallschadens vorübergehend nicht benutzen, ist er berechtigt, auf Kosten des Schädigers ein Ersatzfahrzeug anzumieten. Nur ausnahmsweise mutet ihm die Rechtsprechung einen Verzicht auf den Mietwagen zu, falls er das Auto nur für kurze Strecken benötigt und die Anmietung eines Taxis zumutbar und preisgünstiger wäre.

Vor dem Anmieten eines Fahrzeugs sollte der Leasingnehmer unbedingt zwei weitere Angebote der Konkurrenz einholen und sich dann für den günstigsten Anbieter entscheiden. Unterläßt er den Preisvergleich, kann darin eine Verletzung der Pflicht zur Schadensminderung liegen. In Zweifelsfällen erscheint es ratsam, den Versicherer des Schädigers aufzufordern, ein Mietwagenunternehmen zu benennen und grünes Licht für den Mietvertrag zu geben. Empfehlenswert ist auch das Anmieten eines kleineren Mietwagens, weil viele Versicherer bei Inanspruchnahme eines gleichwertigen Fahrzeugs einen Abzug für ersparte Eigenkosten

Der Unfall mit dem Leasingauto

bis zu 25% der Mietwagenkosten vornehmen.
Verzichtet der Leasingnehmer während der Ausfallzeit des Fahrzeugs auf einen Mietwagen, haftet ihm der Schädiger auf Nutzungsausfall. Voraussetzung für den Anspruch ist das Vorhandensein eines Nutzungswillens und einer Nutzungsmöglichkeit. Liegt der Versicherungsnehmer verletzt im Krankenhaus, steht ihm dieser Anspruch nicht zu, es sei denn, daß das Leasingfahrzeug berechtigterweise von Familienangehörigen mitbenutzt wird.
Hat das Auto bei einem Unfall nur Lack- oder Blechschäden abbekommen und ist seine Verkehrs- und Betriebssicherheit nicht beeinträchtigt, steht dem Leasingnehmer kein Anspruch auf Nutzungsausfall für die Zeit zwischen Unfall und Reparaturbeginn zu. Ihm wird die Weiterbenutzung des zwar beschädigten aber nicht verkehrsunsicheren Fahrzeugs zugemutet.
Nach weit überwiegender Meinung setzt der Anspruch auf Zahlung des Nutzungsausfalls den Nachweis voraus, daß das unfallbeschädigte Fahrzeug tatsächlich repariert worden ist. Dieser Nachweis kann durch Vorlage der Reparaturrechnung geführt werden. Es genügt auch eine Eigenreparatur, die jedoch bei einem Leasingfahrzeug meistens unzulässig ist.
Die Höhe des Nutzungsausfalls ist gesetzlich nicht festgelegt. Gerichte und Versicherungen wenden jedoch ausnahmslos die von Sanden/Danner/Küppersbusch erarbeitete Tabelle an (abgedr. im ADAC-UnfallRatgeber, 7. Aufl., 109 ff.), die der BGH billigt (DAR 1971, 211). Umstritten ist die Frage, ob für ältere Fahrzeuge eine Kürzung der Tabellenwerte vorzunehmen ist. Dagegen spricht, daß der Nutzungswert eines Fahrzeugs nicht von seinem Alter abhängt. Deshalb ist die Kürzung unberechtigt.
Als Folge des Unfalls ist unter Umständen auch ein Verdienstausfall des Leasingnehmers denkbar, wenn er etwa wegen des unfallbedingten Zeitverzugs einen wichtigen Termin versäumt. Auch diesen Schaden hat ihm der Schädiger zu ersetzen.

Wertminderung, Gutachterkosten, Abschleppkosten, Auslagen für Telefon, Porto usw.

Durch den Verbleib einer unfallbedingten merkantilen Wertminderung wird der Marktwert eines Fahrzeugs beeinträchtigt. Der Schaden betrifft das Eigentum und dessen Ertragswert nicht aber das Gebrauchsrecht. Geschädigt ist der Leasinggeber als rechtlicher und wirtschaftlicher Eigentümer des Fahrzeugs. Gleichwohl hat der Leasingnehmer das Recht, die merkantile Wertminderung im eigenen Namen geltend zu machen, da er dem Leasinggeber aufgrund der leasingtypischen Übernahme der Sachgefahr für die Wertminderung intern Ersatz leisten muß.

Typisches Klauselbeispiel:

»Für Untergang, Verlust, Beschädigung und Wertminderung des Fahrzeugs und seiner Ausstattung haftet der Leasingnehmer dem Leasinggeber auch ohne Verschulden, jedoch nicht bei Verschulden des Leasinggebers.«
Die merkantile Wertminderung gehört zum Haftungsschaden des Leasingnehmers. Der gegen den Schädiger gerichtete Anspruch des Leasingnehmers auf Ausgleich der Wertminderung besteht auch dann, wenn der Leasinggeber das Restwertrisiko übernommen hat (a. A. v. Westphalen, Der Leasingvertrag, 4. Aufl., Rn. 1035), da der Leasingnehmer bei dieser Art der Vertragsgestaltung ebenfalls regelmäßig die Sachgefahr trägt. Die Frage, wer das Restwertrisiko trägt, ist allerdings von Bedeutung für die Anrechnung bzw. Aufteilung der Wertminderung zwischen den Parteien des Leasingvertrages (vgl. hierzu die Ausführungen auf S. 173).
Der Leasingnehmer wird vom Leasinggeber regelmäßig verpflichtet, die Wertminderung beim Schädiger geltend zu machen, behalten darf er das Geld jedoch nicht.

Klauselbeispiel:

»Entschädigungsleistungen für Wertminderung sind in jedem Fall an den Leasinggeber

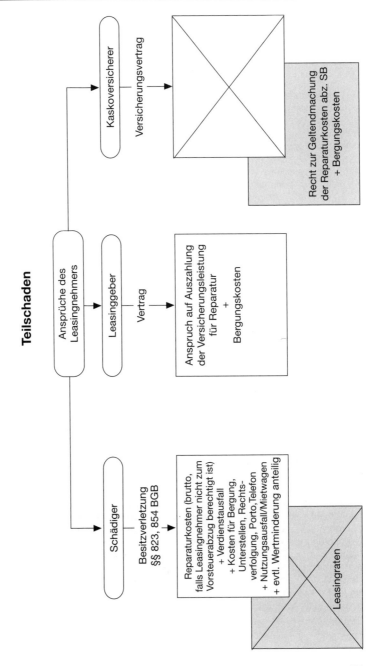

Der Unfall mit dem Leasingauto

weiterzuleiten. Bei Verträgen mit Restwertabrechnung rechnet der Leasinggeber erhaltene Wertminderungsbeträge dem aus dem Verkauf des Fahrzeugs erzielten Verkaufserlös zu.«

Der aus Besitzverletzung resultierende Schaden des Leasingnehmers erstreckt sich auch auf die Gutachter-, Abschlepp- und sonstigen Kosten für Porto, Telefon usw. Soweit diese Schadenspositionen betroffen sind, umfaßt der Anspruch des Leasingnehmers auch die gesetzliche Mehrwertsteuer, wenn er nicht zum Vorsteuerabzug berechtigt ist und ihm kraft Vertrages die Pflicht zur Abwicklung des Schadensfalles auferlegt ist (a. A. AG Bad Homburg, ZfS 1985, 43, 44).

Rechtsverfolgungskosten

Macht der Leasingnehmer eigene Ansprüche aus Besitzverletzung geltend, hat der Schädiger auch die durch die Einschaltung eines Anwalts entstehenden Kosten zu tragen. Dem Leasingnehmer ist es angesichts der komplizierten Rechts- und Abwicklungsfragen aus dem Leasingvertrag unter Berücksichtigung seiner mangelnden Sachkunde in der Handhabung solcher Schadensfälle nicht zuzumuten, sich ohne anwaltliche Hilfe um die Schadensregulierung zu bemühen (LG Kaiserslautern, DAR 1993, 196). Die Verpflichtung des Schädigers zur Übernahme der Anwaltskosten besteht auch dann, wenn der Leasingnehmer befugtermaßen im Wege ›gewillkürter Prozeßstandschaft‹ Ansprüche des Leasinggebers geltend macht (AG München, ZfS 1984, 101). Von dem Kostenerstattungsanspruch des Leasingnehmers gegen den Schäder werden auch die Anwaltsgebühren mit umfaßt, die durch eine Kasko-Regulierung entstanden sind, zu deren Vornahme der Leasinggeber den Leasingnehmer ermächtigt hat (LG Bielefeld, NJW-RR 1989, 1431; LG Kaiserslautern, DAR 1993, 196). Die Kosten, welche durch die Inanspruchnahme anwaltlicher Hilfe für die Verhandlungen mit dem Kaskoversicherer entstehen, beruhen adäquat kausal auf dem Unfall. Abgesehen von dem Fall des Verzuges darf der Ersatzpflichtige kostenmäßig jedoch nicht schlechter gestellt werden als wenn der gesamte Schaden von ihm selbst verlangt worden wäre (LG Kaiserslautern, DAR 1993, 196).

Ansprüche des Leasingnehmers gegen die Kaskoversicherung

Der Leasingnehmer ist zwar Partner des Kaskoversicherungsvertrages, jedoch nicht Rechtsinhaber der Ansprüche. Diese stehen dem Leasinggeber aufgrund des Sicherungsscheins zu. Mit ihrer Geltendmachung wird regelmäßig der Leasingnehmer beauftragt. Die ihm unter Widerrufsvorbehalt erteilte Ermächtigung bzw. auferlegte Verpflichtung wird mit der Kündigung des Leasingvertrages durch den Leasinggeber hinfällig (OLG Köln, VerbR 93, 68).
Die Regulierung des Kaskoteilschadens entspricht der des Haftpflichtschadens mit dem Unterschied, daß im einen Falle der Versicherungsvertrag im anderen das Gesetz die Anspruchsgrundlage bildet.
Der Kaskoversicherer muß auch die in der Reparatursumme enthaltene Umsatzsteuer ersetzen, wenn der nicht zum Vorsteuerabzug berechtigte Leasingnehmer zur Vornahme der Reparatur verpflichtet ist. Die Kaskoversicherung als Sachversicherung dient nicht ausschließlich dem Interesse des Leasinggebers als Eigentümer des Fahrzeugs. Sie deckt auch das Sacherhaltungsinteresse des Leasingnehmers (BGH, NJW 1988, 2803), das die in der Reparatursumme enthaltene Umsatzsteuer einschließt, sofern er sie als Privatmann gegenüber dem Finanzamt nicht absetzen kann (Bethäuser, DAR 1987, 107 f., 112 m. w. N.; Paul, FLF 1989, 174, 176; vgl. ferner die Ausführungen auf S. 180). Außer den Reparaturkosten muß der Kaskoversicherer etwaige Bergungskosten erstatten. Auch insoweit besteht Anspruch auf Bruttoersatz, wenn der hierzu verpflichtete Leasingnehmer die Bergung in Auftrag gegeben hat und die Umsatzsteuer nicht absetzen kann.

Der Unfall mit dem Leasingauto

Totalschaden

Begriff

Ein Totalschaden liegt vor, wenn die Instandsetzung des beschädigten Autos entweder technisch nicht möglich oder aber unwirtschaftlich ist. Am häufigsten besteht Reparaturunwürdigkeit aus wirtschaftlichen Gründen, weil die Wiederherstellung einen unverhältnismäßigen Aufwand erfordert (§ 251 Abs. 2 BGB).
Eine Unverhältnismäßigkeit liegt in der Regel vor, wenn die Summe aus Reparaturkosten und Wertminderung die Differenz aus Wiederbeschaffungswert und Restwert übersteigt. Grundsätzlich muß der Geschädigte bei seiner Entscheidung für oder gegen eine Reparatur oder eine Ersatzbeschaffung diejenige Form der Naturalrestitution wählen, die den geringsten Aufwand erfordert. Da die Rechtsprechung das Interesse des Geschädigten an der Wiederherstellung seines ihm vertrauten Autos (Integritätsinteresse) höher einstuft als das Interesse an einer Ersatzbeschaffung eines anderen Fahrzeugs, billigt sie ihm das Recht zu, das eigene Fahrzeug auch dann reparieren zu lassen, wenn die Wiederherstellungskosten den Wiederbeschaffungswert übersteigen, wobei der Restwert außer Betracht bleibt. Die Aufwendungen des Geschädigten für die Reparatur unter Einschluß eines etwaigen Minderwertes dürfen den Wiederbeschaffungswert des Fahrzeugs bis zu einer regelmäßig auf 130% zu bemessenden Opfergrenze übersteigen (BGH, NJW 1992, 302). Es handelt sich nicht um eine starre Grenze, sondern um einen Richtwert. Die Entscheidung darf der Geschädigte auf der Grundlage des Gutachtens treffen. Das Risiko einer Fehlprognose trägt der Schädiger. Unerläßliche Voraussetzung für eine Abrechnung auf Reparaturbasis ist jedoch in diesen Fällen, daß der Geschädigte sein Integritätsinteresse durch Vornahme der Reparatur dokumentiert. In engen Grenzen wird auch eine Fahrzeugreparatur in eigener Regie akzeptiert (BGH, BB 1992, 946).
Ob die Richtwertgrenze von 130% auch für Leasingfahrzeuge gilt, wurde von der Rechtsprechung noch nicht entschieden. Dagegen spricht das geringe Integritätsinteresse des Leasingnehmers an der Wiederherstellung des Fahrzeugs, das er nur auf Zeit besitzt. Auf seiten des Leasinggebers besteht ebenfalls kein gesteigertes Integritätsinteresse. Für ihn ist allein der Sachwert des Autos von Belang, der durch eine kostenaufwendige Reparatur i. d. R. nicht erhöht wird. Sofern die Kosten, die auf den Leasingnehmer im Falle einer totalschadensbedingten vorzeitigen Beendigung des Leasingvertrages in Form des Haftungsschadens zukommen, den Wiederbeschaffungswert zuzüglich Restwerterlös überschreiten, hat der Leasingnehmer allerdings ein vitales Interesse an der Aufrechterhaltung und Fortsetzung des Leasingvertrages bis zum regulären Vertragsende. Da er dieses Ziel nur durch Reparatur des Fahrzeugs verwirklichen kann, ist ihm bei einer derartigen Fallkonstellation die 130%ige Richtwertgrenze ausnahmsweise zuzubilligen.
Außer dem technischen und wirtschaftlichen Totalschaden gibt es den sog. unechten Totalschaden bei neuwertigen Fahrzeugen. Nach der Faustregel des BGH (VersR 1982, 163) gelten Fahrzeuge im ersten Monat nach ihrer Erstzulassung bis zu einer Laufleistung von ca. 1000 km als neuwertig. Wird ein solches Fahrzeug bei einem Unfall in seiner Substanz empfindlich beeinträchtigt, kann der Geschädigte Abrechnung auf Totalschadensbasis verlangen, auch wenn rechnerisch nicht die Voraussetzungen eines wirtschaftlichen Totalschadens vorliegen.
Die Rechtsprechung zum sog. ›unechten‹ Totalschaden, bei dem die Summe aus Reparaturkosten und Minderwert unter der Differenz aus Wiederbeschaffungswert und Restwert liegt, findet nach Meinung des OLG Köln (ZfS 1985, 357) auch bei Leasingfahrzeugen Anwendung.

Auswirkungen auf den Leasingvertrag

Nach ständiger höchstrichterlicher Rechtsprechung kann der Leasinggeber die Sach-

185

Der Unfall mit dem Leasingauto

und Preisgefahr durch AGB nur dann rechtswirksam auf den Leasingnehmer verlagern, wenn er ihm gleichzeitig für den Fall des Totalschadens, des Verlustes und der wesentlichen Beschädigung ein kurzfristiges Kündigungsrecht einräumt (BGH, ZIP 1986, 1566; NJW 1992, 683).

Klauselbeispiel:

»Bei Totalschaden oder Verlust des Fahrzeugs oder bei schadensbedingten Reparaturkosten von mehr als 60% des Wiederbeschaffungswertes kann jeder Vertragspartner zum Zeitpunkt der Fälligkeit einer Leasingrate kündigen.«

Im Falle des Eintritts solcher Umstände endet das Vertragsverhältnis nicht automatisch, es sei denn, der Leasingvertrag enthält eine entsprechende Regelung. Wird der Vertrag nicht gekündigt, bleibt der Leasingnehmer zur Zahlung der weiteren Leasingraten verpflichtet. Die Reparatur des totalbeschädigten Fahrzeugs muß der Leasingnehmer nicht vornehmen lassen. Ein darauf gerichtetes Verlangen des Leasinggebers würde gegen § 242 BGB verstoßen. Eine Ersatzbeschaffungspflicht sehen Leasingverträge grundsätzlich weder für den Leasingnehmer noch für den Leasinggeber vor. Gleichwohl entspricht es häufig anzutreffender Übung in der Praxis, daß die Parteien des Leasingvertrages nach einem Totalschaden, einem Verlust oder einer erheblichen Beschädigung des Leasingobjektes entweder den Leasingvertrag mit einem aus der Entschädigungssumme beschafften Ersatzfahrzeug fortsetzen oder unter Aufhebung des alten Leasingvertrages einen neuen modifizierten Leasingvertrag über das Ersatzfahrzeug abschließen. AGB enthalten manchmal die Regelung, daß die Verpflichtung des Leasingnehmers zur Vornahme der Reparatur im Falle einer erheblichen Beschädigung des Fahrzeugs bestehen bleibt, wenn er von dem Recht der außerordentlichen Kündigung keinen Gebrauch macht.
Die Auswirkungen des Totalschadens auf den Leasingvertrag sind insgesamt viel weitreichender als beim Teilschaden. Während der Bestand des Leasingvertrages im Teilschadensfall nicht berührt wird, ist beim Totalschaden das vorzeitige Vertragsende programmiert. Für die Schadensregulierung ergeben sich daraus beachtliche Konsequenzen.

Ansprüche des Leasinggebers

Ansprüche des Leasinggebers gegen Dritte

Fahrzeugschaden und Nebenkosten

Der Dritte hat im Falle eines von ihm verschuldeten Totalschadens dem zum Vorsteuerabzug berechtigten Leasinggeber den Wiederbeschaffungswert des Fahrzeugs abzüglich des Restwerterlöses zum Nettobetrag zu ersetzen. Ferner besitzt der Leasinggeber Anspruch auf Erstattung der Nettokosten für Gutachten, Rechtsverfolgung, Abschleppen, Unterstellen, Abmelden usw. (Dörner, VersR 1978, 834, 835; LG Hildesheim, ZfS 1984, 100), nicht jedoch auf Nutzungsausfall (DLG Düsseldorf, BB 1991, 2471). Transportkosten, die im Zusammenhang mit der Rückführung des Fahrzeugs zum Leasinggeber zwecks Verwertung anfallen, sind nicht unfallbedingt und vom Schädiger nicht zu ersetzen.
Sämtliche Ansprüche stehen dem Leasinggeber zu, solange der Leasingnehmer an ihn noch keine Zahlung geleistet hat. Zahlt der Leasingnehmer, gehen die Ansprüche gegen den Dritten auf ihn über (BGH, DAR 1991, 54, 55).

Kein Anspruch auf die ausstehenden Leasingraten und den darin enthaltenen Gewinn

Der BGH versagt dem Leasinggeber einen gegen den Schädiger gerichteten Anspruch auf Ersatz der Leasingraten, die ihm bei vertragsgemäßer Beendigung des Leasingvertrages zugestanden hätten (DAR 1992, 54, 55). Aus seiner Sicht entsteht dem Leasinggeber insoweit kein Schaden, da er einen auf

Vollamortisation seines Aufwands gerichteten Ausgleichsanspruch gegen den Leasingnehmer besitzt. Falls es dem Leasinggeber nicht gelingen sollte, den Anspruch beim Leasingnehmer zu realisieren, wäre dies nach Meinung des BGH kein auf die unerlaubte Handlung des Schädigers zurückzuführender Schaden. Es hilft dem Leasinggeber auch nicht, wenn er sich die Ansprüche des Leasingnehmers gegen den Schädiger erfüllungshalber abtreten läßt. Denn der Leasingnehmer besitzt ebenfalls keinen Anspruch auf Ersatz der Leasingraten. Sein Unfallschaden besteht nicht in der Belastung mit den Leasingraten, sondern nur in dem Entzug der Sachnutzung (BGH, VersR 1976, 943, 944; 1977, 227, 228; DAR 1991, 54, 55; ZIP 1992, 44 = NJW 1992, 553). Seine Pflicht zur Zahlung der abgezinsten Leasingraten beruht auf dem vertraglichen Vollamortisationsversprechen und nicht auf dem Unfall.

Ansprüche des Leasinggebers gegen den Leasingnehmer

Sofern der Leasingnehmer den Totalschaden des Fahrzeugs allein – oder mitverschuldet hat, haftet er dem Leasinggeber wie ein Dritter auf Schadensersatz. Der Anspruch des regelmäßig zum Vorsteuerabzug berechtigten Leasinggebers umfaßt den Wiederbeschaffungswert des Fahrzeugs zum Nettopreis abzüglich des Restwerterlöses sowie die üblichen unfallbedingten Nebenkosten. Da ihm während der vereinbarten Vertragsdauer ein Gebrauchsrecht an dem Leasingfahrzeug nicht zusteht, besitzt der Leasinggeber keinen Anspruch auf Nutzungsausfall. Eine entgegenstehende Regelung in AGB benachteiligt den Leasingnehmer unangemessen und ist daher unwirksam (OLG Düsseldorf, BB 1991, 2471).
Als Anspruchsgrundlagen für den Fahrzeugschaden kommen §§ 823, 280 Abs. 1 BGB und eventuell positive Vertragsverletzung in Betracht. Ein auf § 280 BGB gestützter Schadensersatzanspruch wegen Nichterfüllung der Rückgabepflicht setzt die Fälligkeit des Rückgabeanspruchs voraus. Die Rückgabepflicht nach § 556 BGB entsteht erst mit Beendigung des Vertragsverhältnisses, so daß zur Begründung der Anspruchsvoraussetzungen im Totalschadensfall eine vorzeitige Vertragsbeendigung durch Kündigung erforderlich ist.
Sofern der Leasingnehmer eine Kaskoversicherung für das Fahrzeug abgeschlossen und die Ansprüche aus der Versicherung erfüllungshalber an den Leasinggeber durch Erteilung eines Sicherungsscheins abgetreten hat, muß der Leasinggeber seine Wertersatzforderung zunächst gegenüber der Kaskoversicherung geltend machen. Solange er dies nicht – erfolglos – getan hat, ist sein Anspruch gegen den Leasingnehmer auf Ersatz des Nichterfüllungsschadens mangels Fälligkeit unbegründet (BGH, ZIP 1992, 179; Reinking, ZAP 1992 Fach 4 R, S. 55).
Die Abtretung der Ansprüche aus der Kaskoversicherung betrifft allerdings nur den Ersatz des Schadens, der dem Leasinggeber als Eigentümer bzw. als Vermieter wegen Beschädigung, Zerstörung oder Verlust des Leasingfahrzeugs entsteht. Sie erstreckt sich nicht – jedenfalls nicht ohne besondere vertragliche Vereinbarung – auf das Vollamortisationsinteresse des Leasinggebers und die damit korrespondierende vertragliche Verpflichtung des Leasingnehmers, »daß er trotz Nichtgewährung des Gebrauchs der Leasingsache wegen der von ihm übernommenen Preisgefahr die Gegenleistung erbringen muß oder gehalten ist, dem Leasinggeber Schadensersatz zu leisten, weil er ihm durch vertragswidriges Verhalten Anlaß zur fristlosen Kündigung gegeben hat« (BGH, ZIP 1992, 179 = NJW 1992, 683).

Die auf Vollamortisation gerichteten Ansprüche des Leasinggebers gegen den Leasingnehmer sind von Natur aus weitreichender als die gesetzlichen und vertraglichen Ansprüche wegen der Sachbeschädigung, da sie nicht durch den Wiederbeschaffungswert des Fahrzeugs nach oben begrenzt werden. Das Stichwort ›Haftungsschaden‹ kennzeichnet die ›überschießende Vertragshaftung‹ des Leasingnehmers, welche an folgendem Beispiel verdeutlicht wird:

Der Unfall mit dem Leasingauto

Der Leasingnehmer hat mit dem Leasinggeber einen Teilamortisationsvertrag über einen Pkw mit einer unkündbaren Grundmietzeit von 42 Monaten bei einem Neuanschaffungspreis von 15000,- DM, einem kalkulierten Restwert von 7000,- DM und einer monatlichen Leasingrate von 250,- DM – ohne Sonderzahlung – unter Übernahme des Restwertrisikos abgeschlossen. Infolge Fremdverschuldens wird das Auto im 25. Monat totalbeschädigt. Der Wiederbeschaffungswert beträgt 8000,- DM und die Restwerte belaufen sich auf 500,- DM. Der Haftungsschaden des Leasingnehmers ist wie folgt zu berechnen:

Restliche Leasingraten 17 × 250,–	4250,– DM
abzüglich ersparter Aufwendungen des Leasinggebers	600,– DM
abzüglich der in den restlichen Leasingraten enthaltenen Gewinnanteile	400,– DM
abzüglich Zinsvorteil infolge vorzeitiger Kapitalrückführung	500,– DM
Zwischensumme	2750,– DM
Kalkulierter Restwert	7000,– DM
abzüglich Zinsvorteil infolge vorzeitigen Kapitalrückflusses	600,– DM
Zwischensumme	6400,– DM
Haftungsschaden insgesamt	9150,– DM

Im Beispielsfall hat der Leasinggeber vom Schädiger bzw. dessen Haftpflichtversicherung den Wiederbeschaffungswert zu beanspruchen, der unter Berücksichtigung der Restwerte 7500,- DM beträgt. Unter Hinzurechnung des Restwerterlöses stehen dem Leasinggeber 8000,- DM zur Verfügung, so daß ein überschießender Haftungsschaden des Leasingnehmers von 1150,- DM verbleibt.
Vielfach wird die Berechnung des Haftungsschadens durch AGB in Leasingverträgen geregelt oder die Schadenshöhe pauschaliert. Derartige Klauseln verdienen einen kritischen Blick, da sie nicht selten unwirksam sind. Wegen Undurchschaubarkeit verwarf der BGH z. B. eine Abrechnungsklausel, welche eine Gegenüberstellung der Aufwendungen und Erträge des Leasinggebers für die verkürzte Laufzeit vorsah (NJW 1986, 1335). Andere Formularbestimmungen wurden von ihm für unwirksam erklärt, weil sie einen nicht am Refinanzierungssatz orientierten Abzinsungssatz vorsahen (BGH, WM 1986, 480; NJW 1991, 221) oder laufzeitabhängige und damit ersparte Aufwendungen nicht zugunsten des Leasingnehmers berücksichtigten (BGH, NJW 1991, 221).

Weitgehend ungeklärt ist die Frage, ob der Leasingnehmer dem Leasinggeber bei vorzeitiger Vertragsbeendigung wegen Totalschadens, Verlustes und erheblicher Beschädigung des Leasingfahrzeugs auf Ersatz des für die gesamte Vertragszeit berechneten Gewinns haftet. Für Schadensersatzansprüche des Leasinggebers wegen Nichterfüllung hat der BGH festgestellt, daß diese grundsätzlich auch den vollständigen Gewinn umfassen, den der Leasinggeber bei ordnungsgemäßer Vertragserfüllung erzielt hätte (NJW 1991, 221). Bei kündbaren Leasingverträgen mit Abschlußzahlung, welche auf dem Kfz-Sektor selten geworden sind, ist der Gewinnanspruch allerdings auf den Zeitraum bis zu einer nach dem Vertrag zulässigen ordentlichen Kündigungsmöglichkeit zu begrenzen.

Der schadensrechtliche Anspruch auf Ersatz des noch nicht amortisierten Teils des kalkulierten Gewinns entfällt, falls der Leasingnehmer im Anschluß an die Kündigung des Leasingvertrages bei demselben Leasinggeber erneut ein Fahrzeug mit nicht geringeren Raten least (OLG Köln, EWiR § 249 BGB, 10/92, 1063 – Reinking).
Diese aus dem Schadensrecht abgeleiteten Grundsätze zum Gewinnausfallschaden gelten jedoch nicht für die Fälle, in denen der Leasingnehmer dem Leasinggeber allein aus der Übernahme der Preisgefahr, also ohne eigenes Verschulden, auf das Vollamortisationsinteresse haftet. Zwar schließt das Voll-

Der Unfall mit dem Leasingauto

amortisationsinteresse den Gewinn ein, jedoch besitzt der Leasinggeber darauf keinen Anspruch, wenn er – worauf der BGH schon 1976 hingewiesen hat – »*durch die im voraus abgetretene Ersatzleistung eines Drittschädigers über den Wert der zerstörten Sache alsbald wieder verfügen kann, etwa auch, indem er nach Erwerb einer neuen Sache ein weiteres Leasinggeschäft mit einem anderen oder gar mit demselben Leasingnehmer beginnt*« (BGH VersR 1976, 944). Den gleichen Gedanken griff der BGH im Jahre 1986 aus Anlaß einer konkreten Schadensberechnung bei vorzeitiger Vertragsbeendigung wegen Totalschadens erneut auf, indem er feststellte, es sei angesichts der Bedeutung des Zeitfaktors für die Leistung des Leasinggebers kein Grund ersichtlich, ihm auch für die infolge der außerordentlichen Kündigung verkürzte Laufzeit den auf die volle Vertragsdauer kalkulierten Gewinn uneingeschränkt zuzusprechen (ZIP 1986, 576 f.).

Abwicklung und Abrechnung des Vertrages

Bei vorzeitiger unfallbedingter Vertragsbeendigung darf der Leasinggeber nicht bessergestellt werden, als er bei kündigungsfreiem Vertragsverlauf stände (BGH, WM 1986, 673, 674; v. Westphalen, Der Leasingvertrag, 4. Aufl., Rn. 1038). Daraus folgt, daß der Leasinggeber dem Leasingnehmer im Falle einer außerordentlichen Vertragskündigung wegen erheblicher Beschädigung eine vom Schädiger empfangene Wertminderung in Anrechnung bringen muß, wenn der Leasingnehmer das Restwertrisiko trägt. Hat allerdings der Leasinggeber das Restwertrisiko übernommen, wie etwa beim Kilometer-Leasingvertrag, darf er die Wertminderung behalten, da das Risiko in seine Sphäre fällt (von Westphalen, Der Leasingvertrag, 4. Aufl., Rn. 1035). Eine vertragliche Pauschalierung der Wertminderung scheitert an § 11 Nr. 5a AGB-Gesetz, da sie stets von den konkreten Umständen abhängt, so daß sich eine Festlegung von vornherein verbietet (Ulmer/Brandner/Hensen AGB-Gesetz, 6. Aufl., § 11 Nr. 5, Rn. 13).

Bei der Abrechnung ist von dem vertraglich vereinbarten Restwert auszugehen. Er darf nicht durch den Verkehrswert ersetzt werden, weil Restwert und Verkehrswert am Vertragsende nicht notwendigerweise deckungsgleich sind (BGH, WM 1987, 38, 40). Das verunfallte Fahrzeug muß der Leasingnehmer an den Leasinggeber herausgeben, es sei denn, daß beide Parteien eine hiervon abweichende Vereinbarung treffen. Für den Leasinggeber gilt die Pflicht, das Fahrzeug mit zumutbarer Sorgfalt bestmöglich zu verwerten. Dieser Verpflichtung genügt er nicht schon dadurch, daß er das Fahrzeug zum Einkaufspreis an den Händler abgibt. Vielmehr muß er auch andere Möglichkeiten zur Erzielung eines günstigen Verwertungserlöses ausschöpfen, etwa durch die Aufgabe von Zeitungsinseraten (BGH, NJW 1991, 221). Sofern der im Gutachten ausgewiesene Restwert auf dem allgemeinen Markt realisierbar ist, muß sich der Leasinggeber bemühen, diesen Preis auch tatsächlich zu erzielen. Auf einen nur dem Schädiger zugänglichen Sondermarkt muß er sich nicht verweisen lassen (BGH, DAR 1993, 251). Die Verwertungskosten, welche ohnehin am Vertragsende angefallen wären, sind Teil der Gemeinkosten des Leasinggebers und von diesem zu tragen. Nachgewiesene Mehrkosten infolge vorzeitiger Vertragsbeendigung gehen zu Lasten des Leasingnehmers. Unzulässig ist bei Kilometerverträgen ohne Restwertabsicherung durch den Leasingnehmer eine Änderung der vertraglich festgelegten Abrechnungsmodalitäten in der Weise, daß bei vorzeitiger unfallbedingter Vertragsbeendigung im Zuge der Abrechnung Aufwendungen und Erträge des Leasinggebers gegenüberzustellen sind. Durch dieses Abrechnungsverfahren würde eine Absicherung des Restwertes erreicht, auf die der Leasinggeber bei störungsfreiem Vertragsverlauf keinen Anspruch besäße (BGH, WM 1987, 38, 40). Mangels anderweitiger Anhaltspunkte ist die vorzeitige Abrechnung des Kilometervertrages auf der Basis der ursprünglichen Vertragskalkulation durchzuführen, d. h. die bis zum Unfall gefahrenen Kilometer sind in Relation zur Gesamtlei-

Der Unfall mit dem Leasingauto

stung zeitanteilig unter Berücksichtigung einer vom Leasingnehmer geleisteten Sonderzahlung zu ermitteln (v. Westphalen, Der Leasingvertrag, 4. Aufl., Rn. 1044). Der auf diese Weise hochgerechnete, abgezinste und um die ersparten Aufwendungen gekürzte Restamortisationsbetrag ist vom Leasingnehmer auszugleichen. Die in diesem Zusammenhang vertretene Rechtsmeinung, welche besagt, daß der erzielte Verkaufserlös unberücksichtigt bleiben müsse, weil der Leasinggeber die Restwertabsicherung übernommen habe (v. Westphalen, Der Leasingvertrag, 4. Aufl., Rn. 1044), verkennt, daß der Leasingnehmer auch bei dieser Vertragsart das Risiko der Sachgefahr trägt und dem Leasinggeber folglich für Untergang, Verlust und Verschlechterung des Fahrzeugs ohne Verschulden haftet.

Abrechnungsbeispiel:

Leasingvertragsdauer 36 Monate bei Monatsraten von 200,– DM, einer Gesamtfahrleistung von 60 000 km und einem kalkulierten Restwert von 10 000,– DM am regulären Vertragsende. Unfall mit erheblicher Fahrzeugbeschädigung nach 12 Monaten bei einer Fahrleistung von 15 000 km mit einem Restwert von 5000,– DM. Vergütungssatz für Minderkilometer 0,10 DM pro km. Zinsvorteil 1000,– DM; ersparte Kosten 200,– DM.

Bei regulärer Vertragsdurchführung hätte der Leasinggeber erhalten:
36 Raten
zu je 200,– DM = 7200,– DM
zuzügl. Restwert von 10 000,– DM

zusammen	17 200,– DM

Er müßte dem Leasingnehmer eine Vergütung wegen der Minderkilometer zahlen.
Der Leasingnehmer wäre – hochgerechnet – auf die Vertragszeit 45 000 km gefahren, so daß sich die Vergütung belaufen würde auf 1500,– DM

Summe	15 700,– DM

Übertrag:		15 700,– DM
Er hat bis zum Unfall 12 Raten erhalten.	2400,– DM	
Er erhält den Restwert	5000,– DM	
Summe		7400,– DM
Differenz		8300,– DM
abz. Zinsvorteil wegen sofortiger Fälligkeit und	1000,– DM	
ersparter Kosten	200,– DM	
zusammen		1200,– DM
Vom Leasingnehmer zu zahlender Ausgleich		7100,– DM

Ansprüche des Leasinggebers gegen die Kaskoversicherung

Die Geltendmachung des Schadens beim Fahrzeugversicherer ist zu empfehlen, falls entweder der Leasingnehmer den Unfall allein oder mitverschuldet hat, oder falls ausnahmsweise die Voraussetzungen für eine Neuwertentschädigung vorliegen. Gem. der Regelung von § 13 Abs. 2 AKB in alter Fassung, erhöht sich beim Totalschaden und Verlust eines Personenwagens die Leistungsgrenze des Versicherers auf den Neupreis, wenn sich der Versicherungsfall in den ersten beiden Jahren nach der Erstzulassung des Fahrzeugs ereignet hat und sich das Fahrzeug bei Eintritt des Versicherungsfalls im Eigentum dessen befindet, der es als Neufahrzeug unmittelbar vom Kraftfahrzeughändler oder Kraftfahrzeughersteller erworben hat. Die über den Zeitwert hinausgehende Entschädigung ist vom Versicherer erst dann zu zahlen, wenn die Verwendung zur Beschaffung eines anderen Fahrzeugs innerhalb von 2 Jahren nach Feststellung der Entschädigung sichergestellt ist (§ 13 Abs. 10 AKB).

Umsatzsteuer, Rabatte

Sofern der Leasinggeber für das Leasingfahrzeug wegen Totalschadens, Verlustes oder erheblicher Beschädigung Ersatz beschafft, ist der Neupreis danach zu berech-

Der Unfall mit dem Leasingauto

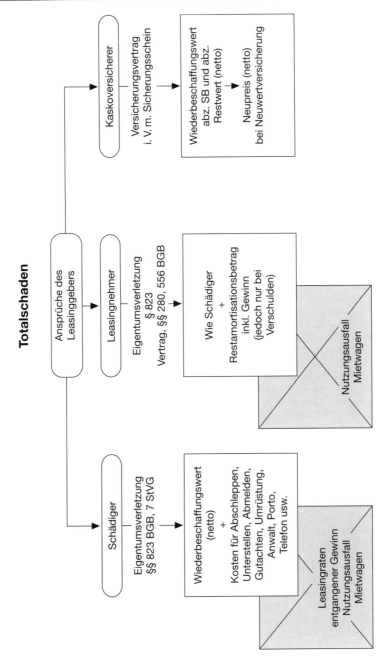

nen, was er für ein neues Fahrzeug in der versicherten Ausführung zu entrichten hat (BGH, NZV 1988, 216; ZIP 1993, 1315). Die Aufwendungen des Leasinggebers für die Neubeschaffung sind auch dann maßgeblich, wenn er dem Leasingnehmer ein uneingeschränktes Erwerbsrecht eingeräumt hat (BGH, NJW 1989, 3021) und wenn der Leasingnehmer für sich ein Ersatzfahrzeug anschafft (BGH DAR 1993, 385 – vgl. hierzu die Ausf. auf S. 197 ff.).

Kann der Leasinggeber die Umsatzsteuer im Wege des Vorsteuerabzugs gegenüber dem Finanzamt geltend machen, muß ihm der Kaskoversicherer sowohl den Wiederbeschaffungswert als auch den Neupreis des Fahrzeugs jeweils nur zum Nettobetrag vergüten.

Weiterhin sind Rabatte, die der Leasinggeber erhält bzw. in zumutbarer Weise erzielen kann, auf die Versicherungsleistung anzurechnen (BGH, NZV 1988, 216; LG Hamburg, NJW-RR 1987, 607).

Diese Rechtsfolgen ergeben sich aus der Tatsache, daß die Kaskoversicherung, auch dann, wenn sie als Fremdversicherung genommen wird, als reine Sachversicherung das Interesse des Eigentümers an der Erhaltung des unter Versicherungsschutz stehenden Fahrzeugs abdeckt. Das Sacherhaltungsinteresse, das die Rechtsprechung als versichertes Risiko zugunsten des Leasingnehmers anerkennt, auf die ihm die Gefahr für Untergang, Verlust und Beschädigung des geleasten Fahrzeugs aufgebürdet wird, findet bei der Schadensregulierung durch die Kaskoversicherung jedenfalls dann keine Berücksichtigung, wenn nicht der Leasingnehmer sondern der Leasinggeber die Wiederherstellung durch Ersatzbeschaffung vorgenommen hat (BGH, NJW 1989, 3021).

Die Aufwendungen des Leasinggebers für ein Ersatzfahrzeug in der versicherten Ausführung sind in der Regel auch für die Beurteilung maßgeblich, ob ein Totalschaden i. S. v. § 13 Abs. 4 b AKB (alter Fassung) vorliegt, ob also die Wiederherstellungskosten 70% bzw. 80% des Neupreises erreichen (BGH, NZV 1988, 216).

Ansprüche des Leasingnehmers

Ansprüche des Leasingnehmers gegen den Schädiger

Fahrzeugschaden

Im Hinblick auf den Fahrzeugschaden besitzt der Leasingnehmer gegen den verantwortlichen Schädiger einen Anspruch wegen des »Entzugs der Sachnutzung«. Für die Bewertung der Sachnutzung ist der Kauf- bzw. Wiederbeschaffungswert der maßgebliche Anknüpfungspunkt. Diesen muß der Geschädigte aufwenden, um den ohne das Schadensereignis bestehenden Zustand herzustellen (BGH, VersR 1976, 943, 944; 1977, 227; ZIP 1992, 44). Hierbei spielt es wirtschaftlich für den Leasingnehmer keine Rolle, ob der Leasingvertrag mit einem Ersatzfahrzeug fortgesetzt oder abgewickelt wird. Nach Meinung des BGH liegt die wirtschaftliche Bedeutung des Leasing darin, daß der Leasinggeber dem Leasingnehmer die Nutzung des Leasingobjektes vorfinanziert und der Leasingnehmer unter Erzielung betriebswirtschaftlicher, bilanzmäßiger und steuerlicher Vorteile ihm dafür den Finanzierungsaufwand einschließlich seines Gewinnes in der Gestalt von Sonderzahlungen, Leasingraten und eines am Restwert ausgerichteten Ausgleichs zurückzahlt (BGH, ZIP 1992, 44, 46). Wird die künftige Sachnutzung vom Schädiger statt vom Leasinggeber in der Weise »finanziert«, daß er dem Leasingnehmer den für die Ersatzbeschaffung erforderlichen Geldbetrag zur Verfügung stellt, so erleidet der Leasingnehmer dadurch keinen Nachteil.

Nutzungsausfall, Mietwagenkosten, entgangener Gewinn, Verlust von Steuervorteilen, Bergungskosten, An- und Abmeldekosten, Umrüstungskosten

Für die Zeit bis zur Wiederbeschaffung eines gleichwertigen Ersatzfahrzeugs muß der verantwortliche Schädiger dem Leasingnehmer den Ausfallschaden ersetzen. Der Anspruch erstreckt sich im Falle der Anmietung eines Mietwagens auf die Umsatzsteuer der Mietwagenkosten, sofern der Leasingnehmer nicht zum Vorsteuerabzug berechtigt ist (LG München, ZfS 1984, 100). Denkbar ist auch ein Anspruch auf Ersatz des entgangenen Gewinns für den Zeitraum bis zur Wiederbeschaffung eines Ersatzfahrzeugs (BGH, ZIP 1992, 44, 46 = NJW 1992, 553). Weiterhin sind vom Schädiger auf Nachweis die Aufwendungen des Leasingnehmers für das Abschleppen und Sicherstellen des Fahrzeugs, die An- und Abmeldekosten, etwaige Kosten für Umrüstungsmaßnahmen sowie die Kosten der Rechtsverfolgung zu erstatten.

Als möglicher Folgeschaden aus dem Entzug der Sachnutzung kann auch ein Wegfall oder eine Schmälerung der mit dem Leasingvertrag typischerweise verbundenen steuerlichen Vorteile in Betracht kommen, da sie zum Wert der Sachnutzung gehören (BGH VersR 1991, 318, 319).

Haftungsschaden

Wenn die zum Zeitpunkt des Unfalls noch nicht amortisierten Kosten des Leasinggebers den Wiederbeschaffungswert des totalbeschädigten Fahrzeugs übersteigen, stellt sich die Frage, ob der Schädiger dem Leasingnehmer den ›überschießenden Haftungsschaden‹ ersetzen muß.

Mit dem Entzug der Sachnutzung läßt sich ein solcher Anspruch des Leasingnehmers nach Ansicht des BGH (VersR 1976, 943, 944; 1977, 227) nicht begründen, da der Wiederbeschaffungswert des Autos die Obergrenze des Nutzungsschadens darstellt.

Zitat aus dem BGH-Urteil:

»Dann aber besteht sein Schaden nicht etwa in der Belastung mit den Leasingraten, die er ohnehin zu erbringen hätte, sondern nur im Entzug der Sachnutzung. Der Wert dieser Nutzung kann aber keinesfalls einen Geldbetrag übersteigen, der den Erwerb eines Fahrzeugs vom gleichen Zeitwert ermöglicht.«

Den Vorschlag, anstelle des Sachwertes den Tauschwert der vereitelten Nutzung bei der Schadensberechnung zugrundezulegen und dem Leasingnehmer Anspruch auf das von

ihm bei störungsfreiem Vertragsverlauf zu zahlende Leasingentgelt zuzubilligen (Köndgen, AcP 1977, 1, 17; in diesem Sinne auch KG, MDR 1975, 579 f.; OLG Frankfurt, ZfS 1984, 5), hat der BGH stets verworfen (zuletzt ZIP 1992, 44). Eine Anknüpfung an den Tauschwert würde aus seiner Sicht

»den Bezugspunkt für die Einstandspflicht des Schädigers aus dem Auge verlieren. Für die Bewertung der Sachnutzung muß vielmehr nach dem für das Schadensrecht maßgeblichen Grundgedanken des § 249 BGB – Herstellung des ohne das Schadensereignis bestehenden Zustandes – der Kauf- bzw. der Wiederbeschaffungswert der maßgebliche Anknüpfungspunkt, weil der Geschädigte eben für den Entzug der Sachnutzung entschädigt werden soll, während die wegen steuerlicher und anderer betrieblicher Belange gewählte Finanzierungsart, etwa durch Leasing, für die Bestimmung des Sachwerts grundsätzlich ungeeignet ist. Insbesondere kann der Aufwand, den der Leasingnehmer bei der Ausgestaltung des Leasingvertrages – etwa zur Erlangung steuerlicher Vorteile – macht, nicht zum Maßstab einer schadensrechtlichen Beurteilung gemacht werden.«

Die Begrenzung des Nutzungsschadens auf den Wiederbeschaffungswert verhindert eine nicht kontrollierbare Schadensausuferung und eine Ungleichbehandlung von Schadensfällen.

Auch unter dem Blickwinkel des aus der Störung des Vertrages resultierenden Haftungsschadens ist die Ersatzpflicht des Schädigers auf den Wert des Fahrzeugs beschränkt.

Die fortbestehende Belastung des Leasingnehmers mit den Leasingraten stellt als solche keinen mit der Beschädigung des Fahrzeugs zusammenhängenden Schaden dar, weil der Leasingnehmer die Leasingraten als Teil des mit dem Leasinggeber vertraglich vereinbarten Entgelts und der leasingtypischen Übernahme der Sach- und Preisgefahr ohne Rücksicht auf den Untergang der Leasingsache ohnehin bis zum Ablauf des Vertrages zahlen muß (BGH, ZIP 1992, 44, 45). Soweit sich der Leasingnehmer durch den Leasingvertrag auf höhere Kosten des durch

Der Unfall mit dem Leasingauto

das Leasinggeschäft im Ergebnis vermittelten Kredits eingelassen hat, ist sein Vermögen mit dieser Verpflichtung schon vor dem Unfall belastet (BGH, VersR 1976, 943, 944). Auch soweit die künftigen Leasingraten den Gewinn des Leasinggebers enthalten und der Leasingnehmer dafür aufzukommen hat, versagt der BGH dem Leasingnehmer Anspruch auf Schadensersatz gegen den Schädiger (DAR 1991, 54, 55; ebenso Dörner VersR 1980, 1000 f.). Hierbei steht die Überlegung im Vordergrund, daß es nicht den Parteien des Leasingvertrages überlassen sein kann, den vom Schädiger zu ersetzenden Schaden durch vertragliche Absprachen auszuweiten. Das Argument leuchtet ein. Im Hinblick auf den Gewinnausfall wird hierbei allerdings nicht berücksichtigt, daß die wirksame Verlagerung der Sach- und Preisgefahr nicht zu einer Schadensmaximierung führt. Das wird deutlich, wenn man die Gefahrtragungsregelung hinwegdenkt. Ohne Gefahrverlagerung auf den Leasingnehmer wäre der verantwortliche Unfallverursacher verpflichtet, dem Leasinggeber den Gewinn zu ersetzen, den der Leasinggeber im Falle eines störungsfreien Vertragsverlaufs erzielt hätte.

Die Tatsache, daß kraft leasingtypischer Vertragsgestaltung die Schadensrisiken vom Leasingnehmer getragen werden, kann nach allgemeinen Grundsätzen des Schadensrechts nicht zur Entlastung des alleinverantwortlichen Schädigers führen.

In rechtlicher Hinsicht gilt, daß die enttäuschte Gewinnerwartung nur in bezug auf die Person des Leasinggebers ein durch § 252 BGB rechtlich geschütztes Interesse darstellt. Der Leasinggeber erwirbt das Auto, um damit Gewinn zu erzielen. Bezogen auf die Person des Leasingnehmers fehlt es an einer entsprechenden Gesetzesnorm. Für ihn ist das Auto ein Konsumgut. Schaden und Anspruch fallen auseinander. Der Leasinggeber besitzt den Anspruch, hat jedoch keinen Schaden, weil ihm der Leasingnehmer haftet. Der Leasingnehmer hat den Schaden, besitzt jedoch keinen Anspruch. Aus dieser verzwickten Rechtssituation kann dem Schädiger kein Vorteil erwachsen. Soweit der Leasingnehmer dem Leasinggeber auf entgangenen Gewinn haftet, muß ihm die Möglichkeit gegeben werden, sich bei dem alleinverantwortlichen Unfallverursacher schadlos zu halten. Ermöglicht wird der Anspruch durch das Rechtsinstitut der ›Schadensliquidation im Drittinteresse‹ (vgl. hierzu ausführlich Reinking in ZIP 1984, 1319 f.).

Die vertraglich festgelegte Verpflichtung des Leasingnehmers, im Falle einer vorzeitigen Vertragbeendigung infolge Totalschadens, Verlusts oder erheblicher Beschädigung den Restwert des Fahrzeugs sofort durch Zahlung abzulösen, begründet ebenfalls keinen Anspruch des Leasingnehmers gegen den Schädiger aus dem Gesichtspunkt des ›Haftungsschadens‹. Der Restwert wird regelmäßig durch die zu erstattenden Wiederbeschaffungskosten mit abgegolten und stellt deshalb keinen Schadensfaktor dar (BGH, ZIP 1992, 44, 45).

Ein Haftungsschaden ergibt sich auch nicht ohne weiteres aus der vorzeitigen Fälligstellung der Leasingraten, da der Leasingnehmer im Vergleich zu seiner Erfüllungspflicht bei ungestörtem Vertragsverlauf nicht mit höheren Verbindlichkeiten belastet ist. Die durch die Vorfälligkeit der künftigen Leasingraten bei vorzeitiger Vertragsbeendigung entstehende Mehrbelastung wird weitgehend durch die obligate Abzinsung und den Wegfall der – ersparten – laufzeitabhängigen Vertragskosten egalisiert. Soweit jedoch dem Leasingnehmer durch die Pflicht zur sofortigen Zahlung der Leasingraten und des Restwertes gegenüber der ursprünglichen Verpflichtung Mehrkosten – etwa infolge der Notwendigkeit einer Kreditaufnahme – entstehen, kommt ein vom Schädiger zu übernehmender Haftungsschaden in Betracht (BGH, VersR 1976, 943, 944).

Die verschlechterte Vermögenslage, in die der Leasingnehmer durch die sofortige Fälligkeit der Leasingraten und des Restwerts hineingerät, ist zwar ohne entsprechende Ausgestaltung des Leasingvertrags nicht denkbar, aber dennoch handelt es sich nicht um einen in erster Linie vertraglichen Schaden, mit dem der Leasingnehmer von Anfang an belastet ist, da das Wahlrecht der vorzeiti-

Der Unfall mit dem Leasingauto

gen Vertragsbeendigung mit der Fälligkeitsfolge erst durch den Unfall ausgelöst wird. Für den Schaden in Form der Mehrbelastung wird deshalb der Unfall als kausal angesehen, weil er die ursprüngliche Verpflichtung des Leasingnehmers in maßgeblicher Weise abändert. Nach Ansicht des BGH läßt sich die dem Leasingnehmer zuzubilligende Schadensposition der ›Mehrbelastung infolge Vorfälligkeit‹ mit den Grundsätzen des Schadensausgleichs i. S. v. § 249 BGB vereinbaren, weil der Schädiger nicht in einer dem Schadensrecht fremden Weise mit demjenigen Aufwand belastet wird, den der geschädigte Leasingnehmer zur Erlangung besonderer Vorteile gemacht hat (ZIP 1992, 44, 46).

Der Leasingnehmer besitzt weder Anspruch auf Ersatz der Kosten, die durch einen Folgeleasingvertrag entstehen, noch hat ihm der Schädiger die Kosten zu ersetzen, die er hätte aufwenden müssen, um ein gleichwertiges Fahrzeug für den Rest der ursprünglich vorgesehenen Vertragsdauer zu leasen. Eine Herstellung der Sachnutzung über Leasing wird dem Leasingnehmer versagt, weil seinem Herstellungsinteresse auf wirtschaftlichere Weise genügt werden kann (BGH, ZIP 1992, 44, 46).

Insoweit das OLG Köln (NJW 1986, 1816) entgegen dieser mittlerweile gefestigten höchstrichterlichen Rechtsprechung die Meinung vertreten hat, der Schädiger sei verpflichtet, dem Leasingnehmer einen über den Wiederbeschaffungswert hinausgehenden Schaden zu ersetzen, der dem Leasingnehmer dadurch entstanden ist, daß er sich mangels Zahlung der Entschädigungssumme bzw. Bereitstellung eines Ersatzfahrzeugs durch den Ersatzpflichtigen zur Abwicklung des notleidend gewordenen Leasingvertrags zwangsläufig auf ungünstige und rechtlich zweifelhafte Stornierungsbedingungen eingelassen hat, handelt es sich um eine nicht verallgemeinerungsfähige, durch das Verhalten des Schädigers nach dem Unfall geprägte Einzelfallentscheidung.

Rechte des Leasingnehmers aus der Kaskoversicherung

Recht zur Geltendmachung der Ansprüche

Der Leasingnehmer ist zwar Versicherungsnehmer, jedoch wegen der Abtretung der Ansprüche aus dem Versicherungsvertrag durch Erteilung des Sicherungsscheins zugunsten des Leasinggebers nicht Forderungsinhaber. Aus eigenem Recht kann er folglich keine Ansprüche aus dem Versicherungsvertrag geltend machen. Im Regelfall wird er jedoch vom Leasinggeber ermächtigt und verpflichtet, alle fahrzeugspezifischen Ansprüche aus einem Schadensfall im eigenen Namen und auf eigene Kosten geltend zu machen. Aufgrund dessen ist er aktivlegitimiert und prozeßführungsbefugt.

Unabhängig davon besitzt er auch im Hinblick auf seine vertraglichen Verpflichtungen aus dem Leasingvertrag ein eigenes schutzwürdiges Interesse an der Verfolgung der Ansprüche gegenüber der Kaskoversicherung.

Die dem versicherten Leasinggeber eingeräumte Befugnis zur gerichtlichen Geltendmachung der Rechte aus dem Versicherungsvertrag schließt die eigene Klagebefugnis des Leasingnehmers nicht zwangsläufig aus, da *»jedenfalls dann, wenn der Versicherungsnehmer ein schutzwürdiges Interesse hat, die Rechte des Sicherungsscheininhabers im eigenen Namen gerichtlich geltend zu machen, ihm die Befugnis hierzu nicht abgesprochen werden kann«* (OLG Köln, VersR 1986, 299).

Das für die notfalls gerichtliche Geltendmachung erforderliche schutzwürdige Interesse des Leasingnehmers liegt stets vor, da sich die Ansprüche, denen er aus dem Leasingvertrag ausgesetzt ist, um den Betrag ermäßigen, den die Kaskoversicherung, mit der er dem Leasinggeber gesamtschuldnerisch haftet, als Entschädigung zu leisten hat (OLG Köln, VersR 1986, 299 ff.; a. A. LG Aurich, r + s 1984, 255).

Da der Leasinggeber aufgrund der Abtretung Anspruchsinhaber ist, kann der Leasingnehmer von dem Versicherer Zahlung der Kas-

Der Unfall mit dem Leasingauto

koentschädigung nur an den Leasinggeber verlangen (OLG Saarbrücken, VersR 1989, 38).

Umfang der Ansprüche

Rechtsprechung und Schrifttum sind sich darin einig, daß das Nutzungsinteresse des Leasingnehmers begrifflich nicht versicherbar ist (BGH, NZV 1988, 216; NJW 1989, 3021; LG Traunstein, r + s 1985, 289; LG Hamburg, NJW-RR 1987, 607; LG Duisburg, Urt. v. 10. 1. 1986 – 4 S 284/85 – n. v.; Stellungnahme des Bundesaufsichtsamtes in GBBAV 1980, 79).

Die Kaskoversicherung deckt als reine Sachversicherung das Interesse an der Erhaltung des unter Versicherungsschutz stehenden Fahrzeugs. Weitergehende vertragliche Ansprüche, denen der Leasingnehmer bei vorzeitiger Vertragsbeendigung ausgesetzt ist, sind von der Kaskoversicherung nicht zu begleichen, da die Fahrzeugversicherung schon ihrer Art nach kein geeignetes Mittel darstellt, die Forderung des Leasinggebers gegen den Leasingnehmer aus dem Leasingvertrag zu sichern. Umgekehrt folgt hieraus, daß der Fahrzeugversicherer den Wiederbeschaffungswert auch dann in voller Höhe schuldet, falls der Ablösebetrag aus dem Leasingvertrag ausnahmsweise unter dem Betrag liegt, der für die Wiederbeschaffung eines gleichwertigen Fahrzeugs aufgewendet werden muß (OLG Hamm, VersR 1988, 36, 37).

Da beim Leasingvertrag nicht nur der Leasinggeber in seiner Eigenschaft als Eigentümer des Leasingobjekts ein Sacherhaltungsinteresse besitzt, sondern gleichermaßen auch der Leasingnehmer, wenn er die Gefahr für Untergang, Verlust und Beschädigung übernommen hat, ist sein Interesse an der Sacherhaltung mitversichert (BGH, NZV 1988, 217). Damit stellt sich das Problem, auf wessen Person bei der Berechnung der Entschädigungssumme abzustellen ist. Die Entscheidung für oder gegen die eine oder andere Person hat weitreichende praktische Auswirkungen. Konkret geht es um folgende Fragen:

– Wessen Verhältnisse sind für die Beurteilung maßgeblich, ob ein Kasko-Totalschaden i. S. v. § 13 Abs. 2 AKB vorliegt?
– Muß der Versicherer die Umsatzsteuer bezahlen, wenn der Leasingnehmer nicht zum Vorsteuerabzug berechtigt ist?
– Wer muß die Versicherungsleistung für die Beschaffung des Ersatzfahrzeugs verwenden, damit die Versicherung den Listenpreis zahlt?

Ersatzbeschaffung durch den Leasinggeber

In zwei einschlägigen Entscheidungen mit etwa gleichgelagertem Sachverhalt entschied der BGH, daß ›jedenfalls‹ dann, wenn der Leasinggeber Ersatz für das verunfallte Fahrzeug beschafft habe, die Entschädigung danach zu bemessen sei, was der Leasinggeber dafür entrichtet habe (BGH, NZV 1988, 216; NJW 1989, 3021), denn das Sacherhaltungsinteresse könne sich sinnvollerweise nur danach bemessen, was wirklich für den Kauf eines neuen Fahrzeugs aufgewendet worden sei.

Da der Leasinggeber als Kaufmann zum Vorsteuerabzug berechtigt ist, sind die Wiederbeschaffungskosten von der Kaskoversicherung zum Nettobetrag zu ersetzen. Gewährt der Händler dem Leasinggeber einen Rabatt oder ist ein solcher vom Leasinggeber in zumutbarer Weise erzielbar, so muß dieser Vorteil sowohl bei der Feststellung, ob ein Kaskototalschaden vorliegt, als auch bei der Vergütung des Wiederbeschaffungswertes und des Listenpreises berücksichtigt werden. Im Falle der Außerachtlassung des gewährten Rabattes läge ein Verstoß gegen das Bereicherungsverbot des § 55 VVG vor (LG Duisburg, Urt. v. 10. 1. 1986 – 4 S 284/85 – n. v.; LG Frankfurt, Urt. v. 14. 11. 1985 – 2/5 O 190/85 – n. v.).

Ersatzbeschaffung durch den Leasingnehmer

Es geht um den Fall, daß der Leasingnehmer im Anschluß an den wegen Totalschadens vorzeitig beendeten Leasingvertrag für sich ein Ersatzfahrzeug anschafft. Ob bei dieser

Der Unfall mit dem Leasingauto

Konstellation auf die Verhältnisse des Leasingnehmers abzustellen ist, blieb lange Zeit höchstrichterlich ungeklärt. Die Meinungen der Instanzgerichte und im juristischen Schrifttum waren geteilt. Das OLG Stuttgart (ZfS 1985, 243) vertrat den Standpunkt, daß der Leasinggeber aus der erteilten Sicherungsbestätigung keine Rechte erwerben könne, die der Leasingnehmer als Versicherungsnehmer nicht bereits besessen habe. Denn entsprechend den bei einer Versicherung für fremde Rechnung geltenden Grundsätzen bleibe der Leasingnehmer Versicherungsnehmer, während der Versicherte die Rechte dem Grunde und dem Umfange nach aus dem zwischen Leasingnehmer und Versicherungsgesellschaft geschlossenen Versicherungsvertrag erwerbe und nicht zu einem zweiten Versicherungsnehmer werde. Demzufolge bleibe der Anspruch des Leasingnehmers auf Erstattung der Umsatzsteuer auch nach der Erteilung des Sicherungsscheins erhalten. Denn es sei nicht einzusehen, daß sich der Versicherungsumfang bloß durch die Erteilung der Sicherungsbestätigung ändern solle (vgl. insoweit auch LG Gießen, DAR 1987, 122, AG Bottrop, Urt. v. 18. 12. 1983 – 11 C 297/83 – n. v.).

Das LG Lüneburg (NJW-RR 1987, 920) billigte einem nicht vorsteuerabzugsberechtigten Leasingnehmer Anspruch auf die Umsatzsteuer mit der Begründung zu, er sei wegen seiner mit einem Käufer vergleichbaren Stellung als wirtschaftlicher Eigentümer des Leasingfahrzeugs anzusehen. Den gleichen Standpunkt vertrat auch das LG Hannover (DAR 1986, 151) in einem Fall, der vom Sachverhalt her die Besonderheit bot, daß zur Zeit des Eintritts des Versicherungsereignisses der Antrag des Leasingnehmers auf Ausstellung einer Sicherungsbestätigung zugunsten des Leasinggebers beim Versicherer noch nicht eingetroffen war und folglich zu diesem Zeitpunkt noch keine Versicherung für fremde Rechnung bestand. Das Argument, die Position des Leasingnehmers sei der eines Eigentümers so sehr angenähert, daß er – wirtschaftlich betrachtet – als Eigentümer anzusehen sei, überzeugte nicht, da aufgrund der Vorgaben in den Erlassen des Bundesministers der Finanzen (s. Anhang), welche von der Leasingbranche aus steuerlichen Gründen strikt befolgt werden, die Zurechnung des wirtschaftlichen Eigentums am Leasinggut regelmäßig beim Leasinggeber stattfindet.

Eine Fallkonstellation besonderer Art lag auch einem Urteil des AG Flensburg (DAR 1986, 324) zugrunde. Der Leasingnehmer hatte das Fahrzeug unter Aufbringung der Umsatzsteuer gekauft, anschließend an den Leasinggeber übereignet und es auf diese Weise in den Leasingvertrag eingebracht. Ob ein Sicherungsschein erteilt worden war und ob überhaupt eine Versicherung für fremde Rechnung vorlag, geht aus den Entscheidungsgründen des Urteils nicht hervor. Das Gericht billigte dem Leasingnehmer jedenfalls einen Anspruch auf Erstattung der Umsatzsteuer zu.

Im Schrifttum wird die Meinung vertreten, der Leasingnehmer besitze den Anspruch auf die Umsatzsteuer schon deshalb, weil die Leasingfirma lediglich als Finanzierungsinstitut auftrete. Deshalb sei beim Finanzierungsleasing die Rechtslage im Hinblick auf die Ermittlung der Entschädigungssumme bei einem Totalschaden die gleiche, als wenn etwa ein Kreditinstitut den Fahrzeugverkauf gegen Sicherungsübereignung und Erteilung eines Sicherungsscheins finanziert habe (Wussow, WJ 84; 194; 1988, 171; 1989, 38). Die generelle Gleichstellung des Finanzierungsleasingvertrags mit dem finanzierten Kauf ist nicht sachgerecht. Im Vergleich zum Kreditgeber übernimmt der Leasinggeber weitreichendere Pflichten (vgl. hierzu eingehend Reinking/Nießen NZV 1993, 49 f.). Er muß nicht nur finanzieren, sondern dem Leasingnehmer außerdem ein gebrauchstaugliches Fahrzeug überlassen. Deshalb sind seine Pflichten und Risiken weitaus umfangreicher als die eines Kreditgebers.

Eine Sonderbehandlung haben in der Rechtsprechung bislang auch diejenigen Fälle erfahren, in denen der Leasinggeber dem Leasingnehmer ein Erwerbsrecht nach dem Auslaufen des Leasingvertrages eingeräumt hatte, so daß die rechtliche Position des Leasingnehmers der eines Abzahlungskäufers weitgehend entsprach. Das Erwerbsrecht verstärkte sein Interesse an der Erhaltung der Leasingsache (BGH, r + s 1989, 317, 318). Vor diesem Hintergrund verfestigte sich die Ansicht, der Kaskoversicherer habe im Totalschadensfall ausnahmsweise den Bruttowert des Fahrzeugs zu ersetzen, sofern der Leasingnehmer nicht zum Vorsteuerabzug berechtigt sei und er die Ersatzbeschaffung vorgenommen habe (LG Hamburg, DAR 1987, 292; AG Kleve, DAR 1987, 388; zust. v. Westphalen, DAR 1988, 37, 43f.; offengelassen von BGH, r + s 1989, 317, 318). Der Einräumung eines Erwerbsrechts steht der Fall einer von vornherein absehbaren Aufzehrung des Gebrauchswerts innerhalb der Vertragszeit gleich, der unter der Geltung des Abzahlungsgesetzes als Umgehungstatbestand aufgefaßt wurde (BGH, NJW-RR 1986, 472; ZIP 1987, 172 = EWiR 1987, 1 – v. Westphalen – § 6 AbzG 1/87).

Angesichts der Tatsache, daß das Sacherhaltungsinteresse des Leasingnehmers regelmäßig mitversichert ist, gibt es außer den bereits dargelegten Argumenten eine Reihe guter Gründe, ihm einen Anspruch auf Ersatz der Umsatzsteuer dann zuzubilligen, wenn er selbst Ersatz beschafft hat und die Umsatzsteuer nicht im Wege des Vorsteuerabzugs geltend machen kann. Nach dem Wortlaut von § 12 Abs. 2 S. 2 AKB kommt es maßgeblich auf den vom Versicherungsnehmer zu entrichtenden Kaufpreis an. Versicherungsnehmer ist grundsätzlich der Leasingnehmer, der im übrigen mit den Leasingraten einen Teil der Bruttoanschaffungskosten des verunfallten Fahrzeugs bezahlt hat und dem die Versicherung, hätte er gekauft statt geleast, bei gleicher Prämie Bruttoentschädigung sowohl für den Wiederbeschaffungswert als auch für den Neupreis leisten müßte, immer vorausgesetzt, daß er die Umsatzsteuer nicht absetzen kann (Paul, FLF 1989, 174; so auch Bethäuser, DAR 1987, 107, 111; v. Westphalen, DAR 1988, 37, 41). In diesem Sinne lautet auch die generell für Kfz-Leasingverträge mit Privatkunden bestimmte Empfehlung des 25. Deutschen Verkehrsgerichtstages. Ihr *Wortlaut:*

»*Auch bei Vorliegen eines Sicherungsscheins ist vorrangig das Eigeninteresse des Leasingnehmers versichert. Deshalb steht ihm im Schadensfall aus dem Kasko-Versicherungsvertrag ein Anspruch auf Zahlung von Mehrwertsteuer zu. Dies sollte im Versicherungsvertrag und im Sicherungsschein klar zum Ausdruck gebracht werden.*«

Anders als beim Teilschadensfall besteht für den Leasingnehmer im Falle einer totalschadensbedingten vorzeitigen Vertragsbeendigung zwar in der Regel keine aus dem Leasingvertrag resultierende Pflicht zur Naturalrestitution durch Anschaffung eines gleichwertigen Fahrzeugs, so daß der Leasingnehmer im Rahmen der Vertragsabwicklung die Umsatzsteuer nicht aufbringen muß. Mit der Umsatzsteuer ist er jedoch belastet, wenn er sich außerhalb des abzuwickelnden Leasingvertrages ein Ersatzfahrzeug kauft.

Nach gegenteiliger Ansicht kommt es bei der Bemessung der Kaskoentschädigung in der Regel auf die Verhältnisse des Leasinggebers an (OLG Karlsruhe, VersR 1990, 1222; OLG Hamm, VersR 1991, 918 und VersR 1992, 440). Begründet wird dieser Standpunkt u. a. mit dem Hinweis darauf, die Kaskoversicherung decke als reine Sachversicherung nicht das Risiko des Mehrwertsteueranfalls im Falle der Ersatzbeschaffung durch den Leasingnehmer, da es sich hierbei um ein durch die Kaskoversicherung nicht realisierbares Vermögensinteresse handele. Durch Erteilung des Sicherungsscheins werde eine Versicherung für fremde Rechnung abgeschlossen und hierdurch regelmäßig ein fremdes Sachinteresse, nämlich das Eigentum des Leasinggebers, zum Gegenstand der Versicherung gemacht (Bundesaufsichtsamt in GBBAV 1980, 79; ebenso OLG Celle, Urt. v. 26. 6. 1987 – 8 U 100/86 – n. v.). Bekäme der Leasingnehmer die Umsatzsteuer, ohne dem Leasinggeber insoweit selbst haftbar zu sein, läge darin ein Verstoß gegen das Bereicherungsverbot des § 55 VVG.

Der BGH (DAR 1993, 385) hat sich dieser Auffassung grundsätzlich angeschlossen und wie folgt argumentiert:

Der Unfall mit dem Leasingauto

»Für die Berechnung dieser Entschädigung ist auf die Leasinggeberin abzustellen... Deren Risiko als Eigentümerin des Fahrzeugs soll abgedeckt werden, wenn auch das eigene Sacherhaltungsinteresse des Leasingnehmers... mitversichert ist. Der auszugleichende Sachschaden ist der Leasinggeberin als Eigentümerin des total beschädigten Fahrzeugs... entstanden. Diesem Ergebnis steht nicht entgegen, daß das Sacherhaltungsinteresse des Klägers (Leasingnehmers) mitversichert ist. Dieses Interesse besteht darin, daß er nach dem Leasingvertrag für Untergang, Verlust und Beschädigung des Fahrzeugs haftet, also der Leasinggeberin gegebenenfalls Schadensersatz schuldet. Die Kaskoversicherung steht allein für den Sachschaden ein (BGHZ 116, 278, 283 ff.). Der geschuldete Schadensersatz im Fall des Totalschadens kann aber den Betrag nicht übersteigen, den die Leasinggeberin für den Erwerb eines Neuwagens aufbringen muß. Bei einem Totalschaden ist der Schädiger gemäß § 251 Abs. 2 BGB berechtigt, den Geschädigten in Geld zu entschädigen. Die Höhe der Geldentschädigung bemißt sich nach den Verhältnissen des Geschädigten. Also kommt es auf die Verhältnisse der Leasinggeberin an.«

Aus Sicht des BGH (DAR 1993, 385, 386) sind die Verhältnisse des Leasinggebers im Regelfall maßgeblich. Diese Feststellung wirkt sich in erster Linie auf den Schadensumfang aus. Der vom Leasingnehmer aus Gefahrübernahme geschuldete Schadensersatz für die Wiederbeschaffung bildet die Obergrenze für die Leistung aus der Kaskoversicherung.
Auch bei der Vornahme der Ersatzbeschaffung kommt es nach Ansicht des BGH »in der Regel« auf die Person des Leasinggebers an (DAR 1993, 385 f.; a. A. bisher OLG Stuttgart, ZfS 1985, 243; LG Essen, Urt. v. 19. 2. 1987 – 8 O 655/86; LG Köln, NJW-RR 1987, 1246 sowie die gegenteilige Empfehlung des 25. Verkehrsgerichtstages, welche besagte, daß bei der Frage, ob der für die Zahlung des Neupreises erforderliche Verwendungsnachweis i. S. v. § 13, Abs. 10 AKB geführt sei, es auf die Person des Leasingnehmers ankomme). Er weist darauf hin, daß es für die Berechnung der Neupreisschädigung gem. § 13, Abs. 2 AKB bei den üblichen Leasingbedingungen nicht darauf ankommt, daß der Leasingnehmer ein Ersatzfahrzeug beschafft hat. Die Entschädigungshöhe werde durch den vom Versicherungsnehmer aufzuwendenden Neupreis bestimmt, und als Versicherungsnehmer in diesem Sinne müsse wegen des notwendigen sinngemäßen Verständnisses in Leasingfällen der Leasinggeber angesehen werden (so schon BGH, VersR 1988, 949). Der BGH (DAR 1993, 385, 386) wörtlich:

»Nach den üblichen Leasingbedingungen wird im Fall des Totalschadens oder Verlustes der Leasingvertrag entweder... einverständlich aufgehoben oder aber gekündigt. Dann aber kann ohnehin mangels eines Leasingvertrages nur noch der Leasingnehmer selbst als der geschädigte Eigentümer ein Fahrzeug anschaffen, das rechtlich gesehen als Ersatzfahrzeug im Sinne der Wiederherstellungsklausel des § 13, Abs. 10 AKB in Betracht kommt. Also kann die ›Anschaffung eines Ersatzfahrzeugs durch den Leasingnehmer‹, auf die im Schrifttum für die Maßgeblichkeit der Verhältnisse des Leasingnehmers abgestellt wird... nur bei der in Leasingfällen bislang offenbar... unüblichen Vertragsgestaltung erwogen werden, daß der Leasingnehmer bei Totalschaden oder Verlust die Pflicht hat, auf eigene Kosten dem Leasinggeber ein ›Ersatzfahrzeug‹ zu stellen.«

Das Problem, ob der Abschluß eines Leasingvertrages durch den Leasingnehmer über ein Nachfolgefahrzeug als Verwendungsnachweis i. S. v. § 13, Abs. 10 AKB genügt, ist damit gegenstandslos geworden. Da der Leasinggeber in seinem Geschäftsbetrieb ständig neue Fahrzeuge für seine Leasingkunden erwirbt, dürfte ihm der Nachweis der Reinvestition nicht schwerfallen. Für die Neupreisschädigung reicht es aus, wenn der Leasingnehmer ein schon vor Eintritt des Schadens bestelltes Fahrzeug an die Lea-

Der Unfall mit dem Leasingauto

singfirma veräußert (BGH, NJW 1985, 917, 919).

Verteilung des Mehrerlöses bei Neupreisabrechnung

Die gebräuchlichen Leasingverträge enthalten keine Regelung darüber, wem ein etwaiger Überschußbetrag zusteht. Gemeint ist der Teil der Versicherungsleistung, der den Restamortisationsanspruch des Leasinggebers übersteigt. Für manche Leasinggeber ist es – erfreulicherweise – eine Selbstverständlichkeit, daß solche Überschüsse an den Leasingnehmer ausgezahlt werden. Es wird aber auch die Meinung vertreten, daß bei den erlaßkonformen Vertragsmodellen – außer beim Teilamortisationsvertrag mit Mehrerlösbeteiligung – dem Leasinggeber ein über die Vollamortisation hinausreichender Mehrerlös in vollem Umfang zustehen soll (v. Westphalen, Der Leasingvertrag, 4. Aufl., Rn. 676).

Einer kritischen Prüfung hält diese Rechtsauffassung nicht stand. Wenn nach der steuerlichen Grundkonzeption bei allen erlaßkonformen Vertragsmodellen eine etwaige Wertsteigerung des Fahrzeugs während der Vertragszeit ausschließlich dem Leasinggeber zufließen soll, so folgt daraus nicht automatisch, daß ihm auch die über die Vollamortisation hinausgehende Entschädigung des Versicherers bei Neuwertabrechnung zusteht. Der in § 281 BGB enthaltene Rechtsgedanke, wonach die Versicherungsleistung als Ersatz an die Stelle des Fahrzeugs treten könnte, paßt nicht, soweit es um die überschießende Schadenssumme geht, also um die Differenz zwischen Versicherungsleistung und Restamortisationsschaden.

Eine andere Situation besteht bei der Neuwertabrechnung auf Totalschadensbasis. Im Falle des unechten Totalschadens ist der vom Schädiger zu leistende Ersatz ein Surrogat für das Auto. Im Gegensatz hierzu ist die Neuwertversicherung völlig unabhängig vom Zustand des beschädigten Fahrzeugs, dessen Laufleistung und dessen Marktbewertung. Sie ist ausschließlich Folge des Versicherungsvertrages, den der Leasingnehmer abgeschlossen und für den er die Kosten getragen hat. Zwar besteht hierzu regelmäßig eine vertraglich festgelegte Pflicht des Leasingnehmers und richtig ist auch, daß die Versicherung dem Leasinggeber als Sicherheit dient. Das Sicherungsinteresse entspricht aber der Höhe nach immer nur der jeweiligen Forderung gegen den Leasingnehmer. Betragsmäßig ist diese Forderung des Leasinggebers gegen den Leasingnehmer in jedem Vertragsstadium identisch mit dem für die Restamortisation noch aufzubringenden Betrag. Mangels ausdrücklicher oder stillschweigender Vertragsregelung besitzt der Leasinggeber aufgrund dessen keinen Anspruch auf Zahlung der den Restamortisationsschaden übersteigenden Versicherungssumme.

Die überschießende Versicherungsleistung steht dem Leasinggeber beim Vertrag mit Andienungsrecht und beim Vertrag mit eigenem Restwertrisiko allerdings insoweit zu, als der Wert des Fahrzeugs während der zurückgelegten Vertragszeit tatsächlich gestiegen ist. Zwecks Ermittlung der Wertsteigerung müssen der kalkulierte und der wirkliche Zeitwert verglichen werden. Das dürfte häufig nicht einfach sein. Etwaige Beweisnachteile gehen zu Lasten des Leasinggebers, der die von ihm beanspruchte Wertsteigerung beweisen muß.

Beim kündbaren Vertrag ist die Schlußzahlung so bemessen, daß sie Anschaffungskosten, Zinsen, Aufwendungen und Gewinn des Leasingnehmers deckt, wobei der Verwertungserlös mit 90 % angerechnet wird. Die Höhe der jeweils zu erbringenden Abschlußzahlung steht somit in Abhängigkeit zum Verwertungserlös. Zahlt der Fahrzeugversicherer den Listenpreis eines gleichwertigen Neufahrzeugs, fließt dieser Betrag in Höhe von 90 % in die Berechnung ein, so daß sich die Abschlußzahlung entsprechend verringert. Übersteigt der Betrag von 90 % der Neuwertentschädigung den Restamortisationsschaden des Leasinggebers, dann ist die überschießende Summe an den Leasingnehmer in voller Höhe auszukehren. Eine etwaige Wertsteigerung des Fahrzeugs kommt

Der Unfall mit dem Leasingauto

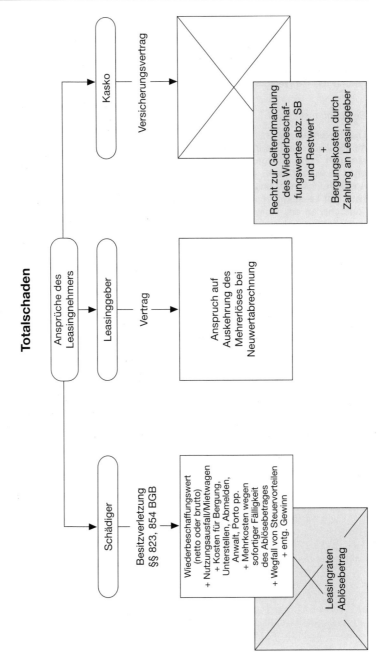

Der Unfall mit dem Leasingauto

dem Leasinggeber dadurch zugute, daß er nur 90% des Verwertungserlöses anzurechnen braucht. Infolgedessen ist er nicht berechtigt, zusätzlich eine überschießende Versicherungsleistung anteilig wegen Wertsteigerung des Fahrzeugs einzubehalten.

Berechnungsbeispiel.

Leasingvertrag mit erstmaliger Kündigungsmöglichkeit des Leasingnehmers nach 18 Monaten. Aufwendungen des Leasinggebers ohne Gewinn 27 000,– DM netto bei einem Anschaffungspreis von 23 000,– DM und monatlichen Leasingraten von 700,– DM netto. Totalschaden des Fahrzeugs im 18. Monat. Versicherung zahlt nach Abzug der Selbstbeteiligung des Leasingnehmers von 1000,– DM und des Restwertes von 500,– DM einen Betrag von 21 500,– DM.

Berechnung
(wirksame Klauselgestaltung vorausgesetzt):

Gesamtkosten des Leasinggebers (Anschaffungskosten, Zinsen und Aufwendungen)		27 000,– DM
Vom Leasingnehmer gezahlte Leasingraten (18 × 700,– DM)		12 600,– DM
Verwertungserlös	21 500,– DM	
Restwerte	500,– DM	
Zwischensumme:	22 000,– DM	
Übertrag:		12 600,– DM
von Zwischensumme (22 000,– DM) 90% anrechenbar		19 800,– DM
Ergibt Erlöse		32 400,– DM
Überschießender Betrag, der dem Leasingnehmer zufließt (32 400,– ./. 27 000,–)		5 400,– DM

Im Hinblick auf Teilamortisationsverträge mit Anspruch des Leasingnehmers am Mehrerlös wird die Auffassung vertreten, der nach Abdeckung der Vollamortisation verbleibende Betrag sei auf der Grundlage der getroffenen Mehrerlösregelung im Verhältnis von 75% zugunsten des Leasingnehmers und zu 25% zugunsten des Leasinggebers aufzuteilen (v. Westphalen, Der Leasingvertrag, 4. Aufl., Rn. 676).

Hierbei wird verkannt, daß die steuerlichen Aufteilungsquoten lediglich den Mehrerlös betreffen, der auf einer Wertsteigerung des Leasingobjekts beruht. Ein auf der Neuwertentschädigung beruhender Mehrerlös ist nicht nach dieser Quote zu verteilen. Auch beim Teilamortisationsvertrag gilt nach Meinung des Verfassers, daß der Leasinggeber den überschießenden Betrag an den Leasingnehmer auskehren muß. Er darf ihn nur insoweit behalten, als das Fahrzeug während der Vertragszeit tatsächlich eine Wertsteigerung erfahren hat.

Verjährung

Bei der Verjährung ist zu unterscheiden zwischen
- Gewährleistungsansprüchen des Leasingnehmers aus dem Kauf,
- Schadensersatzansprüchen des Leasingnehmers wegen Verletzung vertraglicher Pflichten und wegen arglistigen Verkäuferverhaltens,
- Ersatzansprüchen wegen Verwendungen auf das Fahrzeug und wegen der Wegnahme von Einrichtungen,
- Ansprüchen des Leasinggebers auf Leasingentgelt und
- Ansprüchen des Leasinggebers wegen Veränderung oder Verschlechterung des Fahrzeugs.

Verjährung der Gewährleistungsansprüche aus dem Kaufvertrag

Die Dauer der Gewährleistung und der Eintritt der Verjährung richten sich nach den zwischen Händler und Leasinggeber im Einzelfall getroffenen Absprachen. Hierüber muß der Leasinggeber dem Leasingnehmer auf Verlangen Auskunft erteilen.
Die gesetzlichen Gewährleistungsansprüche verjähren gem. § 477 BGB in 6 Monaten vom Zeitpunkt der Übergabe an.
Beim Verkauf von Neufahrzeugen übernehmen Händler üblicherweise eine Gewährleistung für die Dauer eines Jahres. Die Frist beginnt mit dem Tage der Auslieferung des Fahrzeugs an den Leasingnehmer und endet im darauffolgenden Jahr mit Ablauf des gleichen Tages.
Der Leasingnehmer braucht, wenn etwaige Fehler des Fahrzeugs auftreten und nicht innerhalb der Jahresfrist vom Händler beseitigt werden, nicht sogleich das Gericht anzurufen. Es genügt, wenn er die Fehler geltend macht. Dies sollte er in nachweisbarer Form tun, entweder per Einschreiben mit Rückschein oder durch schriftliche Aufnahme des Händlers gegen Überlassung einer Durchschrift.
Für innerhalb der Gewährleistungsfrist von 1 Jahr vom Leasingnehmer geltend gemachte Mängel wird die Verjährungsfrist gehemmt. Sie endet in diesen Fällen gem. Abschn. VII, Ziff. 10 NWVB drei Monate nach der Erklärung des in Anspruch genommenen Betriebes, der Fehler sei beseitigt oder es liege kein Fehler vor.
Falls der Händler einen Mangel abstreitet oder falls seine Erklärung, das Fahrzeug sei in Ordnung, nicht den Tatsachen entspricht, muß der Leasingnehmer verjährungsunterbrechende Maßnahmen einleiten.
Die Hemmungswirkung der Verjährung betrifft nur die innerhalb der Gewährleistungsfrist gerügten Fehler. Nicht beanstandete Mängel verjähren mit Ablauf der Jahresfrist. Unabhängig von dieser Regelung wird der Eintritt der Verjährung gem. § 639, Abs. 2 BGB gehemmt. Diese für Werkverträge geltende Gesetzesvorschrift findet beim Kauf entsprechende Anwendung, wenn sich – wie im Neuwagenhandel üblich – der Händler das Recht einräumen läßt, wegen Gewährleistungsmängeln nachzubessern. Die Jahresfrist verlängert sich wegen der Hemmungswirkung von § 639, Abs. 2 BGB um die Zeit, in der sich der Händler im Einverständnis mit dem Leasingnehmer mit der Prüfung des Vorhandenseins des Mangels und mit seiner Beseitigung befaßt hat. Wenn also ein Fahrzeug beispielsweise wegen Gewährleistungsmängeln 10 Tage in der Werkstatt gestanden hat, beträgt die Gewährleistungsfrist 1 Jahr und 10 Tage.

Verjährung

Von der Hemmung der Verjährung ist deren Unterbrechung zu unterscheiden. Die Unterbrechung bewirkt, daß die bis dahin verstrichene Zeit bei der Fristberechnung außer Betracht bleibt. Eine neue Verjährung kann erst nach der Beendigung der Unterbrechung beginnen. Die Verjährung wird unterbrochen durch die in § 209 BGB genannten Maßnahmen, von denen als wichtigste die Klage zu nennen ist. Dazu gehören ferner das gerichtliche Beweisverfahren zum Zwecke der Feststellung des Fehlers, die außergerichtliche Erklärung des Händlers, daß er auf die Einrede der Verjährung verzichtet, sowie das Anerkenntnis des Mangels. An ein Anerkenntnis sind allerdings strenge Anforderungen zu stellen. Die bloße Vornahme einer kostenlosen Nachbesserung reicht hierzu in der Regel nicht aus.

Unter bestimmten Voraussetzungen ist dem Händler die Berufung auf den Eintritt der Verjährung wegen Verstoßes gegen Treu und Glauben zu versagen. Ein solcher Fall kann vorliegen, wenn der Händler den Leasingnehmer durch leere Versprechungen vertröstet und ihn dadurch von der fristgerechten Einleitung verjährungsunterbrechender Maßnahmen abgehalten hat.

Der Leasingnehmer ist für die rechtzeitige Geltendmachung der Gewährleistungsansprüche verantwortlich. Versäumt er die Frist und verliert er deshalb den Prozeß gegen den Händler, kann er aus der Fehlerhaftigkeit des Fahrzeugs keine Rechte gegen den Leasinggeber herleiten (BGH, WM 1985, 263; Staudinger/Emmerich, Vorb. zu §§ 535, 536, Rn. 48d).

Hat sich der Verkäufer gegenüber dem Leasingnehmer mit der Wandlung des Kaufvertrages oder mit der Minderung des Kaufpreises einverstanden erklärt, verjährt der Anspruch aus der ›vollzogenen‹ Gewährleistung in 30 Jahren.

Verjährung der Ansprüche des Leasingnehmers wegen Verletzung vertraglicher Nebenpflichten und wegen arglistigen Verschweigens von Mängeln

Ausnahmsweise können dem Leasingnehmer bei Mangelfolgeschäden Ansprüche aus schuldhafter Verletzung vertraglicher Nebenpflichten zustehen.

Beispiel:

Der Verkäufer erteilt die – unrichtige – Auskunft, daß das Fahrzeug mit bleifreiem Kraftstoff gefahren werden darf.

Ansprüche wegen Verletzung von Beratungs- und Aufklärungspflichten verjähren entsprechend der gesetzlichen Vorschrift von § 477 BGB in 6 Monaten seit Auslieferung, wenn sich das Verschulden des Verkäufers auf einen Mangel des Fahrzeugs oder dessen Verwendungsfähigkeit erstreckt (BGH BB 1984, 1895). Bei Verletzung sonstiger Nebenpflichten beträgt die Verjährungsfrist 30 Jahre. Die Frist von 30 Jahren gilt auch für die Haftung wegen arglistigen Verschweigens von Mängeln und arglistiger Vorspiegelung nicht vorhandener Eigenschaften.

Verjährung von Ansprüchen des Leasingnehmers wegen Verwendungen auf das Fahrzeug und wegen Gestattung der Wegnahme von Einrichtungen

Verwendungsersatz und Wegnahmeansprüche des Leasingnehmers verjähren in entsprechender Anwendung von § 558 BGB in 6 Monaten vom Zeitpunkt der Beendigung des Leasingvertrages an. Die Bedeutung der Verjährungsregelung ist gering, da etwaige Verwendungsersatzansprüche des Leasingnehmers durch die ihm auferlegte Instandhaltungspflicht kompensiert werden. Einbauten

Verjährung

darf er ohnehin nur mit Zustimmung der Leasingfirma vornehmen.
Beim Leasingvertrag mit Kilometerabrechnung unterfällt der Vergütungsanspruch des Leasingnehmers für Minderkilometer nicht der kurzen Frist von § 558 BGB. Er gehört zu den Hauptpflichten bei der Abwicklung des Vertrages nach Ablauf der Grundmietzeit (LG Köln, Urt. 9. 2. 1984 – 27 O 186/83 – n. v.).

Verjährung des Anspruchs auf Leasingentgelt

Der Anspruch des Leasinggebers auf Zahlung von Leasingentgelt verjährt gemäß § 196 Abs. 1 Nr. 6 BGB in 2 Jahren, falls er das Leasinggeschäft gewerbsmäßig betreibt. Fehlt das Merkmal der Gewerbsmäßigkeit, beträgt die Verjährung gemäß § 197 BGB 4 Jahre. Die Verjährung beginnt mit dem Ablauf des Jahres, in dem der Anspruch auf Zahlung der Leasingrate entsteht (§§ 201, 198 BGB).
Der 2- bzw. 4jährigen Verjährung unterliegen alle vertraglichen Erfüllungsansprüche. Für sie ist charakteristisch, daß sie die Gegenleistung für die Gebrauchsüberlassung darstellen.

Verjährung der Ansprüche wegen Veränderung oder Verschlechterung des Autos

Ansprüche des Leasinggebers gegen den Leasingnehmer wegen Veränderungen oder Verschlechterungen des Autos verjähren entsprechend § 558 BGB in 6 Monaten. Die Frist beginnt mit der Rückgabe (OLG Frankfurt, BB 1982, 1385). Der kurzen Verjährung von 6 Monaten unterliegen auch Regreßansprüche des Kaskoversicherers gegenüber dem Fahrer eines Leasingfahrzeugs (LG Osnabrück, DB 1982, 222).
Durch die Einleitung eines selbständigen Beweisverfahrens wird die 6monatige Verjährungsfrist des § 558 BGB nicht unterbrochen.

Der gegen den Leasingnehmer gerichtete Schadensersatzanspruch ist jedoch i. d. R. bis zur Haftungsfreistellung gestundet, so daß die 6monatige Verjährungsfrist erst später zu laufen beginnt.
Nach Ansicht des OLG Karlsruhe (DAR 1985, 225) gilt die Frist von 6 Monaten auch dann, wenn der aus der Veränderung bzw. Verschlechterung des Fahrzeugs resultierende Schaden als Teil eines Ausgleichsanspruchs im Rahmen der Abwicklung eines vorzeitig beendeten Leasingvertrages geltend gemacht wird. Das AG Marbach hat diesen Standpunkt ebenfalls vertreten (NJW 1985, 3028) und richtigerweise darauf hingewiesen, daß der Ersatzanspruch wegen einer Verschlechterung des Fahrzeugs nicht dadurch zum Erfüllungsanspruch wird, daß ihn der Leasinggeber im Rahmen der Vertragsabwicklung geltend macht.

Abgrenzung von Erfüllungs- und Ersatzansprüchen

Es bereitet oft große Schwierigkeiten zwischen Erfüllungs- und Ersatzansprüchen zu unterscheiden, insbesondere dann, wenn beide Gegenstand eines Ausgleichsanspruchs sind, wie folgender *Fall* zeigt:
Der Leasingnehmer, dem das Auto aufgrund eines nicht erlaßkonformen kündbaren Leasingvertrages überlassen worden ist, verursacht schuldhaft einen Unfall, bei dem das Leasingfahrzeug Totalschaden erleidet. Daraufhin erklärt der Leasinggeber berechtigterweise die fristlose Kündigung des Vertrages und stellt dem Leasingnehmer seine noch nicht amortisierten Kosten in Rechnung, wobei er den erzielten Restwert für das total beschädigte Auto anspruchsmindernd berücksichtigt.
Der BGH (NJW 1986, 1335), der über die Berechtigung der vom Leasinggeber geltend gemachten Ausgleichszahlung in einem derartigen Fall zu befinden hatte, mußte sich mit der Frage der Verjährung befassen und zum Forderungscharakter Stellung nehmen. Er entschied, der Ausgleichsanspruch des Lea-

Verjährung

singgebers sei ein Erfüllungsanspruch und kein Ersatzanspruch. Seine Argumentation:

»Wie der erkennende Senat in seiner Entscheidung (BGHZ 95, 39) ausgeführt hat, findet der Ausgleichsanspruch des Leasinggebers im Falle vorzeitiger Vertragsbeendigung des Vertragsverhältnisses seine Rechtfertigung maßgeblich in dem einen Leasingvertrag gegenüber reinen Mietverträgen prägenden Finanzierungscharakter des Leasinggeschäftes, dem immanent ist, daß die vereinbarten Leasingraten nicht nur ein Entgelt für die Gebrauchsüberlassung darstellen, sondern auch dazu bestimmt sind, den Anschaffungs- und Finanzierungsaufwand (nebst Gewinn) des Leasinggebers für den vom Leasingnehmer ausgesuchten Gegenstand zu amortisieren... Dieser Anspruch wird auch nicht insoweit zu einem Ersatzanspruch im Sinne von § 558 BGB, als der anzurechnende Verkaufserlös für den beschädigt zurückgegebenen Wagen hinter dessen Zeitwert in unbeschädigtem Zustand zurückbleibt. Zwar besteht weitgehend Einigkeit darüber, daß die Verjährungsvorschrift des § 558 BGB weit auszulegen ist, um eine beschleunigte Klärung aller Ansprüche zwischen Vermieter und Mieter zu gewährleisten, die mit dem Zustand der Mietsache bei ihrer Rückgabe zusammenhängen. Dies gilt jedoch nur insoweit, als sich die Aufwendungen auf die Verschlechterung der Mietsache bzw. deren Wiederherstellung (durch den Vermieter) gründen, während hier der Ausgleich auf dem (früher angelegten) Tatbestand der Anschaffung und Finanzierung des Leasingobjektes beruht. Auf Amortisierung des Anschaffungs- und Finanzierungsaufwandes hat der Leasinggeber, wie dargelegt, Anspruch. Ansprüche auf Erfüllung eines vertraglich ausbedungenen Entgelts aber erfaßt § 558 BGB nicht« (OLG Frankfurt, MDR 1984, 667 entgegen MDR 1982, 406 und LG Köln, Urt. v. 22. 7. 1986 – 22 O 202/84 – n. v.).

Durch die Hervorhebung des den Leasingvertrag gegenüber einem reinen Mietvertrag prägenden Finanzierungscharakters hat der BGH den Anwendungsbereich des § 558 BGB praktisch aufgehoben. Soweit er den auf Veränderung und Verschlechterung beruhenden Wertunterschied des Fahrzeugs zum ›Verrechnungsposten‹ des Ausgleichsanspruchs degradiert, geht er einen Schritt zu weit.

Die leasingtypische Vollamortisationsgarantie des Leasingnehmers betrifft ihrem Wesen nach nur *Wert*veränderungen, die außerhalb des Einflußbereichs des Leasingnehmers liegen. Ein Verfall der Preise auf dem Gebrauchtwagenmarkt oder etwa eine Veraltung des Fahrzeugtyps sind für solche Wertveränderungen verantwortlich. Indes fallen *Zustands*veränderungen des Fahrzeugs in Gestalt von Mängeln oder Schäden eindeutig in den Anwendungsbereich von § 558 BGB. Hierfür wurde diese Norm geschaffen.

Der Finanzierungscharakter des Leasingvertrages gebietet keine Sonderbehandlung. Ersichtlich besteht der Zweck der kurzen Verjährung des § 558 BGB darin, eine rasche Abwicklung der Ansprüche zu ermöglichen, da erfahrungsgemäß nach einem längeren Zeitablauf der Zustand der Sache nicht mehr festzustellen ist. Dieser Aspekt trifft auf Miet- und Leasingverträge gleichermaßen zu.

Nach Meinung des AG Marbach (NJW 1985, 3028) gilt die Verjährungsfrist von 6 Monaten auch dann, wenn sowohl eine Wert- als auch eine Zustandsveränderung des Fahrzugs eingetreten ist. Das zur Begründung herangezogene Argument, Verjährungsvorschriften dürften nicht verlängert werden, setzt Untrennbarkeit der Ansprüche voraus. Sofern sich die Ansprüche trennen lassen, wird der Erfüllungsanspruch des Leasinggebers freilich nicht der kurzen Verjährung des § 558 BGB unterworfen, auch wenn eine AGB-Klausel, auf die der Leasinggeber seine Forderung stützt, nicht zwischen dem Ersatzanspruch wegen Verschlechterung und dem Anspruch auf Amortisation differenziert (v. Westphalen, Der Leasingvertrag, 4. Aufl., Rn. 754).

Beim Kfz-Leasingvertrag mit Kilometerabrechnung gehört die Vergütungspflicht des Leasingnehmers für Mehrkilometer zu den vertraglichen Erfüllungspflichten. Die Verjährungsregelung des § 558 BGB ist nicht einschlägig. Da der Leasinggeber bei dieser Vertragsform das Restwertrisiko trägt, findet § 558 BGB jedoch insoweit Anwendung, als es um Ansprüche des Leasinggebers wegen Verschlechterung des Fahrzeugs geht, die nicht durch die Vergütung für Mehrkilometer abgegolten werden. Der Schadensersatzanspruch wegen Verschlechterung des Fahrzeugs verjährt beim sog. Kilometervertrag somit in 6 Monaten ab Fahrzeugrückgabe, während die Verjährungsfrist für den Vergütungsanspruch wegen der Mehrfahrleistung i. d. R. 4 Jahre beträgt (v. Westphalen, Der Leasingvertrag, 4. Aufl., Rn. 757).

Wettbewerb, Rabattgewährung, Preisangaben, Werbung

Hersteller, die ihre Fahrzeuge über ein selektives Vertriebsbindungssystem absetzen, haben bisweilen ihren Vertragshändlern untersagt, herstellerunabhängige Leasingunternehmen entweder grundsätzlich nicht mit Leasingfahrzeugen zu beliefern oder jedenfalls dann nicht, wenn die Fahrzeuge Leasingnehmern zur Verfügung gestellt werden sollen, die ihren Wohn- oder Firmensitz außerhalb des Vertragsgebiets des betreffenden Händlers haben (BGH, DAR 1993, 181 ff. und 253 ff.). Der BGH hat in beiden Fällen den Europäischen Gerichtshof eingeschaltet und ihm die vorgreifliche Frage gestellt, ob solche Verbote und ihre Befolgung durch inländische Vertragshändler geeignet sind, den Handel zwischen EU-Mitgliedstaaten zu beeinträchtigen. Es wird noch einige Zeit dauern, bis geklärt ist, ob derartige Vereinbarungen zulässig oder unbillig i. S. v. § 26 Abs. 2 S. 2 GWB sind (i. S. eines Verstoßes entschied das OLG Frankfurt, NJW-RR 1990, 938 f.).

Nach Ansicht des OLG Frankfurt (NJW-RR 1992, 1133 f.) werden markenunabhängige Leasingunternehmen nicht dadurch diskriminiert, wenn ein Automobilhersteller gegenüber seinen Vertragshändlern die Gewährung von Sondernachlässen davon abhängig macht, daß diese ihrerseits beim Verkauf der Fahrzeuge an die konzerneigene Kreditbank im Rahmen des Leasing Sonderrabatte einräumen. Wohl aber liegt darin eine wegen Verstoßes gegen § 15 BWB unzulässige konditionelle Bindung.

Ein marktbeherrschender Kraftfahrzeughersteller ist nicht verpflichtet, Fahrzeugkäufe seiner Vertragshändler an ein sehr großes fremdes Leasingunternehmen ebenso durch Zahlung von Zuschüssen (Abverkaufshilfen) zu fördern wie Verkäufe an sein eigenes im Leasinggeschäft tätiges Tochterunternehmen oder an Leasinggesellschaften, an denen Vertragshändler beteiligt sind (BGH, WRP 1992, 234 = NJW 1992, 1827).

Der Händler darf im Zusammenhang mit einem Neuwagengeschäft damit werben, daß er das jetzige Fahrzeug des Kunden zu einem Top-Preis in Zahlung nehmen und laufende Finanzierungs- und Leasingverträge auf Wunsch ablösen werde. Er verstößt damit nicht gegen Art. I § 1 RBerG (OLG Hamm, NJW-RR 1992, 177). Die Ablösung des Leasingvertrages stellt zwar die Besorgung einer fremden Rechtsangelegenheit dar. Da jedoch der Schwerpunkt des Geschäfts beim Kauf bzw. Leasing des neuen Fahrzeugs liegt, ist die Ablösung des Leasingvertrages ein legales Hilfsgeschäft, dessen Miterledigung vom Kunden erwartet werden kann. Der Neuwagenkunde sieht es regelmäßig als selbstverständlich an, daß sein Altwagen in Zahlung genommen wird, wobei ihm die rechtliche Abwicklung gleichgültig ist.

Das Rabattgesetz, dessen Abschaffung beschlossen ist, findet auf Leasingverträge im Regelfall keine Anwendung. Abgesehen davon ist die Gewährung von Nachlässen auf das Leasingentgelt unüblich. Rabattverstöße sind nur ausnahmsweise möglich, wenn der Leasingvertrag ein verdecktes Kaufgeschäft darstellt. Das sog. ›Null-Leasing‹ ist hierfür ein Beispiel: Die Summe aus Leasingsonderzahlung, Leasingraten und Restwert ergibt den Fahrzeugpreis, dessen zinsfreie Stundung einen versteckten Rabatt enthält (OLG Frankfurt, DB 1986, 741). Eine Werbung, in der die Leasinggesamtkosten und der Barverkaufspreis als identische Preise gegenübergestellt werden, ist wettbewerbswidrig, weil die zinslose Stundung des Kaufpreises das Angebot eines unzulässigen, 3% übersteigenden Nachlasses beinhaltet. Hierbei

Wettbewerb, Rabattgewährung, Preisangaben, Werbung

macht es keinen Unterschied, ob der werbende Händler selbst als Leasinggeber auftritt oder ob er den Leasingvertrag nur vermittelt.
Bei der Werbung mit Leasingangeboten ist die Preisangabenverordnung zu beachten. Nach § 1, Abs. 1 der Preisangabenverordnung besteht die Verpflichtung zur Angabe von Endpreisen beim Angebot von Waren und bei der Werbung unter Angabe von Preisen. Da bei Leasingangeboten die Überführungs- und Zulassungskosten oft gesondert bei Übergabe des Autos zu entrichten und nicht in dem Leasingentgelt enthalten sind, wird zur Vermeidung von Irreführung empfohlen, darauf ausdrücklich hinzuweisen und auch die Höhe dieser Kosten anzugeben. Aus dem gleichen Grunde sollte die Werbung auch auf die Notwendigkeit einer Vollkaskoversicherung aufmerksam machen.
Wettbewerbsrechtlich zu beanstanden sind Anzeigen, die lediglich Anzahl und Höhe der monatlichen Leasingraten angeben und keinen Hinweis auf die zu Beginn der Leasingzeit zu erbringende Sonderzahlung enthalten. Eine Täuschung der Verbraucherkreise durch ›Blickfangwerbung‹ liegt vor, wenn die Leasingraten groß herausgestellt werden, während die Sonderzahlung lediglich im Kleindruck erscheint.

Bei Verträgen mit Kilometerabrechnung muß der Leasingnehmer darüber informiert werden, welche zusätzlichen Kosten auf ihn zukommen, wenn er das vereinbarte Kilometerlimit überschreitet.
Nicht wettbewerbswidrig ist es, wenn der Kfz-Händler für Finanzierungs- und Leasingangebote mit 4,4% effektiven Jahreszinsen wirbt (KG, NJW-RR 1992 438).
Eine Anzeige mit einem Privat-Leasingangebot im Kraftfahrzeughandel, die damit wirbt, daß der Leasinginteressent das Fahrzeug am Vertragsende endgültig erwerben kann, muß eine Angabe zum effektiven Jahreszins enthalten. Das entschied das OLG Frankfurt (NJW-RR 1987, 1523) mit folgender Begründung: Ein solches Erwerbsversprechen macht den Leasingvertrag zum verdeckten Abzahlungsgeschäft. Dem Kunden, der von der Kaufoption Gebrauch macht, wird ein Teil des Kaufpreises kreditiert, so daß auch § 1a AbzG *(jetzt § 4 Abs. 1 Nr. 2 VerbrKrG)* eingreift, der die Angabe zum effektiven Jahreszins im Vertrag verlangt.
Auf diesen Fall findet auch § 4 der Preisangabenverordnung Anwendung. § 4 Preisangabenverordnung will dem Verbraucher mit der Angabe des effektiven Jahreszinses eine Vergleichszahl an die Hand geben, die die tatsächliche Belastung erkennen läßt. Bei einem Leasingangebot ist die darin enthaltene Kreditbelastung, die in den Raten steckt, für den am Kauf interessierten Kunden nicht erkennbar. Es fehlt die Vergleichsgrundlage, die einen schnellen Vergleich des Kreditteils in dem Angebot mit dem Kredit anderer Anbieter von Leasinggeschäften ermöglicht.

Risikoabsicherung durch die Rechtsschutzversicherung

Soweit Gewährleistungsansprüche gegen den Händler betroffen sind, berufen sich Rechtsschutzversicherer manchmal auf den Ausschluß von § 4, Abs. 2b ARB. Dieser Bestimmung zufolge sind vom Versicherungsschutz solche Ansprüche ausgenommen, die nach Eintritt des Versicherungsfalls auf den Versicherungsnehmer übertragen worden sind. Mit der Regelung soll ausgeschlossen werden, daß der konfliktauslösende Vorgang eine unversicherte Person trifft, die erst nachträglich den bereits konfliktbeladenen Anspruch auf den Versicherungsnehmer überträgt (Harbauer, Rechtsschutzversicherung § 4 Rn. 157).

Im Normalfall fehlen beim Leasing bereits die tatbestandlichen Voraussetzungen von § 4, Abs. 2b ARB, weil die Abtretung der Gewährleistungsansprüche normalerweise nicht nach, sondern vor Eintritt des Versicherungsfalls erfolgt. Als maßgeblicher Zeitpunkt für den Versicherungsfall gilt bei Sach- und Rechtsmängeln die Übergabe des Fahrzeugs. In diesem Augenblick verstößt der Händler gegen Rechtspflichten i. S. v. § 14, Abs. 3 ARB, wenn er ein mangelhaftes Auto ausliefert. Da die Übergabe regelmäßig erst nach Abschluß des Leasingvertrages – also nach bereits vollzogener Abtretung der Gewährleistungsansprüche – an den Leasingnehmer erfolgt, kann sich der Versicherungsfall logischerweise immer nur nachträglich ereignen.

Selbst wenn die Übergabe des Fahrzeugs einmal ausnahmsweise zeitlich vor der Abtretung liegen sollte, greift der Ausschlußgrund von § 4, Abs. 2b ARB nicht ein. Der Anwendungsbereich dieser Vorschrift ist nicht gegeben. Die Regelung will verhindern, daß eine unversicherte Person nach Eintritt des Versicherungsfalles sich ungerechtfertigt im Zusammenwirken mit einer versicherten Person Versicherungsleistungen verschafft (AG Köln, Urt. v. 13. 12. 1986, – 130 C 345/86 – n. v.). Dieser Aspekt wird von Vertretern der Gegenmeinung übersehen (Rex, VersR 1984, 619). Aufgrund des mietrechtlichen Gewährleistungsausschlusses besitzt der Leasingnehmer keine Ansprüche gegen den Leasinggeber im Falle einer etwaigen Mangelhaftigkeit des Autos.

Insoweit findet eine Risikoentlastung der durch den Rechtsschutz versicherten Vertragsebene zwischen Leasingnehmer und Leasinggeber statt. Wegen der Fahrzeugmängel muß sich der Leasingnehmer statt dessen wie ein Käufer mit dem Händler auseinandersetzen. Mit Blick auf die Grundtendenz von § 4, Abs. 2b ARB kann es folglich keinen Unterschied machen, ob der Rechtsschutzversicherte das Auto kauft oder ob er es least. Beidemal stehen ihm die gleichen Gewährleistungsansprüche zu, so daß die Risiken für den Rechtsschutzversicherer in dem einen Fall nicht höher sind als im anderen.

Seit 1981 tragen Rechtsschutzversicherer das Kostenrisiko für außergerichtliche Gutachten von öffentlich bestellten Sachverständigen im Rahmen des Kraftfahrzeug-Vertrags-Rechtsschutzes. Voraussetzung: Es muß sich um die Wahrnehmung rechtlicher Interessen aus Kauf- und Reparaturverträgen handeln. Die Fragestellung liegt auf der Hand: Gilt die Klausel auch für Leasingverträge?

Die Meinungen sind geteilt. Die Befürworter argumentieren, die Einschaltung des Gutachters verhindere unnötige Prozesse zum Vorteil aller. Für die Gegner sind es in erster Linie formale Gesichtspunkte, welche eine

Erstreckung der Klausel auf Leasingverträge verbieten (Vgl. Kühl, VersR 1983, 426; Rex, VersR 1984, 619). Gerichtliche Entscheidungen zu diesem Thema liegen – soweit ersichtlich – noch nicht vor. Nach Meinung des Verfassers sollten Rechtsschutzversicherer die Gutachterkosten nicht nur beim Kauf, sondern auch beim Abschluß eines Leasingvertrages übernehmen, da eine Risikoerhöhung nicht eintritt.

Gerichtsstand

Für Prozesse aus Leasingverträgen gelten die allgemeinen Gerichtsstände. Es muß jeweils das Gericht angerufen werden, in dessen Bezirk die beklagte Partei wohnt. Bei Firmen ist deren Sitz maßgeblich. Wird der Leasingnehmer verklagt, ist sein Wohnsitz-Gericht zuständig. Klagt der Leasingnehmer gegen die Leasingfirma, muß die Klage bei dem Gericht erhoben werden, in dessen Bezirk der Leasinggeber seinen Sitz hat. Die Leasingfirma kann auch am Ort ihrer Niederlassung verklagt werden.

Kaufleute – mit Ausnahme von Minderkaufleuten – dürfen Vereinbarungen über die Zuständigkeit der Gerichte treffen. Das kann auch durch AGB geschehen. Nach Meinung des AG München (NJW-RR 1987, 241) ist aber die in einem Leasingvertrag enthaltene Gerichtsstandsklausel ungültig, wenn ein Ort als vereinbart gilt, an dem weder der Leasinggeber noch der Händler/Hersteller seinen Sitz hat. Der wirksam vereinbarte Gerichtsort gilt für beide Seiten und ist im Zweifel ausschließlich.

Für Klagen nach dem Verbraucherkreditgesetz gibt es im Gegensatz zum früheren Abzahlungsgesetz keinen Sondergerichtsstand am Wohnsitz des Verbrauchers.

Klagen gegen den Händler aus abgetretener Gewährleistung sind bei dem Gericht einzureichen, in dessen Bezirk sich der Betriebssitz des Händlers befindet.

Für die Wandlungsklage ist ausnahmsweise das Wohnsitzgericht des Leasingnehmers zuständig (vgl. hierzu Zöller/Vollkommer, ZPO, §29, Rn. 25), es sei denn, er klagt anstelle auf Erstattung des Kaufpreises Zug um Zug gegen Herausgabe des Fahrzeugs lediglich auf Erteilung der Zustimmung zur Wandlung.

Risiken und Empfehlungen

Der Leasingvertrag birgt – wie gezeigt – viele Gefahren. Diese Feststellung gilt für Leasingnehmer und Leasinggeber gleichermaßen. Auch für den Händler und die refinanzierende Bank ist das Leasing nicht frei von Risiken.
Wer die Gefahren kennt, kann sich wirksam schützen. Die folgenden Ratschläge sollen Hilfestellung geben.

Risiken des Leasinggebers

Vielfältiger Natur sind die Risiken auf seiten des Leasinggebers. Eine Ursache ist die Dreierbeziehung zwischen Leasinggeber, Leasingnehmer und Händler. Als weiteres Gefahrenmoment kommt hinzu, daß der Leasinggeber dem Leasingnehmer ein gebrauchsfähiges Auto verschaffen und die Folgen aus der Gewährleistung gegen sich gelten lassen muß. Schließlich kann sich auch ein Unfall des Leasingfahrzeugs zum Nachteil des Leasinggebers auswirken. Die Störanfälligkeit ist beim Leasing weitaus größer als beim ›reinen‹ Kreditgeschäft. Selbst bei einem Vergleich mit dem verbundenen Geschäft im Sinne von § 9 VerbrKrG schneidet der Finanzierungsleasingvertrag wegen seiner höheren Risiken schlechter ab.

Bonität

Ein Problem haben Leasinggeber und Kreditgeber gemeinsam: Die Bonität des Kunden. Ist der Kunde faul, ist auch das Geschäft faul. Hiergegen gibt es keinen absoluten Schutz. Unangenehme Überraschungen kann der Leasinggeber jedoch weitgehend vermeiden. Er muß die Bonität des Leasingnehmers überprüfen.

Hierzu stehen ihm folgende Möglichkeiten zur Verfügung:

– Die Selbstauskunft des Leasingnehmers,
– die Befragung von Auskunfteien,
– die Einholung von Bankauskünften,
– die Einsicht der Geschäftsbücher und Bilanzen.

Die Prüfung der Bonität sollte auch die künftige Entwicklung einbeziehen, da der Leasingnehmer nicht nur im Augenblick, sondern während der gesamten Vertragszeit seinen Verpflichtungen aus dem Vertrag nachkommen muß. Bei dem Blick in die Zukunft muß das branchenmäßige und konjunkturelle Umfeld einbezogen werden.
Die Zahlungsfähigkeit ist die eine Seite, eine andere die Zahlungswilligkeit. Prognosen hierüber sind meist Spekulation. Aufschluß kann das in der Vergangenheit gezeigte Geschäftsgebaren des Kunden geben. Bei Zweifeln an der Seriosität sollten Büro- und Bankauskünfte eingeholt werden.

Vertragsgestaltung

Der richtigen Vertragsgestaltung sollte der Leasinggeber sein besonderes Augenmerk widmen. *Unwirksame Geschäftsbedingungen* sind außerordentlich gefährlich. Deshalb empfiehlt es sich, das Formularwerk von einem erfahrenen Juristen gestalten oder zumindest überprüfen zu lassen. Die Kosten hierfür lohnen sich allemal, wenn man bedenkt, daß unwirksame Vertragsregelungen die Existenz einer Leasingfirma gefährden können. Allerdings sind auch versierte Juristen keineswegs in der Lage, absolut wasserdichte Verträge zu entwerfen, da sich die Rechtsprechung ständig weiterent-

Risiken und Empfehlungen

wickelt und zur Überraschung aller immer wieder ein ›Haar in der Suppe‹ findet.
In besonderem Maße erschwert wird die Vertragsgestaltung durch das Verbraucherkreditgesetz. Es wirft im Hinblick auf Finanzierungsleasingverträge, welche in letzter Minute in das Gesetz aufgenommen wurden, viele Fragen auf, deren Beantwortung durch die Rechtsprechung mit großem Interesse erwartet wird.
Die besten Vertragsbedingungen taugen wenig, wenn sie nicht zum *Vertragsgegenstand* gemacht werden. Deshalb sollte der Leasinggeber darauf bestehen, daß sein vorformuliertes Vertragswerk ausnahmslos durchgesetzt wird. Nimmt er Streichungen bzw. Änderungen hin, muß er sich nicht wundern, wenn am Ende keiner mehr durchblickt. Einheitliche Geschäftsbedingungen im eigenen Hause erleichtern die Arbeit und vermeiden Wirrwarr.
Die Wahl der *richtigen Vertragsart* spart Ärger. Dem Leasinggeber kann der Abschluß eines Vertrages mit Übernahme des Restwertrisikos z. B. dann nicht empfohlen werden, wenn ein hoher Wertverlust des Autos während der Vertragszeit wahrscheinlich ist. In einem solchen Fall sollte aus der Sicht des Leasinggebers das Vertragsmodell mit Restwertrisiko beim Leasingnehmer oder mit Andienungsrecht gewählt werden.
Im Rahmen der Vertragsgestaltung spielt die *Sonderzahlung* eine große Rolle. Sie mindert das in der Anfangsphase besonders hohe Entwertungsrisiko. Es ist für fabrikneue Kraftfahrzeuge geradezu typisch, daß sie den höchsten Wertverlust erleiden, wenn sie vom Hof des Händlers gefahren werden. Der hohe Wertschwund wird durch die normalen Leasingraten nicht gedeckt. Scheitert ein Leasingvertrag in dieser Phase, sitzt der Leasinggeber auf dem Schaden, wenn er es versäumt, sich durch eine Sonderzahlung des Leasingnehmers abzusichern.
Vorsicht gilt bei *Zusatzabreden*. Solche werden häufig über die Behandlung des Fahrzeugs nach Ablauf des Vertrages getroffen. Der Leasinggeber sollte Individualvereinbarungen meiden, deren rechtliche Auswirkungen er nicht überschaut.

Bei der Vertragsgestaltung muß der Leasinggeber ferner darauf achten, daß alle Absprachen *schriftlich* festgehalten werden. Wichtig ist auch, daß sämtliche Punkte, die der Identifizierung des Fahrzeugs dienen und zur Wirksamkeit des Vertrages gehören, auf Vollständigkeit und Richtigkeit sorgfältig geprüft werden. Dazu gehören:

— Name und Anschrift des Leasingnehmers und dessen Geburtsdatum, ohne dessen Angabe bei vielen Einwohnermeldeämtern Adressen nicht ermittelt werden können. In diesem Zusammenhang kann auch der frühere Familienname vor Eheschließung bedeutsam sein.
— Art des Vertrages, z. B. Vertrag mit Kilometerabrechnung oder Vertrag mit Restwertabrechnung.
— Bezeichnung des Fahrzeugs, soweit bei Abschluß des Leasingvertrages bereits bekannt. Für die Identifizierung sind vor allem die Fahrgestellnummer und das Kennzeichen wichtig.
— Name, Anschrift und Rechtsform des Händlers.
— Eintragung der Leasingrate, Darstellung ihrer Berechnungsgrundlage und deutlicher Hinweis auf die Vollamortisationsgarantie des Leasingnehmers. Bei Verträgen mit Restwertabrechnung ist die Eintragung des kalkulierten Restwertes unerläßlich. Bei Verträgen mit Kilometerabrechnung müssen die vereinbarte Laufleistung ebenso wie die Vergütungssätze für Mehr- und Minderkilometer eingetragen werden. Aus dem Vertrag muß hervorgehen, ob die Leasingraten und eine etwa vereinbarte Sonderzahlung die Umsatzsteuer beinhalten.
— Zahlungsweise und Fälligkeit der ersten Rate und der Folgeraten.
— Datum des Vertragsabschlusses.
— Unterschrift des Leasingnehmers.

Wahl der Vertragsart und Kalkulation stehen beim Leasingvertrag in untrennbarem Zusammenhang. Daß der Leasinggeber eine *Kalkulation* erstellt, ehe er den Vertrag schließt, dürfte selbstverständlich sein. Bei der Kalkulation sollte er den aufgezeigten

Risiken und Empfehlungen

Gefahren durch einen Risikozuschlag begegnen. Vor allem aber muß der Leasinggeber darauf achten, daß er mit seinem Kreditgeber für die Refinanzierung feste Zinssätze aushandelt. Tut er das nicht, kann der Vertrag leicht in eine Schieflage geraten, die seine Existenz gefährdet.

Wahl des Händlers

Es ist wiederholt vorgekommen, daß Leasingnehmer und Händler bewußt zum Nachteil von Leasingfirmen gehandelt haben. *Beispiel:* Einräumung eines versteckten Rabattes, den der Leasingnehmer erhält und von dem der Leasinggeber nichts erfährt. Insoweit finanziert er Luft (Tacke in FLF 1986, 54 ff., 57). Auch bei der Geltendmachung von Gewährleistungsansprüchen ist ein Zusammenwirken zwischen Leasingnehmer und Händler zum Nachteil des Leasinggebers denkbar, indem z. B. der Händler das Fahrzeug zurücknimmt, obschon der Leasingnehmer nicht zur Wandlung berechtigt ist. Durch die einverständliche Wandlung wird dem Leasingvertrag der Boden entzogen.

Händler können Leasingfirmen auch dadurch empfindlich schädigen, daß sie hinter dem Rücken Zusatzvereinbarungen mit ihren Kunden treffen. Solche Individualabsprachen müssen sich Leasingfirmen u. U. entgegenhalten lassen, wenn der Händler als Vertreter die Vertragsverhandlungen geführt hat. Häufig anzutreffen ist die Zusage des Händlers, der Leasingnehmer könne das Auto am Vertragsende zum kalkulierten Restwert kaufen. Selbst wenn in dem Antrag auf Abschluß des Leasingvertrages davon nichts zu lesen steht, wird die Leasingfirma durch die Zusage gebunden, wenn der Händler als Vertreter gehandelt hat.

Ein Verschulden des bei den Vertragsverhandlungen als Erfüllungsgehilfe eingeschalteten Händlers muß sich der Leasinggeber zurechnen lassen. Der Leasingnehmer darf darauf vertrauen, daß all das, was er mit dem Händler ausgehandelt hat, auch in dem Leasingvertrag seinen Niederschlag findet. Versäumt der Händler die Aufnahme in den Leasingvertrag bzw. die Unterrichtung des Leasinggebers, haftet der Leasinggeber dem Leasingnehmer aus Verschulden bei Vertragsabschluß.

Wegen der aufgezeigten Gefahren ist die Integrität des Händlers für den Leasinggeber von ausschlaggebender Bedeutung. Außerdem muß die wirtschaftliche Leistungskraft des Händlers in Ordnung sein. Kommt er seinen Lieferpflichten aus dem Kaufvertrag nicht nach, haftet hierfür der Leasinggeber dem Leasingnehmer. Er trägt auch das Risiko der Vermögenslosigkeit des Händlers bei der Durchsetzung von Gewährleistungsansprüchen. Wird die Händlerfirma wegen Vermögensverfalls gelöscht und kann der Leasingnehmer deshalb nicht mehr die Wandlung durchsetzen, hat ihn der Leasinggeber so zu stellen, als wäre die Wandlung des Vertrages vollzogen worden (BGH, ZIP 1984, 1101).

Objektrisiken

Das Risiko, das sich der Leasingnehmer bei der Auswahl des Fahrzeugs schlechte Qualität andrehen läßt, ist wegen des hohen Standards der auf dem deutschen Markt angebotenen Kraftfahrzeuge relativ gering. Der Kaufpreis entspricht jedenfalls bei Neufahrzeugen in der Regel dem Verkehrswert. Sicherungsmäßig bestehen für den Leasinggeber bei Neufahrzeugen somit keine Probleme. Eine zusätzliche Sicherheit bekommt er durch die Vollkaskoversicherung.

Das Gewährleistungsrisiko ist bei einem teuren Auto nicht unbedingt geringer einzuschätzen als bei einem preisgünstigen Fahrzeug. Die Erfahrung lehrt, daß auch technisch hochwertige Fahrzeuge der oberen Preisklassen ihre Fehler haben. Auch besteht bei solchen Fahrzeugen eine höhere Anspruchserwartung beim Leasingnehmer. Jede Leasingfirma muß daran interessiert sein, daß ihre Fahrzeuge nicht übermäßig strapaziert werden. Sie sind ihr größtes Faustpfand, auf das sie zwangsläufig zurückgreifen müssen, wenn Kunden in Vermögensverfall geraten.

215

Risiken und Empfehlungen

Beachtung verdient das *Entwertungs*risiko, welches darin besteht, daß sich Tilgungs- und Ratenverlauf beim Leasing nicht entsprechen. Die Tilgungsanteile sind anfangs sehr gering. Sie wachsen erst mit fortschreitender Zahl der Leasingraten. Umgekehrt ist es bei den Zinsanteilen. Kurz und gut: Das Auto verliert anfangs mehr an Wert, als an Leasingraten hereinkommt. Dem Problem kann der Leasinggeber nur durch Vereinbarung einer Sonderzahlung beikommen.

Außer dem Risiko der Entwertung gibt es das der *Verwertung*. An einem möglichst hohen Restwert ist der Leasinggeber schon aus Gründen der Sicherung des Leasingentgeltes interessiert.

Wenn er das Risiko der Verwertung selbst übernimmt, muß er sorgfältige Erkundigungen einziehen und Sicherheitszuschläge einkalkulieren.

Eine vertragsgemäße Absicherung gegen eine übermäßige Beanspruchung des Fahrzeugs und gegen Beschädigung ist gerade in diesem Fall besonders wichtig. Nur ein normal gefahrenes und gewartetes Auto läßt sich am Vertragsende rasch und günstig verwerten.

Risiken des Leasingnehmers

Wenn sich der Leasingnehmer darüber im klaren ist, daß er in jedem Falle für die Anschaffungskosten des Fahrzeugs, für den Finanzierungs- und Verwaltungsaufwand, den Gewinn des Leasinggebers und für dessen Risikozuschläge aufzukommen hat, dann kann er sich die möglichen Gefahren leicht vorstellen. Es trifft ihn hart, wenn er z. B. das Fahrzeug nach Übernahme grob fahrlässig zu Schrott fährt. In einem solchen Falle muß er alles bezahlen und bekommt von der Versicherung keinen Pfennig. Der Fall läßt sich variieren. Verunfallt der Leasingnehmer leicht fahrlässig, zahlt der Kaskoversicherer den Wiederbeschaffungswert. Fällt dieser niedriger aus als der Restamortisationsbetrag, den der Leasinggeber zu beanspruchen hat, muß der Leasingnehmer die Differenz aus eigener Tasche dazutun. Nur wenn alles glatt läuft und die Kalkulation stimmt, braucht der Leasingnehmer am Vertragsende nicht nachzuzahlen. Wenn er Glück hat, bekommt er sogar noch etwas zurück. Auf diesen Fall darf ein Leasingnehmer hoffen; er sollte ihn nicht erwarten.

Allzuoft ist am Vertragsende Zahltag für den Leasingnehmer. Ursächlich hierfür ist beim störungsfreiem Verlauf des Vertrages entweder ein falsch kalkulierter Restwert oder aber eine übermäßige Beanspruchung oder gar Beschädigung des Fahrzeugs. Vor einer falschen Kalkulation des Restwertes kann sich der Leasingnehmer schützen. Er darf nicht blindlings dem vertrauen, was ihm der Händler erzählt, sondern sollte sich selbst informieren anhand der einschlägigen Listen und Marktberichte.

Bewußt zu hoch oder zu niedrig angesetzte Restwerte können ins Auge gehen. Beim Vertrag mit Restwertabrechnung ist die Nachzahlungspflicht im Falle eines zu hoch kalkulierten Restwertes vorprogrammiert, während der Leasingnehmer im Falle eines zu gering kalkulierten Restwertes vom Mehrerlös in der Regel nur eine Quote von 75% erhält.

Das wohl größte Risiko für den Leasingnehmer ist das der *Gefahrtragung* für zufälligen Untergang, Verlust und schwere Beschädigung. Zwar kann der Leasingnehmer sich bei Eintritt solcher Ereignisse vom Vertrag lösen, jedoch haftet er dem Leasinggeber auf Ersatz der Restamortisationskosten.

Teil der Gefahrtragungspflicht ist auch das Instandhaltungsrisiko. Falls das Auto nach Ablauf der Gewährleistungs- und Garantiefrist mängelanfällig wird, muß der Leasingnehmer damit leben. Er darf weder den Vertrag beenden noch die Leasingraten kürzen. Sein Risiko ist es auch, etwaige Gewährleistungsansprüche ordnungsgemäß und fristgerecht geltend zu machen. Versäumt er die Frist, stehen ihm wegen der Fehlerhaftigkeit des Autos keine Rechte gegen den Leasinggeber zur Seite. Wenn am Vertragsende wegen des Mangels sogar nur ein geringerer Preis erzielt wird, muß der Leasingnehmer die Differenz begleichen.

Während das Objektrisiko, namentlich das der Verwertung am Vertragsende – außer beim Kilometervertrag –, voll auf den Leasingnehmer durchschlägt, schützt ihn die Rechtsprechung weitgehend vor Risiken aus der Sphäre des Händlers. Für dessen Vermögenslosigkeit vor und nach Lieferung muß der Leasinggeber geradestehen. Er kann vom Leasingnehmer weder Aufwendungsersatz noch Erstattung bereits aufgewendeter Refinanzierungskosten verlangen, wenn der Händler infolge Vermögensverfalls die Lieferung des Fahrzeugs nicht ausführt.

Das Risiko, daß der Leasingnehmer arbeitsunfähig wird oder stirbt, kann zur Absicherung der Leasingratenverpflichtung durch eine Versicherung aufgefangen werden. Die sog. Leasingratenversicherung stellt eine Neuheit im Versicherungsgeschäft dar. Versicherungsnehmer und versicherte Person ist der Leasingnehmer. Als Versicherungsbeitrag ist ein ›Einmalbeitrag‹ zu Beginn der Vertragszeit zu leisten, und zwar vom Leasinggeber, der diese Aufwendungen über die Leasingraten wieder auf den Leasingnehmer abwälzt.

Risiken des Lieferanten

Das Kaufpreisrisiko ist für den Händler angesichts der Finanzkraft der Leasingfirmen eher geringer als beim normalen Verkauf an beliebige Kunden. Einer Erklärung des Leasinggebers, durch die er im Hinblick auf den zu schließenden Leasingvertrag die Erfüllung der Kaufpreiszahlung übernimmt, ist als Schuldbeitritt und nicht lediglich als Erfüllungsübernahme zu bewerten (BGH, ZIP 1993, 123 f.). Der Händler besitzt folglich ein unmittelbares Forderungsrecht gegen den Leasinggeber. Andererseits muß er beim Leasinggeschäft in Vorleistung treten, ehe er den Kaufpreis erhält. Insoweit trägt er das Risiko der Insolvenz des Leasinggebers. Auch gegen ein betrügerisches Zusammenwirken der Parteien des Leasingvertrages kann er sich wegen seiner Vorleistungspflicht durch Eigentumsvorbehalt nur unzureichend schützen.

Gefahren können dem Händler aus der Übernahme einer Rückkaufverpflichtung drohen. Sofern der Leasinggeber wirksam von seiner Gewährleistung freigezeichnet hat, kann der Händler die Erfüllung der Rückkaufverpflichtung nicht mit der Begründung verweigern, das Fahrzeug sei mangelhaft (BGH, NJW 1990, 2546 f.). Für eine Verschlechterung des Fahrzeugs haftet der Leasinggeber dem Händler nur dann, wenn er sie verschuldet hat. Ein derartiges Verschulden ist anzunehmen, wenn der Leasinggeber gebotene Maßnahmen der Schadensverhinderung unterläßt. Er muß, wenn der Händler sich zum Rückkauf auch für den Fall der vorzeitigen Vertragsbeendigung verpflichtet hat, diesen frühzeitig über Zahlungsrückstände informieren und den Leasingvertrag notfalls kündigen (OLG Frankfurt, NJW 1988, 1329).

TEIL III

Anhang

Definitionskalender

Andienungsrecht

Der Leasinggeber kann beim Vertragsmodell mit Andienungsrecht verlangen, daß der Leasingnehmer das Fahrzeug nach Ablauf der Grundmietzeit kauft, sofern ein Verlängerungsvertrag nicht zustandekommt.

Brutto-Leasing

Diese Vertragsform umfaßt außer der Pflicht zur Gebrauchsüberlassung gewisse Nebenleistung des Leasinggebers, wie z. B. die Zulassung des Fahrzeugs, die Zahlung der Steuer und Versicherung. Brutto-Leasing wird auch gelegentlich als ›All-In-Leasing‹ bezeichnet.

Direktes Leasing

Hierunter versteht man die direkte Gebrauchsüberlassung des Leasingfahrzeugs durch den Hersteller bzw. Händler an den Leasingnehmer.

Echtes Leasing
= indirektes Leasing

Bei dieser Vertragsform besteht das für Leasing typische Dreiecksverhältnis zwischen Leasinggeber, Leasingnehmer und Lieferant/Hersteller.

Erlaßkonformes Leasing

Als erlaßkonform werden die Vertragsmodelle bezeichnet, welche inhaltlich an den Voll- und Teilamortisationserlassen und an dem Immobilienerlaß des Finanzministers ausgerichtet sind.

Finanzierungs-Leasing

Es betrifft mittel- bis langfristige Gebrauchsüberlassung gegen Entgelt mit einem primären Finanzierungsinteresse des Leasinggebers.

Forfaitierung

Verkauf der Ansprüche aus dem Leasingvertrag an die refinanzierende Bank. Der Leasinggeber haftet für den rechtlichen Bestand der verkauften Forderung (Veritätsrisiko). Die Bank trägt das Risiko der Einbringlichkeit (Bonitätsrisiko).

Full-Service-Leasing/Fuhrpark-Leasing/Gross-Leasing

Sonderformen des Kfz-Leasing, bei denen der Leasinggeber außer der Gebrauchsüberlassung Nebenleistungen erbringt. Umfang und Modalitäten des Vertrages werden häufig – insbesondere beim Fuhrpark-Leasing – individuell ausgehandelt. Die Dienstleistungen des Leasinggebers betreffen z. B. die Wartung und Instandhaltung des Fahrzeugs, Reifenersatz usw. bis hin zur kompletten Verwaltung des Fuhrparks mit Unfallabwicklung und Fahrzeugneuersatz.

Hersteller-/Händler-Leasing

Gebrauchsüberlassung in der Form des Operating- oder Finanzierungs-Leasing mit einem primären Absatzinteresse des Leasinggebers.

Definitionskalender

Institutionelles Leasing = freies Leasing

Diese Bezeichnung kennzeichnet den Gegensatz zum herstellerabhängigen bzw. markengebundenen Leasing.

Mietkauf

Beim Mietkauf wird das wirtschaftliche Eigentum am Mietobjekt dem Mieter zugerechnet. Sein Interesse zielt primär auf Sacherwerb und sekundär auf Gebrauchsnutzung.

Kilometerabrechnung

Der Leasinggeber trägt beim Vertrag mit Kilometerabrechnung das Verwertungsrisiko. Die Leasingraten werden auf der Grundlage einer vertraglich festgelegten Laufleistung kalkuliert. Mehrkilometer sind vom Leasingnehmer zu vergüten, Minderkilometer vom Leasinggeber zu erstatten.

Netto-Leasing

Vertragsgegenstand beim Netto-Leasing ist ausschließlich die Gebrauchsüberlassung.

Null-Leasing

Es handelt sich um ein Sonderangebot unter den Leasingmodellen, bei dem Sonderzahlung, Leasingraten und Restwert addiert den Listenpreis des Fahrzeugs ergeben.

Kündbarer Leasingvertrag

Bei dieser Vertragsform kann der Leasingnehmer das Vertragsverhältnis nach Ablauf einer gewissen Zeit durch Kündigung beenden und muß eine vertraglich festgelegte Abschlußzahlung an den Leasinggeber leisten.

Operating-Leasing

Kurzfristige Vermietung von Investitionsgütern durch Gesellschaften, welche die Mietobjekte anschaffen oder herstellen. Geeignet z. B. für Computer-Leasing.

Leasingrate

Während der Leasingdauer ist vom Leasingnehmer monatlich ein fester Betrag zu zahlen. Er ist unterschiedlich hoch, je nachdem wie Sonderzahlung und Restwert kalkuliert werden.

Restwertgarantie

Das Versprechen des Leasingnehmers, mit dem er das Risiko der Erzielung des kalkulierten Restwertes am Vertragsende übernimmt.

Mehrerlösbeteiligung

Mehrerlös ist die Differenz zwischen kalkuliertem und erzieltem Restwert. Bei erlaßkonformer Vertragsgestaltung erhält der Leasingnehmer 75% und der Leasinggeber 25% vom Mehrerlös.

Sale-and-lease-back

Kauf eines Leasingobjektes durch den Leasinggeber, der es fortan dem Verkäufer per Leasingvertrag zum Gebrauch überläßt.

Definitionskalender

Sonderzahlung

Die Sonderzahlung wird beim Kraftfahrzeug-Leasing dem privaten Kunden regelmäßig abverlangt. Sie beträgt meistens ca. 20% des Kraftfahrzeug-Anschaffungspreises.

Teilamortisationsvertrag
= Buchrestwert-Leasing
= Non-Full-Pay-Out-Leasing

Vertragsform, bei der die vom Leasingnehmer in der Grundmietzeit zu entrichtenden Raten die Anschaffungs- und Herstellungskosten sowie die Nebenkosten einschließlich des Finanzierungsaufwandes des Leasinggebers nicht abdecken.

Unechtes Finanzierungsleasing

Eine Form des Hersteller- und Händler-Leasing, bei dem Absatzinteressen dominieren und bei der die Leasingfirma wirtschaftlich mit dem Hersteller verbunden oder von ihr abhängig ist.

Vollamortisationsvertrag
= Full-Pay-Out-Leasing

Vertragsvariante, bei der die vom Leasingnehmer in der Grundmietzeit zu entrichtenden Raten mindestens die Anschaffungs- oder Herstellungskosten sowie alle Nebenkosten einschließlich der Finanzierungskosten des Leasinggebers abdecken.

Die nachfolgenden Leasing-Bedingungen ▶ für Geschäftsfahrzeuge sowie die Leasing-Bedingungen für Privatfahrzeuge entsprechen dem aktuellsten Stand nach dem Verbraucherkreditgesetz und werden in dieser Form derzeit von der V.A.G Leasing GmbH genutzt. Wir danken der V.A.G Leasing GmbH für die Genehmigung zur Veröffentlichung.

V.A.G Leasing GmbH
Geschäftsfahrzeug-Leasing-Bestellung 2384957

Name	LEASA-Vertrags-Nr.
	Vermittelnder Betrieb Nr.

Straße

PLZ Ort

| Zeichen des Bestellers | Telefon | Liefervereinbarung für Volkswagen- und Audi Automobile Nr. |

Wir bestellen bei der V.A.G Leasing GmbH für unseren bestehenden Geschäftsbetrieb zu umseitigen Geschäftsfahrzeug-Leasing-Bedingungen (3 Seiten incl. Auszug aus VW und Audi-Verkaufsgewährleistungsbedingungen) in serienmäßigem Lieferumfang folgendes Fahrzeug, das die V.A.G Leasing GmbH bei dem vermittelnden Betrieb (Verkäufer) auf unseren Wunsch erwirbt:

Stückzahl	Bestellschlüssel	Modell	Gebrauchtwagen	Dienstleistungen der V.A.G Leasing GmbH
Bestellschl.	Farbe und Ausstattung			☐ Kfz-Versicherungen mit Schadenservice
Nr.	Sonderausstattung			Kfz-Haftpflichtversicherung mit unbegrenzter Deckung, Kfz-Vollversicherung mit DM 650,- Selbstbeteiligung
				☐ ohne Selbstbeteiligung bei der Kfz-Teilversicherung
				Insassen-Unfallversicherung
				T/DM I/DM

Zum Abschluß **obengenannter** Versicherungen über die Volkswagen-Versicherungsdienst GmbH wird die V.A.G Leasing GmbH hiermit ermächtigt. Die Prämie für die Fahrzeugversicherungen wird nach Ausfertigung der Police im darin ausgewiesenen Umfang von der V.A.G Leasing GmbH namens und für Rechnung des Versicherers eingezogen. **Die Prämie ist nicht in der Leasing-Rate enthalten.**

☐ Wartung und Verschleißreparaturen
☐ Reifenersatz Anz. Art/Größe
☐ Reifenersatz Anz. Art/Größe
☐ Kfz-Steuer
☐ D.A.S. Fahrzeug-Rechtsschutzversicherung
☐ Rundfunkgebühren der GEZ

| Jährliche Fahrleistung in km | Vertragsdauer in Monaten | ☐ |

Verwendungszweck

	Monatliche Leasing-Rate je Fahrzeug ohne USt DM
Liefertermin/Lieferfrist ab Vertragsabschluß	verbindlich
	unverbindlich Pf pro Mehr-/Minderkilometer ohne USt Pf /

Überführungs- und Zulassungskosten sind in der Leasing-Rate enthalten
von DM (ohne USt)   berechnet der ausliefernde Betrieb separat   Die jeweils gültige Umsatzsteuer wird auf alle Beträge zusätzlich berechnet.

Vereinbarungen (Vertragsabrechnung, Individualabreden, Betriebskosten-Abrechnung und -Analyse)

Der Besteller ermächtigt die V.A.G Leasing GmbH, die jeweils fälligen Forderungen aus dem Vertragsverhältnis mittels Lastschrift einzuziehen.

| Geldinstitut, Ort | BLZ | Konto-Nr. |

Kontoinhaber (sofern nicht mit Besteller identisch)

Ort/Datum   Rechtsverbindliche Unterschrift(en) mit Firmenbezeichnung, Firmenstempel des Bestellers

Briefadresse:	Telefon: (05 31) 2 12 03	Sitz der Gesellschaft: Braunschweig	Geschäftsführung:	Banken:
38094 Braunschweig	Teletex: (17) 5 31 113 vagl	Amtsgericht Braunschweig HRB 1858	Udo Schülke	Commerzbank AG. (BLZ 269 410 53) Konto 684 000 300
Hausadresse:	Telefax: (05 31) 2 12 31 48	Vorsitzender des Aufsichtsrates:	Peter Bittermann (stv.)	Deutsche Bank AG. (BLZ 269 710 38) Konto 014 444 400
Gifhorner Straße 57	Telegramm: VAGLEASING	Norbert M. Maßfeller	Karl Heinz Schmidt (stv.)	Dresdner Bank AG. (BLZ 269 810 62) Konto 303 630 300
38112 Braunschweig				Postbank: Hannover (BLZ 250 100 30) Konto 170 60-301

Leasing-Bedingungen für Geschäftsfahrzeuge

Nachstehende Bedingungen gelten für alle Leasing-Verträge der V.A.G Leasing GmbH – nachstehend Leasing-Geber – mit ihren Geschäftsfahrzeug-Leasing-Kunden – nachstehend Leasing-Nehmer –.

I. Vertragsabschluß
1. Der Leasing-Nehmer ist an seinen Leasing-Antrag vier Wochen gebunden. Der Leasing-Vertrag ist abgeschlossen, wenn der Leasing-Geber innerhalb dieser Frist die Annahme des Antrags schriftlich bestätigt.
2. Sämtliche Vereinbarungen sind schriftlich niederzulegen. Dies gilt auch für Nebenabreden und Zusicherungen sowie für nachträgliche Vertragsänderungen. Für die Vertragsannahme des Leasing-Gebers ist jedoch die Niederschrift des Vertragstextes ohne handschriftliche Unterschrift ausreichend. Dies gilt auch für die Vertragsaufhebung gem. Abschnitt XIV.

II. Leasing-Gegenstand
Konstruktions- oder Formänderungen des Leasing-Gegenstandes – nachstehend Fahrzeug genannt –, Abweichungen im Farbton sowie Änderungen des Lieferumfanges seitens des Herstellers bleiben während der Lieferzeit vorbehalten, sofern das Fahrzeug nicht erheblich geändert wird und die Änderungen für den Leasing-Nehmer zumutbar sind.

III. Beginn der Leasing-Zeit
Die Leasing-Zeit, über die im Leasing-Vertrag genannten Vertragsdauer in Monaten entspricht, beginnt an dem zwischen dem Lieferanten und dem Leasing-Nehmer vereinbarten Tag der Übergabe. Falls auf Wunsch des Leasing-Nehmers das Fahrzeug vorher zugelassen wird, beginnt die Leasing-Zeit am Tag der Zulassung. Kommt keine Vereinbarung über den Übergabezeitpunkt zustande, beginnt die Leasing-Zeit 14 Tage nach Anzeige der Bereitstellung des Fahrzeuges.

IV. Leasing-Entgelte
1. Leasing-Raten sowie die nachstehend geregelten weiteren Entgelte sind Gegenleistung für die Gebrauchsüberlassung des Fahrzeuges.
2. Ist eine Leasing-Sonderzahlung vereinbart, werden diese nicht als Kaution, durch sie werden Leasing-Raten getilgt.
3. Ist bei Rückgabe des Fahrzeuges nach Ablauf der bei Vertragsabschluß vereinbarten Leasing-Zeit die festgelegte Gesamtkilometer-Laufleistung über- bzw. unterschritten, werden die gefahrenen Mehr- bzw. Minderkilometer dem Leasing-Nehmer zu dem im Leasing-Vertrag genannten Satz nachberechnet bzw. vergütet. Bei der Berechnung von Mehr- und Minderkilometern bleiben 2.500 km ausgenommen.
4. Vereinbarte Nebenleistungen, wie z.B. Überführung, An- und Abmeldung des Fahrzeuges sowie Aufwendungen für Versicherung und Steuern, soweit sie nicht als Bestandteil der Leasing-Rate ausdrücklich ausgewiesen werden, sind gesondert zu bezahlen.
5. Bei Rückgabe des Lieferumfanges nach Vertragsabschluß auf Wunsch des Leasing-Nehmers sowie bei Einführung objektbezogener Sondersteuern sind beide Vertragspartner berechtigt, die der Veränderung entsprechende Anpassung der Leasing-Rate und gegebenenfalls der Sonderzahlung als des Restwertes, der bei der Berechnung der Leasing-Rate als voraussichtlicher Gebrauchtwagenerlös angesetzt wurde, zu verlangen.
Das gleiche Recht haben beide Vertragspartner bei einer Änderung der unverbindlichen Preisempfehlung des Fahrzeugherstellers nach Vertragsabschluß. Soweit sich dadurch die Anschaffungskosten des Leasing-Gebers verändern. Ergibt sich dadurch eine Erhöhung der Leasing-Rate und gegebenenfalls der Sonderzahlung oder des Restwertes um mehr als 5 %, kann der Leasing-Nehmer durch schriftliche Erklärung innerhalb von 3 Wochen ab Eingang der Mitteilung über die Erhöhung vom Vertrag zurücktreten.
Bei einer Änderung der Umsatzsteuer paßt der Leasing-Geber alle noch am Leasing-Nehmer ergebenden Forderungen, Zahlungen und Beträge ab dem Zeitpunkt der Änderung den neuen Umsatzsteuersatz an.
Ist dadurch, daß die Gesamtfahrleistung des Vertrages ohne Änderung wagenabrechnung erheblich über- oder unterschritten wird, kann jede Vertragspartei verlangen, daß über eine entsprechende Anpassung der Leasing-Raten und eine Neufestsetzung der Gesamtfahrleistung gemäß Ziffer 3 verhandelt wird.
6. Weitere Zahlungsverpflichtungen des Leasing-Nehmers nach diesem Vertrag (z.B. im Fall der Kündigung gem. Abschnitt XV) bleiben unberührt.

V. Zahlung und Zahlungsverzug
1. Die erste Leasing-Rate ist zu Beginn der Leasing-Zeit fällig. Die weiteren Leasing-Raten sind jeweils am Monatsersten im voraus fällig. Die Anzahl der Leasing-Raten entspricht der vereinbarten Vertragsdauer in Monaten. Eine Leasing-Sonderzahlung ist – soweit nichts anderes vereinbart – zu Beginn der Leasing-Zeit fällig.
2. Die Forderungen auf Ersatz von Überführungs-, An- und Abmeldekosten sowie der vom Leasing-Geber verauslagten Beträge sind nach Anfall/Verauslagung und Rechnungsstellung fällig.
Alle weiteren Forderungen des Leasing-Gebers sind nach Rechnungsstellung fällig.
3. Zahlungsanweisungen, Schecks und Wechsel werden nur nach besonderer Vereinbarung und nur zahlungshalber angenommen unter Berechnung aller Einziehungs- und Diskontspesen.
4. Gegen die Ansprüche des Leasing-Gebers kann der Leasing-Nehmer nur dann aufrechnen, wenn die Gegenforderung des Leasing-Nehmers unbestritten ist oder ein rechtskräftiger Titel vorliegt; ein Zurückbehaltungsrecht kann der Leasing-Nehmer nur geltend machen, soweit es aus Ansprüchen aus dem Leasing-Vertrag beruht.
5. Kommt der Leasing-Nehmer mit Zahlungen in Verzug, werden Verzugszinsen in Höhe von 5 % p.a. über den jeweiligen Diskontsatz der Deutschen Bundesbank berechnet. Die Verzugszinsen sind höher oder niedriger anzusetzen, wenn der Leasing-Geber eine Belastung mit einem höheren Zinssatz oder der Leasing-Nehmer eine geringere Belastung nachweist.

VI. Lieferung und Lieferverzug
1. Liefertermine oder Lieferfristen, die verbindlich oder unverbindlich vereinbart werden können, sind schriftlich anzugeben. Lieferfristen beginnen mit Vertragsabschluß. Werden nachträgliche Vertragsänderungen vereinbart, ist erforderlichenfalls gleichzeitig ein neuer Liefertermin oder eine Lieferfrist erneut schriftlich zu vereinbaren.
2. Der Leasing-Nehmer kann 6 Wochen nach Überschreiten eines unverbindlichen Liefertermines oder einer unverbindlichen Lieferfrist den Leasing-Geber schriftlich auffordern, binnen angemessener Frist zu liefern. Mit dieser Mahnung kommt der Leasing-Geber in Verzug. Hat der Leasing-Nehmer keinen Anspruch auf Ersatz des Verzugsschadens, es sei denn, wenn dem Leasing-Geber Vorsatz oder grobe Fahrlässigkeit zur Last fällt.
Der Leasing-Nehmer kann nach Eintritt des Verzuges dem Leasing-Geber auch schriftlich eine angemessene Nachfrist setzen mit dem Hinweis, daß er die Übernahme des Leasing-Fahrzeuges nach Ablauf der Frist ablehne. Nach erfolglosem Ablauf der Nachfrist ist der Leasing-Nehmer berechtigt, durch schriftliche Erklärung vom Leasing-Vertrag zurückzutreten oder Schadenersatz wegen Nichterfüllung zu verlangen. Dieser beschränkt sich bei leichter Fahrlässigkeit auf höchstens 10 % des Fahrzeugpreises entsprechend der unverbindlichen Preisempfehlung des Fahrzeugherstellers zum Zeitpunkt des Vertragsabschlusses. Der Anspruch auf Lieferung ist in den Fällen dieses Absatzes ausgeschlossen.
Wird dem Leasing-Geber, während er in Verzug ist, die Lieferung durch Zufall unmöglich, so haftet er gleichwohl nach Maßgabe der Absätze 1 und 2, es sei denn, daß der Schaden auch bei rechtzeitiger Lieferung eingetreten wäre.
3. Wird ein verbindlicher Liefertermin oder eine verbindliche Lieferfrist überschritten, kommt der Leasing-Geber bereits mit Überschreiten des Liefertermins oder der Lieferfrist in Verzug. Die Rechte des Leasing-Nehmers bestimmen sich dann nach Ziffer 2.

VII. Übernahme und Übernahmeverzug
1. Der Leasing-Nehmer hat das Recht, das Fahrzeug innerhalb von 8 Tagen nach Zugang der Bereitstellungsanzeige am vereinbarten Übernahmeort zu prüfen und eine Probefahrt über höchstens 20 km durchzuführen. Der Leasing-Nehmer ist verpflichtet, das Fahrzeug innerhalb der vorgenannten Frist zu übernehmen.
Sind Änderungen im Sinne von Abschnitt II erheblich oder für den Leasing-Nehmer unzumutbar, kann dieser die Übernahme ablehnen. Das gleiche Recht hat der Leasing-Nehmer, wenn das angebotene Fahrzeug erhebliche Mängel aufweist, die nach Rüge während der Prüfungsfrist nicht innerhalb von 8 Tagen vollständig beseitigt werden.
2. Bleibt der Leasing-Nehmer mit der Übernahme des Fahrzeuges länger als 14 Tage ab Zugang der Bereitstellungsanzeige vorsätzlich oder grob fahrlässig im Rückstand, so kann der Leasing-Geber dem Leasing-Nehmer schriftlich eine Nachfrist von 14 Tagen setzen mit der Erklärung, daß er nach Ablauf dieser Frist eine Übergabe ablehne.
Nach erfolglosem Ablauf der Nachfrist ist der Leasing-Geber berechtigt, durch schriftliche Erklärung vom Vertrag zurückzutreten oder Schadenersatz wegen Nichterfüllung zu verlangen.
Die Setzung einer Nachfrist bedarf es nicht, wenn der Leasing-Nehmer die Abnahme ernsthaft und endgültig verweigert oder offenkundig auch innerhalb dieser Zeit zur Erfüllung seiner Leasingverpflichtung aus dem Leasing-Vertrag nicht instande ist.
Verlangt der Leasing-Geber Schadenersatz, so beträgt dieser 15 % des Fahrzeugpreises entsprechend der unverbindlichen Preisempfehlung (einschließlich Umsatzsteuer) des Fahrzeugherstellers zum Zeitpunkt des Vertragsabschlusses für dieses Fahrzeug. Der Schadensbetrag ist höher oder niedriger anzusetzen, wenn der Leasing-Geber einen höheren oder der Leasing-Nehmer einen geringeren Schaden nachweist.
Macht der Leasing-Geber von seinen Rechten gemäß Satz 1 dieser Ziffer keinen Gebrauch, kann er das Fahrzeug frei verfügen und an dessen Stelle dem Leasing-Nehmer innerhalb angemessener Frist ein anderes vertragsgemäßes Fahrzeug zu den Vertragsbedingungen anbieten.

VIII. Eigentumsverhältnisse, Halter des Fahrzeuges und Zulassung
1. Der Leasing-Geber ist Eigentümer des Fahrzeuges. Er ist berechtigt, in Abstimmung mit dem Leasing-Nehmer das Fahrzeug zu besichtigen und auf seinen Zustand zu überprüfen.
Der Leasing-Nehmer darf das Fahrzeug weder verkaufen, verpfänden, verschenken, vermieten oder verleihen, noch zur Sicherung übereignen. Zur längerfristigen Nutzung darf er das Fahrzeug nur den seinem Haushalt angehörenden Personen und seinen Mitarbeitern überlassen. Eine Verwendung zu Fahrschulzwecken, als Taxi oder zu sportlichen Zwecken bedarf einer vorherigen schriftlichen Zustimmung des Leasing-Gebers.
2. Der Leasing-Nehmer hat das Fahrzeug von Rechten Dritter freizuhalten. Von Ansprüchen Dritter auf das Fahrzeug, Entwendung, Beschädigung und Verlust ist der Leasing-Geber vom Leasing-Nehmer unverzüglich zu benachrichtigen. Der Leasing-Nehmer trägt die Kosten für Maßnahmen zur Abwehr des Zugriffs Dritter, die der Leasing-Geber verursacht sind.
3. Nachträgliche Änderungen, zusätzliche Einbauten sowie Lackierungen und Beschriftungen an dem Fahrzeug sind nicht zulässig, wenn dem Leasing-Geber auf Verlangen des Leasing-Gebers den ursprünglichen Zustand zum Vertragsende auf eigene Kosten wiederherzustellen, es sei denn, der Leasing-Geber hat hierauf verzichtet oder der ursprüngliche Zustand kann nur mit unverhältnismäßig hohem Aufwand wieder hergestellt werden. Der Leasing-Nehmer ist berechtigt, auf den vorgenommenen Einbauten zum Vertragsende unter der Voraussetzung zu entfernen, daß der ursprüngliche Zustand wieder hergestellt wird. Änderungen und Einbauten gehen dann ohne Anspruch auf Zahlung oder Ablösung gegen den Leasing-Geber, wenn dieser schriftlich zugestimmt hat und durch die Veränderung eine Wertsteigerung des Fahrzeuges bei Rückgabe noch vorhanden ist.
Der Leasing-Nehmer ist Halter des Fahrzeuges. Es wird auf ihn zugelassen. Der Leasing-Geber wird den Fahrzeugbrief verwahrt. Benötigt der Leasing-Nehmer zur Erlangung behördlicher Genehmigungen den Fahrzeugbrief, wird dieser von der Behörde auf sein Verlangen vom Leasing-Geber vorgelegt. Wird der Fahrzeugbrief dem Leasing-Nehmer von Dritten ausgehändigt, ist dieser unverzüglich zur Rückgabe an den Leasing-Geber verpflichtet.

IX. Halterpflichten
1. Der Leasing-Nehmer wird alle sich aus dem Betrieb und der Haltung des Fahrzeuges ergebenden gesetzlichen Verpflichtungen, insbesondere die termingerechte Vorführung zu Untersuchungen, zu erfüllen und den Leasing-Geber, soweit er in Anspruch genommen wird, freizustellen.
2. Der Leasing-Nehmer trägt sämtliche Aufwendungen, die mit dem Betrieb und der Haltung des Fahrzeuges verbunden sind, insbesondere Steuern, Versicherungsbeiträge, Wartungs- und Reparaturkosten. Leistet der Leasing-Geber für den Leasing-Nehmer Zahlungen, die nicht aufgrund besonderer Vereinbarung vom Leasing-Geber zu erbringen sind, kann er vom Leasing-Nehmer Rückzahlung fordern.
3. Der Leasing-Nehmer hat dafür zu sorgen, daß das Fahrzeug nach den Vorschriften der Betriebsanleitung des Herstellers behandelt wird. Das Fahrzeug ist im Rahmen des vereinbarten Verwendungszweckes schonend zu behandeln und stets im betriebs- und verkehrssicheren Zustand zu erhalten.

X. Versicherungsschutz und Schadenabwicklung
Der Leasing-Geber schließt im Namen und für Rechnung des Leasing-Nehmers für das Fahrzeug gemäß den Allgemeinen Bedingungen für die Kraftfahrtversicherung (AKB) eine Kfz-Haftpflichtversicherung (unbegrenzte Deckung) und Fahrzeug-Vollversicherung (Selbstbeteiligung DM 650,-- je Schadenereignis) für den Leasing-Nehmer ab. Der Leasing-Nehmer schuldet dem Leasing-Geber die Prämie für die Fahrzeugversicherung,

die dieser aufgrund einer Einzugsermächtigung des Versicherers nach Ausfertigung der Versicherungs-Police neben der monatlichen Leasing-Rate berechnet. Die Höhe der Prämie richtet sich nach dem Inhalt der Versicherungs-Police. Die Fälligkeit der Erstprämie ergibt sich aus § 35 VVG. Die Folgeprämien sind jeweils am 1. eines Kalendermonats fällig.
Versichert der Leasing-Nehmer das Fahrzeug nicht über den Leasing-Geber, hat der Leasing-Nehmer eine Kraftfahrzeug-Haftpflichtversicherung und eine Fahrzeugvollversicherung, jeweils mit dem gleichen Umfang wie vorstehend, abzuschließen und dem Leasing-Geber nachzuweisen, letztere durch einen Sicherungsschein.
Der Leasing-Nehmer ermächtigt den Leasing-Geber, für sich einen Sicherungsschein über die Fahrzeugvollversicherung zu beantragen und Auskunft über die vorgenannten Versicherungsverhältnisse einzuholen.
Hat der Leasing-Nehmer nicht die erforderliche Fahrzeugvollversicherung abgeschlossen, ist der Leasing-Geber berechtigt, aber nicht verpflichtet, eine entsprechende Versicherung als Vertreter für den Leasing-Nehmer abzuschließen.
2. Im Schadenfall hat der Leasing-Nehmer den Leasing-Geber unverzüglich zu unterrichten; bei voraussichtlichen Reparaturkosten von über DM 3.000,- hat die Unterrichtung fernmündlich oder Erteilung des Reparaturauftrags zu erfolgen, soweit dies dem Leasing-Nehmer möglich und zumutbar ist.
Der Leasing-Nehmer hat dem Leasing-Geber ferner unverzüglich eine Kopie der an den Versicherer gerichteten Schadenanzeige und der Rechnung über die durchgeführte Reparatur zu übersenden.
Bei Versicherung des Leasing-Fahrzeuges über den Leasing-Geber nimmt dieser die Schadenabwicklung vor und verauslagt bis zur endgültigen Abwicklung die unfallbedingten Reparaturkosten. Zu diesem Zweck tritt der Leasing-Nehmer schon jetzt seine Schadensersatzansprüche hinsichtlich der Mietwagenkosten an den Leasing-Geber ab.
3. Hat der Leasing-Nehmer das Fahrzeug nicht über den Leasing-Geber versichert, hat er die notwendigen Reparaturarbeiten unverzüglich im eigenen Namen und auf eigene Rechnung durchführen zu lassen, es sei denn, daß wegen Schwere oder Umfang der Schäden Totalschaden anzunehmen ist oder die voraussichtlichen Reparaturkosten 60 % des Wiederbeschaffungswertes des Fahrzeuges übersteigen.
Bei Versicherung über den Leasing-Geber trifft den Leasing-Nehmer die gleiche Verpflichtung, jedoch mit der Maßgabe, die Reparatur unter Vorlage des Leasing-Ausweises im Namen und für Rechnung des Leasing-Gebers durchführen zu lassen.
Der Leasing-Nehmer hat mit der Durchführung der Reparatur einen vom Hersteller anerkannten Betrieb zu beauftragen. In Notfällen können, falls die Hilfe eines vom Hersteller anerkannten Betriebes nicht oder nur unzumutbaren Schwierigkeiten erreichbar ist, Reparaturen in einem anderen Kfz-Reparaturbetrieb, der die Gewähr für sorgfältige handwerksmäßige Arbeit bietet, durchgeführt werden.
4. Der Leasing-Nehmer ist - vorbehaltlich eines Widerrufs durch den Leasing-Geber - ermächtigt und verpflichtet, alle fahrzeugbezogenen Ansprüche aus einem Schadenfall im eigenen Namen und auf eigene Kosten geltend zu machen. Dies gilt nicht, wenn der Leasing-Geber die Ermächtigung widerrufen oder sich vertraglich zur Schadenabwicklung verpflichtet hat. Zum Ausgleich des Fahrzeugschadens erlangte Beträge hat der Leasing-Nehmer im Reparaturfall zur Begleichung der Reparaturrechnung zu verwenden. Ist der Leasing-Nehmer gemäß Ziffer 3 Absatz 1 nicht zur Reparatur des Fahrzeuges verpflichtet, hat er die erlangten Entschädigungsleistungen an den Leasing-Geber abzuführen. Sie werden zur Abdeckung eines Schuldsaldos des Leasing-Nehmers aus einer vorzeitigen Vertragsabrechnung gemäß Abschnitt XV verwendet.
5. Entschädigungsleistungen für Wertminderung sind in jedem Fall an den Leasing-Geber weiterzuleiten.
Bei Verträgen mit Gebrauchtwagenabrechnung rechnet der Leasing-Geber erhaltene Wertminderungsbeträge nach dem Verkauf des Fahrzeuges erzielten Verkaufserlös an Vertragsende zu. Bei Verträgen ohne Gebrauchtwagenabrechnung rechnet der Leasing-Nehmer am Vertragsende eine dann noch bestehende schadenbedingte Wertminderung des Fahrzeuges ersetzt verlangen, soweit die Wertminderung nicht schon im Rahmen der Schadenabwicklung eine Wertminderungsentschädigung erhalten hat.
6. Bei Totalschaden oder Verlust des Fahrzeuges kann jeder Vertragspartner den Leasing-Vertrag zum Ende eines Vertrags-Monats kündigen. Sind unfallbedingten Reparaturkosten von mehr als 60 % des Wiederbeschaffungswertes des Fahrzeuges kann der Leasing-Nehmer innerhalb von 3 Wochen nach Kenntnis dieser Voraussetzungen zum Ende eines Vertragsmonats kündigen. Macht der Leasing-Nehmer von diesem Kündigungsrecht keinen Gebrauch, hat er das Fahrzeug gemäß Ziffer 3, 1. Halbsatz unverzüglich reparieren zu lassen.
Wird im Falle der Entwendung das Fahrzeug vor dem Eintritt der Leistungsverpflichtung des Versicherers wieder aufgefunden, setzt sich der Leasing-Vertrag auf Verlangen eines der Vertragspartner zu den bisherigen Bedingungen fort. In diesem Fall hat der von der zwischenzeitlichen Leasing-Raten in einer Summe innerhalb einer Woche ab Geltendmachung des Fortsetzungsverlangens nachzuzahlen.
Totalschaden, Verlust oder Beschädigung des Fahrzeuges entbinden nur dann von der Verpflichtung zur Zahlung weiterer Leasing-Raten, wenn der Leasing-Vertrag wirksam nach Absatz 1 gekündigt ist und nicht gemäß Absatz 2 fortgesetzt wird.
Die Folgen einer Kündigung nach Absatz 1 sind in Abschnitt XV geregelt.

XI. Haftung

1. Für Untergang, Verlust, Beschädigung und Wertminderung des Fahrzeuges und seiner Ausstattung haftet der Leasing-Geber dem Leasing-Nehmer auch ohne Verschulden, jedoch nicht bei Verschulden des Leasing-Gebers.
2. Für unmittelbare und mittelbare Schäden, die dem Leasing-Nehmer oder anderen Personen durch den Gebrauch des Fahrzeuges, Gebrauchsunterbrechung oder -entzug entstehen, haftet der Leasing-Geber dem Leasing-Nehmer nur bei Verschulden.

XII. Wartung, Reparaturen und sonstige Dienstleistungen

1. Soweit der Vertrag
- Wartung nach den Vorschriften des Fahrzeugherstellers einschließlich dazugehöriger Ölwechsel und Verschleißreparaturen
- Reifenersatz
- Fahrzeug-Rechtsschutzversicherung
- Kfz-Steuer
- Rundfunkgebühren

umfaßt, trägt oder verauslagt der Leasing-Geber dafür die Kosten.
Im Rahmen der Dienstleistung Wartung und Verschleißreparaturen werden nicht ersetzt: Kosten für Mietwagen, Reifenersatz, saisonal bedingter Reifenwechsel, Kosten aus TÜV, Wagenpflege, Motorwäsche, Unfallschäden, Reparaturen aufgrund unnachgemäßer Behandlung, Glas-, Steinschlag-, Lackschäden und Schäden an Aufbauten und Sonderausstattungen sowie Folgeschäden. (Sonderausstattungen und Mehrausstattungen, die nicht vom Hersteller oder Seat Partner geliefert wurden oder die nicht zum Lieferumfang des Leasing-Vertrages gehören). Bei Übernahme der Kfz-Steuer übersendet der Leasing-Nehmer ihm

zugestellte Steuerbescheide unverzüglich dem Leasing-Geber. Über den Rückgabetag des Leasing-Fahrzeuges hinaus verauslagte Kfz-Steuer kann der Leasing-Geber vom Leasing-Nehmer auch dann zurückfordern, wenn das Finanzamt die Erstattung an den Leasing-Nehmer noch nicht vorgenommen hat.
2. Steht das Leasing-Fahrzeug dem Leasing-Nehmer wegen Verschleißreparaturen, die vom Leasing-Geber zu tragen sind, als zwei Tage nicht zur Verfügung, wird dem Leasing-Nehmer bei entsprechendem Nachweis ab dem dritten Tag je 1/30 der monatlichen Leasing-Rate erstattet. Der Tag der Einlieferung in den vom Hersteller anerkannten Reparaturbetrieb bleibt außer Betracht.
3. Fällige Reparaturarbeiten hat der Leasing-Nehmer pünktlich, erforderlichenfalls durch einen vom Hersteller anerkannten Betrieb ausführen zu lassen. Das gilt auch für Schäden an der Kilometer-Anzeige. In diesem Fall hat der Leasing-Nehmer dem Leasing-Geber eine Kopie der Reparaturrechnung mit dem Vermerk des alten Kilometerstandes einzureichen.
In Notfällen können, falls die Hilfe eines vom Hersteller anerkannten Betriebes nicht oder nur unter unzumutbaren Schwierigkeiten erreichbar ist, Reparaturen in einem anderen Kfz-Reparaturbetrieb, der die Gewähr für sorgfältige handwerksmäßige Arbeit bietet, durchgeführt werden.
4. Anweisungen des Leasing-Gebers aus diesem Vertrag können vom Leasing-Nehmer nur bargeldlos bei Vorlage des Leasing-Ausweis-Unterlagen gegenüber den ausführenden Betrieben beansprucht werden. Vom Leasing-Nehmer verauslagte Beträge, die aufgrund besonderer Vereinbarungen des Leasing-Vertrages zu tragen hatte, werden nach Vorlage ordnungsgemäßer Belege vom Leasing-Geber erstattet.
5. Sofern eine vom Leasing-Geber zu tragende Verschleißreparatur DM 800,- übersteigen wird, ist eine Freigabe durch den Leasing-Geber erforderlich.
6. Begleicht der Leasing-Geber Reparaturkostenrechnungen oder trägt er sonstige Kosten, die nicht aufgrund besonderer Vereinbarungen des Leasing-Vertrages von ihm zu tragen sind, kann er beim Leasing-Nehmer Rückgriff nehmen.

XIII. Gewährleistung

1. Der Leasing-Geber übernimmt dem Leasing-Nehmer gegenüber die Gewährleistung in dem Umfang und für die Dauer, wie sie ihm gegenüber dem liefernden Händler zusteht (siehe letzte Seite) und nachfolgend nichts Abweichendes geregelt ist. Der Leasing-Nehmer ist jedoch verpflichtet, Nachbesserungsansprüche bei einem von Hersteller anerkannten Reparaturbetrieb geltend zu machen. Will der Leasing-Nehmer nach mindestens einem Nachbesserungsversuch nachfolgende Gewährleistungsrechte ausüben, hat er zuvor schriftlich den Leasing-Geber (V.A.G Leasing, 38094 Braunschweig) zur weiteren Nachbesserung aufzufordern.
2. Schlägt diese Nachbesserung fehl und will der Leasing-Nehmer weitere Nachbesserungsversuche unzumutbar, kann dieser dem Leasing-Geber gegenüber schriftlich verlangen, den Leasing-Vertrag rückgängig zu machen oder die Leasing-Raten herabzusetzen. Dies gilt nicht, wenn der Mangel die Tauglichkeit des Fahrzeuges zum vertragsgemäßen Gebrauch nur unerheblich einschränkt.
3. Bei Meinungsverschiedenheiten zwischen den Parteien darüber, ob ein unter Gewährleistung fallender Fehler vorliegt und in welchem Umfang dadurch der Gebrauchstauglichkeit beeinträchtigt ist, werden durch Schiedsgutachten eines unabhängigen Kraftfahrzeugsachverständigen oder eines unabhängigen Sachverständigenunternehmens entschieden, die von Leasing-Nehmer im Einvernehmen mit dem Leasing-Geber beauftragt werden. Die Kosten hierfür werden von beiden Parteien zur Hälfte getragen. Durch das Sachverständigengutachten wird der Rechtsweg nicht ausgeschlossen.
4. Verlangt der Leasing-Nehmer die Herabsetzung der Leasing-Raten, berechnet der Leasing-Geber unter Berücksichtigung der festgestellten Minderung der Gebrauchstauglichkeit die Leasing-Raten neu.
Verlangt der Leasing-Nehmer Rückgabe des Fahrzeuges und rückgängigmachung des Leasing-Vertrages, werden ihm nach Rückgabe des Fahrzeuges die gezahlten Leasing-Raten, sowie eine etwaige Leasing-Sonderzahlung sowie an den Leasing-Geber geleistete Nebenkosten jeweils zzgl. Zinsen in gesetzlicher Höhe gutgebracht. Abgezogen davon werden ihm vom Leasing-Geber für etwaige Gebrauchsvorteile bzw. für die Zurverfügungstellung des Fahrzeuges und die ersparten Kapitaleinsatz beim Leasing-Nehmer. Darüber hinaus bleibt die Geltendmachung eines Minderwertes gemäß Abschnitt XVI Ziffer 3 unberührt, soweit der Minderwert nicht auf einem gewährleistungspflichtigen Mangel beruht.
5. Die Gewährleistungsregeln von §§ 537 ff. BGB finden keine Anwendung. Die Gewährleistungsverpflichtung des Leasing-Gebers beschränkt sich auf Nachbesserung und Rückgängigmachung des Vertrages oder Herabsetzung der Leasing-Rate, es sei denn, der Händler hat einen Mangel arglistig verschwiegen.

XIV. Vertragsaufhebung und Kündigung

1. Der Leasing-Vertrag ist fest über die vereinbarte Vertragszeit abgeschlossen, doch kann auf Wunsch des Leasing-Nehmers 6 Monate nach Vertragsbeginn, bei Totalschaden, Verlust oder unfallbedingten Reparaturkosten von mehr als 60 % des Wiederbeschaffungswertes des Fahrzeuges jederzeit eine vorzeitige Beendigung des Leasing-Vertrages durch schriftlichen Aufhebungsvertrag erfolgen. Zu diesem Zweck bittet der Leasing-Nehmer unter Vorführung des Fahrzeuges und Angabe der tatsächlichen Kilometerleistung erfragen, zu welchen finanziellen Bedingungen der Leasing-Geber den Leasing-Vertrag aufzuheben bereit ist.
Unberührt von der Regelung des Absatzes 1 sind die Kündigungsrechte nach Ziffern 2 und 3 sowie nach Abschnitt X Ziffer 6.
2. Jeder Vertragspartner kann den Vertrag aus wichtigem Grund fristlos kündigen.
Der Leasing-Geber kann insbesondere dann fristlos kündigen, wenn der Leasing-Nehmer
- mit zwei Leasing-Raten in Verzug ist;
- seine Zahlungen einstellt, als Schuldner einen außergerichtlichen Vergleich anbietet, Wechsel und Schecks mangels Deckung zu Protest gehen läßt, ein Vergleichs- oder Konkursverfahren beantragt oder ein solches Verfahren über sein Vermögen eröffnet wird;
- bei Vertragsabschluß unrichtige Angaben gemacht oder Tatsachen verschwiegen hat und deshalb dem Leasing-Geber die Fortsetzung des Vertrages nicht zuzumuten ist;
- trotz schriftlicher Abmahnung schwerwiegende Verletzungen des Vertrages nicht oder aber bereits erfolgte Vertragsverletzungen nicht unverzüglich beseitigt.
3. Stirbt der Leasing-Nehmer, können seine Erben oder der Leasing-Geber das Vertragsverhältnis zum Ende eines Vertrags-Monats kündigen.

XV. Abrechnung nach Kündigung

1. Kündigt der Leasing-Geber fristlos, kann er vom Leasing-Nehmer den Schadenersatz verlangen, der dem Leasing-Geber durch das vorzeitige Vertragsende entsteht. Dieser ergibt sich aus der Summe der zwischen Kündigungszeitpunkt und vereinbarten Vertragsende ausstehenden Leasing-Raten (ohne Entgeltanteile für Dienstleistungen und Umsatzsteuer) sowie dem Restwert (ohne Um-

satzsteuer), der bei der Berechnung der Leasing-Raten als voraussichtlicher Gebrauchtwagenerlös berücksichtigt wurde. Diese Posten werden mit 3 % über dem jeweiligen Bundesbankdiskontsatz abgezinst. Bei der Schadenberechnung wird als Vorteilsausgleich der vom Leasing-Geber durch Verkauf an den Gebrauchtwagenhandel tatsächlich erzielte Gebrauchtwagenerlös (ohne Umsatzsteuer) berücksichtigt. Weitere tatsächliche Schäden können angesetzt werden. Beinhaltet der Leasing-Vertrag auch Wartung und Verschleißreparaturen, und hat das Fahrzeug anteilig mehr Kilometer zurückgelegt als vereinbart, so ist für die Mehrkilometer die Hälfte des vereinbarten Mehrkilometer-Pfennig-Satzes zu entrichten, wenn nicht der Leasing-Nehmer geringere tatsächliche Aufwendungen des Leasing-Gebers nachweist.
2. Können sich bei Totalschaden, Verlust oder geschätzten Reparaturkosten von mindestens 60 % des Wiederbeschaffungswertes des Fahrzeuges die Vertragspartner nicht über einen Aufhebungsvertrag einigen und kündigt deshalb der Leasing-Geber, so gilt Abschnitt X Ziffer 6 einer der Vertragspartner, richtet sich der finanzielle Ausgleichsanspruch des Leasing-Gebers für wirtschaftliche Nachteile wegen des vorzeitigen Vertragsendes nach allgemeinen Regeln. Eventuelle Überschüsse als Folge einer derartigen Kündigung erhält der Leasing-Nehmer zu 75 %.
3. Das gleiche gilt bei einer Kündigung der Erben gem. Abschnitt XIV Ziffer 3.
4. Auf alle Forderungen und Gutschriften der Ziffern 2 und 3 dieses Abschnitts wird die jeweils gültige Umsatzsteuer berechnet.

XVI. Rückgabe des Fahrzeuges

1. Nach Beendigung des Leasing-Vertrags ist das Fahrzeug mit Schlüsseln und allen überlassenen Unterlagen (z. B. Fahrzeugschein, Kundendienstheft, Ausweise) vom Leasing-Nehmer auf seine Kosten und Gefahr unverzüglich dem ausliefernden Händler zurückzugeben. Gibt der Leasing-Nehmer Schlüssel oder Unterlagen nicht zurück, hat er die Kosten der Ersatzbeschaffung sowie einen sich daraus ergebenden weiteren Schaden zu ersetzen.
2. Bei Rückgabe muß das Fahrzeug in einem dem Alter und der vertragsgemäßen Fahrleistung entsprechenden Erhaltungszustand, frei von Schäden sowie verkehrs- und betriebssicher sein.
Über den Zustand wird bei Rückgabe ein gemeinsames Protokoll angefertigt und von beiden Vertragspartnern oder ihren Bevollmächtigten unterzeichnet.
3. Bei Rückgabe des Fahrzeuges nach Ablauf der bei Vertragsabschluß vereinbarten Leasing-Zeit gilt folgende Regelung:
Entspricht das Fahrzeug bei Verträgen ohne Gebrauchtwagenabrechnung nicht dem Zustand gemäß Ziffer 2 Absatz 1 und ist das Fahrzeug hierdurch im Wert gemindert, ist der Leasing-Nehmer zum Ausgleich dieses Minderwertes verpflichtet. Eine schadenbedingte Wertminderung (Abschnitt X Ziffer 5) bleibt dabei außer Betracht, soweit der Leasing-Geber hierfür bereits eine Entschädigung erhalten hat.
Können sich die Vertragspartner über einen vom Leasing-Nehmer auszugleichenden Minderwert oder – bei Verträgen mit Gebrauchtwagenabrechnung – über den Wert des Fahrzeuges (Händlereinkaufspreis) nicht einigen, werden Minderwert bzw. Wert des Fahrzeuges auf Veranlassung des Leasing-Gebers mit Zustimmung des Leasing-Nehmers durch einen öffentlich bestellten und vereidigten Sachverständigen oder ein unabhängiges Sachverständigenunternehmen ermittelt. Die Kosten tragen die Vertragspartner je zur Hälfte. Durch das Sachverständigengutachten wird der Rechtsweg nicht ausgeschlossen.
4. Wird das Fahrzeug nicht termingemäß zurückgegeben, werden dem Leasing-Nehmer für jeden überschrittenen Tag als Grundbetrag 1/30 der für die Vertragszeit vereinbarten monatlichen Leasing-Rate und die durch die Rückgabeverzögerung verursachten Kosten berechnet.
Im übrigen gelten während dieser Zeit die Pflichten des Leasing-Nehmers aus diesem Vertrag sinngemäß fort.
5. Ein Erwerb des Fahrzeuges vom Leasing-Geber durch den Leasing-Nehmer nach Vertragsablauf ist ausgeschlossen.

XVII. Datenschutzklausel

Der Leasing-Geber verarbeitet und nutzt die personenbezogenen Daten aus diesem Vertrag nur zum Zweck der Vertragsabwicklung, Kundenbetreuung, Markt- und Meinungsforschung sowie für eigene Werbeaktionen.

XVIII. Allgemeine Bestimmungen

1. Gerichtsstand ist das für Braunschweig zuständige Gericht, soweit der Leasing-Nehmer Vollkaufmann ist oder nach Vertragsabschluß seinen Wohnsitz oder gewöhnlichen Aufenthaltsort aus dem Inland verlegt oder sein Wohnsitz oder gewöhnlicher Aufenthaltsort zum Zeitpunkt der Klageerhebung nicht bekannt ist.
2. Der Leasing-Nehmer hat seinen Wohnsitz oder Sitzwechsel sowie Änderungen in der Rechtsform und der Haltungsverhältnisse seiner Firma dem Leasing-Geber unverzüglich anzuzeigen.
3. Ansprüche und sonstige Rechte aus dem Leasing-Vertrag können nur mit vorheriger schriftlicher Zustimmung des Leasing-Gebers abgetreten werden.

Sonderbedingungen für gebrauchte Leasing-Fahrzeuge

1. Abschnitt II (Leasing-Gegenstand) gilt wie folgt:
Leasing-Gegenstand ist das gebrauchte und bei einem Partner für Volkswagen und Audi vorrätige Fahrzeug in dem Erhaltungszustand, wie es sich der Leasing-Nehmer bei ihm ausgesucht hat.
Ein bestimmter Zustand oder besondere Eigenschaften des Fahrzeuges werden nicht zugesichert.
2. Abschnitt IV Ziffer 5, Satz 2 und 3 (Neuwagenpreiserhöhung) gelten nicht.
3. Abschnitt VI Ziffer 2, Satz 6 und Abschnitt VII Ziffer 2, Satz 4 (Liefer- und Übernahmeverzug) gelten mit der Maßgabe, daß die Höhe des Schadenersatzes des Leasing-Nehmers 10 % und des Leasing-Gebers 15 % der im Leasing-Vertrag genannten Kalkulationsbasis beträgt.

4. Abschnitt XIII (Gewährleistung) gilt nicht.
Da Leasing-Gegenstand ein gebrauchtes Fahrzeug ist, das der Leasing-Geber bei Abschluß des Leasing-Vertrages beim vermittelnden Händler unter Ausschluß jeglicher Gewährleistung kauft, stehen dem Leasing-Nehmer keine Gewährleistungsansprüche wegen Sachmängeln zu, weder gegenüber dem Leasing-Geber noch gegenüber dem Händler.
Der Gewährleistungsausschluß gegenüber dem Partner für Volkswagen und Audi ist jedoch bei gebrauchten Volkswagen und Audi Fahrzeugen, deren Neuwagenerstauslieferung bei Auslieferung an den Leasing-Nehmer noch kein volles Jahr zurückliegt, wie folgt eingeschränkt:
Der Leasing-Nehmer ist ermächtigt, eventuell noch bestehende Nachbesserungsansprüche des Leasing-Gebers ab Erstzulassung des Fahrzeuges gegenüber dem vermittelnden Partner für Volkswagen und Audi nach den u. g. Gewährleistungsbedingungen des Herstellers geltend zu machen.

V.A.G Leasing GmbH

Fassung September 1993

AUSZUG AUS DEN NEUWAGENVERKAUFSBEDINGUNGEN FÜR VOLKSWAGEN UND AUDI AUTOMOBILE

VII. Gewährleistung

1. Der Verkäufer leistet Gewähr für die Fehlerfreiheit während eines Jahres seit Auslieferung des Kaufgegenstandes. Maßstab für die Fehlerfreiheit ist der Stand der Technik für vergleichbare Fahrzeuge des Typs des Kaufgegenstandes bei Auslieferung.
2. Der Käufer hat Anspruch auf Beseitigung von Fehlern und durch sie an anderen Teilen des Kaufgegenstandes verursachten Schäden (Nachbesserung). Für die Abwicklung gilt folgendes:
a) Der Käufer kann Nachbesserungsansprüche beim Verkäufer oder bei anderen, vom Hersteller/Importeur für die Nachbesserung des Kaufgegenstandes anerkannten Betrieben geltend machen; im letzteren Fall hat der Käufer den Verkäufer hiervon unverzüglich schriftlich zu unterrichten.
Der Käufer hat Fehler unverzüglich nach deren Feststellung bei dem im Anspruch genommenen Betrieb selbst schriftlich anzuzeigen oder von ihm aufnehmen zu lassen.
b) Nachbesserungen haben unverzüglich nach den technischen Erfordernissen durch Ersatz oder Instandsetzung fehlerhafter Teile ohne Berechnung derjenigen Aufwendungen zu erfolgen, die zum Zwecke der Nachbesserung erforderlich sind, insbesondere Transport-, Wege-, Arbeits- und Materialkosten. Ersetzte Teile werden Eigentum des Verkäufers.
Werden durch die Nachbesserung zusätzlich mit Hersteller/Importeur vorgeschriebene Wartungsarbeiten erforderlich, übernimmt der Verkäufer deren Kosten einschließlich der Kosten benötigter Materialien und Schmierstoffe.
c) Für die bei der Nachbesserung eingebauten Teile wird bis zum Ablauf der Gewährleistungsfrist des Kaufgegenstandes Gewähr aufgrund des Kaufvertrages geleistet.
d) Wird der Kaufgegenstand wegen eines gewährleistungspflichtigen Fehlers betriebsunfähig, hat sich der Käufer an den am Ort der betriebsunfähigen Kaufgegenstandes nächstgelegenen, vom Hersteller/Importeur für die Betreuung des Kaufgegenstandes anerkannten dienstbereiten Betrieb zu wenden. Dieser Betrieb entscheidet, ob die erforderlichen Arbeiten am Ort und Stelle oder in seiner Werkstatt ausgeführt werden. Im letzteren Fall sorgt er für kostenloses Abschleppen des Kaufgegenstandes.
e) Von der Nachwendungen, den zum Zweck der Nachbesserung von Nutzfahrzeugen über 5 t zulässiges Gesamtgewicht erforderlich sind, trägt der Verkäufer etwaige Abschleppkosten nicht, wenn der Käufer eine juristische Person des öffentlichen Rechts, ein öffentlich-rechtliches Sondervermögen oder ein Kaufmann ist, bei dem der Vertrag zum Betrieb seines Handelsgewerbes gehört.

3. Bei Fremdaufbauten, die Gegenstand des Kaufvertrages sind, hat sich der Käufer wegen Nachbesserung zunächst an den Aufbautenhersteller/-importeur zu wenden. Nachbesserungsansprüche gegen den Verkäufer hat der Käufer nur, wenn der Hersteller/Importeur der Aufbauten nicht innerhalb angemessener Frist nachbessert.
5. Durch Eigentumswechsel am Kaufgegenstand werden Gewährleistungsverpflichtungen nicht berührt.
6. Gewährleistungsverpflichtungen bestehen nicht, wenn der Fehler oder Schaden dadurch entstanden ist, daß
- der Käufer einen Fehler nicht angezeigt hat oder hat aufnehmen lassen oder
- der Käufer trotz Aufforderung nicht unverzüglich Gelegenheit zur Nachbesserung gegeben hat oder
- der Kaufgegenstand unsachgemäß behandelt oder überbeansprucht worden ist, z. B. bei motorsportlichen Wettbewerben, oder
- der Käufer Einbauten, die für den Käufer erkennbar vom Hersteller/Importeur für die Betreuung nicht anerkannt war, unsachgemäß instandgesetzt, gewartet oder gepflegt worden ist und der Käufer dies erkennen mußte oder
- in den Kaufgegenstand Teile eingebaut worden sind, deren Verwendung der Hersteller/Importeur nicht genehmigt hat oder der Kaufgegenstand in einer vom Hersteller/Importeur nicht genehmigten Weise verändert worden ist, oder
- der Käufer die Vorschriften über die Behandlung, Wartung und Pflege des Kaufgegenstandes (z. B. Betriebsanleitung) nicht befolgt hat.
7. Natürlicher Verschleiß ist von der Gewährleistung ausgeschlossen.
10. Die vorstehend genannten Gewährleistungsansprüche verjähren mit Ablauf der Gewährleistungsfrist gemäß Ziffer 1. Für innerhalb der Gewährleistungsfrist geltend gemachte, bis zu deren Ablauf aber nicht beseitigte Fehler wird bis zur Beseitigung des Fehlers Gewähr geleistet; so lange ist die Verjährungsfrist dieses Fehlers gehemmt. In den Fällen des Satzes 2 endet die Verjährungsfrist jedoch drei Monate nach Erklärung des in Anspruch genommenen Betriebes, der Fehler sei beseitigt oder es liege kein Fehler vor.

Fassung 01. Juli 1991

V.A.G Leasing GmbH
Privatauto-Leasing-Bestellung   2548028

Ich/Wir beantrage(n) bei der V.A.G Leasing GmbH den Abschluß eines Leasing-Vertrages für ein Fahrzeug in serienmäßigem Lieferumfang zu umseitigen Privatauto-Leasing-Bedingungen (plus Auszug aus VW und Audi-Verkaufsgewährleistungsbedingungen), das die V.A.G Leasing GmbH bei dem vermittelnden Betrieb (Verkäufer) auf meinen/unseren Wunsch erwirbt.

Name	LEASA-Vertrags-Nr.
	Vermittelnder Betrieb Nr.

Straße

PLZ   Ort

Bestellschlüssel	Modell	Gebrauchtwagen ☐	**Dienstleistungen der V.A.G Leasing GmbH**
Bestellschlüssel	Farbe und Ausstattung		☐ Kfz-Versicherungen mit Schadenservice
			Kfz-Haftpflichtversicherung mit unbegrenzter Deckung,
			Kfz-Vollversicherung mit DM 650,- Selbstbeteiligung
Nr.	Sonderausstattung		☐ ohne Selbstbeteiligung bei der Kfz-Teilversicherung
			☐ Insassen-Unfallversicherung
			T/DM I/DM

Zum Abschluß **obengenannter** Versicherungen über die Volkswagen-Versicherungsdienst GmbH wird die V.A.G Leasing GmbH hiermit ermächtigt. Die Prämie für die Fahrzeugversicherungen wird nach Ausfertigung der Police im darin ausgewiesenen Umfang von der V.A.G Leasing GmbH namens und für Rechnung des Versicherers eingezogen. **Die Prämie ist nicht in der Leasing-Rate enthalten.**

☐ D.A.S. Fahrzeug-Rechtsschutzversicherung

	Einmalige Sonderzahlung	DM
Jährliche Fahrleistung in km Vertragsdauer in Monaten	Die Sonderzahlung vereinnahmt der vermittelnde Betrieb im Namen und für Rechnung der V.A.G Leasing GmbH bei Auslieferung des Fahrzeuges.	

Das Fahrzeug wird im normalen Straßenverkehr genutzt ☐
Abweichende Nutzung:

Liefertermin/Lieferfrist ab Vertragsabschluß	verbindlich ☐ unverbindlich ☐	**Monatliche Leasing-Rate**	DM
		Pf pro Mehr-/Minderkilometer	Pf /

Überführungs- und Zulassungskosten sind in der Leasing-Rate enthalten
von DM   berechnet der ausliefernde Betrieb separat ☐
In allen Beträgen ist die derzeit gültige Umsatzsteuer enthalten.

Vereinbarungen (Vertragsabrechnung, Individualabreden):

Der Besteller ermächtigt die V.A.G Leasing GmbH, die jeweils fälligen Forderungen aus dem Vertragsverhältnis mittels Lastschrift einzuziehen (außer Sonderzahlung).

Geldinstitut, Ort	BLZ	Konto-Nr.	Kontoinhaber (sofern nicht mit Besteller identisch)

Ich übernehme die selbstschuldnerische Bürgschaft für alle Verbindlichkeiten aus dem Leasing-Vertrag über obiges Fahrzeug.'

X   X

Ort/Datum Unterschrift des Bestellers/Kontoinhabers	Unterschrift des Bürgen
Belehrung über das Widerrufsrecht Ich bin darüber belehrt, daß ich diesen Antrag innerhalb einer Woche widerrufen kann. Die Widerrufsfrist beginnt mit der Aushändigung einer Durchschrift dieses Bestellformulars mit Widerrufsbelehrung. Der Widerruf ist schriftlich an den vermittelnden Betrieb (Adresse s. o.) zu richten. Zur Wahrung der Frist genügt die rechtzeitige Absendung des Widerrufs.	**Belehrung über das Widerrufsrecht des Bürgen** Ich bin darüber belehrt, daß ich diese selbstschuldnerische Bürgschaft innerhalb einer Woche widerrufen kann. Die Widerrufsfrist beginnt mit der Aushändigung einer Durchschrift dieses Bestellformulars mit Widerrufsbelehrung. Der Widerruf ist schriftlich an die V.A.G Leasing GmbH (Adresse s. u.) zu richten. Zur Wahrung der Frist genügt die rechtzeitige Absendung des Widerrufs.
X Datum Unterschrift des Bestellers	X Datum Unterschrift des Bürgen

| **Briefadresse:**
 38094 Braunschweig
 Hausadresse:
 Gifhorner Straße 157
 38112 Braunschweig | **Telefon:** (05 31) 2 12 03
 Teletex: (17) 5 31 113 vagl
 Telefax: (05 31) 2 12 31 48
 Telegramme: VAGLEASING | **Sitz der Gesellschaft:** Braunschweig
 Amtsgericht Braunschweig HRB 1858
 Vorsitzender des Aufsichtsrates:
 Norbert M. Massfeller | **Geschäftsführung:**
 Udo Schülke
 Peter Bittermann (stv.).
 Karl Heinz Schmidt (stv.) | **Banken:**
 Commerzbank AG. (BLZ 269 410 53) Konto 684 000 300
 Deutsche Bank AG. (BLZ 269 710 38) Konto 014 444 400
 Dresdner Bank AG. (BLZ 269 810 62) Konto 303 630 300
 PostGiro: Hannover (BLZ 250 100 30) Konto 170 60-301 |

Privatauto-Leasing-Bedingungen

Nachstehende Bedingungen gelten für alle Leasing-Verträge der V.A.G Leasing GmbH – nachstehend Leasing-Geber – mit ihren Privatauto-Leasing-Kunden – nachstehend Leasing-Nehmer –.

I. Vertragsabschluß

1. Der Leasing-Nehmer ist an seinen Leasing-Antrag vier Wochen gebunden. Der Leasing-Vertrag ist abgeschlossen, wenn der Leasing-Geber innerhalb dieser Frist die Annahme des Antrags schriftlich bestätigt.
2. Sämtliche Vereinbarungen sind schriftlich niederzulegen. Dies gilt auch für Nebenabreden und Zusicherungen sowie für nachträgliche Vertragsänderungen. Für die Vertragsannahme des Leasing-Gebers ist jedoch die Niederschrift des Vertragstextes ohne handschriftliche Unterschrift ausreichend.

II. Leasing-Gegenstand

Konstruktions- oder Formänderungen des Leasing-Gegenstandes – nachstehend Fahrzeug genannt –, Abweichungen im Farbton sowie Änderungen des Lieferumfanges seitens des Herstellers bleiben während der Lieferzeit vorbehalten, sofern das Fahrzeug nicht erheblich geändert wird und die Änderungen für den Leasing-Nehmer zumutbar sind.

III. Beginn der Leasing-Zeit

Die Leasing-Zeit, die der im Leasing-Vertrag genannten Vertragsdauer in Monaten entspricht, beginnt an dem zwischen dem Lieferanten und dem Leasing-Nehmer vereinbarten Tag der Übergabe. Falls auf Wunsch des Leasing-Nehmers das Fahrzeug vorher zugelassen wird, beginnt die Leasing-Zeit am Tag der Zulassung. Kommt keine Vereinbarung über den Übergabezeitpunkt zustande, beginnt die Leasing-Zeit 14 Tage nach Anzeige der Bereitstellung des Fahrzeuges.

IV. Leasing-Entgelte

1. Die Leasing-Raten sowie die nachstehend geregelten weiteren Entgelte sind Gegenleistung für die Gebrauchsüberlassung des Fahrzeuges.
2. Ist eine Leasing-Sonderzahlung vereinbart, dient diese nicht als Kaution; durch sie werden Leasing-Raten nicht getilgt.
3. Ist bei Rückgabe des Fahrzeuges nach Ablauf der bei Vertragsabschluß vereinbarten Leasing-Zeit die festgelegte Gesamtkilometer-Laufleistung über- bzw. unterschritten, werden die gefahrenen Mehr- bzw. Minderkilometer dem Leasing-Nehmer zu dem im Leasing-Vertrag genannten Satz nachberechnet bzw. vergütet. Bei der Berechnung von Mehr- und Minderkilometern bleiben 2.500 km ausgenommen.
4. Vereinbarte Nebenleistungen, wie z. B. Überführung, An- und Abmeldung des Fahrzeuges sowie Aufwendungen für Versicherung und Steuern, soweit sie nicht als Bestandteil der Leasing-Rate ausdrücklich ausgewiesen werden, sind gesondert zu bezahlen.
5. Bei Änderung des Lieferumfanges nach Vertragsabschluß auf Wunsch des Leasing-Nehmers sowie bei Einführung objektbezogener Sondersteuern sind beide Vertragsparteien berechtigt, eine der Veränderung entsprechende Anpassung der Leasing-Rate und gegebenenfalls der Sonderzahlung und des Restwertes, der bei der Berechnung der Leasing-Raten als voraussichtlicher Gebrauchtwagenerlös angesetzt wurde, zu verlangen.
Das gleiche Recht haben beide Vertragspartner bei einer Änderung der unverbindlichen Preisempfehlung des Fahrzeugherstellers nach Vertragsabschluß, wenn sich dadurch die Anschaffungskosten des Leasing-Gebers verändern. Ergibt sich dadurch eine Erhöhung der Leasing-Rate oder gegebenenfalls der Sonderzahlung und des Restwertes um mehr als 5 %, kann der Leasing-Nehmer durch schriftliche Erklärung bis zum Eingang der Mitteilung über die Erhöhung vom Vertrag zurücktreten.
Bei einer Änderung der Umsatzsteuer paßt der Leasing-Geber alle sich aus dem Leasing-Vertrag ergebenden Forderungen, Zahlungen und Beträge ab dem Zeitpunkt der Änderung dem neuen Umsatzsteuersatz an.
Ist abzusehen, daß die Gesamtfahrleistung eines vereinbarten Vertrages ohne Gebrauchtwagenabrechnung erheblich über- oder unterschritten wird, kann jede Vertragspartei verlangen, daß über eine entsprechende Anpassung der Leasing-Raten und eine Neufestsetzung der Gesamtfahrleistung gemäß Ziffer 3 verhandelt wird.
6. Weitere Zahlungsverpflichtungen des Leasing-Nehmers nach diesem Vertrag (z. B. im Falle der Kündigung gemäß Abschnitt XV.) bleiben unberührt.

V. Zahlung und Zahlungsverzug

1. Die erste Leasing-Rate ist zu Beginn der Leasing-Zeit fällig. Die weiteren Leasing-Raten sind jeweils am Monatsersten im voraus fällig. Die Anzahl der Leasing-Raten entspricht der vereinbarten Vertragsdauer in Monaten. Eine Leasing-Sonderzahlung ist, soweit nichts anderes vereinbart – zu Beginn der Leasing-Zeit fällig.
2. Die Forderungen auf Ersatz von Überführungs-, An- und Abmeldekosten sowie der vom Leasing-Geber verauslagten Beträge sind nach Anfall / Verauslagung und Rechnungstellung fällig.
Alle weiteren Forderungen des Leasing-Gebers sind nach Rechnungstellung fällig.
3. Zahlungsanweisungen, Schecks und Wechsel werden nur nach besonderer Vereinbarung und nur zahlungshalber angenommen unter Berechnung aller Einziehungs- und Diskontspesen.
4. Gegen die Ansprüche des Leasing-Gebers kann der Leasing-Nehmer nur dann aufrechnen, wenn die Gegenforderung des Leasing-Nehmers unbestritten ist oder ein rechtskräftiger Titel vorliegt; ein Zurückbehaltungsrecht kann er nur geltend machen, soweit es auf Ansprüchen aus dem Leasing-Vertrag beruht.
5. Kommt der Leasing-Nehmer mit Zahlungen in Verzug, werden Verzugszinsen in Höhe von 5 % p. a. über dem jeweiligen Diskontsatz der Deutschen Bundesbank berechnet. Die Verzugszinsen sind höher oder niedriger anzusetzen, wenn der Leasing-Geber eine Belastung mit einem höheren Zinssatz oder der Leasing-Nehmer eine geringere Belastung nachweist.

VI. Lieferung und Lieferverzug

1. Liefertermine oder Lieferfristen, die verbindlich oder unverbindlich vereinbart werden können, sind schriftlich anzugeben. Lieferfristen beginnen mit Vertragsabschluß. Werden nachträglich Vertragsänderungen vereinbart, ist erforderlichenfalls gleichzeitig ein Liefertermin oder eine Lieferfrist erneut schriftlich zu vereinbaren.
2. Der Leasing-Nehmer kann 6 Wochen nach Überschreiten eines unverbindlichen Liefertermins oder einer unverbindlichen Lieferfrist den Leasing-Geber schriftlich auffordern, binnen angemessener Frist zu liefern. Mit dieser Mahnung kommt der Leasing-Geber in Verzug. Der Leasing-Nehmer kann neben Lieferung Ersatz des Verzugsschadens nur verlangen, wenn dem Leasing-Geber Vorsatz oder grobe Fahrlässigkeit zur Last fällt.
Der Leasing-Nehmer kann im Fall des Verzugs dem Leasing-Geber auch schriftlich angemessene Nachfrist setzen mit dem Hinweis, daß er nach Ablauf der Frist die Übernahme des Leasing-Fahrzeuges nach Ablauf der Frist ablehne. Nach erfolglosem Ablauf der Nachfrist ist der Leasing-Nehmer berechtigt, durch schriftliche Erklärung vom Leasing-Vertrag zurückzutreten oder Schadenersatz wegen Nichterfüllung zu verlangen. Dieser beschränkt sich bei leichter Fahrlässigkeit auf höchstens 10 % des Fahrzeugpreises entsprechend der unverbindlichen Preisempfehlung des Fahrzeugherstellers zum Zeitpunkt des Vertragsabschlusses. Der Anspruch auf Lieferung ist in den Fällen dieses Absatzes ausgeschlossen.
Wird dem Leasing-Geber, während er in Verzug ist, die Lieferung durch Zufall unmöglich, so haftet er gleichwohl nach Maßgabe der Absätze 1 und 2, es sei denn, daß der Schaden auch bei rechtzeitiger Lieferung eingetreten wäre.
3. Wird ein verbindlicher Liefertermin oder eine verbindliche Lieferfrist überschritten, kommt der Leasing-Geber bereits mit Überschreiten des Liefertermins oder der Lieferfrist in Verzug. Die Rechte des Leasing-Nehmers bestimmen sich dann nach Ziffer 2.

VII. Übernahme und Übernahmeverzug

1. Der Leasing-Nehmer hat das Recht, das Fahrzeug innerhalb von 8 Tagen nach Zugang der Bereitstellungsanzeige am vereinbarten Übernahmeort zu prüfen und eine Probefahrt über höchstens 20 km durchzuführen. Der Leasing-Nehmer ist verpflichtet, das Fahrzeug innerhalb der vorgenannten Frist zu übernehmen.
Sind Änderungen im Sinne von Abschnitt II erheblich oder für den Leasing-Nehmer unzumutbar, kann dieser die Übernahme ablehnen. Das gleiche Recht hat der Leasing-Nehmer, wenn das angebotene Fahrzeug erhebliche Mängel aufweist, die auf Rüge während der Prüfungsfrist nicht innerhalb von 8 Tagen vollständig beseitigt werden.
2. Bleibt der Leasing-Nehmer mit der Übernahme des Fahrzeuges länger als 14 Tage ab Zugang der Bereitstellungsanzeige vorsätzlich oder grob fahrlässig im Rückstand, so kann der Leasing-Geber dem Leasing-Nehmer schriftlich eine Nachfrist von 14 Tagen setzen mit der Erklärung, daß er nach Ablauf dieser Frist eine Übergabe ablehne.
Nach erfolglosem Ablauf der Nachfrist ist der Leasing-Geber berechtigt, durch schriftliche Erklärung vom Vertrag zurückzutreten oder Schadenersatz wegen Nichterfüllung zu verlangen.
Der Setzung einer Nachfrist bedarf es nicht, wenn der Leasing-Nehmer die Abnahme ernsthaft und endgültig verweigert oder offenkundig auch innerhalb dieser Frist zur Erfüllung seiner Zahlungsverpflichtung aus dem Leasing-Vertrag nicht imstande ist.
Verlangt der Leasing-Geber Schadenersatz, so beträgt dieser 15 % des Fahrzeugpreises entsprechend der unverbindlichen Preisempfehlung (einschließlich Umsatzsteuer) des Fahrzeugherstellers zum Zeitpunkt des Vertragsabschlusses für dieses Fahrzeug. Der Schadenbetrag ist höher oder niedriger anzusetzen, wenn der Leasing-Geber einen höheren oder der Leasing-Nehmer einen geringeren Schaden nachweist.
Macht der Leasing-Geber von seinen Rechten gemäß Satz 1 dieser Ziffer keinen Gebrauch, kann er über das Leasing-Fahrzeug frei verfügen und an dessen Stelle binnen angemessener Frist ein anderes vertragsgemäßes Fahrzeug zu den Vertragsbedingungen liefern.

VIII. Eigentumsverhältnisse, Halter des Fahrzeuges und Zulassung

1. Der Leasing-Geber ist Eigentümer des Fahrzeuges. Er ist berechtigt, in Abstimmung mit dem Leasing-Nehmer das Fahrzeug zu besichtigen und auf seinen Zustand zu überprüfen.
Der Leasing-Nehmer darf das Fahrzeug weder verkaufen, verpfänden, verschenken, vermieten oder verleihen, noch zur Sicherung übereignen. Zur längerfristigen Nutzung darf er das Fahrzeug nur den seinem Haushalt angehörenden Personen überlassen. Eine Verwendung zu Fahrschulzwecken, als Taxi oder zu sportlichen Zwecken bedarf der vorherigen schriftlichen Zustimmung des Leasing-Gebers.
2. Der Leasing-Nehmer hat das Fahrzeug von Rechten Dritter freizuhalten. Von Ansprüchen Dritter auf das Fahrzeug, Entwendung, Beschädigung und Verlust ist der Leasing-Geber vom Leasing-Nehmer unverzüglich zu benachrichtigen. Der Leasing-Nehmer trägt die Kosten für Maßnahmen zur Abwehr des Zugriffs Dritter, die nicht vom Leasing-Geber verursacht sind.
3. Nachträgliche Änderungen, zusätzliche Einbauten sowie Lackierungen und Beschriftungen an dem Fahrzeug sind nur zulässig, wenn der Leasing-Geber vorher schriftlich zugestimmt hat. Der Leasing-Nehmer ist jedoch verpflichtet, auf Verlangen des Leasing-Gebers den ursprünglichen Zustand zum Vertragsende auf eigene Kosten wiederherzustellen, es sei denn, daß der Leasing-Geber hierauf verzichtet oder der ursprüngliche Zustand kann nur mit unverhältnismäßig hohem Aufwand wieder hergestellt werden. Der Leasing-Nehmer ist berechtigt, von ihm vorgenommene Einbauten zum Vertragsende unter der Voraussetzung zu entfernen, daß der ursprüngliche Zustand wieder hergestellt wird. Änderungen und Einbauten begründen nur dann einen Anspruch auf Zahlung einer Ablösung durch den Leasing-Geber, wenn dieser schriftlich zugestimmt hat und diese Veränderungen eine Werterhöhung des Fahrzeuges bei Rückgabe mit sich bringen.
4. Der Leasing-Nehmer ist Halter des Fahrzeuges. Es wird auf ihn zugelassen. Der Fahrzeugbrief wird vom Leasing-Geber verwahrt. Benötigt der Leasing-Nehmer zur Erlangung behördlicher Genehmigungen den Fahrzeugbrief, wird dieser der Behörde auf sein Verlangen vom Leasing-Geber vorgelegt. Wird der Fahrzeugbrief dem Leasing-Nehmer von Dritten ausgehändigt, ist dieser unverzüglich zur Rückgabe an den Leasing-Geber verpflichtet.

IX. Halterpflichten

1. Der Leasing-Nehmer hat alle sich aus dem Betrieb und der Haltung des Fahrzeuges ergebenden gesetzlichen Verpflichtungen, insbesondere die termingerechte Vorführung zu Untersuchungen, zu erfüllen und den Leasing-Geber, soweit er in Anspruch genommen wird, freizustellen.
2. Der Leasing-Nehmer trägt sämtliche Aufwendungen, die mit dem Betrieb und der Haltung des Fahrzeuges verbunden sind, insbesondere Steuern, Versicherungsbeiträge, Wartungs- und Reparaturkosten. Leistet der Leasing-Geber für den Leasing-Nehmer Zahlungen, die nicht aufgrund besonderer Vereinbarung vom Leasing-Geber zu erbringen sind, so kann der Leasing-Geber Leasing-Nehmer Rückgriff nehmen.
3. Der Leasing-Nehmer hat dafür zu sorgen, daß das Fahrzeug nach den Vorschriften der Betriebsanleitung des Herstellers behandelt wird. Das Fahrzeug ist im Rahmen des vertraglichen Verwendungszweckes schonend zu behandeln und stets im betriebs- und verkehrssicheren Zustand zu erhalten.

X. Versicherungsschutz und Schadenabwicklung

1. Der Leasing-Geber schließt im Namen und für Rechnung des Leasing-Nehmers auf dessen Wunsch für das Leasing-Fahrzeug zu den Allgemeinen Bedingungen für die Kraftfahrtversicherung (AKB) eine Kfz-Haftpflichtversicherung (unbegrenzte Deckungssumme) und eine Kfz-Vollversicherung (Selbstbeteiligung DM 650,- je Schadenereignis) für den Leasing-Nehmer ab. Der Leasing-Nehmer schuldet dem Leasing-Geber die Prämie für die Fahrzeugversicherung.

die dieser aufgrund einer Einzugsermächtigung des Versicherers nach Ausfertigung der Versicherungs-Police neben der monatlichen Leasing-Rate berechnet. Die Höhe der Prämie richtet sich nach dem Inhalt der Versicherungs-Police. Die Fälligkeit der Erstprämie ergibt sich aus § 35 VVG. Die Folgeprämien sind jeweils am 1. eines Kalendermonats fällig.
Versichert der Leasing-Nehmer das Fahrzeug nicht über den Leasing-Geber, hat der Leasing-Nehmer eine Kraftfahrzeug-Haftpflichtversicherung und eine Fahrzeugvollversicherung, jeweils mit dem gleichen Umfang wie vorstehend, abzuschließen und dem Leasing-Geber nachzuweisen, letztere durch einen Sicherungsschein.
Der Leasing-Nehmer ermächtigt den Leasing-Geber, für sich einen Sicherungsschein über die Fahrzeugvollversicherung zu beantragen und Auskunft über die vorgenannten Versicherungsverhältnisse einzuholen. Hat der Leasing-Nehmer nicht die erforderliche Fahrzeugvollversicherung abgeschlossen, ist der Leasing-Geber berechtigt, aber nicht verpflichtet, eine entsprechende Versicherung als Vertreter für den Leasing-Nehmer abzuschließen.

2. Im Schadenfall hat der Leasing-Nehmer den Leasing-Geber unverzüglich zu unterrichten; bei voraussichtlichen Reparaturkosten von über DM 3.000,-- hat die Unterrichtung fernmündlich vor Erteilung des Reparaturauftrags zu erfolgen, soweit dies dem Leasing Nehmer möglich und zumutbar ist.
Der Leasing-Nehmer hat dem Leasing-Geber ferner unverzüglich eine Kopie der an den Versicherer gerichteten Schadenanzeige und der Rechnung über die durchgeführte Reparatur, zu übersenden.
Bei Versicherung des Leasing-Fahrzeuges über den Leasing-Geber nimmt dieser die Schadenabwicklung vor und veranlaßt bis zur endgültigen Abwicklung die unfallbedingten Reparaturkosten. Zu diesem Zweck tritt der Leasing-Nehmer schon jetzt seine Schadenersatzansprüche hinsichtlich der Mietwagenkosten an den Leasing-Geber ab.

3. Hat der Leasing-Nehmer das Fahrzeug nicht über den Leasing-Geber versichert, hat er die notwendigen Reparaturarbeiten unverzüglich in eigenem Namen und auf eigene Rechnung durchführen zu lassen, es sei denn, daß wegen Schwere oder Umfang der Schäden Totalschaden anzunehmen ist oder die voraussichtlichen Reparaturkosten 60 % des Wiederbeschaffungswertes des Fahrzeuges übersteigen.
Bei Versicherung über den Leasing-Geber trifft den Leasing-Nehmer die gleiche Verpflichtung, jedoch mit der Maßgabe, die Reparatur unter Vorlage des Reparatur-Ausweises im Namen und für Rechnung des Leasing-Gebers durchführen zu lassen.
Der Leasing-Nehmer hat mit der Durchführung der Reparatur einen vom Hersteller anerkannten Betrieb zu beauftragen. In Notfällen können, falls die Hilfe eines vom Hersteller anerkannten Betriebes nicht oder nur unter unzumutbaren Schwierigkeiten erreichbar ist, Reparaturen in einem anderen Kfz-Reparaturbetrieb, der die Gewähr für sorgfältige handwerksmäßige Arbeit bietet, durchgeführt werden.

4. Der Leasing-Nehmer ist - vorbehaltlich eines Widerrufs durch den Leasing-Geber - ermächtigt und verpflichtet, alle fahrzeugbezogenen Ansprüche aus einem Schadenfall im eigenen Namen und auf eigene Kosten geltend zu machen. Dies gilt nicht, wenn der Leasing-Geber die Ermächtigung widerrufen oder sich vertraglich zur Schadenabwicklung verpflichtet hat. Zum Ausgleich des Fahrzeugschadens erbrachte Zahlungen hat der Leasing-Nehmer im Reparaturfall zur Begleichung der Reparaturrechnung zu verwenden. Ist der Leasing-Geber verpflichtet, die Reparatur des Fahrzeuges gemäß Ziffer 3 Absatz 1 nicht zur Reparatur des Fahrzeuges verpflichtet, hat er die erlangten Entschädigungsleistungen an den Leasing-Geber abzuführen. Sie werden zur Abdeckung eines Schuldsaldos eines Leasing-Nehmers aus vorzeitigen Vertragsabrechnung gemäß Abschnitt XV verwendet.

5. Entschädigungsleistungen für Wertminderung sind in jedem Fall an den Leasing-Geber weiterzuleiten.
Bei Verträgen mit Gebrauchtwagenabrechnung rechnet der Leasing-Geber erhaltene Wertminderungsbeträge den aus der Leasing-Nehmer erzielten Verkaufserlös an Vertragsende zu. Bei Verträgen ohne Gebrauchtwagenabrechnung kann der Leasing-Geber diese Wertminderungsbeträge nur insoweit als noch bestehende schadenbedingte Wertminderung des Fahrzeuges ersetzt verlangen, soweit der Leasing-Geber nicht schon im Rahmen der Schadenabwicklung eine Wertminderungsentschädigung erhalten hat.

6. Bei Totalschaden oder Verlust des Fahrzeuges kann jeder Vertragspartner den Leasing-Vertrag zum Ende eines Vertragsmonats kündigen. Bei schadenbedingten Reparaturkosten von mehr als 60 % des Wiederbeschaffungswertes des Fahrzeuges kann der Leasing-Nehmer innerhalb von 3 Wochen nach Kenntnis dieser Voraussetzungen zum Ende eines Vertragsmonats kündigen. Macht der Leasing-Nehmer von diesem Kündigungsrecht keinen Gebrauch, hat er das Fahrzeug gemäß Ziffer 3. Halbsatz unverzüglich reparieren zu lassen.
Wird im Falle der Entwendung das Fahrzeug vor dem Eintritt der Leistungsverpflichtung des Versicherers wieder aufgefunden, setzt sich der Leasing-Vertrag auf Verlangen des Vertragspartners zu den bisherigen Bedingungen fort. In diesem Fall hat der Leasing-Nehmer die zwischenzeitlichen Leasing-Raten in einer Summe innerhalb einer Woche ab Geltendmachung des Fortsetzungsverlangens nachzuzahlen.
Totalschaden, Verlust oder Beschädigung des Fahrzeuges entbinden nur dann von der Verpflichtung zur Zahlung weiterer Leasing-Raten, wenn der Leasing-Vertrag wirksam nach Absatz 1 gekündigt ist und nicht gemäß Absatz 2 fortgesetzt wird.
Die Folgen einer Kündigung nach Absatz 1 sind in Abschnitt XV geregelt.

XI. Haftung

1. Für Untergang, Verlust, Beschädigung und Wertminderung des Fahrzeuges und seiner Ausstattung haftet der Leasing-Nehmer dem Leasing-Geber auch ohne Verschulden, jedoch nicht bei Verschulden des Leasing-Gebers.

2. Für unmittelbare und mittelbare Schäden, die dem Leasing-Nehmer oder anderen Personen durch den Gebrauch des Fahrzeuges, Gebrauchsunterbrechung oder -entzug entstehen, haftet der Leasing-Geber dem Leasing-Nehmer nur bei Verschulden.

XII. Wartung und Reparaturen

Fällige Wartungsarbeiten hat der Leasing-Nehmer pünktlich, erforderliche Reparaturen unverzüglich durch einen vom Hersteller anerkannten Betrieb ausführen zu lassen. Das gilt auch für Schäden an der Kilometer-Anzeige. In diesem Fall hat der Leasing-Nehmer dem Leasing-Geber eine Kopie der Reparaturrechnung mit dem Vermerk des alten Kilometerstandes einzureichen.
In Notfällen können, falls die Hilfe eines vom Hersteller anerkannten Betriebes nicht oder nur unter unzumutbaren Schwierigkeiten erreichbar ist, Reparaturen in einem anderen Kfz-Reparaturbetrieb, der die Gewähr für sorgfältige handwerksmäßige Arbeit bietet, durchgeführt werden.

XIII. Gewährleistung

1. Der Leasing-Geber übernimmt dem Leasing-Nehmer gegenüber die Gewährleistung in dem Umfang und für die Dauer, wie sie ihm gegenüber dem liefernden Händler zusteht (siehe letzte Seite) und nachfolgend nichts Abweichendes geregelt ist. Der Leasing-Nehmer ist zunächst verpflichtet, Nachbesserungsansprüche vom Hersteller anerkannten Reparaturbetrieb geltend zu

machen. Will der Leasing-Nehmer nach mindestens einem Nachbesserungsversuch nachfolgende Gewährleistungsrechte ausüben, hat er zuvor schriftlich dem Leasing-Geber (V.A.G Leasing, Postfach 33 31, 3300 Braunschweig) zur eigenen Nachbesserung aufzufordern.

2. Schlägt diese Nachbesserung fehl oder sind dem Leasing-Nehmer weitere Nachbesserungsversuche unzumutbar, kann dieser dem Leasing-Geber gegenüber schriftlich verlangen, den Leasing-Vertrag rückgängig zu machen oder die Leasing-Raten herabzusetzen. Dies gilt nicht, wenn der Mangel die Tauglichkeit des Fahrzeuges zum vertragsgemäßen Gebrauch nur unerheblich einschränkt.

3. Meinungsverschiedenheiten zwischen den Parteien darüber, ob ein unter Gewährleistung fallender Fehler vorliegt und in welchem Umfang dadurch die Gebrauchstauglichkeit beeinträchtigt ist, werden durch Schiedsgutachten eines unabhängigen Kraftfahrzeugsachverständigen entschieden. Der Sachverständige wird einvernehmens entschieden, die vom Leasing-Geber im Einvernehmen mit dem Leasing-Nehmer beauftragt werden. Die Kosten hierfür werden von beiden Parteien zur Hälfte getragen. Durch das Sachverständigengutachten wird der Rechtsweg nicht ausgeschlossen.

4. Verlangt der Leasing-Nehmer die Herabsetzung der Leasing-Raten, berechnet der Leasing-Geber unter Berücksichtigung der festgestellten Minderung der Gebrauchstauglichkeit die Leasing-Raten neu.
Verlangt der Leasing-Nehmer die Rückgängigmachung des Leasing-Vertrages, werden ihm nach Rückgabe des Fahrzeuges die gezahlten Leasing-Raten, eine etwaige Leasing-Sonderzahlung sowie ein etwa vom Leasing-Geber geleistete Nebenkosten jeweils zzgl. Zinsen in gesetzlicher Höhe gutgebracht. Abgezogen davon werden die Aufwendungen des Leasing-Gebers für etwaige im Leasing-Vertrag zusätzlich eingeschlossene Dienstleistungen sowie ein Ausgleich für die Zurverfügungstellung des Fahrzeuges und die ersparten Kapitaleinsatz beim Leasing-Nehmer. Darüber hinaus bleibt die Geltendmachung eines Minderwertes gemäß Abschnitt XVI Ziffer 2 unberührt, soweit der Minderwert nicht auf dem gewährleistungspflichtigen Mangel beruht.

5. Die Gewährleistungen der §§ 537 ff. BGB finden keine Anwendung. Die Gewährleistungsverpflichtung des Leasing-Gebers beschränkt sich auf Nachbesserung und Rückgängigmachung des Vertrages oder Herabsetzung der Leasing-Rate, es sei denn, der Leasing-Geber hat einen Mangel arglistig verschwiegen.

XIV. Vertragsaufhebung und Kündigung

1. Der Leasing-Vertrag ist fest über die vereinbarte Vertragszeit abgeschlossen, doch kann auf Wunsch des Leasing-Nehmers 6 Monate nach Vertragbeginn, bei Totalschaden, Verlust oder unfallbedingten Reparaturkosten von mehr als 60 % des Wiederbeschaffungswertes des Fahrzeuges jederzeit eine vorzeitige Beendigung des Leasing-Vertrages durch schriftlichen Aufhebungsvertrag erfolgen. Zu diesem Zweck kann der Leasing-Nehmer unter Vorführung des Fahrzeuges und Angabe der tatsächlichen Kilometerleistung erfragen, zu welchen finanziellen Bedingungen der Leasing-Geber den Leasing-Vertrag aufzuheben bereit ist.
Unberührt von der Regelung des Absatzes 1 bleiben die Kündigungsrechte nach Ziffern 2 bis 4 sowie nach Abschnitt X Ziffer 6.

2. Der Leasing-Geber kann den Leasing-Vertrag wegen Zahlungsverzugs des Leasing-Nehmers kündigen, wenn
- der Leasing-Nehmer mit mindestens zwei aufeinanderfolgenden Leasing-Raten ganz oder teilweise und mindestens einem Hundert, bei einer Laufzeit des Leasing-Vertrages über 3 Jahre mit fünf vom Hundert der Gesamtsumme der Leasing-Raten, in Verzug ist und
- der Leasing-Geber dem Leasing-Nehmer erfolglos eine zweiwöchige Frist zur Zahlung des rückständigen Betrages mit der Erklärung gesetzt hat, daß er bei Nichtzahlung innerhalb der Frist den Leasing-Vertrag kündigen und die Restforderung zum Vertrag unter Beachtung etwaiger Verwertungserlöse, fällig stellen werde.

3. Jeder Vertragspartner kann den Vertrag aus wichtigem Grund kündigen. Ein solches Recht zur fristlosen Kündigung besteht insbesondere dann, wenn der Leasing-Nehmer
- seine Zahlungen einstellt, als Schuldner einen außergerichtlichen Vergleich anbietet, Wechsel und Schecks mangels Deckung nicht einlöse läßt, ein Vergleichs- oder Konkursverfahren beantragt oder ein solches Verfahren über sein Vermögen eröffnet wird;
- bei Vertragsabschluß unrichtige Angaben gemacht hat und Tatsachen verschwiegen hat und deshalb dem Leasing-Geber die Fortsetzung des Vertrages nicht zumuten ist;
- trotz schriftlicher Abmahnung schwerwiegende Verletzungen des Vertrages nicht unverzüglich beseitigt.

4. Stirbt der Leasing-Nehmer und haben die Erben an der Fortführung des Vertrages kein Interesse, können die Erben oder der Leasing-Geber das Vertragsverhältnis zum Ende eines Vertrags-Monats kündigen.

5. Die Folgen einer Kündigung sind in Abschnitt XV geregelt.

XV. Abrechnung nach Kündigung

1. Kündigt der Leasing-Geber fristlos, kann vom Leasing-Nehmer der Schadenersatz verlangen, der dem Leasing-Geber durch die vorzeitige Vertragsbeendigung entsteht. Dieser ergibt sich aus der Summe der zwischen Fahrzeugrückgabe und vereinbartem Vertragsende ausstehenden Leasing-Raten (ohne Umsatzanteile für Dienstleistungen und Umsatzsteuer) sowie dem Restwert (ohne Umsatzsteuer), der bei der Berechnung der Leasing-Raten zugrunde gelegt wurde (kalkulatorische Gebrauchtwagenerlös ohne Umsatzsteuer) und hiervon. Diese Posten werden mit 3 % über dem jeweiligen Bundesbankdiskontsatz abgezinst. Bei Schadenberechnung wird als Vorteilsausgleich der von Leasing-Geber bei Verkauf an den Gebrauchtwagenhandel tatsächlich erzielte Gebrauchtwagenerlös berücksichtigt. Weitere tatsächliche Schäden sind anzusetzen.

2. Können bei Totalschaden, Verlust oder geschätzten Reparaturkosten von mindestens 60 % des Wiederbeschaffungswertes des Fahrzeuges die Vertragspartner sich nicht über einen Aufhebungsvertrag einigen und kündigt deshalb gem. Abschnitt X Ziffer 6 einer der Vertragspartner, gelten für die finanzielle Ausgleichsansprüche des Leasing-Gebers für wirtschaftliche Nachteile wegen vorzeitiger Vertragsendes nach allgemeinen Regeln. Eventuelle Überschüsse sind Folge einer derartigen Kündigung erhält der Leasing-Nehmer zu 75 %.

3. Das gleiche gilt bei einer Kündigung der Erben gem. Abschnitt XIV Ziffer 4.

4. Auf alle Forderungen und Gutschriften der Ziffern 2 und 3 dieses Abschnitts wird der jeweils gültige Umsatzsteuer berechnet.

XVI. Rückgabe des Fahrzeuges

1. Nach Beendigung oder Kündigung des Leasing-Vertrages ist das Fahrzeug mit Schlüsseln und allen überlassenen Unterlagen (z. B. Fahrzeugschein, Kundendiensthaft, Ausweise) vom Leasing-Nehmer auf seine Kosten und Gefahr unverzüglich dem ausliefernden Händler zurückzubringen. Gibt der Leasing-Nehmer Schlüssel oder Unterlagen nicht zurück, hat er die Kosten für die Ersatzbeschaffung sowie alle sich daraus ergebenden weiteren Schaden zu ersetzen.

2. Bei Rückgabe muß das Fahrzeug in einem dem Alter und der vertragsgemäßen Fahrleistung entsprechenden Erhaltungszustand, frei von Schäden sowie verkehrs- und betriebssicher sein.
Über den Zustand wird bei Rückgabe ein gemeinsames Protokoll angefertigt und von beiden Vertragspartnern oder ihren Bevollmächtigten unterzeichnet.

3. Bei Rückgabe des Fahrzeuges nach Ablauf der bei Vertragsabschluß vereinbarten Leasing-Zeit gilt folgende Regelung:
Entspricht das Fahrzeug bei Verträgen ohne Gebrauchtwagenabrechnung nicht dem Zustand gemäß Ziffer 2 Absatz 1 und ist das Fahrzeug hierdurch im Wert gemindert, ist der Leasing-Nehmer zum Ausgleich dieses Minderwertes verpflichtet. Eine schadenbedingte Wertminderung (Abschnitt X Ziffer 5) bleibt dabei außer Betracht, soweit der Leasing-Geber hierfür bereits eine Entschädigung erhalten hat.
Können sich die Vertragspartner über einen vom Leasing-Nehmer auszugleichenden Minderwert oder – bei Verträgen mit Gebrauchtwagenabrechnung – über den Wert des Fahrzeuges (Händlereinkaufspreis) nicht einigen, werden Minderwert bzw. Wert des Fahrzeuges auf Veranlassung des Leasing-Gebers mit Zustimmung des Leasing-Nehmers durch einen öffentlich bestellten und vereidigten Sachverständigen oder ein unabhängiges Sachverständigenunternehmen ermittelt. Die Kosten tragen die Vertragspartner je zur Hälfte. Durch das Sachverständigengutachten wird der Rechtsweg nicht ausgeschlossen.

4. Wird das Fahrzeug nicht termingemäß zurückgegeben, werden dem Leasing-Nehmer für jeden überschrittenen Tag als Grundbetrag 1/30 der für die Vertragszeit vereinbarten monatlichen Leasing-Rate und die durch die Rückgabeverzögerung verursachten Kosten berechnet.

Im übrigen gelten während dieser Zeit die Pflichten des Leasing-Nehmers aus diesem Vertrag sinngemäß fort.

5. Ein Erwerb des Fahrzeuges vom Leasing-Geber durch den Leasing-Nehmer nach Vertragsablauf ist ausgeschlossen.

XVII. Datenschutzklausel

Der Leasing-Geber verarbeitet und nutzt die personenbezogenen Daten aus diesem Vertrag nur zum Zweck der Vertragsabwicklung, Kundenbetreuung, Markt- und Meinungsforschung sowie für eigene Werbeaktionen.

XVIII. Allgemeine Bestimmungen

1. Gerichtsstand ist das für Braunschweig zuständige Gericht, soweit der Leasing-Nehmer oder ein Mitschuldner nach Vertragsabschluß seinen Wohnsitz oder gewöhnlichen Aufenthaltsort aus dem Inland verlegt oder sein Wohnsitz oder gewöhnlicher Aufenthaltsort zum Zeitpunkt der Klageerhebung nicht bekannt ist.

2. Der Leasing-Nehmer hat einen Wohnsitzwechsel dem Leasing-Geber unverzüglich anzuzeigen.

3. Ansprüche und sonstige Rechte aus dem Leasing-Vertrag können nur mit vorheriger schriftlicher Zustimmung des Leasing-Gebers abgetreten werden.

Sonderbedingungen für gebrauchte Leasing-Fahrzeuge

1. Abschnitt II (Leasing-Gegenstand) gilt wie folgt:
Leasing-Gegenstand ist das gebrauchte und beim Partner für Volkswagen und Audi vorrätige Fahrzeug in dem Erhaltungszustand, wie es sich der Leasing-Nehmer bei ihm ausgesucht hat.
Ein bestimmter Zustand oder besondere Eigenschaften des Fahrzeuges werden nicht zugesichert.

2. Abschnitt IV Ziffer 5, Satz 2 und 3 (Neuwagenpreiserhöhung) gelten nicht.

3. Abschnitt VI Ziffer 2, Satz 6 und Abschnitt VII Ziffer 2, Satz 4 (Liefer- und Übernahmeverzug) gelten mit der Maßgabe, daß die Höhe des Schadenersatzes des Leasing-Nehmers 10% und des Leasing-Gebers 15% der im Leasing-Vertrag genannten Kalkulationsbasis beträgt.

4. Abschnitt XIII (Gewährleistung) gilt nicht.
Da Leasing-Gegenstand ein gebrauchtes Fahrzeug ist, das der Leasing-Geber bei Abschluß des Leasing-Vertrages beim vermittelnden Händler unter Ausschluß jeglicher Gewährleistung kauft, stehen dem Leasing-Nehmer keine Gewährleistungsansprüche wegen Sachmängel zu, weder gegenüber dem Leasing-Geber noch gegenüber dem Händler.
Der Gewährleistungsausschluß gegenüber dem Partner für Volkswagen und Audi ist jedoch bei gebrauchten Volkswagen und Audi Fahrzeugen, deren Neuwagenerstauslieferung bei Auslieferung an den Leasing-Nehmer noch kein volles Jahr zurückliegt, wie folgt eingeschränkt:
Der Leasing-Nehmer ist ermächtigt, eventuell noch bestehende Nachbesserungsansprüche des Leasing-Gebers ab Erstzulassung des Fahrzeuges gegenüber dem vermittelnden Partner für Volkswagen und Audi nach den u. g. Gewährleistungsbedingungen des Herstellers geltend zu machen.

V.A.G Leasing GmbH

Fassung September 1993

AUSZUG AUS DEN NEUWAGENVERKAUFSBEDINGUNGEN FÜR VOLKSWAGEN UND AUDI AUTOMOBILE

VII. Gewährleistung

1. Der Verkäufer leistet Gewähr für die Fehlerfreiheit während eines Jahres seit Auslieferung des Kaufgegenstandes. Maßstab für die Fehlerfreiheit ist der Stand der Technik für vergleichbare Fahrzeuge des Typs des Kaufgegenstandes bei Auslieferung.

2. Der Käufer hat Anspruch auf Beseitigung von Fehlern und durch sie an anderen Teile des Kaufgegenstandes verursachten Schäden (Nachbesserung). Für die Abwicklung gilt folgendes:
a) Der Käufer kann Nachbesserungsansprüche beim Verkäufer oder bei anderen, vom Hersteller/Importeur für die Betreuung des Kaufgegenstandes anerkannten Betrieben geltend machen; im letzteren Fall hat der Käufer den Verkäufer hiervon unverzüglich schriftlich zu unterrichten.
Der Käufer hat Fehler unverzüglich nach deren Feststellung bei dem in Anspruch genommenen Betrieb entweder schriftlich anzuzeigen oder von ihm aufnehmen zu lassen.
b) Nachbesserungen haben unverzüglich nach den technischen Erfordernissen durch Ersatz oder Instandsetzung fehlerhafter Teile ohne Berechnung derjenigen Aufwendungen zu erfolgen, die zum Zwecke der Nachbesserung erforderlich sind, insbesondere Transport-, Wege-, Arbeits- und Materialkosten. Ersetzte Teile werden Eigentum des Verkäufers.
Werden durch die Nachbesserung zusätzliche vom Hersteller/Importeur vorgeschriebene Wartungsarbeiten erforderlich, übernimmt der Verkäufer deren Kosten einschließlich der Kosten benötigter Materialien und Schmierstoffe.
c) Für die bei der Nachbesserung eingebauten Teile wird bis zum Ablauf der Gewährleistungsfrist des Kaufgegenstandes Gewähr aufgrund des Kaufvertrages geleistet.
d) Wird dort Kaufgegenstand wegen eines gewährleistungspflichtigen Fehlers betriebsunfähig, hat sich der Käufer an den Ort des betriebsunfähigen Kaufgegenstandes nächstgelegenen, vom Hersteller/Importeur für die Betreuung des Kaufgegenstandes anerkannten dienstbereiten Betrieb zu wenden. Dieser Betrieb entscheidet, ob die erforderlichen Arbeiten an Ort und Stelle oder in seiner Werkstatt durchgeführt werden. Im letzteren Fall sorgt er für kostenloses Abschleppen des Kaufgegenstandes.
e) Von den Aufwendungen, die zum Zweck der Nachbesserung von Nutzfahrzeugen über 5 t zulässiges Gesamtgewicht erforderlich sind, trägt der Käufer etwaige Abschleppkosten nicht, wenn der Käufer eine juristische Person des öffentlichen Rechts, ein öffentlich-rechtliches Sondervermögen oder ein Kaufmann ist, bei dem der Vertrag zum Betrieb seines Handelsgewerbes gehört.

3. Bei Fremdaufbauten, die Gegenstand des Kaufvertrages sind, hat sich der Käufer wegen Nachbesserung zunächst an den Aufbautenhersteller/-importeur zu wenden. Nachbesserungsansprüche gegen den Verkäufer hat der Käufer nur, wenn der Hersteller/Importeur der Aufbauten nicht innerhalb angemessener Frist nachbessert.

4. Durch Eigentumswechsel am Kaufgegenstand werden Gewährleistungsverpflichtungen nicht berührt.

5. Gewährleistungsverpflichtungen bestehen nicht, wenn der Fehler und Schaden dadurch entstanden ist, daß
– der Käufer einen Fehler nicht angezeigt hat oder hat aufnehmen lassen oder
– der Käufer trotz Aufforderung nicht unverzüglich Gelegenheit zur Nachbesserung gegeben hat oder
– der Kaufgegenstand unsachgemäß behandelt oder überbeansprucht worden ist, z. B. bei motorsportlichen Wettbewerben, oder
– der Kaufgegenstand zuvor in einem Betrieb, dessen Erkennbar vom Hersteller/Importeur für die Betreuung nicht anerkannt war, unsachgemäß instandgesetzt, gewartet oder gepflegt worden ist und der Käufer dies erkennen mußte oder
– in den Kaufgegenstand Teile eingebaut worden sind, deren Verwendung der Hersteller/Importeur nicht genehmigt hat oder der Kaufgegenstand in einer vom Hersteller/Importeur nicht genehmigten Weise verändert worden ist oder
– der Käufer die Vorschriften über die Behandlung, Wartung und Pflege des Kaufgegenstandes (z. B. Betriebsanleitung) nicht befolgt hat.

7. Natürlicher Verschleiß ist von der Gewährleistung ausgeschlossen.

10. Die vorstehend genannten Gewährleistungsansprüche verjähren mit Ablauf der in Abschnitt VII Ziffer 1. Für innerhalb der Gewährleistungsfrist geltend gemachte, bis zu deren Ablauf aber nicht beseitigte Fehler wird bis zur Beseitigung des Fehlers Gewähr geleistet; so lange ist die Verjährungsfrist für diesen Fehler gehemmt. In den Fällen des Satzes 2 endet die Verjährungsfrist jedoch drei Monate nach Erklärung des in Anspruch genommenen Betriebes, der Fehler sei beseitigt oder es liege kein Fehler vor.

Fassung 01. Juli 1991

Muster einer Sicherungsbestätigung

Sicherungsbestätigung zur Kraftfahrt-Vers. Nr. . . . .
für das Kraftfahrzeug:

Amtliches Kennzeichen:

Art und Verwendung
des Fahrzeugs:

Hersteller des
Fahrgestells:

Fabriknummer des
Fahrgestells:

Leasingnehmer
Name + Anschrift

Leasinggeber
Name + Anschrift

Der vorgenannte Leasingnehmer hat für die Zeit vom . . . . . bis . . . . . eine Fahrzeug-Vollversicherung ohne/mit DM . . . . . Selbstbeteiligung Fahrzeug-Teilversicherung Haftpflichtversicherung mit den Deckungssummen (in DM)
. . . .
bei uns für das oben bezeichnete Kraftfahrzeug abgeschlossen.
Der Versicherungsbetrag ist entrichtet bis zum
. . . .
Wir haben Deckung erteilt.

Der Versicherungsvertrag, dem die Allgemeinen Bedingungen für die Kraftfahrtversicherung (AKB) zugrundeliegen, verlängert sich stillschweigend jeweils um ein Jahr, falls er nicht gekündigt wird. Auf übereinstimmenden Antrag des Versicherungsnehmers und des Versicherten sind wir bereit, bis zum Ablauf des Versicherungsvertrages diesem die nachfolgenden Bestimmungen zugrundezulegen:

1. Die Fahrzeug-Versicherung gilt für Rechnung des genannten Leasinggebers und kann nur geändert oder aufgehoben werden, wenn dem Versicherer eine entsprechende schriftliche Zustimmung des Leasinggebers vorliegt.

2. In Abweichung von den Allgemeinen Bedingungen für die Kraftfahrzeugversicherung ist allein der Leasinggeber berechtigt, über die Rechte aus der Fahrzeugversicherung zu verfügen, insbesondere die Entschädigung anzunehmen, und zwar auch dann, wenn er sich nicht im Besitz des Versicherungsscheines befindet.

3. Entschädigungen werden an den Versicherungsnehmer (Leasingnehmer) gezahlt, wenn der Entschädigungsbetrag DM 200,– nicht übersteigt oder wenn bei höheren Entschädigungsbeträgen der Leasinggeber schriftlich zugestimmt hat.

4. Der Versicherer wird den Leasinggeber sofort benachrichtigen, wenn
   a) dem Versicherungsnehmer eine Zahlungsfrist nach § 39 VVG gestellt worden und der angemahnte Betrag nicht spätestens eine Woche nach Abgang des Mahnschreibens eingegangen ist,
   b) der Versicherungsvertrag als Ganzes oder teilweise gekündigt oder vorzeitig beendet wird, soweit nicht die Zustimmung des Leasinggebers gem. Ziff. 1 vorliegt.

5. Sofern der Leasinggeber es binnen einer Woche nach Eingang der Mitteilung zu Ziffer 4 beantragt, wird der Versicherer ihm, ohne daß es einer besonderen Annahmeerklärung bedarf, für die Dauer von höchstens zwei Monaten, beginnend vom Zeitpunkt, in dem die Eintrittspflicht des Versicherers gegenüber dem Versicherungsnehmer aus den unter 4a) oder b) genannten Gründen entfällt, Deckung in dem bisherigen Umfang für das Fahrzeug unter Versicht auf die Leistungsfreiheit nach § 2 Abs. 2 Satz 2 VVG gewähren. Die Höhe des hierfür vom Leasinggeber zu entrichtenden Beitrages bestimmt sich nach dem Tarif für Kraftfahrzeugversicherungen. Der Antrag ist gegenstandslos, wenn der Versicherungsnehmer im Falle Ziffer 4a) die Zahlung binnen einem Monat nach Ablauf der Zahlungsfrist nachholt und der Versicherungsfall bis dahin nicht eingetreten ist.

. . . . , den . . . .

. . . .
(Unterschrift des Versicherers)

Von den Leuten, die Autofahrer nie im Stich lassen.

Verkehrsengpässe, Staustrecken und Umgehungsmöglichkeiten. Der ADAC kennt sie alle. Weil er seit Jahrzehnten für Autofahrer unterwegs ist. Diese ganze Erfahrung steckt jetzt im neuen ADAC Atlas. Dem Autoatlas, der Sie sicher durch die 90er Jahre bringt. Mit komplettem Ortsregister und den neuen Postleitzahlen. Überall, wo es Bücher gibt, und beim ADAC.

ADAC Verlag

Neuwagen-Verkaufsbedingungen (NWVB)

ALLGEMEINE GESCHÄFTSBEDINGUNGEN für den Verkauf von fabrikneuen Kraftfahrzeugen und Anhängern

I. Vertragsabschluß/Übertragung von Rechten und Pflichten des Käufers

1. Der Käufer ist an die Bestellung höchstens bis vier Wochen, bei Nutzfahrzeugen bis sechs Wochen, gebunden. Der Kaufvertrag ist abgeschlossen, wenn der Verkäufer die Annahme der Bestellung des näher bezeichneten Kaufgegenstandes innerhalb dieser Frist schriftlich bestätigt hat oder die Lieferung ausgeführt ist. Der Verkäufer ist jedoch verpflichtet, den Besteller unverzüglich schriftlich zu unterrichten, wenn er die Bestellung nicht annimmt.

2. Sämtliche Vereinbarungen sind schriftlich niederzulegen. Dies gilt auch für Nebenabreden und Zusicherungen sowie für nachträgliche Vertragsänderungen.

3. Übertragungen von Rechten und Pflichten des Käufers aus dem Kaufvertrag bedürfen der schriftlichen Zustimmung des Verkäufers.

II. Preise

(Regelungstexte entfallen)

III. Zahlung/Zahlungsverzug

1. Der Kaufpreis und Preise für Nebenleistungen sind bei Übergabe des Kaufgegenstandes — spätestens jedoch acht Tage nach Zugang der schriftlichen Bereitstellungsanzeige — und Aushändigung oder Übersendung der Rechnung zur Zahlung in bar fällig.

2. Sind zwischen Verkäufer und Käufer Teilzahlungen vereinbart und ist der Käufer eine juristische Person oder ist der Kredit nach dem Inhalt des Vertrages für seine bereits ausgeübte gewerbliche oder selbständige berufliche Tätigkeit bestimmt, wird die gesamte Restschuld — ohne Rücksicht auf die Fälligkeit etwaiger Wechsel — einschließlich bis zum Fälligkeitstag aufgelaufener vereinbarter Zinsen fällig, wenn der Käufer mit mindestens zwei aufeinanderfolgenden Teilzahlungen ganz oder teilweise und mindestens 10 % des zum Laufzeitende des Kreditvertrages über drei Jahre mit 5 % des Teilzahlungspreises in Verzug ist. Die gesamte Restschuld wird ferner fällig, wenn der Käufer seine Zahlungen allgemein einstellt oder wenn über sein Vermögen ein Vergleichs- oder Konkursverfahren beantragt ist. Das gleiche gilt bei einer natürlichen Person als Käufer, wenn der Kredit zur Aufnahme einer gewerblichen oder selbständigen beruflichen Tätigkeit bestimmt ist und der Barzahlungspreis DM 100 000,— übersteigt.

Statt die Restschuld zu verlangen, kann der Verkäufer — unbeschadet seiner Rechte aus Abschnitt VI Ziffer 2 — dem Käufer schriftlich eine Nachfrist von zwei Wochen zur Zahlung des rückständigen Betrages setzen mit der Erklärung, daß er bei Nichtzahlung innerhalb der Frist die Erfüllung des Vertrages durch den Käufer ablehne. Nach erfolglosem Ablauf der Nachfrist ist der Verkäufer berechtigt, durch schriftliche Erklärung vom Vertrag zurückzutreten oder Schadenersatz wegen Nichterfüllung zu verlangen; der Anspruch auf Erfüllung ist ausgeschlossen.

3. Eine zwischen Verkäufer und Käufer getroffene Vereinbarung von Teilzahlungen, die nicht unter Ziffer 2 fällt, kann der Verkäufer kündigen und Zahlung der Restschuld verlangen, wenn

a) der Käufer mit mindestens zwei aufeinanderfolgenden Teilzahlungen ganz oder teilweise in Verzug kommt und der rückständige Betrag mindestens 10 %, bei einer Laufzeit des Teilzahlungen von mehr als drei Jahren mindestens 5% des Teilzahlungspreises beträgt, und

b) der Verkäufer dem Käufer erfolglos eine zweiwöchige Frist zur Zahlung des rückständigen Betrags mit der Erklärung gesetzt hat, daß er bei Nichtzahlung innerhalb der Frist die gesamte Restschuld verlange.

Verlangt der Verkäufer Zahlung der Restschuld, so vermindert sich diese um die Zinsen und sonstigen laufzeitabhängigen Kosten der Teilzahlungen, die bei staffelmäßiger Berechnung auf die Zeit nach Fälligkeit der Restschuld entfallen.

Statt Zahlung der Restschuld zu verlangen, kann der Verkäufer im Falle des Absatzes 1 a) — unbeschadet seiner Rechte aus Abschnitt VI Ziffer 2 — dem Käufer schriftlich eine Nachfrist von zwei Wochen setzen mit der Erklärung, daß er bei Nichtzahlung innerhalb der Nachfrist die Erfüllung des Vertrages durch den Käufer ablehne und von diesem zurücktrete. Nach erfolglosem Ablauf der Nachfrist kann der Verkäufer durch schriftli che Erklärung vom Vertrag zurücktreten; der Anspruch auf Erfüllung ist ausgeschlossen.

4. Zahlungsanweisungen, Schecks und Wechsel werden nur nach besonderer Vereinbarung und nur zahlungshalber angenommen unter Berechnung aller Einziehungs- und Diskontspesen.

5. Gegen die Ansprüche des Verkäufers kann der Käufer nur dann aufrechnen, wenn die Gegenforderung des Käufers unbestritten ist oder ein rechtskräftiger Titel vorliegt; ein Zurückbehaltungsrecht kann er nur geltend machen, soweit es auf Ansprüchen aus dem Kaufvertrag beruht.

6. Verzugszinsen werden mit 5 % p. a. über dem Diskontsatz der Deutschen Bundesbank berechnet. Sie sind höher oder niedriger anzusetzen, wenn der Verkäufer eine Belastung mit einem höheren Zinssatz oder der Käufer eine geringere Belastung nachweist.

IV. Lieferung und Lieferverzug

1. Liefertermine oder Lieferfristen, die verbindlich oder unverbindlich vereinbart werden können, sind schriftlich anzugeben. Lieferfristen beginnen mit Vertragsabschluß. Werden nachträglich Vertragsänderungen vereinbart, ist erforderlichenfalls gleichzeitig ein Liefertermin oder eine Lieferfrist erneut zu vereinbaren.

2. Der Käufer kann sechs Wochen nach Überschreitung eines unverbindlichen Liefertermins oder einer unverbindlichen Lieferfrist den Verkäufer schriftlich auffordern, binnen angemessener Frist zu liefern mit dem Hinweis, daß er die Abnahme des Kaufgegenstandes nach Ablauf der Frist ablehne. Mit dem Zugang der Aufforderung kommt der Verkäufer in Verzug. Der Käufer kann neben Lieferung Ersatz eines durch die Verzögerung etwa entstandenen Schadens verlangen; dieser Anspruch beschränkt sich bei leichter Fahrlässigkeit des Verkäufers auf höchstens 5 % des vereinbarten Kaufpreises.

Nach erfolglosem Ablauf der Nachfrist ist der Käufer berechtigt, durch schriftliche Erklärung vom Kaufvertrag zurückzutreten oder Schadenersatz wegen Nichterfüllung zu verlangen; dieser beschränkt sich bei leichter Fahrlässigkeit auf höchstens 10 % des vereinbarten Kaufpreises. Ist der Käufer eine juristische Person des öffentlichen Rechts, ein öffentlichrechtliches Sondervermögen oder ein Kaufmann, bei dem der Vertrag zum Betrieb seines Handelsgewerbes gehört, steht ihm ein Schadenersatzanspruch nur bei Vorsatz oder grober Fahrlässigkeit des Verkäufers zu. Der Anspruch auf Lieferung ist in den Fällen dieses Absatzes ausgeschlossen.

Wird dem Verkäufer, während er in Verzug ist, die Lieferung durch Zufall unmöglich, so haftet er gleichwohl nach Maßgabe der Absätze 1 und 2, es sei denn, daß der Schaden auch bei rechtzeitiger Lieferung eingetreten sein würde.

3. Wird ein verbindlicher Liefertermin oder eine verbindliche Lieferfrist überschritten, kommt der Verkäufer mit Überschreitung des Liefertermins oder der Lieferfrist in Verzug. Die Rechte des Käufers bestimmen sich dann nach Ziffer 2 Abs. 1 Satz 3, Abs. 2 sowie Abs. 3 dieses Abschnitts.

4. Höhere Gewalt oder beim Verkäufer oder dessen Lieferanten eintretende Betriebsstörungen, z. B. durch Aufruhr, Streik, Aussperrung, die ohne eigenes Verschulden vorübergehend daran hindern, den Kaufgegenstand zum vereinbarten Termin oder innerhalb der vereinbarten Frist zu liefern, verändern die in Ziffern 1 und 2 genannten Termine und Fristen um die Dauer der durch diese Umstände bedingten Leistungsstörungen.

Neuwagen-Verkaufsbedingungen (NWVB)

Führt eine entsprechende Störung zu einem Leistungsaufschub von mehr als vier Monaten, kann der Käufer vom Vertrag zurücktreten.

5. Angaben in bei Vertragsabschluß gültigen Beschreibungen über Lieferumfang, Aussehen, Leistungen, Maße und Gewichte, Betriebsstoffverbrauch, Betriebskosten usw. des Kaufgegenstandes sind Vertragsinhalt; sie sind als annähernd zu betrachten und keine zugesicherten Eigenschaften, sondern dienen als Maßstab zur Feststellung, ob der Kaufgegenstand gemäß Abschnitt VII Ziffer 1 fehlerfrei ist, es sei denn, daß eine Zusicherung gegeben ist.

Konstruktions- oder Formänderungen, Abweichungen im Farbton sowie Änderungen des Lieferumfangs seitens des Herstellers/Importeurs bleiben während der Lieferzeit vorbehalten, sofern der Kaufgegenstand nicht erheblich geändert wird und die Änderungen für den Käufer zumutbar sind.

Sofern der Verkäufer oder der Hersteller/Importeur zur Bezeichnung der Bestellung oder des bestellten Kaufgegenstandes Zeichen oder Nummern gebraucht, können allein hieraus keine Rechte abgeleitet werden.

V. Abnahme

1. Der Käufer hat das Recht, innerhalb von acht Tagen nach Zugang der Bereitstellungsanzeige den Kaufgegenstand am vereinbarten Abnahmeort zu prüfen, und die Pflicht, innerhalb dieser Frist den Kaufgegenstand abzunehmen.

2. Eine etwaige Probefahrt vor Abnahme ist in den Grenzen üblicher Probefahrten bis höchstens 20 km zu halten.

3. Weist der angebotene Kaufgegenstand erhebliche Mängel auf, die nach Rüge während der Frist nach Ziffer 1 nicht innerhalb von acht Tagen vollständig beseitigt werden, kann der Käufer die Abnahme ablehnen.

4. Bleibt der Käufer mit der Abnahme des Kaufgegenstandes länger als 14 Tage ab Zugang der Bereitstellungsanzeige vorsätzlich oder grob fahrlässig im Rückstand, so kann der Verkäufer dem Käufer schriftlich eine Nachfrist von 14 Tagen setzen mit der Erklärung, daß er nach Ablauf dieser Frist eine Abnahme ablehne. Nach erfolglosem Ablauf der Nachfrist ist der Verkäufer berechtigt, durch schriftliche Erklärung vom Kaufvertrag zurückzutreten oder Schadenersatz wegen Nichterfüllung zu verlangen.

Der Setzung einer Nachfrist bedarf es nicht, wenn der Käufer die Abnahme ernsthaft und endgültig verweigert oder offenkundig auch innerhalb dieser Zeit zur Zahlung des Kaufpreises nicht imstande ist. Bei Personenkraftwagen mit nicht gängiger Ausstattung, bei im Verkaufsgebiet des Verkäufers selten verlangten Fahrzeugtypen und bei Nutzfahrzeugen bedarf es in diesen Fällen auch nicht der Bereitstellung.

5. Verlangt der Verkäufer Schadenersatz, so beträgt dieser 15 % des vereinbarten Kaufpreises. Der Schadensatz ist höher oder niedriger anzusetzen, wenn der Verkäufer einen höheren oder der Käufer einen geringeren Schaden nachweist.

6. Wird der Kaufgegenstand bei einer Probefahrt vor seiner Abnahme vom Käufer oder seinem Beauftragten gelenkt, so haftet der Käufer für dabei am Fahrzeug entstandene Schäden, wenn diese vom Fahrzeuglenker vorsätzlich oder grob fahrlässig verursacht sind.

VI. Eigentumsvorbehalt

1. Der Kaufgegenstand bleibt bis zum Ausgleich der dem Verkäufer aufgrund des Kaufvertrages zustehenden Forderungen Eigentum des Verkäufers. Der Eigentumsvorbehalt bleibt auch bestehen für alle Forderungen, die der Verkäufer gegen den Käufer im Zusammenhang mit dem Kaufgegenstand, z. B. aufgrund von Reparaturen und Ersatzteillieferungen sowie sonstigen Leistungen, nachträglich erwirbt.

Ist der Käufer eine juristische Person des öffentlichen Rechts, ein öffentlich-rechtliches Sondervermögen oder ein Kaufmann, bei dem der Vertrag zum Betrieb seines Handelsgewerbes gehört, gilt der Eigentumsvorbehalt auch für die Forderungen, die der Verkäufer aus seinen laufenden Geschäftsbeziehungen gegenüber dem Käufer hat.

Während der Dauer des Eigentumsvorbehalts steht das Recht zum Besitz des Fahrzeugbriefes dem Verkäufer zu.

Auf Verlangen des Käufers ist der Verkäufer zum Verzicht auf den Eigentumsvorbehalt verpflichtet, wenn der Käufer sämtliche mit dem Kaufgegenstand im Zusammenhang stehende Forderungen erfüllt hat und für die übrigen Forderungen aus der laufenden Geschäftsbeziehung anderweitig eine angemessene Sicherung besteht.

2. Der Verkäufer kann den Kaufgegenstand herausverlangen, wenn

a) bei einem unter Abschnitt III Ziffer 2 Absatz 1 genannten Käufer die dort erwähnten Voraussetzungen oder

b) bei einem unter Abschnitt III Ziffer 3 genannten Käufer die dort erwähnten Voraussetzungen vorliegen oder jener Käufer die eidesstattliche Versicherung abgegeben hat oder

c) der Käufer seiner Verpflichtung aus den nachstehenden Ziffern 3 oder 4 oder trotz schriftlicher Aufforderung aus nachstehender Ziffer 6 nicht nachkommt.

Zurückbehaltungsrechte des Käufers, die nicht auf dem Kaufvertrag beruhen, sind ausgeschlossen.

Nimmt der Verkäufer den Kaufgegenstand wieder an sich, so sind Verkäufer und Käufer sich darüber einig, daß der Verkäufer dem Käufer den gewöhnlichen Verkaufswert des Kaufgegenstandes im Zeitpunkt der Rücknahme vergütet. Auf Wunsch des Käufers, der nur unverzüglich nach Rücknahme des Kaufgegenstandes geäußert werden kann, wird nach Wahl des Käufers ein öffentlich bestellter und vereidigter Sachverständiger, z. B. der Deutschen Automobil Treuhand GmbH (DAT), den gewöhnlichen Verkaufswert ermitteln.

Der Verkäufer kann dem Käufer erneut schriftlich eine angemessene Frist zur Erfüllung seiner Verpflichtung setzen und ankündigen, daß er, wenn der Käufer innerhalb dieser Frist seine Verpflichtung erfüllt, die Rückgabe des Kaufgegenstandes unter Berücksichtigung des gezahlten gewöhnlichen Verkaufswertes anbieten werde.

Außer im Falle des Abschnitts III Ziffer 3 trägt der Käufer sämtliche Kosten der Rücknahme und der Verwertung des Kaufgegenstandes. Die Verwertungskosten betragen ohne Nachweis 5 % des Verwertungserlöses. Sie sind höher oder niedriger anzusetzen, wenn der Verkäufer höhere oder der Käufer niedrigere Kosten nachweist.

3. Solange der Eigentumsvorbehalt besteht, ist nur mit vorheriger schriftlicher Zustimmung des Verkäufers eine Veräußerung, Verpfändung, Sicherungsübereignung, Vermietung oder anderweitige, die Sicherung des Verkäufers beeinträchtigende Überlassung oder Veränderung des Kaufgegenstandes zulässig.

4. Bei Zugriffen von Dritten, insbesondere bei Pfändungen des Kaufgegenstandes oder bei Ausübung des Unternehmerpfandrechts einer Werkstatt, hat der Käufer dem Verkäufer unverzüglich schriftlich Mitteilung zu machen sowie den Dritten unverzüglich auf den Eigentumsvorbehalt des Verkäufers hinzuweisen.

5. Wurde der Abschluß einer Vollkasko-Versicherung vereinbart, hat der Käufer diese verpflichtet für die Dauer des Eigentumsvorbehalts mit einer angemessenen Selbstbeteiligung abzuschließen mit der Maßgabe, daß die Rechte aus dem Versicherungsvertrag dem Verkäufer zustehen. Der Käufer ermächtigt den Verkäufer, für sich einen Sicherungsschein über die Fahrzeugvollversicherung zu beantragen und Auskunft über das vorgenannte Versicherungsverhältnis einzuholen. Kommt der Käufer dieser Verpflichtung trotz schriftlicher Mahnung des Verkäufers nicht nach, kann der Verkäufer selbst die Vollkasko-Versicherung auf Kosten des Käufers abschließen, die Versicherungsprämien verauslagen und als Teile der Forderung aus dem Kaufvertrag einziehen.

6. Der Käufer hat die Pflicht, den Kaufgegenstand während der Dauer des Eigentumsvorbehalts in ordnungsgemäßem Zustand zu halten und alle vom Hersteller/Importeur vorgesehenen Wartungsarbeiten und erforderlichen Instandsetzungen unverzüglich — abgesehen von Notfällen — vom Verkäufer oder für die Betreuung des Kaufgegenstandes vom Hersteller/Importeur anerkannten Werkstatt ausführen zu lassen.

VII. Gewährleistung

1. Der Verkäufer leistet Gewähr für die Fehlerfreiheit während eines Jahres seit Auslieferung des Kaufgegenstandes. Maßstab für die Fehlerfreiheit ist der Stand der Technik für vergleichbare Fahrzeuge des Typs des Kaufgegenstandes bei Auslieferung. Hiervon abweichend wird für Nutzfahrzeuge nach jedoch längstens bis zu einer Fahrleistung von _____ km und für _____ bis zu einer Fahrleistung von _____ km geleistet, wenn der Käufer eine juristische Person des öffentlichen Rechts, ein öffentlich-rechtliches Sondervermögen oder ein Kaufmann ist, bei dem der Vertrag zum Betrieb seines Handelsgewerbes gehört.

2. Der Käufer hat Anspruch auf Beseitigung von Fehlern und durch sie an anderen Teilen des Kaufgegenstandes verursachten Schäden (Nachbesserung).

Neuwagen-Verkaufsbedingungen (NWVB)

Für die Abwicklung gilt folgendes:

a) Der Käufer kann Nachbesserungsansprüche beim Verkäufer oder bei anderen, vom Hersteller/Importeur für die Betreuung des Kaufgegenstandes anerkannten Betrieben geltend machen; im letzteren Fall hat der Käufer den Verkäufer hiervon unverzüglich schriftlich zu unterrichten.

Der Käufer hat Fehler unverzüglich nach deren Feststellung bei dem in Anspruch genommenen Betrieb entweder schriftlich anzuzeigen oder von ihm aufnehmen zu lassen.

b) Nachbesserungen haben unverzüglich nach den technischen Erfordernissen durch Ersatz oder Instandsetzung fehlerhafter Teile ohne Berechnung derjenigen Aufwendungen zu erfolgen, die zum Zwecke der Nachbesserung erforderlich sind, insbesondere Transport-, Wege-, Arbeits- und Materialkosten. Ersetzte Teile werden Eigentum des Verkäufers.

Werden durch die Nachbesserung zusätzliche vom Hersteller/Importeur vorgeschriebene Wartungsarbeiten erforderlich, übernimmt der Verkäufer deren Kosten einschließlich der Kosten benötigter Materialien und Schmierstoffe.

c) Für die bei der Nachbesserung eingebauten Teile wird bis zum Ablauf der Gewährleistungsfrist des Kaufgegenstandes Gewähr aufgrund des Kaufvertrages geleistet.

d) Wird der Kaufgegenstand wegen eines gewährleistungspflichtigen Fehlers betriebsunfähig, hat sich der Käufer an den dem Ort des betriebsunfähigen Kaufgegenstandes nächstgelegenen, vom Hersteller/Importeur für die Betreuung des Kaufgegenstandes anerkannten dienstbereiten Betrieb zu wenden. Dieser Betrieb entscheidet, ob die erforderlichen Arbeiten an Ort und Stelle oder in seiner Werkstatt durchgeführt werden. Im letzteren Fall sorgt er für kostenloses Abschleppen des Kaufgegenstandes.

e) Von den Aufwendungen, die zum Zweck der Nachbesserung von Nutzfahrzeugen über 5 t zulässiges Gesamtgewicht erforderlich sind, trägt der Verkäufer etwaige Abschleppkosten nicht, wenn der Käufer eine juristische Person des öffentlichen Rechts, ein öffentlich-rechtliches Sondervermögen oder ein Kaufmann ist, bei der der Vertrag zum Betrieb seines Handelsgewerbes gehört.

3. Bei Fremdaufbauten, die Gegenstand des Kaufvertrages sind, hat sich der Käufer wegen Nachbesserung zunächst an den Aufbautenhersteller/-importeur zu wenden. Nachbesserungsansprüche gegen den Verkäufer hat der Käufer nur, wenn der Hersteller/Importeur der Aufbauten nicht innerhalb angemessener Frist nachbessert.

4. Schlägt — unter Beachtung vorstehender Ziffer 2 a) geltend gemachte — Nachbesserung fehl, insbesondere wenn der Fehler nicht beseitigt werden kann oder für den Käufer weitere Nachbesserungsversuche unzumutbar sind, kann der Käufer vom Verkäufer Wandelung (Rückgängigmachung des Kaufvertrages) oder Minderung (Herabsetzung der Vergütung) verlangen. Ein Anspruch auf Ersatzlieferung besteht nicht.

5. Durch Eigentumswechsel am Kaufgegenstand werden Gewährleistungsverpflichtungen nicht berührt.

6. Gewährleistungsverpflichtungen bestehen nicht, wenn der Fehler oder Schaden dadurch entstanden ist, daß

— der Käufer einen Fehler nicht angezeigt hat oder hat aufnehmen lassen oder

— der Käufer trotz Aufforderung nicht unverzüglich Gelegenheit zur Nachbesserung gegeben hat oder

— der Kaufgegenstand unsachgemäß behandelt oder überbeansprucht worden ist, z. B. bei motorsportlichen Wettbewerben, oder

— der Kaufgegenstand zuvor in einem Betrieb, der für den Käufer erkennbar vom Hersteller/Importeur für die Betreuung nicht anerkannt war, unsachgemäß instand gesetzt, gewartet oder gepflegt worden ist und der Käufer dies erkennen mußte oder

— in den Kaufgegenstand Teile eingebaut worden sind, deren Verwendung der Hersteller/Importeur nicht genehmigt hat oder der Kaufgegenstand in einer vom Hersteller/Importeur nicht genehmigten Weise verändert worden ist oder

— der Käufer die Vorschriften über die Behandlung, Wartung und Pflege des Kaufgegenstandes (z. B. Betriebsanleitung) nicht befolgt hat.

7. Natürlicher Verschleiß ist von der Gewährleistung ausgeschlossen.

8. Kommt der Betrieb, an den sich der Käufer wegen Fehler gewandt hat, mit der Nachbesserung in Verzug, steht dem Käufer das Recht zu, den Ausgleich einer noch offenen Kaufpreisforderung in angemessenem Umfang bis zum Ende der Nachbesserung zu verweigern.

9. Bei Fehlen zugesicherter Eigenschaften bleibt ein Anspruch auf Schadenersatz wegen Nichterfüllung unberührt.

10. Die vorstehend genannten Gewährleistungsansprüche verjähren mit Ablauf der Gewährleistungsfrist gemäß Ziffer 1. Für innerhalb der Gewährleistungsfrist geltend gemachte, bis zu deren Ablauf aber nicht beseitigte Fehler wird bis zur Beseitigung des Fehlers Gewähr geleistet; solange ist die Verjährungsfrist für diesen Fehler gehemmt. In den Fällen des Satzes 2 endet die Verjährungsfrist jedoch drei Monate nach Erklärung des in Anspruch genommenen Betriebes, der Fehler sei beseitigt oder es liege kein Fehler vor.

VIII. Haftung

1. Der Verkäufer haftet nach Maßgabe der nachfolgenden Bestimmungen für Schäden — gleich aus welchem Rechtsgrund —, wenn er, sein gesetzlicher Vertreter oder sein Erfüllungsgehilfe sie schuldhaft verursacht hat.

Bei Vorsatz oder grober Fahrlässigkeit haftet der Verkäufer dem Käufer unbeschränkt.

Bei leichter Fahrlässigkeit haftet er beschränkt: Die Haftung besteht nur, soweit der Schaden Leistungen von Versicherungen übersteigt und Drittschaden nicht im Rahmen des Gesetzes über die Pflichtversicherung für Kraftfahrzeughalter ersetzt wird. Die Haftung beschränkt sich dabei der Höhe nach auf die jeweiligen Mindestversicherungssummen nach dem Gesetz über die Pflichtversicherung für Kraftfahrzeughalter. Nicht ersetzt werden jedoch Wertminderung des Kaufgegenstandes, entgangene Nutzung, insbesondere Mietwagenkosten, entgangener Gewinn, Abschleppkosten und Wageninhalt sowie Ladung.

Das gleiche gilt für Schäden bei Nachbesserung.

2. Unabhängig von einem Verschulden des Verkäufers bleibt eine etwaige Haftung des Verkäufers nach dem Produkthaftungsgesetz unberührt.

3. Die Haftung wegen Lieferverzuges ist in Abschnitt IV abschließend geregelt.

4. Die Rechte des Käufers aus Gewährleistung gemäß Abschnitt VII bleiben unberührt.

5. Ausgeschlossen ist die persönliche Haftung der gesetzlichen Vertreter, Erfüllungsgehilfen und Betriebsangehörigen des Verkäufers für von ihnen durch leichte Fahrlässigkeit verursachte Schäden.

IX. Gerichtsstand

1. Für sämtliche gegenwärtigen und zukünftigen Ansprüche aus der Geschäftsverbindung mit Vollkaufleuten einschließlich Wechsel- und Scheckforderungen ist ausschließlicher Gerichtsstand der Sitz des Verkäufers.

2. Der gleiche Gerichtsstand gilt, wenn der Käufer keinen allgemeinen Gerichtsstand im Inland hat, nach Vertragsabschluß seinen Wohnsitz oder gewöhnlichen Aufenthaltsort aus dem Inland verlegt oder sein Wohnsitz oder gewöhnlicher Aufenthaltsort zum Zeitpunkt der Klageerhebung nicht bekannt ist. Im übrigen gilt bei Ansprüchen des Verkäufers gegen den Käufer dessen Wohnsitz als Gerichtsstand.

Unverbindliche Empfehlung des Zentralverbandes Deutsches Kraftfahrzeuggewerbe e. V. (ZDK), des Verbandes der Automobilindustrie e. V. (VDA) und des Verbandes der Importeure von Kraftfahrzeugen e. V. (VdIK).
Stand 1. Juli 1991

Allgemeine Geschäftsbedingungen für das Leasing von Neufahrzeugen zur privaten Nutzung

(Diese AGB sind teilweise veraltet. Die Überarbeitung war leider zum Redaktionsschluß noch im Gange.)

Bekanntmachung des Bundeskartellamts Nr. 22/88 über die Anmeldung der Empfehlung vom 11. März 1988

Der Verband der Automobilindustrie e. V. (VDA), Westendstraße 61, 60325 Frankfurt am Main, hat durch seinen Präsidenten am 9. März 1988 die nachfolgend wiedergegebene Empfehlung allgemeiner Geschäftsbedingungen nach § 38 Abs. 2 Nr. 3 des Gesetzes gegen Wettbewerbsbeschränkungen beim Bundeskartellamt angemeldet:
»Der Verband der Automobilindustrie e. V. (VDA) empfiehlt seinen Mitgliedern, soweit sie oder mit ihnen verbundene Gesellschaften das Leasinggeschäft betreiben, die nachstehenden Geschäftsbedingungen zur Verwendung gegenüber den privaten Leasingnehmern.

Unverbindliche Empfehlung des VDA von Allgemeinen Geschäftsbedingungen für das Leasing von Neufahrzeugen zur privaten Nutzung in der Fassung vom 25. Februar 1988.

I. Vertragsabschluß

1. Der Leasingnehmer ist an seinen Leasingantrag vier Wochen und bei Nutzfahrzeugen sechs Wochen gebunden. Der Leasingvertrag ist abgeschlossen, wenn der Leasinggeber innerhalb dieser Frist die Annahme des Antrags schriftlich bestätigt.
2. Sämtliche Vereinbarungen sind schriftlich niederzulegen. Dies gilt auch für Nebenabreden und Zusicherungen sowie für nachträgliche Vertragsänderungen.

II. Leasinggegenstand

Konstruktions- oder Formänderungen des Leasinggegenstandes – nachstehend Fahrzeug genannt –, Abweichungen im Farbton sowie Änderungen des Lieferumfanges seitens des Herstellers bleiben während der Lieferzeit vorbehalten, sofern das Fahrzeug nicht erheblich geändert wird und die Änderungen für den Leasingnehmer zumutbar sind.

III. Beginn der Leasingzeit

Die Leasingzeit beginnt an dem zwischen dem Lieferanten und dem Leasingnehmer vereinbarten Tag der Übergabe. Falls auf Wunsch des Leasingnehmers das Fahrzeug vorher zugelassen wird, beginnt die Leasingzeit am Tag der Zulassung. Kommt keine Vereinbarung über den Übergabezeitpunkt zustande, beginnt die Leasingzeit 14 Tage nach Anzeige der Bereitstellung des Fahrzeuges.

IV. Leasingentgelte

1. Die Leasingraten sowie die nachstehend geregelten weiteren Entgelte sind Gegenleistung für die Gebrauchsüberlassung des Fahrzeuges.
2. Ist eine Leasingsonderzahlung vereinbart, dient diese nicht als Kaution; durch sie werden Leasingraten getilgt.
3. Ist bei Rückgabe des Fahrzeuges nach Ablauf der bei Vertragsabschluß vereinbarten Leasingzeit die festgelegte Gesamtkilometer-Laufleistung über- bzw. unterschritten, werden die gefahrenen Mehr- bzw. Minderkilometer dem Leasingnehmer zu dem im Leasingvertrag genannten Satz nachberechnet bzw. vergütet. Bei der Berechnung von Mehr- und Minderkilometern bleiben 2500 km ausgenommen.
4. Vereinbarte Nebenleistungen, wie z. B. Überführung, An- und Abmeldung des Fahrzeuges sowie Aufwendungen für Versicherung und Steuern, soweit sie nicht als Bestandteil der Leasingrate ausdrücklich ausgewiesen werden, sind gesondert zu bezahlen.
5. (Anpassungsregelung für Leasingentgelte)
6. Weitere Zahlungsverpflichtungen des Leasingnehmers nach diesem Vertrag (z. B. im Fall der Kündigung gemäß Abschnitt XV) bleiben unberührt.

AGB für das Leasing von Neufahrzeugen zur privaten Nutzung

V. Zahlung und Zahlungsverzug

1. Die erste Leasingrate ist fällig...; die weiteren Leasingraten sind fällig am... Eine Leasing-Sonderzahlung ist – soweit nichts anderes vereinbart – zu Beginn der Leasingzeit fällig.
2. Die Forderungen auf Ersatz von Überführungs-, An- und Abmeldekosten sowie der vom Leasinggeber verauslagten Beträge sind nach Anfall/Verauslagung und Rechnungsstellung fällig.
Alle weiteren Forderungen des Leasinggebers sind nach Rechnungsstellung fällig.
3. Zahlungsanweisungen, Schecks und Wechsel werden nur nach besonderer Vereinbarung und nur zahlungshalber angenommen unter Berechnung aller Einziehungs- und Diskontspesen.
4. Gegen die Ansprüche des Leasinggebers kann der Leasingnehmer nur dann aufrechnen, wenn die Gegenforderung des Leasingnehmers unbestritten ist oder ein rechtskräftiger Titel vorliegt; ein Zurückbehaltungsrecht kann der Leasingnehmer nur geltend machen, soweit es auf Ansprüchen aus dem Leasingvertrag beruht.
5. Kommt der Leasingnehmer mit Zahlungen in Verzug, werden Verzugszinsen in Höhe von... berechnet. Die Verzugszinsen sind höher oder niedriger anzusetzen, wenn der Leasinggeber eine Belastung mit einem höheren Zinssatz oder der Leasingnehmer eine geringere Belastung nachweist.

VI. Lieferung und Lieferverzug

1. Liefertermine oder Lieferfristen, die verbindlich oder unverbindlich vereinbart werden können, sind schriftlich anzugeben. Lieferfristen beginnen mit Vertragsschluß. Werden nachträgliche Vertragsänderungen vereinbart, ist erforderlichenfalls gleichzeitig ein Liefertermin oder eine Lieferfrist erneut schriftlich zu vereinbaren.
2. Der Leasingnehmer kann 6 Wochen nach Überschreiten eines unverbindlichen Liefertermins oder einer unverbindlichen Lieferfrist den Leasinggeber schriftlich auffordern, binnen angemessener Frist zu liefern. Mit dieser Mahnung kommt der Leasinggeber in Verzug. Der Leasingnehmer kann neben Lieferung Ersatz des Verzugsschadens nur verlangen, wenn dem Leasinggeber Vorsatz oder grobe Fahrlässigkeit zur Last fällt.

Der Leasingnehmer kann im Fall des Verzugs dem Leasinggeber auch schriftlich eine angemessene Nachfrist setzen mit dem Hinweis, daß er die Übernahme des Leasingfahrzeuges nach Ablauf der Frist ablehne. Nach erfolglosem Ablauf der Nachfrist ist der Leasingnehmer berechtigt, durch schriftliche Erklärung vom Leasingvertrag zurückzutreten oder Schadenersatz wegen Nichterfüllung zu verlangen. Dieser beschränkt sich bei leichter Fahrlässigkeit auf höchstens 10% des Fahrzeugpreises entsprechend der unverbindlichen Preisempfehlung/ des Listenpreises des Fahrzeugherstellers zum Zeitpunkt des Vertragsabschlusses. Der Anspruch auf Lieferung ist in den Fällen dieses Absatzes ausgeschlossen.
Wird dem Leasinggeber während er in Verzug ist, die Lieferung durch Zufall unmöglich, so haftet er gleichwohl nach Maßgabe der Absätze 1 und 2, es sei denn, daß der Schaden auch bei rechtzeitiger Lieferung eingetreten wäre.
3. Wird ein verbindlicher Liefertermin oder eine verbindliche Lieferfrist überschritten, kommt der Leasinggeber bereits mit Überschreiten des Liefertermins oder der Lieferfrist in Verzug. Die Rechte des Leasingnehmers bestimmen sich dann nach Ziffer 2.

VII. Übernahme und Übernahmeverzug

1. Der Leasingnehmer hat das Recht, das Fahrzeug innerhalb von 8 Tagen nach Zugang der Bereitstellungsanzeige am vereinbarten Übernahmeort zu prüfen und eine Probefahrt über höchstens 20 km durchzuführen. Der Leasingnehmer ist verpflichtet, das Fahrzeug innerhalb der vorgenannten Frist zu übernehmen.
Sind Änderungen im Sinne von Abschnitt II Ziffer 1 erheblich oder für den Leasingnehmer unzumutbar, kann dieser die Übernahme ablehnen. Das gleiche Recht hat der Leasingnehmer, wenn das angebotene Fahrzeug erhebliche Mängel aufweist, die nach Rüge während der Prüfungsfrist nicht innerhalb von 8 Tagen vollständig beseitigt werden.
2. Bleibt der Leasingnehmer mit der Übernahme des Fahrzeuges länger als 14 Tage ab Zugang der Bereitstellungsanzeige vorsätzlich oder grob fahrlässig im Rückstand, so kann der Leasinggeber dem Leasingnehmer schriftlich eine Nachfrist von 14 Tagen setzen mit der Erklärung, daß er nach Ablauf dieser Frist eine Übergabe ablehne. Nach erfolglosem Ablauf der Nachfrist ist der Leasinggeber berechtigt, durch schriftliche Erklärung vom Vertrag zu-

AGB für das Leasing von Neufahrzeugen zur privaten Nutzung

rückzutreten oder Schadenersatz wegen Nichterfüllung zu verlangen.
Der Setzung einer Nachfrist bedarf es nicht, wenn der Leasingnehmer die Abnahme ernsthaft und endgültig verweigert oder offenkundig auch innerhalb dieser Zeit zur Erfüllung seiner Zahlungsverpflichtung aus dem Leasingvertrag nicht imstande ist.
Verlangt der Leasinggeber Schadenersatz, so beträgt dieser 15% des Fahrzeugpreises entsprechend der unverbindlichen Preisempfehlung/des Listenpreises (einschließlich Umsatzsteuer) des Fahrzeugherstellers zum Zeitpunkt des Vertragsabschlusses für dieses Fahrzeug. Der Schadenbetrag ist höher oder niedriger anzusetzen, wenn der Leasinggeber einen höheren oder der Leasingnehmer einen geringeren Schaden nachweist.
Macht der Leasinggeber von seinen Rechten gemäß Satz 1 dieser Ziffer keinen Gebrauch, kann er über das Fahrzeug frei verfügen und an dessen Stelle binnen angemessener Frist ein anderes vertragsgemäßes Fahrzeug zu den Vertragsbedingungen liefern.

VIII. Eigentumsverhältnisse, Halter des Fahrzeugs und Zulassung

1. Der Leasinggeber ist Eigentümer des Fahrzeuges. Er ist berechtigt, in Abstimmung mit dem Leasingnehmer das Fahrzeug zu besichtigen und auf seinen Zustand zu überprüfen.
Der Leasingnehmer darf das Fahrzeug weder verkaufen, verpfänden, verschenken, vermieten oder verleihen noch zur Sicherung übereignen. Zur längerfristigen Nutzung darf er das Fahrzeug nur den seinem Haushalt angehörenden Personen überlassen. Eine Verwendung zu Fahrschulzwecken, als Taxi oder zu sportlichen Zwecken bedarf der vorherigen schriftlichen Zustimmung des Leasinggebers.
2. Der Leasingnehmer hat das Fahrzeug von Rechten Dritter freizuhalten. Von Ansprüchen Dritter auf das Fahrzeug, Entwendung, Beschädigung und Verlust ist der Leasinggeber vom Leasingnehmer unverzüglich zu benachrichtigen. Der Leasingnehmer trägt die Kosten für Maßnahmen zur Abwehr des Zugriffs Dritter, die nicht vom Leasinggeber verursacht sind.
3. Nachträgliche Änderungen, zusätzliche Einbauten sowie Lackierungen und Beschriftungen an dem Fahrzeug sind nur zulässig, wenn der Leasinggeber vorher schriftlich zugestimmt hat. Der Leasingnehmer ist jedoch verpflichtet,
auf Verlangen des Leasinggebers den ursprünglichen Zustand zum Vertragsende auf eigene Kosten wiederherzustellen, es sei denn, der Leasinggeber hat hierauf verzichtet oder der ursprüngliche Zustand kann nur mit unverhältnismäßig hohem Aufwand wiederhergestellt werden. Der Leasingnehmer ist berechtigt, von ihm vorgenommene Einbauten zum Vertragsende unter der Voraussetzung zu entm unter der Voraussetzung, daß der ursprüngliche Zustand wiederhergestellt wird. Änderungen und Einbauten begründen nur dann einen Anspruch auf Zahlung einer Ablösung gegen den Leasinggeber, wenn dieser schriftlich zugestimmt hat und durch die Veränderungen eine Wertsteigerung des Fahrzeuges bei Rückgabe noch vorhanden ist.
4. Der Leasingnehmer ist Halter des Fahrzeuges. Es wird auf ihn zugelassen. Der Fahrzeugbrief wird vom Leasinggeber verwahrt. Benötigt der Leasingnehmer zur Erlangung behördlicher Genehmigungen den Fahrzeugbrief, wird dieser der Behörde auf sein Verlangen vom Leasinggeber vorgelegt. Wird der Fahrzeugbrief dem Leasingnehmer von Dritten ausgehändigt, ist der Leasingnehmer unverzüglich zur Rückgabe an den Leasinggeber verpflichtet.

IX. Halterpflichten

1. Der Leasingnehmer hat alle sich aus dem Betrieb und der Haltung des Fahrzeuges ergebenden gesetzlichen Verpflichtungen, insbesondere die termingerechte Vorführung zu Untersuchungen, zu erfüllen und den Leasinggeber, soweit er in Anspruch genommen wird, freizustellen.
2. Der Leasingnehmer trägt sämtliche Aufwendungen, die mit dem Betrieb und der Haltung des Fahrzeuges verbunden sind, insbesondere Steuern, Versicherungsbeiträge, Wartungs- und Reparaturkosten. Leistet der Leasinggeber für den Leasingnehmer Zahlungen, die nicht aufgrund besonderer Vereinbarung vom Leasinggeber zu erbringen sind, kann er beim Leasingnehmer Rückgriff nehmen.
3. Der Leasingnehmer hat dafür zu sorgen, daß das Fahrzeug nach den Vorschriften der Betriebsanleitung des Herstellers behandelt wird. Das Fahrzeug ist im Rahmen des vertraglichen Verwendungszweckes schonend zu behandeln und stets im betriebs- und verkehrssicheren Zustand zu erhalten.

AGB für das Leasing von Neufahrzeugen zur privaten Nutzung

X. Versicherungsschutz und Schadenabwicklung

1. Für die Leasingzeit hat der Leasingnehmer eine Kraftfahrzeug-Haftpflichtversicherung mit einer pauschalen Deckungssumme von DM ... und eine Fahrzeugvollversicherung mit einer Selbstbeteiligung von DM ... abzuschließen. Der Leasingnehmer ermächtigt den Leasinggeber, für sich einen Sicherungsschein über die Fahrzeugvollversicherung zu beantragen und Auskunft über die vorgenannten Versicherungsverhältnisse einzuholen. Hat der Leasingnehmer nicht die erforderliche Fahrzeugvollversicherung abgeschlossen, ist der Leasinggeber berechtigt, aber nicht verpflichtet, eine entsprechende Versicherung als Vertreter für den Leasingnehmer abzuschließen.
2. Im Schadenfall hat der Leasingnehmer den Leasinggeber unverzüglich zu unterrichten; bei voraussichtlichen Reparaturkosten von über DM 3000,– hat die Unterrichtung fernmündlich vor Erteilung des Reparaturauftrags zu erfolgen, soweit dies dem Leasingnehmer möglich und zumutbar ist.
Der Leasingnehmer hat dem Leasinggeber ferner unverzüglich eine Kopie der an den Versicherer gerichteten Schadenanzeige und der Rechnung über die durchgeführte Reparatur zu übersenden.
3. Der Leasingnehmer hat die notwendigen Reparaturarbeiten unverzüglich im eigenen Namen und auf eigene Rechnung durchführen zu lassen, es sei denn, daß wegen Schwere und Umfang der Schäden Totalschaden anzunehmen ist oder die voraussichtlichen Reparaturkosten 60% des Wiederbeschaffungswerts des Fahrzeuges übersteigen.
Der Leasingnehmer hat mit der Durchführung der Reparatur einen vom Hersteller anerkannten Betrieb zu beauftragen. In Notfällen können, falls die Hilfe eines vom Hersteller anerkannten Betriebes nicht oder nur unter unzumutbaren Schwierigkeiten erreichbar ist, Reparaturen in einem anderen Kfz-Reparaturbetrieb, der die Gewähr für sorgfältige handwerksmäßige Arbeit bietet, durchgeführt werden.
4. Der Leasingnehmer ist – vorbehaltlich eines Widerrufes durch den Leasinggeber – ermächtigt und verpflichtet, alle fahrzeugbezogenen Ansprüche aus einem Schadenfall im eigenen Namen und auf eigene Kosten geltend zu machen. Zum Ausgleich des Fahrzeugschadens erlangte Beträge hat der Leasingnehmer im Reparaturfall zur Begleichung der Reparaturrechnung zu verwenden. Ist der Leasingnehmer gemäß Ziffer 3 Absatz 1 nicht zur Reparatur des Fahrzeuges verpflichtet, hat er die erlangten Entschädigungsleistungen an den Leasinggeber abzuführen. Diese werden im Rahmen der Abrechnung gemäß Abschnitt XV berücksichtigt.
5. Entschädigungsleistungen für Wertminderung sind in jedem Fall an den Leasinggeber weiterzuleiten.
Bei Verträgen mit Gebrauchtwagenabrechnung rechnet der Leasinggeber erhaltene Wertminderungsbeträge dem aus dem Verkauf des Fahrzeuges erzielten Verkaufserlös (ohne Umsatzsteuer) am Vertragsende zu. Bei Verträgen mit Kilometerabrechnung kann der Leasinggeber vom Leasingnehmer am Vertragsende nur die dann noch bestehende schadenbedingte Wertminderung des Fahrzeuges ersetzt verlangen, soweit der Leasinggeber nicht schon im Rahmen der Schadenabwicklung eine Wertminderungsentschädigung erhalten hat.
6. Bei Totalschaden oder Verlust des Fahrzeuges kann jeder Vertragspartner den Leasingvertrag zum Ende eines Vertragsmonats / alternativ: zum Zeitpunkt der Fälligkeit einer Leasingrate / kündigen.
Bei schadenbedingten Reparaturkosten von mehr als 60% des Wiederbeschaffungswertes des Fahrzeuges kann der Leasingnehmer innerhalb von 3 Wochen nach Kenntnis dieser Voraussetzungen zum Ende eines Vertragsmonats / alternativ: zum Zeitpunkt der Fälligkeit einer Leasingrate / kündigen. Macht der Leasingnehmer von diesem Kündigungsrecht keinen Gebrauch, hat er das Fahrzeug gemäß Ziffer 3, 1. Halbsatz, unverzüglich reparieren zu lassen.
Wird im Falle der Entwendung das Fahrzeug vor dem Eintritt der Leistungsverpflichtung des Versicherers wieder aufgefunden, setzt sich der Leasingvertrag auf Verlangen eines der Vertragspartner zu den bisherigen Bedingungen fort. In diesem Fall hat der Leasingnehmer die zwischenzeitlichen Leasingraten in einer Summe innerhalb einer Woche ab Geltendmachung des Fortsetzungsverlangens nachzuzahlen.
Totalschaden, Verlust oder Beschädigung des Fahrzeuges entbinden nur dann von der Verpflichtung zur Zahlung weiterer Leasingraten, wenn der Leasingvertrag wirksam nach Absätzen 1 oder 2 gekündigt ist und nicht gemäß Absatz 3 fortgesetzt wird.
Die Folgen einer Kündigung nach Absätzen 1 oder 2 sind in Abschnitt XV geregelt.

AGB für das Leasing von Neufahrzeugen zur privaten Nutzung

XI. Haftung

1. Für Untergang, Verlust, Beschädigung und Wertminderung des Fahrzeuges und seiner Ausstattung haftet der Leasingnehmer dem Leasinggeber auch ohne Verschulden, jedoch nicht bei Verschulden des Leasinggebers.
2. Für unmittelbare und mittelbare Schäden, die dem Leasingnehmer oder anderen Personen durch den Gebrauch des Fahrzeuges, Gebrauchsunterbrechung oder -entzug entstehen, haftet der Leasinggeber dem Leasingnehmer nur bei Verschulden.

XII. Wartung und Reparaturen

Fällige Wartungsarbeiten hat der Leasingnehmer pünktlich, erforderliche Reparaturen unverzüglich durch einen vom Hersteller anerkannten Betrieb ausführen zu lassen. Das gilt auch für Schäden an der Kilometer-Anzeige. In diesem Fall hat der Leasingnehmer dem Leasinggeber eine Kopie der Reparaturrechnung mit dem Vermerk des alten Kilometerstandes einzureichen.

In Notfällen können, falls die Hilfe eines vom Hersteller anerkannten Betriebes nicht oder nur unter unzumutbaren Schwierigkeiten erreichbar ist, Reparaturen in einem anderen Kfz-Reparaturbetrieb, der die Gewähr für sorgfältige handwerksmäßige Arbeit bietet, durchgeführt werden.

XIII. Gewährleistung

1. Der Leasinggeber tritt sämtliche Ansprüche auf Gewährleistung aus dem Kaufvertrag über das Fahrzeug sowie etwaige zusätzliche Garantieansprüche gegen den Hersteller/Importeur an den Leasingnehmer ab. Dieser nimmt die Abtretung an und verpflichtet sich, diese Ansprüche im eigenen Namen mit der Maßgabe geltend zu machen, daß bei Rückgängigmachung des Kaufvertrags (Wandlung) oder Herabsetzung des Kaufpreises (Minderung) etwaige Zahlungen des Gewährleistungs- oder Garantieverpflichteten direkt an den Leasinggeber zu leisten sind.
Gegen den Leasinggeber stehen dem Leasingnehmer Gewährleistungsansprüche nicht zu.
2. Nachbesserungsansprüche sind vom Leasingnehmer bei einem vom Hersteller anerkannten Betrieb entsprechend den hierfür maßgeblichen Gewährleistungs- und Garantiebedingungen geltend zu machen. Bleibt der erste Nachbesserungsversuch erfolglos, wird der Leasinggeber den Leasingnehmer nach schriftlicher Auffassung bei der Durchsetzung seines Nachbesserungsanspruches unterstützen.
3. Schlägt die Nachbesserung fehl und verlangt der Leasingnehmer deshalb Wandlung oder Minderung, hat er den Leasinggeber über die Geltendmachung seines Anspruches unverzüglich schriftlich in Kenntnis zu setzen.
4. Erklärt sich der Gewährleistungsverpflichtete bei fehlgeschlagener Nachbesserung mit der Wandlung einverstanden oder wird er rechtskräftig zur Wandlung verurteilt, entfällt die Verpflichtung des Leasingnehmers zur Zahlung von Leasingraten.
Erklärt sich der Gewährleistungsverpflichtete mit der Wandlung nicht einverstanden, ist der Leasingnehmer ab Erklärung der Wandlung zur Zurückhaltung der Leasingraten berechtigt, wenn er unverzüglich – spätestens jedoch innerhalb von sechs Wochen nach Erklärung der Wandlung – die Wandlungsklage erhebt, es sei denn, daß sich der Leasingnehmer mit dem Leasinggeber über eine etwaige Verlängerung der Klagefrist vorher verständigt hat. Erhebt der Leasingnehmer nicht fristgerecht Klage, ist er erst ab dem Tag der Klageerhebung zur Zurückbehaltung der Leasingraten berechtigt.
Das Zurückbehaltungsrecht entfällt rückwirkend, wenn die Wandlungsklage des Leasingnehmers erfolglos bleibt. Die zurückbehaltenen Leasingraten sind unverzüglich in einem Betrag nachzuzahlen. Der Leasingnehmer hat dem Leasinggeber den durch die Zurückbehaltung der Leasingraten entstandenen Verzugsschaden zu ersetzen.
5. Nach Wandlung wird der Leasingvertrag wie folgt abgerechnet:
Die Forderung des Leasingnehmers umfaßt die gezahlten Leasingraten und eine etwaige Leasingsonderzahlung, jeweils zuzüglich Zinsen in gesetzlicher Höhe, sowie etwaige vom Gewährleistungsverpflichteten erstattete Nebenkosten. Von dieser Forderung werden die Aufwendungen des Leasinggebers für etwaige im Leasingvertrag zusätzlich eingeschlossene Dienstleistungen sowie ein Ausgleich für die Zurverfügungstellung des Fahrzeuges und den ersparten Kapitaleinsatz beim Leasingnehmer abgesetzt. Darüber hinaus bleibt die Geltendmachung eines Minderwertes gemäß Abschnitt XVI Ziffer 3 unberührt, soweit der Minderwert nicht auf dem gewährleistungspflichtigen Mangel beruht.

241

AGB für das Leasing von Neufahrzeugen zur privaten Nutzung

6. Hat im Fall der Minderung der Gewährleistungsverpflichtete einen Teil des Kaufpreises an den Leasinggeber zurückgezahlt, berechnet der Leasinggeber auf der Grundlage des herabgesetzten Kaufpreises die noch ausstehenden Leasingraten – unter Berücksichtigung der bereits gezahlten Leasingentgelte – und den Restwert neu.
7. Das Risiko einer Zahlungsunfähigkeit des Gewährleistungsverpflichteten trägt der Leasinggeber.

XIV. Kündigung

1. Der Leasingvertrag ist während der vereinbarten Leasingzeit nicht durch ordentliche Kündigung auflösbar. Unberührt bleiben die Kündigungsrechte nach Ziffern 2 und 3 sowie nach Abschnitt X Ziffer 6.
Alternativfassung:
1. Der Leasingnehmer kann den Leasingvertrag vor Ablauf der vereinbarten Vertragszeit mit einer Frist von 1 Monat zum Ende eines Vertragsmonats kündigen, frühestens jedoch ... Monate nach Vertragsbeginn. Unberührt bleiben die Kündigungsrechte nach Ziffern 2 und 3 sowie nach Abschnitt X Ziffer 6.
2. Jeder Vertragspartner kann den Vertrag aus wichtigem Grund fristlos kündigen.
Der Leasinggeber kann insbesondere dann fristlos kündigen, wenn der Leasingnehmer
   – mit zwei Leasingraten im Verzug ist;
   – seine Zahlungen einstellt, als Schuldner einen außergerichtlichen Vergleich anbietet, Wechsel und Schecks mangels Deckung zu Protest gehen läßt, ein Vergleichs- oder Konkursverfahren beantragt oder wenn ein solches Verfahren über sein Vermögen eröffnet wird;
   – bei Vertragsabschluß unrichtige Angaben gemacht oder Tatsachen verschwiegen hat und deshalb dem Leasinggeber die Fortsetzung des Vertrages nicht zuzumuten ist;
   – trotz schriftlicher Abmahnung schwerwiegende Verletzungen des Vertrages nicht unterläßt oder bereits eingetretene Folgen solcher Vertragsverletzungen nicht unverzüglich beseitigt.
3. Stirbt der Leasingnehmer, können seine Erben oder der Leasinggeber das Vertragsverhältnis zum Ende eines Vertrags-Monats / alternativ: zum Zeitpunkt der Fälligkeit einer Leasingrate / kündigen.
4. Die Folgen einer Kündigung sind in Abschnitt XV geregelt.

XV. Abrechnung nach Kündigung

XVI. Rückgabe des Fahrzeugs

1. Nach Beendigung des Leasingvertrages ist das Fahrzeug mit Schlüsseln und allen überlassenen Unterlagen (z. B. Fahrzeugschein, Kundendiensthaft, Ausweise) vom Leasingnehmer auf seine Kosten und Gefahr unverzüglich dem ausliefernden Händler zurückzugeben. Gibt der Leasingnehmer Schlüssel und Unterlagen nicht zurück, hat er die Kosten der Ersatzbeschaffung sowie einen sich daraus ergebenden weiteren Schaden zu ersetzen.
2. Bei Rückgabe muß das Fahrzeug in einem dem Alter und der vertragsgemäßen Fahrleistung entsprechenden Erhaltungszustand, frei von Schäden sowie verkehrs- und betriebssicher sein.
Über den Zustand wird bei Rückgabe ein gemeinsames Protokoll angefertigt und von beiden Vertragspartnern oder ihren Bevollmächtigten unterzeichnet.
3. Bei Rückgabe des Fahrzeuges nach Ablauf der bei Vertragsabschluß vereinbarten Leasingzeit gilt folgende Regelung:
Entspricht das Fahrzeug bei Verträgen mit Kilometerabrechnung nicht dem Zustand gemäß Ziffer 2 Absatz 1 und ist das Fahrzeug hierdurch im Wert gemindert, ist der Leasingnehmer zum Ausgleich dieses Minderwertes zuzüglich Umsatzsteuer verpflichtet. Eine schadenbedingte Wertminderung (Abschnitt X Ziffer 5) bleibt dabei außer Betracht, soweit der Leasinggeber hierfür bereits eine Entschädigung erhalten hat.
Können sich die Vertragspartner über einen vom Leasingnehmer auszugleichenden Minderwert oder – bei Verträgen mit Gebrauchtwagenabrechnung – über den Wert des Fahrzeuges (Händlereinkaufspreis) nicht einigen, werden den Minderwert bzw. Wert des Fahrzeuges auf Veranlassung des Leasinggebers mit Zustimmung des Leasingnehmers durch einen öffentlich bestellten und vereidigten Sachverständigen oder ein unabhängiges Sachverständigenunternehmen ermittelt. Die Kosten tragen die Vertragspartner je zur Hälfte. Durch das Sachverständigengutachten wird der Rechtsweg nicht ausgeschlossen.
4. Wird das Fahrzeug nicht termingemäß zurückgegeben, werden dem Leasingnehmer für jeden überschrittenen Tag als Grundbetrag ⅟₃₀ der für die Vertragszeit vereinbarten monatlichen Leasingrate und die durch die Rückgabeverzögerung verursachten Kosten berechnet.

AGB für das Leasing von Neufahrzeugen zur privaten Nutzung

Im übrigen gelten während dieser Zeit die Pflichten des Leasingnehmers aus diesem Vertrag sinngemäß fort.

5. Ein Erwerb des Fahrzeuges vom Leasinggeber durch den Leasingnehmer nach Vertragsablauf ist ausgeschlossen.

XVII. Allgemeine Bestimmungen

1. Gerichtsstand ist das für... zuständige Gericht, soweit der Leasingnehmer oder ein Mitschuldner nach Vertragsabschluß seinen Wohnsitz oder gewöhnlichen Aufenthaltsort aus dem Inland verlegt oder sein Wohnsitz oder gewöhnlicher Aufenthaltsort zum Zeitpunkt der Klageerhebung nicht bekannt ist.
2. Der Leasingnehmer hat einen Wohnsitzwechsel dem Leasinggeber unverzüglich anzuzeigen.
3. Ansprüche und sonstige Rechte aus dem Leasingvertrag können nur mit vorheriger schriftlicher Zustimmung des Leasinggebers abgetreten werden.

Leasingerlasse der Finanzverwaltung

**Bundesminister der Finanzen,
BMF-Schreiben vom 19. 4. 1971 –
IV B/2 – S 2170 – 31/71, BStBl. 1971 I S. 264,
BB 1971 S. 506**

Betr.: Ertragsteuerliche Behandlung von Leasingverträgen über bewegliche Wirtschaftsgüter.

Unter Bezugnahme auf das Ergebnis der Erörterungen mit den obersten Finanzbehörden der Länder wird zu der Frage der steuerlichen Behandlung von Leasingverträgen über bewegliche Wirtschaftsgüter wie folgt Stellung genommen.

I. Allgemeines

Der Bundesfinanzhof hat mit Urteil vom 26. 1. 1970 (BStBl. 1970 II S. 264, BB 1970 S. 291 und 332) zur steuerlichen Behandlung von sogenannten Finanzierungs-Leasingverträgen über bewegliche Wirtschaftsgüter Stellung genommen.
Um eine einheitliche Rechtsanwendung durch die Finanzverwaltung zu gewährleisten, kann bei *vor* dem 24. April 1970 abgeschlossenen Leasingverträgen aus Vereinfachungsgründen von dem wirtschaftlichen Eigentum des Leasinggebers am Leasinggut und einer Vermietung oder Verpachtung an den Leasingnehmer ausgegangen werden, wenn die Vertragsparteien in der Vergangenheit übereinstimmend eine derartige Zurechnung zugrunde gelegt haben und auch in Zukunft daran festhalten. Das gilt auch, wenn die Vertragslaufzeit über den genannten Stichtag hinausreicht (vgl. Schreiben vom 21. Juli 1970, BStBl. 1970 I S. 913, BB 1970 S. 956).
Für die steuerliche Behandlung von *nach* dem 23. April 1970 abgeschlossenen Leasingverträgen über bewegliche Wirtschaftsgüter sind die folgenden Grundsätze zu beachten. Dabei ist als betriebsgewöhnliche Nutzungsdauer der in den amtlichen AfA-Tabellen angegebene Zeitraum zugrundezulegen.

II. Begriff und Abgrenzung des Finanzierungsleasing-Vertrags bei beweglichen Wirtschaftsgütern

1. Finanzierungs-Leasing im Sinne dieses Schreibens ist nur dann anzunehmen, wenn
a) der Vertrag über eine bestimmte Zeit abgeschlossen wird, während der Vertrag bei vertragsgemäßer Erfüllung von beiden Vertragsparteien nicht gekündigt werden kann (Grundmietzeit), und
b) der Leasingnehmer mit den in der Grundmietzeit zu entrichtenden Raten mindestens die Anschaffungs- oder Herstellungskosten sowie alle Nebenkosten einschließlich der Finanzierungskosten des Leasinggebers deckt.

2. Beim Finanzierungs-Leasing von beweglichen Wirtschaftsgütern sind im wesentlichen folgende Vertragstypen festzustellen:

a) Leasingverträge ohne Kauf- oder Verlängerungsoption
Bei diesem Vertragstyp sind zwei Fälle zu unterscheiden:
Die Grundmietzeit
aa) deckt sich mit der betriebsgewöhnlichen Nutzungsdauer des Leasinggegenstandes,
bb) ist geringer als die betriebsgewöhnliche Nutzungsdauer des Leasinggegenstandes.
Der Leasingnehmer hat nicht das Recht, nach Ablauf der Grundmietzeit den Leasinggegenstand zu erwerben oder den Leasingvertrag zu verlängern.

b) Leasingverträge mit Kaufoption
Der Leasingnehmer hat das Recht, nach Ablauf der Grundmietzeit, die regelmäßig kürzer ist als die betriebsgewöhnliche Nutzungsdauer des Leasinggegenstandes, den Leasinggegenstand zu erwerben.

c) Leasingverträge mit Mietverlängerungsoption
Der Leasingnehmer hat das Recht, nach Ablauf der Grundmietzeit, die regelmäßig kürzer ist als die betriebsgewöhnliche Nutzungsdauer des Leasinggegenstandes, das Vertragsverhältnis auf bestimmte oder unbestimmte Zeit zu verlängern.

Leasingverträge ohne Mietverlängerungsoption, bei denen nach Ablauf der Grundmietzeit eine Vertragsverlängerung für den Fall vorgesehen ist, daß der Mietvertrag nicht von einer der Vertragsparteien gekündigt wird, sind steuerlich grundsätzlich ebenso wie Leasingverträge mit Mietverlängerungsoption zu behandeln. Etwas anderes gilt nur dann, wenn nachgewiesen wird, daß der Leasinggeber bei Verträgen über gleiche Wirtschaftsgüter innerhalb eines Zeitraums von neun Zehnteln der betriebsgewöhnlichen Nutzungsdauer in einer Vielzahl von Fällen das Vertragsverhältnis aufgrund seines Kündigungsrechts beendet.

d) Verträge über Spezial-Leasing
Es handelt sich hierbei um Verträge über Leasinggegenstände, die speziell auf die Verhältnisse des Leasingnehmers zugeschnitten und nach Ablauf der Grundmietzeit regelmäßig nur noch beim Leasingnehmer wirtschaftlich sinnvoll verwendet sind. Die Verträge kommen mit oder ohne Optionsklausel vor.

III. Steuerliche Zurechnung des Leasinggegenstandes

Die Zurechnung des Leasinggegenstandes ist von der von den Parteien gewählten Vertragsgestaltung und deren tatsächlicher Durchführung abhängig. Unter Würdigung der gesamten Umstände ist im Einzelfall zu entscheiden, wem der Leasinggegenstand steuerlich zuzurechnen ist. Bei den unter II. 2. genannten Grundvertragstypen gilt für die Zurechnung das Folgende:

1. Leasingverträge ohne Kauf- oder Verlängerungsoption

Bei Leasingverträgen ohne Optionsrecht ist der Leasinggegenstand regelmäßig zuzurechnen

a) dem Leasinggeber,
wenn die Grundmietzeit mindestens 40% und höchstens 90% der betriebsgewöhnlichen Nutzungsdauer des Leasinggegenstandes beträgt,

b) dem Leasingnehmer,
wenn die Grundmietzeit weniger als 40% oder mehr als 90% der betriebsgewöhnlichen Nutzungsdauer beträgt.

2. Leasingverträge mit Kaufoption

Bei Leasingverträgen mit Kaufoption ist der Leasinggegenstand regelmäßig zuzurechnen

a) dem Leasinggeber,
wenn die Grundmietzeit mindestens 40% und höchstens 90% der betriebsgewöhnlichen Nutzungsdauer des Leasinggegenstandes beträgt und der für den Fall der Ausübung des Optionsrechts vorgesehene Kaufpreis nicht niedriger ist als der unter Anwendung der linearen AfA nach der amtlichen AfA-Tabelle ermittelte Buchwert oder der niedrigere gemeine Wert im Zeitpunkt der Veräußerung.

b) dem Leasingnehmer,
aa) wenn die Grundmietzeit weniger als 40% oder mehr als 90% der betriebsgewöhnlichen Nutzungsdauer beträgt oder
bb) wenn bei einer Grundmietzeit von mindestens 40% und höchstens 90% der betriebsgewöhnlichen Nutzungsdauer der für den Fall der Ausübung des Optionsrechts vorgesehene Kaufpreis niedriger ist als der unter Anwendung der linearen Absetzung für Abnutzung (AfA) nach der amtlichen AfA-Tabelle ermittelte Buchwert oder der niedrigere gemeine Wert im Zeitpunkt der Veräußerung.

Wird die Höhe des Kaufpreises für den Fall der Ausübung des Optionsrechts während oder nach Ablauf der Grundmietzeit festgelegt oder verändert, so gilt entsprechendes. Die Veranlagungen sind gegebenenfalls zu berichtigen.

3. Leasingverträge mit Mietverlängerungsoption

Bei Leasingverträgen mit Mietverlängerungsoption ist der Leasinggegenstand regelmäßig zuzurechnen

a) dem Leasinggeber,
wenn die Grundmietzeit mindestens 40% und höchstens 90% der betriebsgewöhnlichen Nutzungsdauer des Leasinggegenstandes beträgt und die Anschlußmiete so bemessen ist, daß sie den Wertverzehr für den Leasinggegenstand deckt, der sich auf der Basis des unter Berücksichtigung der linearen Absetzung für Abnutzung nach der amtlichen AfA-Tabelle ermittelten Buchwerts oder des niedrigeren gemeinen Werts und der Restnutzungsdauer lt. AfA-Tabelle ergibt,

b) dem Leasingnehmer,
aa) wenn die Grundmietzeit weniger als 40% oder mehr als 90% der betriebsgewöhnlichen Nutzungsdauer des Leasinggegenstandes beträgt oder
bb) wenn bei einer Grundmietzeit von mindestens 40% und höchstens 90% der betriebsgewöhnlichen Nutzungsdauer die Anschlußmiete so bemessen ist, daß sie den Wertverzehr für den Leasinggegenstand nicht deckt, der sich auf der Basis des unter Berücksichtigung der linearen AfA nach der amtlichen AfA-Tabelle ermittelten Buchwerts

Leasingerlasse der Finanzverwaltung

oder des niedrigeren gemeinen Werts und der Restnutzungsdauer lt. AfA-Tabelle ergibt.
Wird die Höhe der Leasingraten für den Verlängerungszeitraum während oder nach Ablauf der Grundmietzeit festgelegt oder verändert, so gilt entsprechendes.
Abschnitt II Nr. 2 Buchstabe c Sätze 2 und 3 sind zu beachten.

4. Verträge über Spezial-Leasing

Bei Spezial-Leasingverträgen ist der Leasinggegenstand regelmäßig dem Leasingnehmer ohne Rücksicht auf das Verhältnis von Grundmietzeit und Nutzungsdauer und auf Optionsklauseln zuzurechnen.

IV. Planmäßige Darstellung von Leasingverträgen bei Zurechnung des Leasinggegenstandes beim Leasinggeber

1. Beim Leasinggeber

Der Leasinggeber hat den Leasinggegenstand mit seinen Anschaffungs- oder Herstellungskosten zu aktivieren. Die Absetzung für Abnutzung ist nach der betriebsgewöhnlichen Nutzungsdauer vorzunehmen. Die Leasingraten sind Betriebseinnahmen.

2. Beim Leasingnehmer

Die Leasingraten sind Betriebsausgaben

V. Bilanzmäßige Darstellung von Leasingverträgen bei Zurechnung des Leasinggegenstandes beim Leasingnehmer

1. Beim Leasingnehmer

Der Leasingnehmer hat den Leasinggegenstand mit seinen Anschaffungs- oder Herstellungskosten zu aktivieren. Als Anschaffungs- oder Herstellungskosten gelten die Anschaffungs- oder Herstellungskosten des Leasinggebers, die der Berechnung der Leasingraten zugrunde gelegt worden sind, zuzüglich etwaiger weiterer Anschaffungs- oder Herstellungskosten, die nicht in den Leasingraten enthalten sind (vgl. Schreiben vom 5. Mai 1970 – IV B/2 – S 2170 – 4/70, BB 1970 S. 652).

Dem Leasingnehmer steht die AfA nach der betriebsgewöhnlichen Nutzungsdauer des Leasinggegenstandes zu.
In Höhe der aktivierten Anschaffungs- oder Herstellungskosten mit Ausnahme der nicht in den Leasingraten berücksichtigen Anschaffungs- oder Herstellungskosten des Leasingnehmers ist eine Verbindlichkeit gegenüber dem Leasinggeber zu passivieren.
Die Leasingraten sind in einen Zins- und Kostenanteil sowie einen Tilgungsanteil aufzuteilen. Bei der Aufteilung ist zu berücksichtigen, daß sich infolge der laufenden Tilgung der Zinsanteil verringert und der Tilgungsanteil entsprechend erhöht.
Der Zins- und Kostenanteil stellt eine sofort abzugsfähige Betriebsausgabe dar, während der andere Teil der Leasingrate als Tilgung der Kaufpreisschuld erfolgsneutral zu behandeln ist.

2. Beim Leasinggeber

Der Leasinggeber aktiviert eine Kaufpreisforderung an den Leasingnehmer in Höhe der den Leasingraten zugrunde gelegten Anschaffungs- oder Herstellungskosten. Dieser Betrag ist grundsätzlich mit der vom Leasingnehmer ausgewiesenen Verbindlichkeit identisch.
Die Leasingraten sind in einen Zins- und Kostenanteil sowie in einen Anteil Tilgung der Kaufpreisforderung aufzuteilen. Wegen der Aufteilung der Leasingraten und deren steuerlicher Behandlung gelten die Ausführungen unter V. 1. entsprechend.

VI.

Die vorstehenden Grundsätze gelten entsprechend auch für Verträge mit Leasingnehmern, die ihren Gewinn nicht durch Bestandsvergleich ermitteln.

Bundesminister der Finanzen,
BMF-Schreiben vom 22. 12. 1975 –
IV B/2 – S 2170 – 161/75, BB 1976 S. 72

Betr.: Steuerrechtliche Zurechnung des Leasinggegenstandes beim Leasinggeber.

Unter Bezugnahme auf das Ergebnis der Erörterung mit den obersten Finanzbehörden der Länder hat der Bundesminister der Finanzen zu einem Schreiben des Deutschen Leasing-Verbandes vom 24. 7. 1975 wie folgt Stellung genommen:

1. Gemeinsames Merkmal der in dem Schreiben des Deutschen Leasing-Verbandes dargestellten Vertragsmodelle ist, daß eine unkündbare Grundmietzeit vereinbart wird, die mehr als 40%, jedoch nicht mehr als 90% der betriebsgewöhnlichen Nutzungsdauer des Leasinggegenstandes beträgt und daß die Anschaffungs- oder Herstellungskosten des Leasinggebers sowie alle Nebenkosten einschließlich der Finanzierungskosten des Leasinggebers in der Grundmietzeit durch die Leasingraten nur zum Teil gedeckt werden. Da mithin Finanzierungs-Leasing im Sinne des BdF-Schreibens über die ertragssteuerrechtliche Behandlung von Leasingverträgen über bewegliche Wirtschaftsgüter vom 19. 4. 1971 (BStBl. I S. 264) nicht vorliegt, ist die Frage, wem der Leasinggegenstand zuzurechnen ist, nach den allgemeinen Grundsätzen zu entscheiden.

2. Die Prüfung der Zurechnungsfrage hat folgendes ergeben:

a) Vertragsmodell mit Andienungsrecht des Leasinggebers, jedoch ohne Optionsrecht des Leasingnehmers

Bei diesem Vertragsmodell hat der Leasinggeber ein Andienungsrecht. Danach ist der Leasingnehmer, sofern ein Verlängerungsvertrag nicht zustande kommt, auf Verlangen des Leasinggebers verpflichtet, den Leasinggegenstand zu einem Preis zu kaufen, der bereits bei Abschluß des Leasingvertrags fest vereinbart wird. Der Leasingnehmer hat kein Recht, den Leasinggegenstand zu erwerben.

Der Leasingnehmer trägt bei dieser Vertragsgestaltung das Risiko der Wertminderung, weil er auf Verlangen des Leasinggebers den Leasinggegenstand auch dann zum vereinbarten Preis kaufen muß, wenn der Wiederbeschaffungspreis für ein gleichwertiges Wirtschaftsgut geringer als der vereinbarte Preis ist. Der Leasinggeber hat jedoch die Chance der Wertsteigerung, weil er sein Andienungsrecht nicht ausüben muß, sondern das Wirtschaftsgut zu einem über dem Andienungspreis liegenden Preis verkaufen kann, wenn ein über dem Andienungspreis liegender Preis am Markt erzielt werden kann.

Der Leasingnehmer kann unter diesen Umständen nicht als wirtschaftlicher Eigentümer des Leasinggegenstandes angesehen werden.

b) Vertragsmodell mit Aufteilung des Mehrerlöses

Nach Ablauf der Grundmietzeit wird der Leasinggegenstand durch den Leasinggeber veräußert. Ist der Veräußerungserlös niedriger als die Differenz zwischen den Gesamtkosten des Leasinggebers und den in der Grundmietzeit entrichteten Leasingraten (Restamortisation), so muß der Leasingnehmer eine Abschlußzahlung in Höhe der Differenz zwischen Restamortisation und Veräußerungserlös zahlen. Ist der Veräußerungserlös hingegen höher als die Restamortisation, so erhält der Leasinggeber 25%, der Leasingnehmer 75% des die Restamortisation übersteigenden Teils des Veräußerungserlöses.

Durch die Vereinbarung, daß der Leasinggeber 25% des Veräußerungserlöses erhält, wird bewirkt, daß der Leasinggeber noch in einem wirtschaftlich ins Gewicht fallenden Umfang an etwaigen Wertsteigerungen des Leasinggegenstandes beteiligt ist. Der Leasinggegenstand ist daher dem Leasinggeber zuzurechnen.

Eine ins Gewicht fallende Beteiligung des Leasinggebers an Wertsteigerungen des Leasinggegenstandes ist hingegen nicht mehr gegeben, wenn der Leasinggeber weniger als 25% des die Restamortisation übersteigenden Teils des Veräußerungserlöses erhält. Der Leasinggegenstand ist in solchen Fällen dem Leasingnehmer zuzurechnen.

c) Kündbarer Mietvertrag mit Anrechnung des Veräußerungserlöses auf die vom Leasingnehmer zu leistende Schlußzahlung

Der Leasingnehmer kann den Leasingvertrag frühestens nach Ablauf einer Grundmietzeit, die 40% der betriebsgewöhnlichen Nutzungsdauer beträgt, kündigen. Bei Kündigung ist eine Abschlußzahlung in Höhe der durch die Leasingraten nicht gedeckten Gesamtkosten des Leasinggebers zu entrichten. Auf die Abschlußzahlung werden 90% des vom Leasinggeber erzielten Veräußerungserlöses angerechnet. Ist der anzurechnende Teil des Veräußerungserlöses zuzüglich der vom Leasingnehmer bis zur Veräußerung entrichteten Leasingraten niedriger als die Gesamtkosten des Leasinggebers, so muß der Leasingnehmer in Höhe der Differenz eine Abschlußzahlung leisten. Ist jedoch der Veräußerungserlös höher als die Differenz zwischen Gesamtkosten des Leasinggebers und den bis zur Veräußerung entrichteten Leasingraten, so behält der Leasinggeber diesen Differenzbetrag in vollem Umfang.

Bei diesem Vertragsmodell kommt eine während der Mietzeit eingetretene Wertsteigerung in vollem Umfang dem Leasinggeber zugute. Der Leasinggeber ist daher nicht nur rechtlicher, sondern auch wirtschaftlicher Eigentümer des Leasinggegenstandes.

Die vorstehenden Ausführungen gelten nur grundsätzlich, d. h. nur insoweit, wie besondere Regelungen in Einzelverträgen nicht zu einer anderen Beurteilung zwingen.

Anschriften von Leasinggesellschaften

Zusammenstellung von Leasinggesellschaften mit Schwerpunkt Mobilien- und Kfz-Leasing mit einem Grund- bzw. Stammkapital ab 1 Mio. DM
(Entnommen dem ›Verzeichnis der Leasing-Gesellschaften in Deutschland 1992‹ der FLF 1993, 56 ff. – Adressen durch Redaktion 1/94 aktualisiert.)

ABC Leasing GmbH, Bismarckstraße 11–13, 50672 Köln
ABK-Leasing GmbH, Hans-Urmiller-Ring 8, 82515 Wolfratshausen
AFG Allgemeine Finanzleasing GmbH, Rosenheimer Straße 30 II, 81669 München
AIL Anlagen und Investitionsgüter-Leasing München GmbH, Nymphenburger Straße 51, 80335 München
AKB Leasing GmbH, Friesenplatz 16, 50672 Köln
akf leasing GmbH & Co., Fr.-Ebert-Straße 90, 42103 Wuppertal
AL Alster Leasing GmbH & Co., Lotharstraße 6, 22041 Hamburg
ALD AutoLeasing D GmbH, Zentrale Hamburg, Nedderfeld 95, 22529 Hamburg
ALD AutoLeasing und Dienstleistungs-GmbH, Rummelsburger Landstraße 110, 12459 Berlin
Alpha Leasing GmbH, Grevenweg 72, 20537 Hamburg
Alster Leasing Schwerin GmbH & Co., Obotritenring 141, 19053 Schwerin
AML Leasing GmbH, Palmaille 71, 22767 Hamburg
AMPLUS Leasing GmbH, Bürgerhof 5, 67059 Ludwigshafen
Anlage-Leasing Rent GmbH, Paderborner Straße 11, 33415 Verl
Auto Service-Leasing GmbH, Wolfratshauser Straße 40, 82049 Pullach
AVIS FLEET SERVICES GE Capital Services GmbH, Grenzweg 9, 65451 Kelsterbach
Bavaria Autoleasing GmbH, Lerchenstraße 2, 90425 Nürnberg
BB-Leasing GmbH, Lyoner Straße 11a, 60528 Frankfurt

BMP Auto Leasing AG, Daimlerstraße 2, 70736 Fellbach
Buchbinder Leasing GmbH, Feldmochinger Straße 7, 80992 München
BW-Leasing GmbH, Mimberger Straße 4, 90592 Schwarzenbruck
CAL Leasing GmbH & Co. KG, Tunnelstraße 2, 75172 Pforzheim
CAR Leasing AG, Rotebühlstraße 104, 70178 Stuttgart
CL/PK Leasing GmbH, Hahnstraße 70, 60528 Frankfurt
CTB Leasing GmbH, Ruhrallee-Bonsiepen 5, 45136 Essen
De Lage Landen Autoleasing GmbH, Willstätterstraße 15, 40549 Düsseldorf
Deutsche Auto-Leasing GmbH, Frölingstraße 15–31, 61352 Bad Homburg
Deutsche Leasing AG, Frölingstraße 15–31, 61352 Bad Homburg
DG LEASING GmbH, Wiesenhüttenstr. 10, 60329 Frankfurt/Main
Disko Leasing GmbH, Couvenstraße 6, 40211 Düsseldorf
EIL Euro-Industrie Leasing GmbH & Co., Hollerallee 67, 28209 Bremen
EL Leasing in Europa GmbH, Ludwig-Wolf-Straße 2, 75249 Kieselbronn
Euro Leasing GmbH, An der Heilandsweide 18, 12277 Berlin
FAMA Leasing GmbH, Im Schlagholz 35, 45149 Essen
FHL Leasing- und Vermietungs GmbH, Hüttenstraße 4, 40215 Düsseldorf
FIAT Leasing GmbH & Co. OHG, Allee 40, 74072 Heilbronn
FI-Leasing Handel und Vermietung GmbH, Schwibbogenmauer 18, 86150 Augsburg

Anschriften von Leasinggesellschaften

Finkenzeller-Leasing GmbH, Ingolstädter Straße 61, 80939 München
Ford Bank AG, von-Gablenz-Straße 2–6, 50679 Köln
Frankfurter Leasing GmbH, Theodor-Heuss-Allee 80, 60486 Frankfurt
GEFA-Leasing GmbH, Robert-Daum-Platz 1, 42117 Wuppertal
GENO Leasing-GmbH, Heilbronner Straße 69, 70191 Stuttgart
GKB Gewerbekreditbank AG, Am Albertussee 1, 40549 Düsseldorf
HANNOVER HL Leasing GmbH & Co. KG, Possartstraße 18, 81679 München
Hansa Automobil Leasing GmbH, Leunastraße 51, 22761 Hamburg
H/F/L Hansa-Finanz-Leasing GmbH & Co. KG, Ohmstraße 4, 86199 Augsburg
HIL Hamburger Industrie Leasing GmbH & Co. KG, Altonaer Straße 61, 20357 Hamburg
HLS Leasinggesellschaft für Mobilien mbH, Fabrikstraße 17, 70794 Filderstadt
Holer Auto-Leasing GmbH, Mimberger Straße 4, 90592 Schwarzenbruck
IKB Leasing Berlin GmbH, Bismarckstraße 105, 10625 Berlin
IKB Leasing GmbH, Heidenkampsweg 79, 20097 Hamburg
IL Investitionsgüter-Leasing GmbH & Co., Mietfinanzierungs-KG, Gratzmüllerstraße 1, 86150 Augsburg
ILK Industrie Leasing Kassel GmbH, Leuschnerstraße 81, 34134 Kassel
INA Gesellschaft für Industrie-Anlagen Leasing und Werbeag. mbH, Industriestraße 24, 55232 Alzey
Industrie- und Immobilien-Leasing GmbH, Traubingerstraße 35, 82327 Tutzing
INTERLEASING Häusler München GmbH & Co. KG, Landsberger Straße 83–87, 80339 München
KML Kurpfalz, Mobilien-Leasing GmbH, Mannheimer Straße 105, 68535 Edingen-Neckarhausen
KW-Leasing GmbH, Mimberger Straße 4, 90592 Schwarzenbruck
Lease Plan Beteiligungs- und Leasinggesellschaft mbH, Hellersbergstraße 10, 41460 Neuss

LeaseTrend Gesellschaft für Leasing GmbH, Kanalstraße 10, 80538 München
Leasing Auto-Betriebe Berkenkamp GmbH, Anckelmannstraße 13, 20537 Hamburg
Leasing Partner LPG GmbH & Co. KG, Finkenstraße 5 III, 80333 München
LEFAC Leasing-Finanz GmbH, Sachsenring 75, 50677 Köln
LGS Leasinggesellschaft der Sparkasse GmbH, Frölingstraße 15–31, 61352 Bad Homburg
LHS Leasing- und Handelsgesellschaft Deutschland mbH, Neckarstraße 137, 70190 Stuttgart
LHS Leasing- und Handelsgesellschaft Potsdam mbH, Arthur-Scheunert-Allee 2, 14558 Bergholz-Rehbrücke
LHS Leasing- und Handelsgesellschaft mbH, Burgundenstraße 25, 40549 Düsseldorf
LHS Leasing- und Handelsgesellschaft mbH, Vahrenwalder Straße 141, 30165 Hannover
LHS Leasing- und Handelsgesellschaft mbH, Landsberger Straße 20, 80339 München
LHS Leasing- und Handelsgesellschaft mbH, Berchlingenstraße 1, 91126 Schwabach
Lueg Leasing GmbH, Universitätsstraße 44–46, 44789 Bochum
Mainzer Auto Leasing GmbH, Max-Hufschmidt-Straße 2, 55130 Mainz
MAN Leasing GmbH, Ungererstraße 69, 80805 München
MAN Vermietungs-GmbH, Ungererstraße 69, 80805 München
MAV Leasing Maschinen und Apparate Vermietung GmbH & Co. KG, Prinz-Georg-Straße 91, 40479 Düsseldorf
Mercedes-Benz Leasing GmbH, Nordbahnhofstraße 147, 70191 Stuttgart
MERKUR Leasing GmbH & Co. KG, Regensburger Straße 67, 93138 Lappersdorf
MKG Kreditbank GmbH, Schieferstein 5, Postfach 1225, 65438 Flörsheim
MKG Leasing GmbH, Schieferstein 5, Postfach 1225, 65438 Flörsheim
MMV Leasing GmbH, Ferdinand-Sauerbruch-Straße 7, 56073 Koblenz
MMV Mittelrheinische Leasing GmbH, Ferdinand-Sauerbruch-Straße 7, 56073 Koblenz
NBV Leasing Service GmbH, Am Stadtrand 52, 22047 Hamburg

Anschriften von Leasinggesellschaften

Nissan Leasing GmbH, Hammer Landstraße 87, 41460 Neuss
Noris Leasing GmbH, Königstraße 40, 90402 Nürnberg
Opel Leasing GmbH & Co. OHG, Stahlstraße 34, 65428 Rüsselsheim
P. A. Creditbank GmbH, Robert-Koch-Straße 1–3, 63263 Neu-Isenburg
Porsche Leasing GmbH, Höderlinstraße 29–31, 71732 Tamm
Pro com Auto-Leasing GmbH, Mimberger Straße 4, 90592 Schwarzenbruck
PSO Leasing und Finanz AG, Rienshof 2, 49439 Steinfeld
Renault Leasing GmbH & Co. OHG, Aachener Straße 186, 50931 Köln
RLV-Raetia Mobilien Leasing und Vermietung GmbH & Co. KG, Ludwig-Thoma-Straße 21, 85757 Karlsfeld
RYDER Transport Services GmbH, Kranstraße 15, 59071 Hamm
Scania Finance Deutschland GmbH, August-Horch-Straße 10, 56070 Koblenz
SchmidtBank Leasing GmbH, Königstraße 73, 90402 Nürnberg
S & G Leasing, Schoempertenstr. 14, 76185 Karlsruhe

Sixt Leasing GmbH, Mehlbeerenstraße 4, 82024 Taufkirchen
Steinbock-Boss Leasing GmbH, Steinbockstraße 38, 85368 Moosburg
Top-Car Ziegler und Partner Leasing GmbH, Einsteinstraße 9, 85716 Unterschleißheim
TOYOTA Kreditbank GmbH, Max-Planck-Straße 22, 50858 Köln
TOYOTA Leasing GmbH, Max Planck-Straße 22, 50858 Köln
Universal-Leasing-GmbH, Halderstraße 21, 86150 Augsburg
UTA Finanz und Leasing GmbH, Mainparkstraße 2–4, 63801 Kleinostheim
V. A. G Leasing GmbH, Gifhorner Straße 57, 38112 Braunschweig
Volvo Nutzfahrzeuge Leasing GmbH, Dieselstraße 8, 63128 Dietzenbach
WAT Auto-Leasing GmbH, Mercatorstraße 16–20, 47051 Duisburg
WAT Leasing GmbH, Mercatorstraße 16–20, 47051 Duisburg
Weick Leasing Systeme GmbH, Jakob-Bensheimer-Straße 22, 68167 Mannheim
WP Produktleasing GmbH, Hans-Thoma-Straße 1–3, 68163 Mannheim

Stichwortverzeichnis

A
Abnahme 94 ff.
Abnahmebestätigung 96
Abnahmeverweigerung
– berechtigte 97 ff., 101
– nicht berechtigte 102 ff.
Abnutzung 157
Abrechnung 160 ff.
Abschluß
– des Kaufvertrags 90 ff.
– des Leasingvertrags 79 ff.
Abschlußzahlung (s. Schlußzahlung)
Abtretung 52
Abwicklung 157 ff.
Änderung
– des Fahrzeugs 97
– des Kaufpreises 117
– des Leasingentgelts (s. unter Entgelt)
AfA-Buchwert 26, 32, 35
Agenturgeschäft 116
Allgemeine Geschäftsbedingungen (AGB) 69 ff., 81
Andienungsrecht 34
Anfechtung des Leasingvertrags 86
Angebot 80, 90
Anschlußvertrag 35
Arglistige Täuschung 86, 124
Aufklärungspflicht
– über Vollamortisationscharakter des Leasingvertrags 40
– über Beschaffenheit des Fahrzeugs 84
– über sonstige Umstände 84
Aufrechnung 71
Aufwendungen 107, 138
Aufwendungsersatz 107, 138

B
Bagatellschaden 100, 173
Barzahlungspreis 61
Beendigung des Vertrags 141 ff., 157 ff.
Beratungspflicht (s. Aufklärungspflicht)
Bereicherung
– ungerechtfertigte 138

Bergungskosten 175, 182, 186, 192
Beschädigung des Leasingfahrzeugs 47, 99
(s. auch Haftpflicht- u. Kaskoschaden)
Betriebsgefahr 171
Besitz 58, 166
Besitzverletzung 179
Bindung an Angebot 80, 90
Bonität 26, 83, 213
Bürgschaft 82

D
Differenzbesteuerung 116
Direktes Leasing 20
Drittverweisung 54

E
Eigentum
– wirtschaftliches 30
– rechtliches 58
Einstweilige Verfügung 147
Entgelt; Erhöhung bzw. Senkung 117 ff.
– bei Änderung des Anschaffungspreises 118
– bei Änderung der Refinanzierungsbedingungen 119
– bei Änderung der Kfz-Steuer und Versicherungsprämien und Werkstattpreise 120
– bei Änderung der Umsatzsteuer 121
Erfüllungsgehilfe 83, 94
Erfüllungsort 94, 157
Erlaßkonformes Leasing 32 ff.
Ersatzvornahme 131
Ersetzungsbefugnis 113, 115
Erwerbsrecht 34, 36
Existenzgründung 61

F
Fabrikneuheit 97
Fälligkeit
– der Leasingraten 109
– der Sonderzahlung 110

Stichwortverzeichnis

Fahrlässigkeit 179
Fehler
– des Altwagens 115
– des Neuwagens 98 ff.
Fehlschlagen der Nachbesserung 130
Finanzierungsleasing 22 f., 63
Form
– des Kaufvertrags 90
– des Leasingvertrags 79
Forfaitierung 26
Fristsetzung 130, 142
Fuhrpark-Leasing 46
Full-Service-Leasing 46, 221

G
Garantie 126
Gebrauchsbeeinträchtigung 129
Gebrauchsdauer 32
Gebrauchstauglichkeit 122, 129
Gebrauchsverschaffung 22, 94 ff.
Gebrauchtwagen-Leasing 57
Gefahrgeneigte Arbeit 171
Gefahrtragung 47
Gefahrübergang 47
Gerichtsstand 212
Gewährleistung
– gesetzliche 122
– vertragliche beim Gebrauchtwagenkauf 125
– vertragliche beim Neuwagenkauf 125 ff.
– Wegfall 129
Gewährleistungsausschluß 53, 57, 115
– beschränkte Gewährleistung des Leasinggebers 56
– gebrauchtes Leasingfahrzeug 57
– Verweisung an Händler 53
Gewerbesteuer 26
Gewinn 137, 152, 186, 188
Grundmietzeit 32, 33

H
Halter 58, 171
Haftpflichtschaden 170 ff.
– Anspruchsberechtigte 170 ff.
– Gutachterkosten 175, 182
– Nebenkosten 181, 182, 192
– Nutzungsausfall 181
– Reparaturkosten 172, 180
– Wertminderung 173, 182
Haftpflichtversicherung 52, 171
Haftungsschaden 193

Herstellergarantie 126
Hinweispflichten (s. Aufklärungspflichten)

I
Immobilien-Leasing 19
Inbesitznahme 146 ff.
Indirektes Leasing 20
Individualabrede 79
Inhaltskontrolle 69
Insolvenz 144, 168 ff.
Instandhaltung 50
Integritätsinteresse 185
Inzahlungnahme 113

K
Kaskoschaden
– Anspruchsberechtigung 178, 184, 190, 195
– Mehrerlös bei Neuwertabrechnung 200
– Prozeßführungsbefugnis 195
– Rabatte 190
– Reinvestition 196 ff.
– Umsatzsteuer 190
Kaskoversicherung 52
Kaufpreis 117
Kilometervertrag 44
Konkurs
– Leasinggeber 169
– Leasingnehmer 168
Konstruktionsfehler 99
Kreditvertrag 63
Kündbarer Vertrag 36
Kündigung 116, 141 ff.
– außerordentliche gem. § 542 BGB 50
– bei Verlust, Untergang und wesentlicher Beschädigung 49, 186
– der Erben des Leasingnehmers 156
– ordentliche 157
– wegen Zahlungsverzugs 141 ff.

L
Lagerfahrzeug 100
Leasing
– direktes 20
– erlaßkonformes 32 ff.
– Finanzierungsleasing 22
– Immobilien-Leasing 19
– indirektes 20
– markengebundenes 25
– Mobilien-Leasing 20
– Operating-Leasing 20

Stichwortverzeichnis

Lieferfrist 105
Lieferung 94 ff.
Lieferunmöglichkeit 103
Lieferverzug 105
Listenpreis 190, 200

M
Mangel 98 ff., 115
Mangelanzeige 128
Markengebundenes Leasing 24
Mehrerlösregelung 34
Mietvertrag 59
Mietwagen 181, 192
Minderung
– des Kaufpreises 132
– des Leasingentgelts 133
Minderwert 173, 182
Mithaftung 82
Mitwirkung
– des Händlers beim Abschluß des Leasingvertrags 82
– des Leasingnehmers bei Abnahme 94
– des Leasingnehmers beim Abschluß des Kaufvertrags 90
Mischvertrag 59
Mobilien-Leasing 20
Modell 101

N
Nachbesserung 128
– kostenlose 128
– Scheitern 130
Netto-Leasing 46
Nichterfüllung 103
Null-Leasing 28
Nutzungsvergütung
– bei Wandlung des Kaufvertrags 138
– beim Widerruf 88

O
Obliegenheiten 51, 170
Offenbarungspflicht (s. Aufklärungspflicht)
Operating-Leasing 20

P
Pauschalierter Schadensersatz 153
Pfändung
– Besitz 165
– Erwerbsrecht 165
– Fahrzeug 164, 166

– Nutzungsrecht 165
– Mehrerlösbeteiligung 165
– Raten 167
– Rückgabeanspruch 167
Preis 117
Preisänderung 117 ff.
Preisgefahr 48

R
Rabatt 190
Rabattverstoß 28, 208
Rechtsnatur des Leasingvertrags 59
Rechtsschutzversicherung 210
Rechtsverfolgungskosten 136, 174, 184
Refinanzierung 26
Reparaturkosten 172, 180
Restbuchwert 35
Restwert 34
– Anrechnung 35
– Garantie 39, 40
– kalkulierter Restwert 35
– Risiko 38 ff.
Rückabwicklung
– bei der Wandlung 133 ff.
Rückgabepflicht 134, 147, 157
Rücktritt 142

S
Sachgefahr 47
Sachverständigenkosten 175, 182
Sale-and-lease-back 46
Schadensersatz 149 ff.
 (s. auch Haftpflicht- und Kaskoschaden)
Schlußzahlung 36
Schriftform 79
Schuldbeitritt 82, 93
Sicherungsschein 52, 232
Sicherungsübereignung 27
Sittenwidrigkeit 65 ff.
Sonderzahlung 112
Steuer 26

T
Teilamortisationsvertrag 33
Teilschaden 172 ff.
Totalschaden
– unechter 185
– wirtschaftlicher 185
Transparenz 40

253

Stichwortverzeichnis

U
Umsatzsteuer 26, 121, 190
– Ausgleichszahlung 154
– Verwertungserlös 155
Unfall (s. Haftpflicht- u. Kaskoschaden)
Unfallflucht 171
Unmöglichkeit
– anfängliche 103
– der Fehlerbeseitigung 130
– der Lieferung des Altwagens 114
– nachträgliche 103
– objektive 103
Untergang 48
Untervermietung 51
Unvermögen 103, 130
Unwirksamkeit von AGB 69 ff.
Unzumutbarkeit weiterer Reparaturmaßnahmen 130
Unzumutbare Verzögerung 130

V
Verarbeitungsmangel 98, 99
Verbraucherkreditgesetz 61 ff.
Verbundenes Geschäft 88
Verfügungsverbot 51
Verität 27
Verjährung
– der Gewährleistungsansprüche 203 ff.
– Hemmung 203
– des Anspruchs auf Leasingentgelt 205
– wegen Verschlechterung 205
– wegen Verwendungsersatz 204
– Unterbrechung 204
Verlust 48
Vermögensverschlechterung 144
Verschulden bei Vertragsschluß 84
Versicherung für fremde Rechnung 52
Vertragsgemäße Beschaffenheit 97
Vertragsgestaltung 69, 79, 84, 90
Vertragskosten 138
Vertragswidriger Gebrauch 141
Vertretung 83

Verweigerung der Nachbesserung 130
Verwendungen 138
Verwertung
– Art und Weise 160 ff.
– Erlös 151 ff.
– Kosten 161
Verzug
– der Lieferung des Autos 105
– der Zahlung des Leasingentgelts 110
Vollamortisationsvertrag 32
Vollzug der Gewährleistung 130 ff.
Vorenthaltung des Fahrzeugs 149
Vorfälligkeitszinsen 150
Vorsatz 179
Vorschaden 99
Vorschlagsrecht eines Käufers 160
Vorzeitige Vertragsbeendigung 141 ff.

W
Wandlung 133 ff.
– Abwicklung 137
– des Altwagenvertrags 115
– Ausschluß 139
– Auswirkung auf Leasingvertrag 134
– Vollzug 134
Wegfall bzw. Fehlen der Geschäftsgrundlage 133
Wegfall des Versicherungsschutzes 179
Werbung 208
Wettbewerb 208
Widerruf 88
Widerrufsbelehrung 87
Widerrufsrecht 87
Wiederkauf 162
Wiederverkauf 162
Wirtschaftliches Eigentum 30

Z
Zahlungseinstellung 141
Zinsen 137, 143
Zusicherung 115, 124
Zwangsvollstreckung 164 ff.

Literaturhinweise

Arbeitsgemeinschaft der Verkehrsrechtsanwälte: Kfz-Leasing, Essen 1987

Baumgarte: Leasing-Verträge über bewegliche Sachen im Konkurs, Göttingen 1980

Berger: Typus und Rechtsnatur des Herstellerleasing, Heidelberg 1988

Bordewin: Leasing im Steuerrecht, 3. Aufl., Wiesbaden 1989

Borggräfe: Die Zwangsvollstreckung in bewegliches Leasinggut, Köln/Berlin/Bonn/München 1976

Bruchner/Ott/Waner-Wieduwilt: Verbraucherkreditgesetz, München 1992

Bülow: Verbraucherkreditgesetz, 2. Aufl., Köln 1993

Canaris: Bankvertragsrecht, 2. Aufl., Berlin/New York 1981

Hagenmüller/Stoppok: Leasing-Handbuch, 5. Aufl., Frankfurt 1988

Feinen: Das Leasinggeschäft, 2. Aufl., Frankfurt 1986

Koch: Störungen beim Finanzierungsleasing, Berlin 1981

Münsterman/Hannes: Verbraucherkreditgesetz, Münster 1991

Runge/Bremser/Zöller: Leasing, Heidelberg 1978

Sannwald: Finanzierungs-Leasingvertrag über bewegliche Sachen mit Nicht-Kaufleuten, Berlin 1982

Vortmann: Verbraucherkreditgesetz, Stuttgart 1991

v. Westphalen: Der Leasingvertrag, 4. Aufl., Köln 1992

v. Westphalen/Emmerich/Kessler: Verbraucherkreditgesetz, Köln 1991

Wolf/Eckert: Handbuch des gewerblichen Miet-, Pacht- und Leasingrechts, 6. Aufl., Köln 1991

Abkürzungsverzeichnis

a. A.	anderer Ansicht	DAR	Deutsches Autorecht (Jahr und Seite)
a. a. O.	am angegebenen Ort		
abl.	ablehnend	DAT	Deutsche Automobil Treuhand GmbH
Abs.	Absatz		
AbzG	Abzahlungsgesetz	DB	Der Betrieb (Jahr und Seite)
AcP	Archiv für civilistische Praxis		
ADAC e. V.	Allgemeiner Deutscher Automobil-Club e. V.	EBE	Eildienst Bundesgerichtliche Entscheidungen
AfA	Abschreibung; Absetzung für Abnutzung	EWiR	Entscheidungen zum Wirtschaftsrecht (Jahr und Seite)
AG	Amtsgericht		
AGB	Allgemeine Geschäftsbedingungen	f./ff.	folgend(e)
		FLF	Finanzierung, Leasing, Factoring (Jahr und Seite)
AGB-Gesetz	Gesetz zur Regelung des Rechts der Allgemeinen Geschäftsbedingungen	Fn.	Fußnote
AKB	Allgemeine Bedingungen für die Kraftfahrtversicherung	GBBAV	Geschäftsbericht des Bundesaufsichtsamtes für das Versicherungswesen
ARB	Allgemeine Bedingungen für die Rechtsschutzversicherung		
AZ	Aktenzeichen	GewSt-DVO	Gewerbesteuer-Durchführungsverordnung
		GewStG	Gewerbesteuergesetz
BAnz	Bundesanzeiger		
BayObLG	Bayerisches Oberstes Landesgericht	HGB	Handelsgesetzbuch
		h. M.	herrschende Meinung
BB	Betriebsberater (Jahr und Seite)		
Bd.	Band	i. d. R.	in der Regel
BdF	Bundesminister(ium) der Finanzen	i. S. v.	im Sinne von
		i. V. m.	in Verbindung mit
BFH	Bundesfinanzhof		
BGB	Bürgerliches Gesetzbuch	JZ	Juristenzeitung (Jahr und Seite)
BGBl	Bundesgesetzblatt		
BGH	Bundesgerichtshof	KG	Kammergericht
BGHZ	Entscheidungen des Bundesgerichtshofs in Zivilsachen (Band und Seite)	KO	Konkursordnung
		KWG	Kreditwesengesetz
BMF	Bundesminister(ium) der Finanzen	LG	Landgericht
BStBl.	Bundessteuerblatt		
		MDR	Monatsschrift für Deutsches Recht (Jahr und Seite)
CR	Computer und Recht	m. w. N.	mit weiteren Nachweisen

Abkürzungsverzeichnis

NdsRpfl.	Niedersächsischer Rechtspfleger	VDA	Verband der Automobilindustrie e. V.
NJW	Neue Juristische Wochenschrift	VerbrR	Verbraucherrecht
NJW-RR	Neue Juristische Wochenschrift Rechtsprechungs-Report	VerbrKrG	Verbraucherkreditgesetz
		VersR	Versicherungsrecht (Jahr und Seite)
NWVB	Neuwagenverkaufsbedingungen		
n. v.	nicht veröffentlicht	VGT	Verkehrsgerichtstag
		VVG	Versicherungsvertragsgesetz
OLG	Oberlandesgericht		
OLGZ	Entscheidungen der Oberlandesgerichte in Zivilsachen einschl. der freien Gerichtsbarkeit	WI	Wussow Informationen (Jahr und Seite)
		WM	Wertpapiermitteilungen (Jahr und Seite)
		WRP	Wettbewerb in Recht und Praxis
RBerG	Rechtsberatungsgesetz		
Rn.	Randnummer	ZAP	Zeitschrift für die Anwaltspraxis
r + s	Recht und Schaden (Jahr und Seite)	ZDK	Zentralverband des Kraftfahrzeuggewerbes e. V.
StGB	Strafgesetzbuch	ZfS	Zeitschrift für Schadensrecht (Jahr und Seite)
st. Rspr.	ständige Rechtsprechung		
StVG	Straßenverkehrsgesetz	ZIP	Zeitschrift für Wirtschaftsrecht und Insolvenzrecht (Jahr und Seite)
StVZO	Straßenverkehrs-Zulassungsordnung		
TÜV	Technischer Überwachungsverein	ZLW	Zentralvereinigung des Kraftfahrzeug-Gewerbes zur Aufrechterhaltung lauteren Wettbewerbs e. V.
		ZPO	Zivilprozeßordnung
UStG	Umsatzsteuergesetz	zust.	zustimmend

ADAC Verlag

Quelle der Information.

Der aktuelle bundeseinheitliche Verwarnungs- und Bußgeld-Katalog
W. D. Beck, J. Speer
Die Pflichtlektüre für jeden Autofahrer – mit der wichtigen Neuerung ab 1. März 1994: Grünpfeilschild! Denn Verkehrssünder kann jeder werden, der sich nicht auskennt.
7. Auflage 1994, 144 Seiten.

Europäischer Unfallbericht
Formularsätze in 6 Sprachen für Unfälle mit Sachschäden in D, GB, F, I, E, NL.

Autokosten und Steuern *Jährlich neu*
G. Juchum, G. Weich, H.-J. Wichote
Kosten und Steuervorschriften ändern sich jährlich. Ohne diese aktuellen Informationen zahlt man drauf. Unverzichtbar: Die ADAC-Kostentabellen. Die Entscheidungshilfe zu Wirtschaftlichkeitsvergleichen und zur Grundsatzfrage »Firmenwagen oder Privat-Pkw im Außendienst?«.
29. Ausgabe 1994, ca. 160 Seiten

ADAC BordBuch
Das Tagebuch Ihres Fahrzeugs.
Vom Finanzamt als Kostennachweis anerkannt. Mischnutzung von Fahrzeugen setzen die Trennung bzw. Erfassung von Dienst- und/oder Privatfahrten voraus.
18. Auflage 1994, 128 Seiten.